Allgemeine Psychologie für Studium und Beruf

Kurt Sokolowski

Allgemeine Psychologie für Studium und Beruf

PEARSON

Higher Education
München • Harlow • Amsterdam • Madrid • Boston
San Francisco • Don Mills • Mexico City • Sydney
a part of Pearson plc worldwide

Bibliografische Information der Deutschen Nationalbibliothek

Die Deutsche Nationalbibliothek verzeichnet diese Publikation in der Deutschen Nationalbibliografie; detaillierte bibliografische Daten sind im Internet über *http://dnb.d-nb.de* abrufbar.

10 9 8 7

21 20

ISBN 978-3-86894-210-1

www.pearson.de
A part of Pearson plc worldwide

Programmleitung: Kathrin Mönch
Lektorat: Elisabeth Prümm, epruemm@pearson.de
Korrektorat: Anton Schmid, Puchheim
Einbandgestaltung: Thomas Arlt
Herstellung: Claudia Bäurle, cbaeurle@pearson.de
Satz: Nadine Krumm, mediaService, Siegen (www.mediaservice.tv)
Druck und Verarbeitung: Ovimex, Deventer

Printed in the Netherlands

Inhaltsverzeichnis

Vorwort

Die Darstellung des gesamten Feldes der Allgemeinen Psychologie aus einer Hand birgt in sich die Gefahr der Oberflächlichkeit und Nivellierung. Insbesondere die enge Verbindung der Kognitions- und der Motivationspsychologie, die ich im Sinne hatte, machte einige Anpassungen und Vereinfachungen nötig. Hier mussten dann „Fünfe gerade sein". So möchte ich schon im Vorhinein um ein Pardon bei den Fachkollegen bitten, die Teile der vorliegenden Ausführungen lückenhaft oder unstimmig finden. Ich würde mich freuen, gerade hierüber Rückmeldungen zu erhalten.

Bedanken möchte ich mich für die starken Impulse in meinem persönlichen und wissenschaftlichen Werdegang, der im Psychologischen Institut der Ruhr-Universität Bochum 1972 begann. Aus der kognitionspsychologischen Abteilung waren dies Eckart Scherer (†), Odmar Neumann und Wolfgang Prinz. Später kamen dann die Einflüsse aus der „Bochumer Schule der Motivationspsychologie" hinzu – allen voran Heinz Heckhausen (†) sowie seinen ehemaligen Mitarbeitern Julius Kuhl, Falko Rheinberg, Heinz-Dieter Schmalt und Klaus Schneider (†). Ihnen war selbst vielleicht gar nicht bewusst, welch starke Wirkung sie auf mich hatten – durch ihre jeweils besondere Persönlichkeit und ihr beeindruckendes Expertentum.

Herausheben möchte ich besonders die Anregungen aus den vielen Gesprächen und Diskussionen mit Heinz-Dieter Schmalt. „Sollen wir noch einen Tee zusammen trinken?" war der Ausgangspunkt für viele hundert Teestunden – ohne Gebäck, aber mit Zigaretten. Dabei entstanden immer neue Fragen und Lösungsversuche, die zu einem stetig wachsenden Hintergrundwissen führten, das weit über publizierbare Gedanken hinausreicht. Darin sind die Ursprünge der Fundamente einer übergreifenden Allgemeinen Psychologie erwachsen, wie sie in dem vorliegenden Buch ausgeführt worden sind.

Ebenfalls danken möchte ich den Teilnehmern der „Siegener Mittwochsakademie", für die ich regelmäßig Abendvorlesungen zu Themen aus der Allgemeinen Psychologie angeboten habe. Die darin aus langjähriger Lebenserfahrung erwachsenen interessierten Nachfragen haben – genauso wie die meiner deutlich jüngeren regulären Studenten – Schritt für Schritt die Alltagstauglichkeit des vorliegenden Buches erhöht.

Nicht zuletzt deshalb, weil die über uns alle hergezogenen Rechtschreibreformen auch in mir Spuren der Unsicherheit hinterlassen haben, gilt mein Dank Carolin Quenzer, die mit großem Einsatz die ersten Fassungen durchmusterte und viele Ungereimtheiten fand.

Am Ende möchte ich mich noch bei Kathrin Mönch vom Pearson Verlag für ihr stets freundliches und hilfreiches Entgegenkommen bedanken.

Kurt Sokolowski *Siegen, im August 2013*

Einführung

1

ÜBERBLICK

1.1 Zum Thema

Die Allgemeine Psychologie beschäftigt sich mit den Wirkungsweisen der psychischen *Grundfunktionen*, die allen Menschen gemeinsam sind. Dazu zählen *Wahrnehmung*, *Problemlösen*, *Gedächtnis*, *Aufmerksamkeit*, *Lernen*, *Motivation* und *Emotion*. Hinzu gekommen sind seit den 1990er Jahren zwei weitere: *Bewusstsein* und *Wille* – letzterer wird neudeutsch auch als Volition bezeichnet. Die beiden ebenfalls häufig in der Allgemeinen Psychologie angesiedelten Themen *Sprache* und *logisches Denken* werden in diesem Buch nicht näher behandelt, da beide – allerdings unabdingbare – *Werkzeuge* und damit *Erfindungen* der Menschheit sind.

Die Aufteilung der psychischen Grundfunktionen in zwei etwa gleich große Teildisziplinen der Allgemeinen Psychologie hat eine weit zurückreichende Tradition. Die eine Teildisziplin beschäftigt sich mit den *erkennenden Funktionen* wie Wahrnehmung, Aufmerksamkeit, Gedächtnis und Problemlösen. Der Schwerpunkt der anderen liegt bei den *dynamischen Funktionen*, wozu Motivation, Emotion und Lernen gehören. Bis auf den heutigen Tag finden Forschung und Lehre in der Kognitions- und in der Motivationspsychologie voneinander separiert statt (▶Abbildung 1.1).

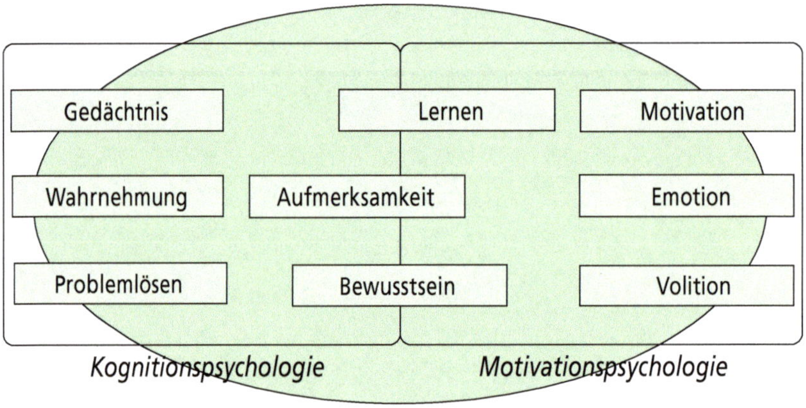

Abbildung 1.1: Traditionelle Aufteilung der Forschungsfelder in der Allgemeinen Psychologie.

Allerdings ist die Aufteilung in die beiden Teildisziplinen in mehrerlei Hinsicht überkommen, auch wenn wir gerne daran festhalten. Sie stammt aus den ersten systematischen Darstellungen der akademischen Psychologie und ist deutlich dem phänomenalen Alltagserleben verpflichtet. De facto ist das psychische Leben natürlich aus *einem Guss*. Seine Beschreibung muss aber irgendwo anfangen, ein Feld eröffnen, Grenzen ziehen und definieren. Dies geschieht in der Allgemeinen Psychologie durch die aufgegliederten Teilbereiche, und dies ist auch hilfreich so.

Dass diese Aufteilung allerdings zu starr ist, wurde in vielen Experimenten im Laufe der letzten 40 Jahre immer deutlicher, denn man findet vielfältige Wechselwirkungen von Motivation und Emotion auf der einen Seite mit Wahrnehmung, Aufmerksamkeit oder Gedächtnis auf der anderen. Kognition und Motivation gehören damit enger zusammen als man lange Zeit annahm.

Wenn man die Erkenntnisse zu den psychischen Grundfunktionen des Menschen zusammenträgt und miteinander vernetzt, kommt es – ohne dass man es beabsichtigt – zu einer Gesamtschau der menschlichen Persönlichkeitsgrundlagen. Sie stellt eine wesentliche Basis zur Bestimmung der *Conditio Humana* dar – also dessen, was allen Menschen gemeinsam ist. Bekanntlich lässt sich erst aus dem Verständnis der Gemeinsamkeiten im nächsten Schritt dann wiederum die ebenso deutlich beobachtbare Besonderheit jedes Menschen verstehen und erklären, was dann Aufgabe einer anderen Grundlagendisziplin, der *Differentiellen Psychologie*, ist.

Nicht zuletzt hat sich aufgrund der Größe des Feldes innerhalb der Allgemeinen Psychologie ein hochkarätiges Spezialistentum herausgebildet, das zwar über detailliertes Wissen, allerdings in relativ engen Bereichen, verfügt. Dies erschwert bekanntlich zum einen die Vermittlung der Erkenntnisse und zum anderen auch die Kommunikation miteinander. Aufgrund der schier unüberschaubar vielen Wissensinseln in der Allgemeinen Psychologie stellt die Umsetzung des Wunsches nach einer prägnanten und verständlichen Gesamtschau und deren Vernetzung ein riskantes Unternehmen dar, denn man kann falsch liegen.

Gleichwohl soll hier der Versuch unternommen werden, die in den meisten Teildisziplinen betriebene Abschottung aufzuheben und die de facto starke Vernetzung aller psychischen Funktionen zu beschreiben. Ich habe dazu meine in der Wissenschaft heimatlichen Gefilde, die in der Motivations- und Emotionspsychologie liegen, verlassen und „Neuland" betreten. Dazu gehörte auch ein gewisser Mut, da dies die Gefahr birgt, Fehler zu machen. Diesen aufzubringen fiel mir zugestandenermaßen nicht ganz leicht.

1.2 Ausgangslage und Problem

Im Laufe meiner nunmehr über 10 Jahre währenden Lehrtätigkeit der Psychologie als Nebenfach hat sich durch die besonderen Interessen und Fragen der Studierenden das unterrichtete Fach „Allgemeine Psychologie" rund geschliffen. Mit der Folge, dass der ursprüngliche Umfang und die Komplexität der Inhalte auf ein für die Studierenden verkraftbares Maß gestutzt wurden – wobei eine leichte Überforderung erfahrungsgemäß immer fruchtbar ist. Die Inhalte und die Art der Fragen unterscheiden sich in Vorlesungen und Seminaren für Nebenfächer deutlich von denen, die für Psychologie als Hauptfach angeboten werden. Dies betrifft insbesondere die über jeder psychologischen Theorie stehende Damokles-Frage „Was kann man denn damit anfangen?" So wurden die Nützlichkeit und der Pragmatismus wichtige Filter bei der Auswahl der Inhalte.

Auf der Suche nach einer Begleitlektüre für die Veranstaltungen gab es auf der einen Seite die bekannten und gut strukturierten englischsprachigen

Einführungstexte („Psychology“[1]), die hinsichtlich Ausstattung, Format, Gewicht und Haltbarkeit zwar als lebenslange Nachschlagewerke zu empfehlen, die aber bezüglich der Voraussetzungen und der Informationsmenge deutlich zu hoch liegen. Auf der anderen Seite gab es Einführungstexte, die gut lesbar sind, jedoch bezüglich des zu vermittelnden Wissens in den Feldern der Allgemeinen Psychologie zu kurz greifen, da sie versuchen, möglichst alle Teilgebiete der Psychologie abzudecken.

Das vorliegende Buch versucht, sich zwischen beiden Formaten zu platzieren: Zum einen soll der Erkenntnisstand auf angemessenem Niveau berücksichtigt werden, und zum anderen sollen die Inhalte vor allem auf die in der Praxis nutzbaren Aspekte beschränkt bleiben. Wenn nötig, kommen gelegentlich Erkenntnisse aus anderen Grundlagendisziplinen hinzu: aus der Entwicklungspsychologie, der Sozialpsychologie, der Persönlichkeitspsychologie, wie auch aus den Anwendungsdisziplinen Pädagogische Psychologie, Klinische Psychologie und Arbeit-, Berufs- und Organisationspsychologie.

1.3 Ziel und Gratwanderung

Wenn man in die bekanntesten Lehrbücher der Allgemeinen Psychologie hineinsieht, stellt man zunächst fest, dass die einzelnen Teilbereiche jeweils von einschlägigen Experten verfasst sind – dies sind sogenannte „Herausgeberbände“ (Müsseler, 2008; Spada, 2005). So ist garantiert, dass die Inhalte hochwertig und wissenschaftlich fundiert sind – eben „state of the art“, wie man so schön sagt. Jedoch sind die Werke nicht in einem „Geist“ geschrieben, und eine durchgängige Lektüre fällt schwer, da jedes Kapitel dem Leser einen eigenen in sich geschlossenen Stil beschert. Es ist ein bisschen wie eine Kreuzfahrt von Insel zu Insel, deren Bewohner jeweils eine andere Sprache sprechen. Da nützen auch die von den Autoren – ich selbst bin auch einer davon – geforderten Querverweise zu den anderen Kapiteln wenig. Diese scheinen dann eher wie eine rhetorische Geste als eine nachvollziehbare, begehbare Brücke.

Mir ist durchaus bewusst, dass eine ganze Reihe der geschätzten Kollegen und Spezialisten aus der Allgemeinen Psychologie einige der im vorliegenden Werk gestifteten Bezüge zwischen den neun Grundfunktionen als grobe Vereinfachungen sehen. Diese resultieren aus dem Versuch, eine höhere – oder besser: entferntere – Warte zu beziehen, mit dem Ziel, unvorbereitete Leser nicht durch die Komplexität, Schulenstreitigkeiten und Mikroskopie in den Teildisziplinen zu verwirren. Dazu ist es nötig zu glätten, unscharf zu sehen, Gemeinsamkeiten zu finden und auch Wichtiges oder Liebgewonnenes wegzulassen.

Der angestrebte „eine Guss“ gelingt natürlich nicht immer: Nicht zuletzt weil der Gegenstand komplex und schwierig ist und wir zwar ein Menge, aber längst noch nicht alles wissen.

1 In Deutsch z.B. Gerrig & Zimbardo (2008) oder Myers (2008).

1.4 Das Bewusstsein als Dreh- und Angelpunkt

Es ist eher ungewöhnlich, ein Lehrbuch der Allgemeinen Psychologie mit dem Kapitel über das Bewusstsein zu beginnen. Der Gegenstand „Bewusstsein" hat in der Psychologie den Status der bekannten „heißen Kartoffel", die man lieber nicht anfasst, weil man sich verbrennen könnte – was nicht zuletzt am Fehlen einer eindeutigen Definition liegt. Aber das bewusste Erleben ist die hell erleuchtete Eingangshalle, die erste Kammer, die man auf dem Weg zur Psyche betritt. So geschieht es im alltäglichen Leben und genauso geschah es in der Geschichte der wissenschaftlichen Psychologie.

Die wissenschaftliche Psychologie begann Ende des 19. Jahrhunderts mit der systematischen *Selbstbeobachtung des Erlebten* in kontrollierten Experimenten. Erst allmählich gewann die *Beobachtung und Messung von Verhalten* an Gewicht und wurde dann in der modernen experimentellen Psychologie dominant. Das Wissen über unbewusste Vorgänge entsteht durch messbare Zeitdiskrepanzen von Verhaltensdaten (Reaktionen) und dem Erleben (bewussten Vorstellungen) in sorgfältig kontrollierten Experimenten. Wir werden sehen, dass praktisch alle Grundfunktionen auch unbewusst und unbemerkbar erfolgreich arbeiten. Die moderne Erforschung des Unbewussten geht dabei allerdings gänzlich anders vor, als dies noch Freud vor über 100 Jahren durch das Bewusstmachen des Verdrängten in der Psychoanalyse versuchte.

So werden wir nicht selten in die „Tiefe" unbewusster Prozesse hinabsteigen und das bewusste Ich verlassen. Das *Ich* ist – bildlich gesprochen – ein Herrscher, der vom Tun seines Volkes, das die Grundlagen seiner Existenz bereitstellt, nur über Boten und Berater erfährt. Es ist ein Herrscher, der sich selbst nie in das Leben der einfachen Menschen begeben hat – er kennt es nur vom Hörensagen. Deshalb scheint es so schwierig, wenn nicht sogar unmöglich, aus dem bewussten Erleben ins Unbewusste zu sehen.

Letztendlich gehen allerdings sämtliche Theorien und Modelle, die wir über Struktur und Funktionen der Psyche entwerfen, von Vorstellungen aus, die in unserem Bewusstsein entstehen. Dessen Gesetze stellen unerbittlich den Rahmen für unsere Ideen dar und es spiegelt sich darin wider. Die Möglichkeit, an diesem Rahmen vorbei zu schauen, ist uns verwehrt. Auch unsere Wahrnehmung ist ein Resultat der Kategorien, die in unserer Sprache vorgegeben werden. Sie arrangieren und zensieren damit auch die Vorstellungen von der Welt. Davon kann sich auch die psychologische Forschung nicht ablösen. Wie sollte sie auch, da sie von Menschen betrieben wird? Insofern ist ein konsequenter bewusstseinszentrierter Blick auf die psychischen Funktionen – wie er in diesem Buch geboten wird – zu rechtfertigen.

Die unbewussten Vorgänge bleiben so lange unsichtbar, bis durch Experimente deren Wirksamkeit belegbar ist. Erst dann kann dieses Wissen in der Brille des Bewusstseins wirksam werden – bildlich z.B. als Entspiegelung beschreibbar – um die Welt von nun an etwas präziser zu betrachten. „Wir sehen nur, was wir wissen." hat Goethe einmal geschrieben. Also: Je mehr man weiß, umso mehr sieht man.

1.5 Zum Buch

Jedes Kapitel beginnt mit einem ersten Blick auf die festen Wissensinseln, die unabhängig vom politischen und gesellschaftlichen Wandel in der 100jährigen Geschichte der psychologischen Forschung relativ stabil geblieben sind. Diese erscheinen Experten häufig so subtil, dass sie kaum Erwähnung finden – für Einsteiger in die Materie stellen sie allerdings unverzichtbare „Einstiegshilfen" dar. Ich habe zudem versucht, die umfangreiche wissenschaftliche Fachterminologie, soweit es ging, außen vor zu lassen – das noch verbliebene „Fachchinesisch" der Psychologie war allerdings notwendig.

Der Stil und die Darstellungsebene des Buches liegen zwischen einer trockenen wissenschaftlichen und einer essayistischen Form – untermischt mit alltagspsychologischen Beobachtungen zu den jeweiligen Themen. Diese sollen helfen, wieder zum Inhalt zurückzufinden, wenn die Darstellung vielleicht etwas kompliziert und wenig interessant erscheint. Zur Vertiefung der Ausführungen sind am Ende jedes Kapitels einige Tipps mit *Anregungen* zum *Ausprobieren*, *Anwenden* und *Nachdenken* beigefügt. Sie sollen helfen, Brücken zwischen dem psychologischen Wissen und dessen Anwendung zu bauen. Dazu gehört auch das genaue Beobachten von sich selbst und anderen Menschen.

Neue Einsichten in die Welt und sich selbst führen im Idealfall zu einer Veränderung der Wahrnehmung. Weil man Zusammenhänge besser versteht, kann man Wesentliches von Unwesentlichem besser unterscheiden – man *sieht* von da an die Welt anders. Dies ist bei allen echten Experten der Fall – wie bei Ärzten, Automechanikern, Kriminalkommissaren, Tierpflegern usw., die „mit einem Blick" die richtigen Beobachtungen machen und verstehen. „Nichts ist praktischer als eine gute Theorie." funktioniert allerdings nur dann, wenn man die Theorie auch verstanden hat, und nicht nur *auswendig wiedergeben* kann.

Wie am Beginn jedes Kapitels sichtbar, ist die Gliederung des Buchs kreisförmig angelegt: Es ist eine Art Rundreise, die am Ende wieder an den Ausgangspunkt zurückführt – das Rätsel des menschlichen Bewusstseins.

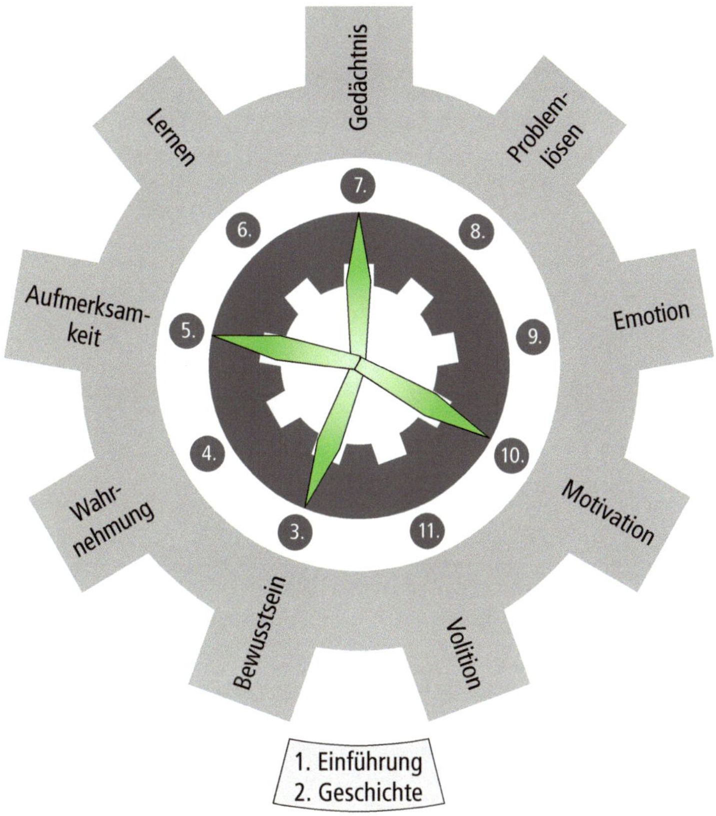

Weiterführende Literatur

Gerrig, R. J. & Zimbardo, P. G. (2008). *Psychologie.* München: Pearson Studium.

Müsseler, J. (Hrsg.) (2008). *Allgemeine Psychologie (2. Auflage).* Heidelberg: Springer.

Myers, D. G. (2008). *Psychologie.* Heidelberg: Springer.

Spada, H. (Hrsg.) (2005). *Allgemeine Psychologie (3. Auflage).* Bern: Huber.

Was ist Psychologie?

2

ÜBERBLICK

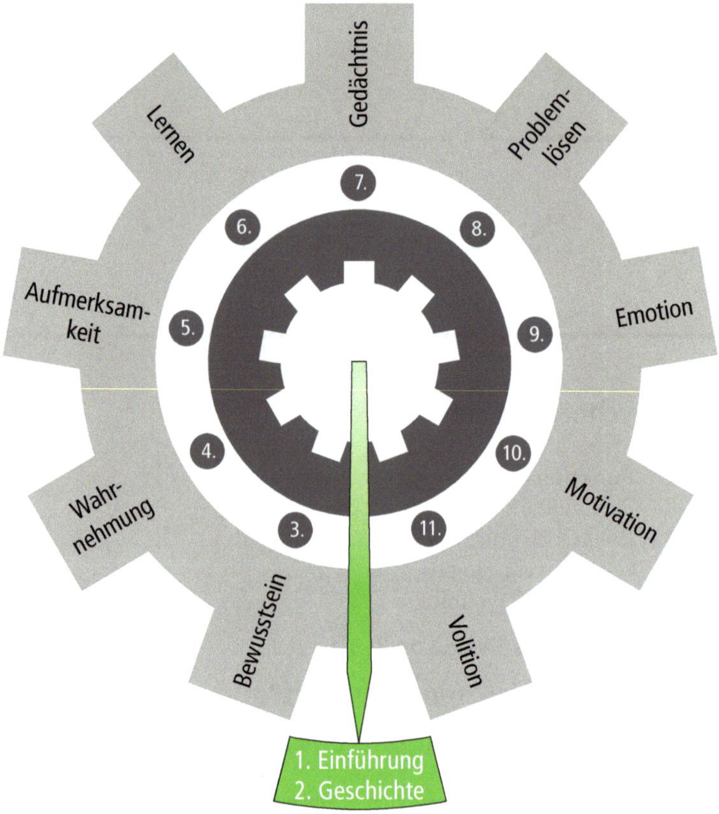

> *„Willst du dich selber erkennen, so sieh, wie die Andern es treiben.*
> *Willst du die Andern verstehn, blick' in dein eigenes Herz."*
>
> *(Friedrich von Schiller)*

Vom unsichtbaren *inneren Erleben* nahm noch Immanuel Kant (1724–1804) an, dass es sich der wissenschaftlichen Messbarkeit entziehe – mit der Begründung, dass diesem die räumliche Dimension fehle. Nur fünfzig Jahre nach Kants Tod begann Gustav Fechner (1801–1887), ein Physiker, Empfindungen und Sinneseindrücke objektiv zu messen. Die damit begründete *Psychophysik* war ein erster, wichtiger Schritt auf dem Weg zur Psychologie als empirischer Wissenschaft.

Das, was wir heute unter Psychologie verstehen, ist also noch keine sehr alte Wissenschaft. Einer ihrer Gründerväter, Hermann Ebbinghaus (1850–1909), meinte, dass die Psychologie zwar eine lange Vergangenheit, aber nur eine kurze Geschichte habe. Damit wollte er ausdrücken, dass Menschen sich zwar schon seit Anbeginn ihrer kulturellen Entwicklung mit den Rätseln der Psyche befasst haben, jedoch die Erforschung mit naturwissenschaftlichen Methoden erst Mitte des 19. Jahrhunderts begonnen hatte. Die bis dahin ausschließlich auf *Spekulationen* beruhenden Theorien der menschlichen Psyche konnten durch die neue *empirische* Vorgehensweise zum ersten Mal überprüft und in Frage gestellt werden.

Der Ausgangspunkt der wissenschaftlichen Psychologie ist in der Gründung des „Instituts für experimentelle Psychologie" und somit des ersten psychologischen Forschungslabors in Leipzig durch Wilhelm Wundt (1832–1920) im Jahr 1879 zu sehen (▶Abbildung 2.1). Forciert wurde die Geburt der neuen eigenständigen Wissenschaft Psychologie durch die in jener Zeit – also um 1850 – angeregten Überlegungen und Probleme in verschiedenen anderen, schon eindeutig an naturwissenschaftlicher Forschung orientierten Disziplinen:

In der *Physik* fingen einige Forscher an, systematisch die Eigenschaften und Leistungen des menschlichen Wahrnehmungsapparates zu erforschen. Man begann bei der Bestimmung der *Absolutschwellen* (Welche Reize können Menschen noch wahrnehmen, welche nicht mehr?) und der *Unterschiedsschwellen* (Welche Reize können Menschen gerade noch unterscheiden?). Die damals entwickelten Untersuchungsmethoden genügen im Prinzip auch den gegenwärtigen Ansprüchen. Wir kennen diese Techniken vom Augen- und Ohrenarzt. Heute ist die daraus entstandene *Psychophysik* eine Teildisziplin der Psychologie, in der diese und ähnliche Grundfragen der menschlichen Erkenntnisgrenzen ausgelotet werden.

Abbildung 2.1: Wundt (in der Mitte) um 1908 im Kreise seiner Mitarbeiter. Es wird ein Reaktionszeitexperiment nachgestellt, bei dem er selbst als Versuchsperson fungierte. Seine Mitarbeiter waren als Versuchsleiter und -protokollanten tätig. Quelle: Boring, E. G. (1957). A History of Experimental Psychology, second edition, Appleton-Century-Crofts.

In der *Biologie* wurde durch das epochale Werk Charles Darwins (1809–1882) „Über die Entstehung der Arten" („On the origins of species"; erschienen 1859) eine ganz neue Sichtweise des Menschen und seiner Psyche angeregt.

Danach konnte der Mensch (Homo sapiens) nicht mehr als eine exklusive Einzelerfindung verstanden werden, sondern als das Resultat einer schier endlosen Schöpfungsreihe, die sich über hunderte Millionen von Jahren hingezogen hatte – die *Evolution*. Nicht nur körperliche Merkmale, sondern auch psychische, wie z.B. Emotionen, haben danach eine stammesgeschichtliche Entwicklung mit tierlichen Vorläufern hinter sich.

Bei näherer vergleichender Betrachtung lassen sich bei Menschen allerdings zwei psychische Funktionen finden, in denen sie sich sehr deutlich von allen anderen Tieren des Planeten unterscheiden: Die eine ist das *Bewusstsein* und die andere ist der *Wille*. Durch den kombinierbaren Einsatz beider wird Handeln durch Einsicht und sogar auch gegen die eigenen Bedürfnisse und Triebe ermöglicht. Mit Hilfe von Bewusstsein und Wille sind Menschen in der Lage, Triebaufschub oder Triebverzicht zu leisten, was als notwendige Voraussetzung für die Entstehung der menschlichen Zivilisation, sowohl in kultureller als auch in technischer Hinsicht, angesehen werden kann. Trotz dieser Besonderheiten gibt es in der Funktionsweise der menschlichen Psyche natürlich noch viele Ähnlichkeiten mit denen der uns artverwandten Tiere. Diese betreffen eine Vielzahl der dem Bewusstsein nicht zugänglichen Prozesse, die man bei Vorgängen der Wahrnehmung, der Aufmerksamkeit, beim Lernen, dem Gedächtnis, bei der Motivation oder den Emotionen nachweisen kann.

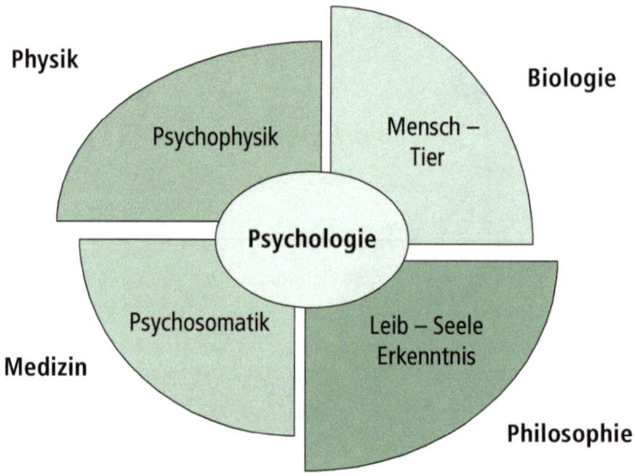

Abbildung 2.2: Die Entstehung der Psychologie im Schnittpunkt der Physik, Biologie, Medizin und Philosophie

Zu erwähnen ist ebenfalls eine eher stille Entwicklung in der *Medizin* des 19. Jahrhunderts. Insbesondere in der Psychiatrie und Nervenheilkunde wurden immer mehr Fälle körperlicher Erkrankungen dokumentiert, die *keine* körperliche Ursache besaßen. Hierzu gehören z.B. Schmerzüber- und Schmerzunempfindlichkeit, Lähmungen oder Erblindungen. Etwas später fasste Freud diese durch *psychische Ursachen* entstandenen Krankheiten als *Hysterien* zusammen. Es gelang ihm sogar, einige der Symptome unter Hypnose aufzuheben – was allerdings keine langfristige Wirkung hatte. In diesem Zusammenhang ist noch zu erwähnen, dass es unter Hypnose ebenfalls möglich ist, kurzzeitig bei gesunden Menschen ähnliche Krankheitssymptome kontrolliert hervorzurufen.

Solch geartete Phänomene, die das Wechselspiel von Psyche und Körper betreffen, werden heutzutage in der *Psychosomatik* und in der *Psychophysiologie* systematisch untersucht.

In der zweiten Hälfte des 19. Jahrhunderts drängten sich in den drei Naturwissenschaften Biologie, Physik und Medizin also Fragen auf, die den Gegenstand und die Methoden der jeweiligen Disziplinen überlasteten, und die in ihrer Schnittmenge dann zur Gründung einer neuen Disziplin führten. Es entstand die wissenschaftliche Psychologie mit einem eigenen Gegenstandsfeld und eigenen Methoden.

Eine weitere Disziplin mit maßgeblichem Einfluss auf die Psychologie sollte nicht vergessen werden (siehe ▶Abbildung 2.2). Neben der Theologie hat sich die *Philosophie* als reine Geisteswissenschaft ebenfalls schon immer mit Fragen nach der Leib-Seele-Beziehung und den Grenzen der menschlichen Erkenntnis beschäftigt. Die unterschiedlichsten Vorstellungen über Geist, Seele oder Psyche und ihre Funktionsweisen – jeweils durch den entsprechenden Zeitgeist geprägt oder gerade gegen ihn – wurden erdacht. Heute würden wir viele dieser Ansätze als naive Theorien über die menschliche Psyche bezeichnen, da sie sich jeglicher empirischen Überprüfbarkeit entziehen oder gar den empirischen Fakten zuwiderlaufen. Wundt stellte hier eine entscheidende Weiche, da er – als ausgebildeter Mediziner naturwissenschaftlich orientiert – seine 1875 angetretene Professur für Philosophie empirisch-psychologisch ausrichtete und die experimentelle Psychologie begründete. Seine Assistenten stellten in den nachfolgenden Jahrzehnten einen wichtigen Teil der ersten Generation von Psychologie-Professoren in Deutschland dar.

2.1 Die psychologischen Schulen

Trotz ihrer kurzen 130-jährigen Geschichte entstanden in der Psychologie sehr verschiedene epochale Bewegungen, die als psychologische *Schulen* oder *Systeme* bezeichnet werden. Jede dieser Strömungen lieferte aus ihrer eigenen Perspektive wichtige Beiträge für die Allgemeine Psychologie. Daraus lässt sich ein beeindruckendes Mosaik des gegenwärtigen Wissensstands zusammensetzen, was bei einer oberflächlichen Betrachtung – wegen der deutlichen Gegensätze der einzelnen Schulen – kaum möglich scheint.

Dem ersten wichtigen Schritt zu einer eigenständigen wissenschaftlichen Disziplin von Wilhelm Wundt folgten weitere, und bis in die Gegenwart lassen sich insgesamt sechs psychologische Schulen, die jeweils besondere Zugänge und Methoden vorstellten, unterscheiden. Die zeitweise recht scharf geführten Kontroversen zwischen den psychologischen Schulen lassen sich in der Rückschau aus höherer Perspektive aufheben, und jede der Schulen hat mit ihren besonderen Erkenntnissen ihren eigenen Platz und Stellenwert. Sie können nebeneinander bestehen bleiben – mit jeweils eigener Nützlichkeit und spezifischem Gültigkeitsbereich.

2.1.1 Strukturalismus

Wilhelm Wundt (1832–1920)

Die ersten Definitionsversuche, die das Forschungsfeld und -ziel einzugrenzen versuchten, stammen von Wilhelm Wundt. Er sah den zentralen Ausgangspunkt und Gegenstand der Psychologie in dem nur dem Menschen eigenen Bewusstsein. Dieser Gegenstand der Psychologie, die „inneren Erfahrungen“, lässt sich auf den ersten Blick von den Naturwissenschaften, die die „äußere Welt“ erforschen, eindeutig abgrenzen. Daraus resultierte eine erste Definition von Psychologie:

Gegenstand der psychologischen Forschung ist die gesamte Erfahrung in ihrer unmittelbaren subjektiven Wirklichkeit – also die Empfindungen, die Gefühle, die Gedanken und der Wille. Im Gegensatz zu den Objekten der äußeren Welt, die Gegenstand der Naturwissenschaften sind.

Nach dem Vorbild der *Chemie*, die die Vielfalt der stofflichen Erscheinungen aus der Zusammensetzung einer begrenzten Anzahl von *chemischen Elementen* erklären konnte, sollten auch die vielfältigen Erscheinungen in unserem Bewusstsein durch eine begrenzte Anzahl von *Bewusstseinselementen*, die es zu finden galt, erklärt werden. Warum sollten die Gesetze der äußeren Welt nicht die gleichen sein wie die der inneren Welt? Es wurde also nach der vorhandenen Struktur sowie nach ihren Einzelteilen (Elementen) und deren Beziehungen gesucht.

Das Wundt'sche Forschungsprogramm nahm seinen Ausgangspunkt also in der Aufgabe, die Bewusstseinsvorgänge exakt zu analysieren. Die damals verfolgten Ziele stellen sich aus der heutigen Perspektive als sehr anspruchsvoll und schwierig zu beantworten heraus (▶Tabelle 2.1).

spezielle Frage	allgemeine Frage	Ziel
Was sind die Inhalte des Bewusstseins?	Was ist da?	Beschreibung und *Klassifikation* der Phänomene
Wie kommen die Vorstellungen oder Wahrnehmungen zustande?	Wie entsteht das?	*Erklärung* der Mechanismen, wie etwas funktioniert
Was sind die Gesetzmäßigkeiten ihrer Aufeinanderfolge?	Was sind die Gründe?	Bestimmung von Ursache und Wirkung und damit *Vorhersage*

Tabelle 2.1: Das Wundt'sche Programm zur Erforschung des Bewusstseins

In diesem schon hundertjährigen Forschungsprogramm finden sich die zentralen, universellen Aufgaben wissenschaftlichen Vorgehens als Ziele wieder: Klassifikation, Erklärung und Vorhersage. Der zu untersuchende Forschungsgegenstand, also die Bewusstseinstätigkeit, ließ damals allerdings nur *eine* Untersuchungsmethode zu: die systematische *Selbstbeobachtung* (Introspektion) in sorgfältig kontrollierten Experimenten. Es gehört eine gewisse Erfahrung und Kompetenz dazu, solch eine Innenschau auszuüben und diese im Nachhinein präzise zu beschreiben, und so war es in der Anfangszeit die Regel, dass die Professoren selbst als Versuchspersonen fungierten. Die in Abbildung 2.1 dargestellte Rolle Wundts war also nicht nur für den Fotografen gestellt.

Eine zentrale Erkenntnis dieser Experimente bestand zunächst in der Identifizierung zweier deutlich unterscheidbarer Klassen von Bewusstseinsinhalten: die *objektiven Vorstellungen* auf der einen und die *subjektiven Gefühle* auf der anderen Seite. Die Unterscheidung in die beiden Inhaltsklassen objektive und subjektive Gebilde geht zurück auf die Beobachtung, dass ein Objekt wie z.B. eine Schlange oder ein Gartenstuhl durchaus von verschiedenen Menschen gleich, d.h. „objektiv", beschrieben werden kann, dass jedoch die erlebten Gefühle der Betrachter subjektiv sehr unterschiedlich ausfallen können (=> *Kapitel 3 Bewusstsein*).

Auch fand man, dass die auftretenden Vorstellungen (z.B. Gedanken oder Wahrnehmungen) ebenso wie die erlebten Gefühle aus „kleineren" Bestandteilen, den einfachsten subjektiven Empfindungen, zusammengesetzt sind – aus Vorstellungs- und Gefühls*elementen*. Hier nahm Wundt den Begriff „Element" aus der damals große Fortschritte machenden Chemie auf. Bekanntlich entstand in jener Zeit das auch heute noch im Grundsatz gültige Periodensystem der chemischen Elemente[1]. Er übernahm also die naturwissenschaftliche Erkenntnis, dass sich jeder x-beliebige Körper – egal ob organisch oder anorganisch – aus einer endlichen Zahl von Elementen und deren Verbindungen zusammensetzt. Auf die Bewusstseinserscheinungen übertragen, seien diese – so Wundt – trotz ihrer im subjektiven Erleben so unendlich scheinenden Vielfalt stets das Ergebnis der Zusammensetzung einer endlichen Zahl von Bewusstseinselementen.

Der große und weit reichende Einfluss der Ideen und Methoden des Gründervaters der experimentellen Psychologie kann daran bemessen werden, dass Wilhelm Wundt im Laufe seiner über vierzig Jahre währenden Schaffenszeit als Universitätsprofessor die immense Zahl von 184 Promotionen – davon waren sechzig von Ausländern verfasst – als Erstgutachter betreut hat. Viele seiner Assistenten wurden später selbst als Professoren für das neu entstandene Universitätsfach Psychologie berufen – nicht nur in Deutschland, sondern auch in den USA.

1 Damals waren nur die 92 „natürlichen Elemente" bekannt.

2.1.2 Funktionalismus

William James (1842–1910)

War der Untersuchungsansatz von Wundt darauf ausgerichtet, die der menschlichen Bewusstseinstätigkeit zugrunde liegenden Inhalte und Mechanismen zu ergründen, so war die Perspektive von William James (1842–1910), der 1867 als Student bei Wundt in Deutschland war, eine andere. Ging Wundt als Strukturalist noch von den Fragen aus „Woraus besteht das?“ und „Wie funktioniert das?“, so stellte James auch die Fragen „Wie ist das entstanden?“ und „Wozu ist das da?“. Der Ansatz James' zielt also darauf, zum einen die Ursachen und zum anderen die Wirkung und den Nutzen einer bestimmten psychischen Funktion zu erklären, was deren Bedeutung für die Anpassung an wechselnde Umweltanforderungen einbezieht. Am Beispiel des Schmerzes würde James also sagen, dass er typischerweise durch eine Verletzung hervorgerufen wird, den Wunsch aktiviert, ihn wieder loszuwerden, und Verhalten in Gang setzt, das diesem Ziel dient. Wundt würde stattdessen die Bestandteile des Schmerzerlebens beschreiben – also die Empfindungen und Vorstellungen sowie die begleitenden Gefühle (=> *Kapitel 9 Emotion*).

Zudem interessierte James sich deutlich stärker als sein Lehrer Wundt für alltagspsychologische oder für außergewöhnliche und pathologische Phänomene der Psyche. Auch für diese „anormalen“ psychischen Leistungen stellte er die Frage nach deren Funktionen und Auswirkungen. Der psychologische *Funktionalismus* war geboren und gewann in der Folgezeit großen Zuspruch. In dieser funktionalistischen Betrachtungsweise findet sich auch einer der Grundgedanken von Darwin wieder, nämlich dass jedes Verhalten für allgemeine übergeordnete Ziele (Überleben, Reproduktion) dienlich ist.

Bei näherer Betrachtung der strukturalistischen und funktionalistischen Vorgehensweise kommt man unschwer zu dem Schluss, dass sie sich gegenseitig *nicht* ausschließen, sondern einander ergänzen. Wenn man wissen will, wie etwas funktioniert, sind die Antworten auf die Fragen „Woraus besteht das? Wie funktioniert das?“ und „Wozu dient das? Wozu ist das gut?“ gleichermaßen wichtig.

2.1.3 Psychoanalyse

Sigmund Freud (1856–1939)

Eine gänzlich andere Perspektive auf die menschliche Psyche stellte Sigmund (eigentlich: Sigismund Schlomo) Freud (1856–1939) vor – die *Psychoanalyse*. Er war weniger interessiert an der Tätigkeit des Bewusstseins selbst als vielmehr an den unbewussten Vorgängen, die ihm vorauslaufen und zugrunde liegen. Obwohl er Neurologe war, interessierte er sich nach seinem Studium immer stärker für die Erkrankungen, die *keine* nachweisbaren neurologischen Ursachen besaßen. Er bezeichnete sie als *Neurosen* und *Hysterien*. Bei vielen an den Patienten beobachtbaren körperlichen Symptomen – wie z.B. Erblindung, Lähmung, Schmerzüber- oder Schmerzunterempfindlichkeit, aber auch bei Zwangshandlungen und spezifischen Ängsten – stellte er zunächst fest, dass unter Hypnose die Symptome abgeschwächt auftreten oder komplett zum Verschwinden gebracht werden konnten. Allerdings hatte dies nicht zur Folge, dass damit eine dauerhafte Heilung einherging, sondern es traten häufig neue Symptome auf – es gab eine Symptomverschiebung. Er bemerkte aber, dass „Redekuren“, in denen die Patienten all das aussprechen, was ihnen durch den Kopf geht, bei einigen halfen. Neben der Redekur, die dann in der Folge durch die Technik des freien Assoziierens ersetzt wurde, nutzte er später auch die Deutung der Träume, um den unbewussten verdrängten Inhalten auf die Spur zu kommen und sie dann letztendlich den Patienten bewusst zu machen. Diese Bewusstwerdung unter Freisetzung der dazugehörenden Emotionen führte dann zur Katharsis und Heilung, die auch dauerhaft anhielt.

Um die Geschehnisse, die bei der heilsamen Bewusstwerdung von vergessenen Erlebnissen beobachtbar waren, zu erklären, entwarf Freud den sog. *psychischen Apparat*. Dieser besteht aus *unbewussten Strukturen und Vorgängen*. Zusammen mit seiner später erschienenen *Metapsychologie* liegt mit dem Freudschen Werk ein tiefsichtiger Gedankenfundus vor, der viele der nachfolgenden Generationen von Psychologen bis in die Gegenwart beeinflusst und inspiriert hat. Obwohl er eigentlich Arzt war, sah Freud die Psychoanalyse nicht in der Medizin, sondern in der Psychologie verankert. Seine Wirkung ging jedoch weit darüber hinaus und sogar Künstler wurden davon ergriffen – z.B. die Surrealisten. Am Ende haben die von ihm eingeführten Fachbegriffe wie „Es“, „Ich“ und „Überich“ wie auch „Verdrängung“, „Abwehr“ oder „Zensur“ sogar in die Umgangssprache Eingang gefunden.

Trotz vielfältiger Kritik an den psychoanalytischen Modellen der Psyche, die insbesondere die mangelnde empirische Überprüfbarkeit betraf, hat die Annahme eines strukturierten dynamischen Unbewussten insbesondere die Motivationspsychologie stark beeinflusst (=> *Kapitel 10 Motivation*).

2.1.4 Behaviorismus

John Broadus Watson (1878–1958)

Um 1920 entstand in den USA das starke Bestreben, psychologische Forschung rein naturwissenschaftlich, d.h. ausschließlich mit objektiv überprüfbaren Messungen, zu betreiben. John Broadus Watson (1878–1958) kritisierte in seinem behavioristischen Manifest die damals häufige Praxis, Selbstbeschreibungen des eigenen Erlebens als wissenschaftliche Daten zu akzeptieren. Woher sollte man wissen, ob die Probanden auch wirklich das beschrieben, was sie subjektiv erlebten, oder ob sie nicht einfach etwas erfanden? Zumal die ungeschulte Selbstbeobachtung zu den merkwürdigsten Ergebnissen und Interpretationen führte, was dem Ruf der Psychologie nicht zuträglich war. Mit der konsequenten Forderung nach Objektivität stellte der behavioristische Ansatz damit eine komplette Kehrtwende zur Wundt'schen Auffassung dar. So setzte dann auch die Definition von Psychologie einen anderen Schwerpunkt:

> *Für einen Behavioristen ist Psychologie diejenige naturwissenschaftliche Disziplin, die menschliches Verhalten ... zum Gegenstand hat.*

Das Credo des „Behaviorismus" war, dass einzig solche Daten als Grundlage für psychologische Modelle und Theorien dienen dürfen, die durch *außen* stehende Beobachter messbar sind – also nicht solche, die mittels Beschreibung des eigenen Erlebens gewonnen werden. Dieses Kriterium der Objektivität erfüllen zum einen die in den Experimenten eingesetzten Reize (S = Stimulus) und zum anderen die darauf folgenden Reaktionen (R = Response). Wegen der radikalen Abstinenz von allem, was gemeinhin als psychisch bezeichnet wird, wurde und wird dieser Ansatz von seinen Kritikern etwas abfällig als S-R-Psychologie bezeichnet – zu Unrecht, wie ich meine. Der Vorteil dieses Vorgehens ist, dass Verhalten relativ einfach hinsichtlich seiner Richtung, seiner Intensität und seiner Auswirkungen erfasst und danach ausgewertet werden kann – etwa mittels Filmaufzeichnungen. So traten eine Reihe neuer überraschender und wichtiger Erkenntnisse zu Tage, die nur zustande kamen, weil man den Fokus so eng gezogen hatte – z.B. die Unterschiede in der Verhaltensintensität beim Aufsuchen und Vermeiden (=> *Kapitel 10 Motivation*).

Mit der Verbesserung der medizinischen Messtechniken wurden später auch physiologische Daten, wie die Herzfrequenz, hinzugenommen. Insbesondere begann man nach den Ursachen von Verhaltens*änderungen* zu suchen und war dann in den 30er und 40er Jahren des 20. Jahrhunderts sehr erfolgreich damit. Insbesondere die Lernpsychologie profitierte von den Arbeiten Burrhus Frederic Skinners (1904–1990), dessen Name mit der *operanten Konditionierung* eng verbunden ist (=> *Kapitel 6 Lernen*).

2.1.5 Gestaltpsychologie

Max Wertheimer (1880–1943)

Eine andere Richtung nahm die Entwicklung der Psychologie in Europa, insbesondere in Deutschland. Lange Zeit dominierte die strukturalistische Perspektive ihres Gründervaters Wundt die akademische Psychologie, mit der Annahme, dass alle bewusst erlebten Vorstellungen und Gefühle durch die besondere Zusammensetzung und Kombination objektiver und subjektiver Elemente entstehen (s.o.). Die Beobachtungen von Gestaltpsychologen wie Max Wertheimer (1880–1943, siehe Foto) oder Wolfgang Köhler (1887–1967) entsprachen dem nicht. Sie fanden, dass noch *vor* der Wahrnehmung von einzelnen Teilen eines Objektes eine Gesamtwahrnehmung stattfindet – man nimmt nicht Elemente wahr, sondern man sieht *ganze Gestalten*, die dann die Wahrnehmung der einzelnen Teile beeinflussen. Insbesondere ist dies dann nachzuweisen, wenn man Teile von Objekten verdeckt oder weglässt, diese aber dennoch korrekt erkannt werden. Die zentralen Beobachtungen der gestaltpsychologischen Forschung führten zu der Erkenntnis, dass das Ganze *etwas anderes* als die Summe seiner Teile ist. Bekannter, jedoch nicht ganz richtig kolportiert, ist die Formulierung: Das Ganze ist *mehr* als die Summe seiner Teile. Neben der Forschung im Labor versuchte die Gestaltpsychologie auch im angewandten Feld und für den Alltag taugliche Erklärungen zu finden, was insbesondere für die visuelle Wahrnehmung auch gelang (=> *Kapitel 4 Wahrnehmung*).

Der bekannte, in die USA ausgewanderte Gestaltpsychologe Kurt Koffka berücksichtigte dies in seiner Definition von Psychologie:

> *Psychologie beschäftigt sich mit dem wissenschaftlichen Studium des Verhaltens von lebenden Kreaturen in ihrer Umwelt.*

Wie in dieser Programmatik ersichtlich, ist eine ökologische Perspektive hierin angedacht – und diese stellt damit auch eine kritische Sichtweise auf die bis dahin im akademischen Feld dominante Laborforschung dar.

2.1.6 Kognitive Psychologie

Ulric Neisser (1928–2012)
Quelle: Emory University, Atlanta, Georgia

Als man etwa ab 1950 zu messen begann, wie viel Zeit die Versuchspersonen für bestimmte kognitive Leistungen – z.B. Wahrnehmungen oder Entscheidungen – benötigen, begann eine neue Ära der psychologischen Forschung. Das 1967 erschienene Übersichtswerk mit den ersten Ergebnissen dieser Forschung hieß „Cognitive Psychology" und Ulric Neisser (1928–2012) war der Autor. Die kognitiven Leistungen (lat. cognoscere = erkennen, wahrnehmen, wissen) lassen sich demnach bei Organismen (bei Menschen wie bei Tieren) auf ähnliche Weise verstehen wie die Prozesse der Informationsverarbeitung in technischen Systemen.

Der Grundgedanke dieses experimentell orientierten Vorgehens war die Annahme, dass die Verarbeitung von Reizen aus der Umwelt *Zeit benötigt*, die – wiederum abhängig von der Schwierigkeit der Aufgabe – kürzer oder länger ist. Man konnte also bei unterschiedlichen Aufgaben die Lösungszeiten als objektive Daten messen und dann im nächsten Schritt diese Reaktionszeiten (RZen) miteinander vergleichen. Die Aufgaben können u.a. hinsichtlich der Schwierigkeit, der Anzahl von Entscheidungen oder Vergleichen oder der notwendigen Gedächtnisabrufe variiert werden. Die Erkenntnisse, die so gewonnen werden, lassen die für die Aufgabenbewältigung notwendigen kognitiven Strukturen und Prozesse mit großer Sicherheit identifizieren, und der Spekulation sind enge Grenzen gesetzt.

Die bis dahin gültige Annahme von Wundt, dass die sog. *höheren Geistestätigkeiten* experimentell nicht untersuchbar seien, konnte die moderne Kognitive Psychologie in vielen Bereichen widerlegen. Der Kenntnisstand darüber, wie Aufmerksamkeits- oder Gedächtnisvorgänge vonstattengehen, hat sich seit dem Beginn dieser Forschung ständig vergrößert, und es konnte inzwischen ein breites, experimentell abgesichertes Wissen über die menschliche Informationsverarbeitung gesammelt werden (=> *Kapitel 5 Aufmerksamkeit, Kapitel 6 Gedächtnis*).

2.2 Psychologie als Wissenschaft

In diesem kurzen Durchlauf konnten wir die wichtigsten Etappen der Psychologie bis in die Gegenwart nachvollziehen. Dabei ist zu beachten, dass die älteren Schulen nicht einfach durch die jeweils neueren ersetzt wurden. Jede Schule hat ihren eigenständigen Beitrag geliefert, und erst alle zusammen ergeben das aktuelle Gesamtbild der wissenschaftlichen Psychologie. Generell besteht die Aufgabe jeder Wissenschaft darin, *neue und interessante Tatsachen und Zusammenhänge* ans Licht zu fördern und damit unser Wissen zu vergrößern. Dies beginnt im ersten Schritt durch die Erstellung sinnvoller

Klassifizierungssysteme, um die vielfältigen Erscheinungen gemäß bestimmter allgemeiner Merkmale einordnen zu können – z.B. kann jeder beliebige mimische Ausdruck aufgrund der gerade aktivierten Gesichtsmuskeln einer spezifischen Emotion zugeordnet werden (vgl. *Abschnitt 9.1*). Im nächsten Schritt geht es dann um das Auffinden von regelhaften Zusammenhängen, von Wenn-Dann-Beziehungen und Erklärungen – z.B. führt eine unerwartete Änderungen in der Umwelt zur unwillkürlichen Lenkung der Aufmerksamkeit dorthin (vgl. *Abschnitt 5.5*). Sowohl hinsichtlich der Klassifizierung als auch der Erklärung psychischer Phänomene hat sich unser Wissen in den letzten 130 Jahren stetig vergrößert. In ▶Tabelle 2.2 wird ersichtlich, dass die einzelnen psychologischen Schulen sowohl inhaltliche als auch methodische Schwerpunkte hatten. Dabei müssen um der Klarheit willen einige Sachverhalte sehr pointiert markiert werden – und somit wird die Darstellung natürlich nicht allen Fakten und Facetten gerecht.

Psychologische Schule	Untersuchungsgegenstand	Wie und wo?	Ziel / Schwerpunkt
Strukturalismus ab 1880	Erleben, (Verhalten)	in Experimenten	Bewusstsein / Aufmerksamkeit, Volition
Funktionalismus ab 1890	Erleben, Verhalten	in alltäglichen Situationen	Funktionen der Psyche / Emotion, Volition
Psychoanalyse ab 1900	Erleben – Phantasie, Verhalten – Symptome	in der Therapie	Bewusstes – Unbewusstes / Motivation, Emotion
Behaviorismus ab 1920	Verhalten von Tieren	in Laborexperimenten	Ursachen des Verhaltens / Lernen, Motivation
Gestaltpsychologie etwa ab 1920	Erleben, (Verhalten)	in Experimenten und im Alltag	Wahrnehmung, Motivation
Kognitive Psychologie etwa ab 1950	Erleben und Verhalten (Reaktionszeiten)	in Experimenten	Informationsverarbeitung / kognitive Prozesse (Wahrnehmung, Gedächtnis)

Tabelle 2.2: Die großen psychologischen Schulen und ihre Besonderheiten

Alle diese psychologischen Schulen, die seit 1879 entstanden sind, haben also wichtige Beiträge für die Allgemeine Psychologie geliefert – einige eher für die Wahrnehmung und das Gedächtnis, andere eher für das Lernen oder die Motivation. In der gegenwärtig stark durch die neuropsychologischen Messmethoden beeinflussten Forschung, bei der die Aktivitäten des arbeitenden Gehirns von Versuchspersonen aufgezeichnet werden, können zum ersten Mal in der Geschichte Gehirnprozesse mit dem gleichzeitig stattfindenden Erleben (Vorstellungen und Gefühle) abgeglichen werden. Neben dem (phänomenalen) Erleben und der Gehirnaktivität kann in den Labors auch rudimentäres Verhalten (Reaktionszeiten per Knopfdruck) erfasst werden.

Das komplexe Verhalten im Lebensumfeld außerhalb der Aufzeichnungsgeräte entfällt dabei allerdings, da die Messsituation nur in streng statischer – meist liegender – Position möglich ist.

Exkurs 2.1: Definitionen: Psychologie, psychisch, psychologisch

Psychologie (griech. *psychología* – zusammengesetzt aus Psyche (Seele) und Logos (Wort, Sprache) – heißt „Seelenkunde"; engl. *study of the mind*) ist die

> *Wissenschaft zur Beschreibung, Erklärung und Vorhersage des Erlebens und Verhaltens des Menschen, deren Entwicklung in der Lebensspanne und deren inneren und äußeren Ursachen und Bedingungen.*

Die Psychologie ist eine bereichsübergreifende Wissenschaft. Sie lässt sich nicht allein den Geisteswissenschaften, Sozialwissenschaften oder Naturwissenschaften zuordnen. Eine moderne Einteilung begreift Psychologie allerdings eher gleichermaßen als Verhaltenswissenschaft (im Sinne der engl. *behavioral sciences*), Kognitionswissenschaft und Neurowissenschaft.

Psychologisch ist die Betrachtung psychischer Phänomene (einschließlich des Verhaltens) aus der wissenschaftlichen Perspektive. Es ist beispielsweise Aufgabe psychologischer Forschung, die Entstehung von Emotionen zu untersuchen. Emotionen können dann psychologisch erklärt werden.

Psychisch bezeichnet, dass ein Phänomen auf psychische Ursachen bezogen werden kann. Wenn jemand sehr aggressiv ist, kann das z.B. psychische Ursachen haben, ebenso wie es physische Ursachen haben kann – aber eben nicht psychologische!

Folgende Definition kann daraus etwas verkürzt zur oben genannten abgeleitet werden:

> *Psychologie ist die Wissenschaft vom Verhalten und von mentalen Prozessen des Menschen.*

Dabei umfasst der Terminus „mental" sowohl bewusste als auch unbewusste Vorgänge. Die etwas einfachere und häufig zu findende Definition, Psychologie als die Wissenschaft von Verhalten und Erleben zu beschreiben, greift zu kurz, da hier unbewusste Vorgänge nicht berücksichtigt sind.

2.3 Natur- oder Geisteswissenschaft?

Als man begann, psychische Vorgänge in Laborexperimenten zu untersuchen, begründete man dies mit der Wissenschaftlichkeit dieses Vorgehens. Damit wurde versucht, die damals schon bewährten Methoden der Naturwissenschaften – insbesondere der Physik – auf den besonderen Forschungsgegenstand, das menschliche Bewusstsein, anzuwenden. Das Ziel war es, beweisbare Tatsachen und gesicherte Erkenntnisse zu Tage zu fördern, die Bestand haben sollten. Nun wirft die für die Untersuchung des Bewusstsein notwendige Methode der Selbstbeobachtung ein besonderes, nicht zu umgehendes Problem auf, das in der bezweifelbaren Objektivität der erhaltenen Daten begründet ist – dies haben die Behavioristen ja hinreichend erkannt und kritisiert.

Es stellt sich die Frage, ob hier zwar die *Methode* der Naturwissenschaft zum Zuge kommt, jedoch der *Gegenstand* der Forschung nicht materiell greifbar ist? Ist ein solcher Versuch nicht von vornherein zum Scheitern verurteilt? Kann sich Psychologie überhaupt aus dem Terrain der Geisteswissenschaft befreien?

Wundt versuchte das Problem zu lösen, indem er die Experimente streng nach den Kriterien *Willkürlichkeit*, *Wiederholbarkeit* und *Variierbarkeit* durchführte. *Willkürlichkeit* bedeutet, dass der Versuchsablauf komplett vom Zeitpunkt des Beginns, über den gesamten Verlauf und bezüglich des Endes in der Kontrolle des Versuchsleiters liegt. Zudem sollte jedes Experiment von jedem, der es beabsichtigt, genauso replizierbar sein und damit dem zweiten Kriterium, dem der *Wiederholbarkeit*, genügen. Ein weiteres Kriterium kommt noch hinzu, denn im Versuch soll ja der Einfluss eines bestimmten Faktors auf das Erleben oder Verhalten bestimmt werden – z.B. der Einfluss der Helligkeit auf die Lesbarkeit eines Textes. Wenn also der untersuchte Einfluss auch in seiner Intensität verändert werden kann, d.h. *Variierbarkeit* vorliegt, dann kann hierbei von einem Experiment gesprochen werden – das ist bei der Helligkeit des Lesefeldes ja ohne Probleme möglich.

Wir sehen also, dass bei relativ „einfachen" psychischen Leistungen wie der Wahrnehmung durchaus wissenschaftliches Experimentieren möglich ist. Bei „höheren" dagegen ist das nicht so ohne Weiteres der Fall, da mit dem persönlichen Entfaltungsspielraum, der dabei – z.B. beim Problemlösen – notwendig wird, eine experimentelle Kontrolle immer weniger gelingen kann. Die Versuchspersonen schaffen sich schlicht und einfach ihre Reize selbst und dies in hohem Maße individuell – sei es durch Einfälle oder Erinnerungen. Sie reagieren nicht mehr auf äußere Reize, sondern auf ihre sich höchst individuell entfaltenden und nicht vorhersagbaren Vorstellungen und Ideen, wie dies im Extrem während eines Schachspiels zu beobachten ist. Eine genaue Wiederholbarkeit solcher Experimente ist damit streng genommen nicht möglich.

Man stellt schnell fest, dass bei konsequenter Anwendung dieser drei Kriterien nicht alle psychischen Vorgänge und Leistungen auf Anhieb untersuchbar sind. Problemlösen, Aufmerksamkeit oder Motivation entziehen sich – zumindest auf den ersten Blick – der experimentellen Kontrolle. Wie wir in den folgenden Kapiteln sehen werden, brauchte es zum Teil viel Ausdauer der Forscher und gelegentlich auch den hilfreichen Zufall, dass am Ende neue Wege beschritten werden konnten, um auch für komplexe psychische Leistungen gesicherte Erkenntnisse zu gewinnen. Manchmal war es aber – wie in den Naturwissenschaften häufig – erst die Entwicklung neuer oder präziserer Messtechniken, die einen genaueren Blick in bis dato widerspenstige psychische Phänomene möglich machte – wie z.B. die Messung von Blickbewegungen zur Erforschung von Werbewirkungen.

Der Einsatz des experimentellen Vorgehens der Naturwissenschaften hat sich bis in die Gegenwart als äußerst hilfreich erwiesen und den fortlaufend wachsenden Wissensstand der Psychologie in ein sich stetig vergrößerndes, festes Fundament fügen können. Jedoch kann man psychische Strukturen und Vorgänge als Forschungsgegenstand nicht einfach mit den untersuchten

Strukturen und Vorgängen in klassischen Naturwissenschaften wie Chemie oder Physik gleichsetzen. Eine etwas vereinfachte Faustregel könnte lauten: Je mehr Bewusstsein an psychischen Leistungen beteiligt ist, umso weiter entfernt sich das Geschehen von einfachen Gesetzmäßigkeiten und mechanischen Wenn-Dann-Regeln.

Es gibt also Besonderheiten bei der Untersuchung von psychischen Leistungen. Von diesen mögen drei zentrale hier genannt werden, um die Komplexität des Gegenstandes verdeutlichen zu können. Allesamt gehören sie zu den Merkmalen geisteswissenschaftlicher Forschung. Es sind dies *Reflexivität der Erkenntnisse*, *geschichtliche Einbindung* und *soziale Einbettung* (▶Abbildung 2.3).

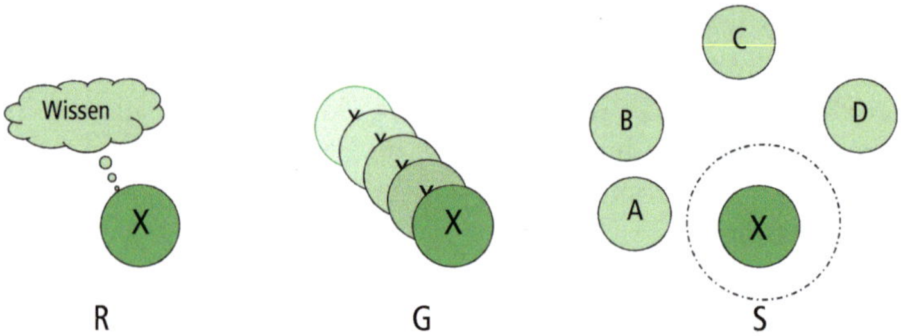

Abbildung 2.3: Drei Merkmale geisteswissenschaftlicher Erkenntnisse (R = Reflexivität, G = Geschichtliche Einbindung, S = Soziale Einbettung)

1 Unter *Reflexivität der Erkenntnisse* ist zu verstehen, dass das Wissen um einen gesetzesmäßigen Zusammenhang in der Psychologie Wirkungen entfalten kann, die den gefundenen Wirkungszusammenhang neutralisieren oder sogar konterkarieren können. Am Beispiel des *Zuschauer-Effekts* („bystander effect") kann dies verdeutlicht werden: 1964 wurde die junge Frau Kitty Genovese[2] auf einem beleuchteten Parkplatz von einem Mörder in mehreren Anläufen durch eine Vielzahl an Messerstichen getötet. Sie schrie dabei vor Angst und Schmerzen mehrfach um Hilfe. Diese wurde ihr jedoch nicht gewährt, obwohl – wie sich im Nachhinein herausstellte – über dreißig Personen, die sich auch untereinander sehen konnten, von ihren Wohnungsfenstern die Tat verfolgten. Die damals angeregte Forschung zum Hilfehandeln konnte in vielen Experimenten immer wieder finden, dass mit der Anzahl der Beobachter einer in Not geratenen Person die Wahrscheinlichkeit des Hilfehandelns immer geringer wird. Eine Erklärung dafür ist die damit entstehende *Verantwortungsdiffusion*, d.h. die erlebte Verantwortung für das Helfen wird immer geringer, je mehr Andere auch handeln könnten. So viel zum gut abgesicherten Zuschauer-Effekt, den man im alltäglichen Leben immer wieder beobachten kann. Aber nun kommen wir zur Reflexivität dieser Erkenntnis: Menschen, die von der Existenz des Zuschauer-Effekt wissen, können in der nächsten Situation, in der eine hilfsbedürftige Person auf-

2 Sie erhielt die traurige Ehre, dass der Zuschauer-Effekt auch mit ihrem Namen in die Literatur einging, und man vom Genovese-Syndrom schreibt.

taucht, dem Effekt genau zuwiderhandeln, indem sie erkennen, dass der Effekt auch bei ihnen wirksam ist – und gerade dann helfend zur Tat schreiten, wenn viele Zuschauer anwesend sind. Das Wissen um den Zuschauer-Effekt kann also das Verhalten – zumindest für eine gewisse Zeit[3] – verändern. Diese in der Psychologie mögliche Reflexivität der Erkenntnis ist in den Naturwissenschaften nicht denkbar: Ein Stück Kohle würde immer wie Kohle reagieren, es könnte die Gesetze der Chemie nicht umkehren. Hier berühren wir das Einzugsgebiet der viel diskutierten Frage nach der Freiheit des Willens, die im letzten Kapitel noch näher behandelt wird (=> *Kapitel 11 Volition*).

2 Die *geschichtliche Einbindung* psychischer Vorgänge verweist auf ein anderes, für geisteswissenschaftliche Forschung typisches Merkmal. Denn wenn man das Erleben oder Verhalten einer Person in einer etwas komplexeren Situation vorhersagen will, ist die Kenntnis der *Vergangenheit* oder gar *Kindheit* von entscheidender Bedeutung. Neben den in der Situation wirksamen Reizen und der Persönlichkeit sind die Erfahrungen mit diesem Situationstypus von entscheidender Wichtigkeit für die Einschätzung der Situation und die Reaktion darauf. Die einfachste, aber zugleich gut bewährte Formel dazu liefert das sehr pragmatische „behavior predicts behavior" aus dem englischen Sprachraum. Gemeint ist damit, dass die besten Vorhersagen des Verhaltens durch die Kenntnis des letztmaligen Verhaltens in einer ähnlichen Situation möglich sind – egal wie angemessen oder abweichend es gewesen ist und egal ob es aggressives oder prosoziales Verhalten oder Einkaufsverhalten ist. Auch hier ist der Kontrast zu den Naturwissenschaften deutlich, denn die Reaktion des schon erwähnten Stückes Kohle auf Salpetersäure gemäß chemischer Gesetzmäßigkeiten oder die Bewegungsbeschleunigung einer Schiffschaukel gemäß physikalischer Gesetze ist nicht durch die *individuelle Vergangenheit* – der Kohle oder der Schiffschaukel – bedingt, sondern ausschließlich durch deren gegenwärtig vorhandene Eigenschaften.

3 Ähnlich ist es mit der *sozialen Einbettung* des zu beobachtenden psychischen Phänomens. In psychologischen Studien hängt das Erleben und Verhalten der Personen entscheidend auch davon ab, ob sie alleine sind und sich *unbeobachtet* fühlen, oder ob andere Menschen anwesend sind und sie *beobachten*. Auch im alltäglichen Leben ist dies natürlich bekannt – was nicht zuletzt im Umweltverhalten oder bei kleineren Delikten und Gesetzesübertretungen studiert werden kann. Es scheint so zu sein, als ob es sich um zwei deutlich andersgeartete Reaktionsprogramme in derselben Situation handelt: „Ich bin allein" vs. „Ich werde beobachtet". Der Blick in die Naturwissenschaften macht den Unterschied zu den Geisteswissenschaften klar erkennbar, denn dem besagten Stück Kohle wäre es egal, ob es alleine wäre oder ob andere Kohlestücke daneben-

3 Man kann experimentell nachweisen, dass zum einen nicht alle Informierten von dem Wissen Gebrauch machen, und zum anderen, dass das Wissen nach einer gewissen Zeit verfliegt. Es müsste also quasi immer wieder aufgefrischt werden – ähnlich den Erste-Hilfe-Kursen.

lägen. Es würde auf gleiche Reize identisch reagieren – genauso wie die Schiffschaukel sich unabhängig von der Tatsache bewegen würde, ob dies einzeln oder in Anwesenheit anderer Schiffschaukeln geschähe.

In einem fiktiven Gespräch beklagte sich ein Physiker bei einem Psychologen über die mangelnde Vorhersagekraft von menschlichem Verhalten mittels der psychologischen Erkenntnisse. Diese Vagheit und Ungenauigkeit sei in der Physik oder in der Technik völlig intolerabel, und man sei in der Lage, das „Verhalten" der Materie genau vorherzusagen. Beide standen übrigens auf einer Brücke. Daraufhin nahm der Psychologe seinen Kugelschreiber aus der Tasche, legte ihn auf das Brüstungsgeländer und fragte den Physiker: „Dann sagen Sie mir doch vorher, wann der Kuli in den Fluss fällt." Die Antwort war: „Das ist doch unmöglich vorherzusagen." Darauf der Psychologe: „Und sehen Sie, da sind wir schon ein bisschen weiter."

Exkurs 2.2: Der Sitz der Seele

In der Alltagssprache wird der Begriff Seele als Metapher verwandt, um neben dem Kopf noch auf einen anderen Ort zu verweisen, der insbesondere bei schwierigen Entscheidungen zu Rate gezogen werden kann. Danach können wir rational und denkend mit dem Kopf zur Einsicht kommen, aber auch intuitiv und fühlend mit dem Bauch.[4]

Dieses Bild ist richtig und falsch zugleich. Es ist falsch, insofern als *alle* psychischen Prozesse im Kopf stattfinden, denn Gedanken wie Gefühle sind an Gehirnprozesse gebunden. Es ist zugleich richtig, insofern als Gefühle sich in körpernahem Erleben ausdrücken – z.B. bei Gefühlen der Spannung, der Lust oder der Erregung, die man häufig im Brust- und Bauchraum lokalisiert. Gedanken dagegen scheinen im körperlosen Raum zu entstehen und dort geradezu zu schweben – sie werden dann „im Geiste" bewusst wahrgenommen. Im phänomenalen Erleben lassen sich Gedanken und Gefühle also an zwei Orten lokalisieren. Dagegen kommt die wissenschaftliche Untersuchung – übrigens schon lange vor der Entwicklung der modernen neurophysiologischen Aufzeichnungsverfahren der Gehirnaktivität – zu dem Schluss, dass das phänomenale Erleben – egal ob Gedanken oder Gefühle betreffend – seinen Ursprung im Gehirn hat. Die Gehirnprozesse selbst entziehen sich, wie auch viele andere physiologische Prozesse, der Selbstbeobachtung, wir sind uns ihrer nicht bewusst.

Das menschliche Gehirn wiegt im Durchschnitt etwa 1,5 kg, aber es verbraucht etwa 20 % der Gesamtenergie eines menschlichen Körpers. Damit ist der Umsatz im Gehirn etwa 10-mal höher als in Organen und Muskeln, und es bleibt auch während des Schlafs auf diesem Niveau – das Gehirn ruht sich also nicht aus. Die Schätzungen, wie viele Nervenzellen es besitzt, liegen zwischen 15 und 120 Milliarden, und die Zahl der festen Verbindungen mittels Synapsen wird mit etwa einer halben Trillion veranschlagt. Jede Nervenzelle kann mit etwa 10.000 anderen Nervenzellen in Kontakt treten.

Neben den Neuronen gibt es im Gehirn etwa in der gleichen Größenordnung andere Zellen, und deren größter Teil sind die sog. Gliazellen. Man nahm lange Zeit an, dass die

4 In einigen Kulturen wird anstatt des Bauchs das Herz als Ort der jenseits von Rationalität liegenden Erkenntnis verwendet (Stimme des Herzens).

Nervenzellen für die Informationsverarbeitung zuständig sind, die Gliazellen dagegen so etwas wie Stütz- und Reparaturfunktionen erfüllen. Aber diese Ansicht kann inzwischen in Frage gestellt werden, da auch Gliazellen – der Gruppe der Astrozyten zugehörig – während Lernvorgängen spezifisch und intensiv reagieren und irgendwie „mitarbeiten".

Insgesamt handelt es sich also in jedem einzelnen Gehirn um ein neuronales Verknüpfungspotential, das unsere Vorstellungskraft überfordert, und man kann hier schon fast von „unendlich groß" sprechen. Die Anzahl der Neuronen in einem Gehirn ist also um etwa das 10fache größer als die Zahl der Menschen auf der Erde, die gegenwärtig bei geschätzten 7 Milliarden liegt. Als Bild dafür – wenn man einen Menschen für jede Nervenzelle einsetzt – ergäbe sich eine Zivilisation mit 1.000 Großstädten, und in jeder würden 7 bis 8 Millionen Menschen wohnen. Gegenwärtig und in absehbarer Zeit ist kein Computer (Künstliche Intelligenz) vorstellbar, der dieses gewaltige biologische Netzwerk eines Gehirns zu simulieren in der Lage wäre, und einige Wissenschaftler vertreten sogar die Ansicht, dass es prinzipiell unmöglich ist.

Diese unvorstellbar vielschichtigen Gehirnprozesse stellen den notwendigen, aber unbewussten Hintergrund für das dar, was wir bewusst erleben können. Unser Denken und Fühlen kann jedoch immer nur einen kleinen Bruchteil dieser komplexen neuronalen Aktivitäten abbilden. In deren Organisation und Zusammenspiel könnte am ehesten der Sitz und die „Substanz" der Seele zu orten sein.

2.4 Erleben und Verhalten und das Dazwischen

Das Wissen und die Erkenntnisse, die im Laufe der kurzen Geschichte der Psychologie von etwa 150 Jahren gesammelt wurden, basieren auf Daten und Messungen, die aus sehr unterschiedlichen „Quellen" stammen. Am Anfang stand die Erfassung des *subjektiven Erlebens*, mit den simpel anmutenden Fragen danach, was man wahrnimmt, woran man denkt oder wie man sich fühlt, im Mittelpunkt. Dies geschah natürlich nicht in x-beliebigen Situationen, sondern unter gut kontrollierten Laborbedingungen und mit standardisierten Reizen – dem sog. *Stimulus* – in vielen Experimenten. Durch den Abgleich von objektiven Außenreizen mit dem subjektiven Erleben konnten die ersten abgesicherten psychologischen Erkenntnisse gewonnen werden. Neben dem Erleben ist natürlich das *beobachtbare Verhalten* ein direkter Niederschlag der davor stattfindenden psychischen Vorgänge, und damit eine weitere Datenquelle zu deren Erforschung. Dies führt darüber hinaus bis zu den weiter reichenden *Auswirkungen*, die das Verhalten hat. Mit der Verbesserung der Messtechniken zur Erfassung *physiologischer Prozesse* begann deren Einzug auch in psychologische Laboratorien. Zunächst eher die *peripheren körperlichen* Veränderungen betreffend, die mit psychischen einhergehen, fanden mit der immensen Verbesserung in den letzten Jahrzehnten *zentralnervöse* Messungen des arbeitenden Gehirns als weitere Informationsquellen Einzug in die psychologische Forschung. Alle zusammen bilden die Quellen für die Spekulationen, Modelle und Theorien darüber, wie die Psyche strukturiert ist und welche Prozesse darin ablaufen (▶Abbildung 2.4). Hineinsehen und direkt beobachten kann man diese unbewussten Vorgänge natürlich nicht – es gilt nach wie vor, diese mit Hilfe ermittelter Daten zu enträtseln. Die der Forschung verfügbaren Datenquellen stellen – nomen est omen – die Sprache oder den Ausdruck der Psyche dar, nicht aber diese selbst.

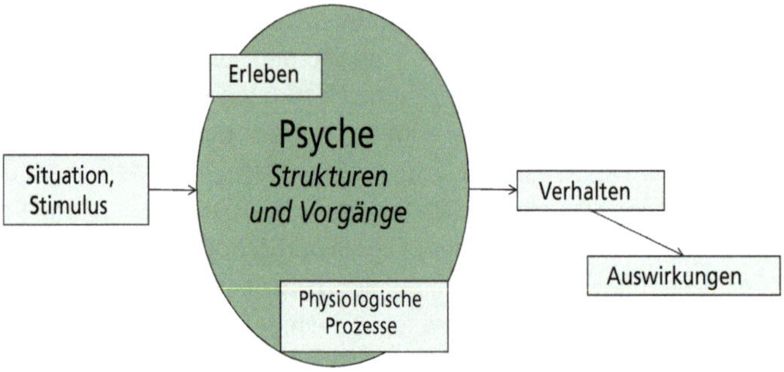

Abbildung 2.4: Datenquellen der psychologischen Forschung

Den offenkundigsten Teil der psychischen Vorgänge haben wir im *subjektiven Erleben*. Diesen bewussten Erlebnisraum systematisch zu untersuchen, war ja das erste große Anliegen psychologischer Forschung in den Laboratorien Wilhelm Wundts. Neben den Vorstellungen finden sich im Erleben auch die – nicht selten vernachlässigten – Gefühle, die zwar weniger konkret und konturiert aber dennoch deutlich spürbar sind. Die Vorstellungen – etwas moderner auch als Kognitionen bezeichnet – können unterschiedlichen Inhaltsklassen zugehören und z.B. als Wahrnehmungen, Phantasien, Erinnerungen, Einschätzungen oder Erwartungen auftreten. Der Gefühlsraum dagegen scheint weniger differenziert, denn er spannt sich in den drei Koordinaten Lust vs. Unlust, Spannung vs. Lösung und Erregung vs. Beruhigung auf. Aus dem gleichzeitigen Auftreten von Vorstellungen und Gefühlen ergibt sich das scheinbar unendliche Spektrum des subjektiven Erlebens (=> *Kapitel 3 Bewusstsein*).

Neben dem Erleben stellt das *beobachtbare Verhalten* die nächste wichtige Datenquelle dar – insbesondere die Behavioristen sahen in ihm gar die einzige seriöse Quelle für (natur-)wissenschaftliche psychologische Forschung. Die Erfassung von Verhalten kann unterschiedliche „Korngröße" haben, und sie beginnt bei der Messung von nur mittels Zeitlupe sichtbaren *Mikrobewegungen* – z.B. bei unwillkürlichen Gesichtsausdrücken, die in Bruchteilen von Sekunden stattfinden (siehe ▶Tabelle 2.3). *Molekulare* Verhaltensmessungen stellen Aufzeichnungen von dessen Intensität, Tempo, Richtung oder Genauigkeit dar, und natürlich gehört dazu auch das wohl am häufigsten eingesetzte Verhaltensmaß: die Reaktionszeitmessung („RZ"). Diese hat insbesondere bei der Erforschung der kognitiven Informationsverarbeitungsvorgänge ihren großen Nutzen bewiesen – z.B. können durch den Vergleich der RZen bei verschiedenen Aufgaben die beteiligten Zwischenspeicher und Abruf-, Vergleichs- und Entscheidungsprozesse relativ sicher identifiziert werden. Denn die Zeit, die bei diesen Vorgängen verstreicht – auch solche im Millisekundenbereich – gibt Auskunft über die Art und Komplexität der gerade aktiven psychischen Strukturen und Vorgänge. Ebenfalls, allerdings für ganz andere Fragestellungen nützlich sind Verhaltensdaten über längere Zeiträume mit Aufzeichnungen von *molaren* Tätigkeits- und Handlungsweisen, wie z.B. das Ernährungsverhalten, die Häufigkeit sportlicher Aktivitäten oder die Anzahl von Auslandsaufenthalten. Am Ende können auch langfristige *Auswirkungen* davon gemessen werden, wie z.B. der psychische und physische Zustand („Gesundheit") oder allgemeine Leistungen.

Datenquellen	Messungen
Situationsmerkmale	Beschaffenheit der Reize, Besonderheiten der Umgebung, Experimentalbedingungen
Erleben	Vorstellungen und Gefühle
Verhalten	molekulare Messungen (unwillkürliche Bewegungsimpulse, Reaktionszeit, Tempo, Richtung, Intensität, Genauigkeit) molare Messungen (Häufigkeit, Dauer, Lebensläufe) Auswirkungen (Gehalt, Leistungen, Gesundheit)
Physiologische Vorgänge	periphere Veränderungen (z.B. Hautleitwert, Muskelspannung, Herzfrequenz, Atmung, Pupillendilatation) zentralnervöse Prozesse (Gehirnaktivität)

Tabelle 2.3: Datenquellen und deren Messungen in der psychologischen Forschung

Den dritten Datenkomplex bilden die Messungen *physiologischer Vorgänge*, die genauso wie das Verhalten objektiv erfassbar sind. Mit der Jahrtausendwende fand eine schubartige Entwicklung der Möglichkeiten statt, in das *arbeitende Gehirn* durch die Messung von dessen Aktivität direkt „hineinzuschauen". Möglich wird dies durch die Aufzeichnung der Veränderung des Energieumsatzes innerhalb des Gehirns, der während spezifischer mentaler Aufgaben gemessen wird – wie z.B. während der Identifikation, dem Vergleich oder der Beurteilungen von Reizen. Durch die Identifikation der besonders aktiven „Orte", d.h. der beteiligten Gehirnregionen, sind Spekulationen über deren Funktionen und weitere Schlussfolgerungen über die zugrunde liegenden psychischen Strukturen und Prozesse möglich. Etwas älter schon und etwas weniger kompliziert in der Anwendung ist die Erfassung *peripherer körperlicher* Veränderungen in psychologischen Experimenten. Hier tut sich ein weites Spektrum auf, das von der Messung der Pupillendilatation, des Hautleitwertes[5], der Herzfrequenz, des Blutdrucks, der Atemfrequenz bis hin zur Muskelanspannung reicht.

Wie schon erwähnt, machen diese Daten und Messungen nur dann Sinn, wenn auch die besonderen *Situationsmerkmale*, in denen sie erhoben werden, genau erfasst werden. Am besten gelingt dies in kontrollierten und systematisch variierten Experimenten. Nur so können dann durch Vergleiche der Ergebnisse unter den verschiedenen Versuchsbedingungen – oder abhängig von den verschiedenen Stimuli – sinnvolle und nachvollziehbare Schlussfolgerungen über die zugrunde liegenden psychischen Strukturen und Prozesse

5 Der Hautleitwert bezieht sich auf den elektrischen Widerstand der Hautoberfläche. Dieser verändert sich abhängig von der psychischen Beanspruchung und Erregung, und entsprechende Messungen wurden deshalb – allerdings nur mit mäßigem Erfolg – auch als Lügendetektor eingesetzt.

gezogen werden. Diese können danach von der wissenschaftlichen Weltgemeinde wiederholt und damit überprüft werden. Auch im Falle der Replikation können – sozusagen im Wettstreit der Ideen – möglicherweise andere Schlussfolgerungen aus demselben Ergebnis eines Experiments gezogen werden. Ähnlich wie in der Medizin kann es auch in der Psychologie passieren, dass der Befund derselbe ist, aber die Diagnose oder die Interpretationen und Schlussfolgerungen daraus sich unterscheiden. Hier fängt dann die Diskussion der Experten an, und meistens konnte man sich – gelegentlich auch nach längeren Debatten – auf eine mehrheitlich getragene Sichtweise einigen, die dann in den festen Wissens-bestand aufgenommen wurde. Einige Debatten dauern allerdings auch noch an und warten auf ihre Lösungen.

Aber wenden wir uns nun von der Entstehung der Wissenschaft Psychologie zu den Erkenntnissen und dem Wissen, das in der kurzen Geschichte über die allgemeinen Funktionen der Psyche gesammelt wurde. Es begann ja alles mit dem Bewusstsein ...

Anregungen zum Ausprobieren, Anwenden und Nachdenken

1. Versuchen Sie, bei einem Problem im Alltag wissenschaftlich vorzugehen. Kontrollieren Sie die Bedingungen, schalten Sie alle Einflüsse systematisch aus und variieren Sie dann die möglichen Ursachen. Nehmen Sie z.B. einige Male *freundlich*, einige Male *neutral* und einige Male *reserviert* Kontakt mit dem unfreundlichen Arbeitskollegen auf. Was können Sie beobachten?
2. Versuchen Sie einmal in einer angenehmen und einmal in einer unangenehmen Situation Ihr eigenes Erleben und Verhalten getrennt und unabhängig voneinander zu erinnern. Dann vergleichen Sie beides und setzen es zueinander in Beziehung. Denken Sie beispielsweise an den Umgang mit einem guten Freund und einem frechen Kind.
3. Beobachten Sie das Verhalten anderer Menschen genau – z.B. das von Kindern beim Spielen. Dann beschreiben Sie es. Aber Achtung: Versuchen Sie dabei jegliche Erklärung, Interpretation oder Deutung zu vermeiden – das ist gar nicht so einfach. Erst *nachdem* Sie das Verhalten beschrieben haben, ordnen Sie dieses zunächst basierend auf den „reinen" Beobachtungen ein und begründen und erklären Sie es anschließend.
4. „Online-Gamer haben keine Freunde, weil sie den ganzen Tag nur zu Hause rumhocken und zocken". Versuchen Sie alltagspsychologische Behauptungen wie diese in eine wissenschaftliche Hypothese so umzuformulieren, dass sie empirisch überprüft werden könnte. Wie verändert sich Ihr Sprachgebrauch? Überlegen Sie sich neben dem Sprachgebrauch weitere Unterschiede und Gemeinsamkeiten zwischen Alltagspsychologie und wissenschaftlicher (empirischer) Psychologie.
5. Warum ist Wissenschaft nicht fehlerfrei? Warum können Aussagen (in der Psychologie) nicht bewiesen werden? Kennen Sie Beispiele dafür?

Weiterführende Literatur

Lück, H.E. & Miller, R. (1999). *Illustrierte Geschichte der Psychologie*. Weinheim: Beltz.

Bewusstsein

3

ÜBERBLICK

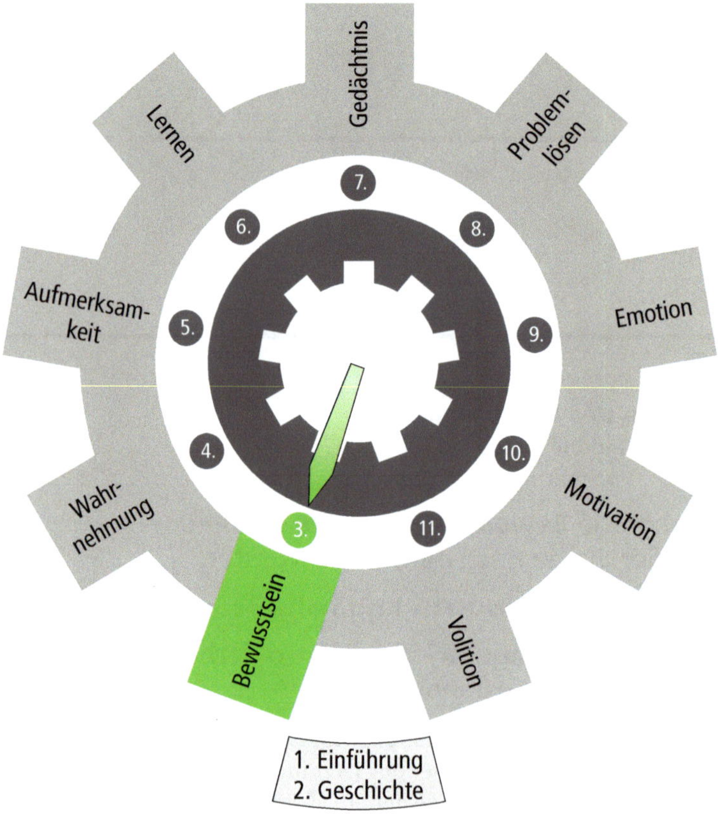

„Der Mensch ist unerlässlich zur Vollendung der Schöpfung, ja er ist der zweite Weltschöpfer selbst, welcher der Welt erst das objektive Sein gibt, ohne das sie ungehört, ungesehen, lautlos fressend, gebärend, sterbend, köpfenickend durch Hunderte von Jahrmillionen in der tiefsten Nacht des Nicht-Seins zu einem unbestimmten Ende hin ablaufen würde. Menschliches Bewusstsein erst hat objektives Sein und den Sinn geschaffen. ... Die Sehnsucht nach Licht ist die Sehnsucht nach Bewusstsein."

(Carl-Gustav Jung)

Wenn man in Nachschlagewerken sucht, findet man zusammenfassend und etwas verkürzt folgende Annäherung an eine Definition von Bewusstsein: Der Begriff hat seinen Ursprung im Lateinischen „conscientia", was so viel wie „Mitwissen" und im Altgriechischen („syneidesis") auch „Miterscheinung" oder „Mitbild" bedeutet und in Ableitungen auch „bei Sinnen sein" und allgemein „Denken" bezeichnen kann. Es geht dabei um die von allen Menschen teilbare Selbsterfahrung, dass in ihnen ein *inneres mentales Erleben* stattfindet: Es gibt Wahrnehmungen, Erinnerungen und allgemein als Gedanken bezeichnete Vorgänge, die im Besonderen dann als Wünsche, Fürchte, Überlegungen,

Beurteilungen, Einschätzungen, Bewertungen, Entscheidungen oder Planungen bezeichnet werden können. Zudem wird Bewusstsein häufig mit Aufmerksamkeit in enge Verbindung gebracht.

Wenn man beginnt, die eigene Bewusstseinstätigkeit zu beobachten, fällt zunächst die schier unendliche *Vielfalt* und der stetig statthabende *Wechsel* der Inhalte auf. James bezeichnete dieses Erleben als „stream of consciousness", und in diesem nicht abreißenden Strom der ständig wechselnden Bewusstseinsinhalte scheint es keine Wiederholungen zu geben. Dies gilt nicht nur für die erlebten Bewusstseinsinhalte, denn die Unwiederholbarkeit eines Zustandes gilt natürlich auch für das Gehirn selbst – genauso wie für die äußere Welt. Jede Erfahrung verändert uns mehr oder weniger stark, und kein Zustand wiederholt sich, was Heraklit allgemein als „Panta rhei" („Alles fließt.") beschrieb, oder etwas freier ausgedrückt: „Man kann nicht zweimal in denselben Fluss steigen."

3.1 Inhalte des Bewusstseins

Aufgrund des ständigen, nicht abreißenden Wandels und der nahezu unendlichen Komplexität seiner Inhalte scheint es eine auf den ersten Blick kaum lösbare Aufgabe, ein angemessenes Klassifikationssystem für Bewusstseinsinhalte zu finden. Mit dem Versuch, diese Frage zu beantworten, begann bekanntlich die psychologische Forschung in dem Labor von Wilhelm Wundt (*Abschnitt 1.1.1*). Wie ist man damals vorgegangen, um diese Frage zu beantworten? Die Probanden – dies waren in der Regel die Wissenschaftler selbst – hatten ihre Bewusstseinstätigkeit über den Verlauf kurzer Experimente zu beobachten und genau zu beschreiben. Die Aufgaben bestanden z.B. darin, einem einfachen Takt zuzuhören oder optische Reize zu beurteilen. Aus den in vielen Experimentalreihen gewonnenen akribischen Protokollen konnten die im Bewusstsein beobachtbaren Phänomene zunächst in zwei – zugestandenermaßen recht grobe – Klassen eingeteilt werden, nämlich in *Vorstellungen* und in *Gefühle*.

Wundt erklärte dies damals etwa so: Durch die Wahrnehmung eines präsentierten Reizes entsteht davon eine Vorstellung im Bewusstsein, die sich aus der Summe der einzelnen, vom Objekt mittels der angeregten Sinnesreizungen ausgelösten, Empfindungen zusammensetzt. Unter Standardbedingungen beschreiben unterschiedliche Personen die bei ihnen angeregte *Vorstellung* sehr ähnlich. Dies führte Wundt dazu, Vorstellungen als *objektive Gebilde* zu bezeichnen. Zudem tritt beim Betrachten ein weiteres, gänzlich anders geartetes Erleben hinzu, das bei der Wahrnehmung entstehende *Gefühl*. Da nun hierbei – im Gegensatz zu den angeregten Vorstellungen – deutliche Unterschiede im Erleben zwischen den Probanden (insbesondere bei komplexeren Reizen) beobachtbar sind, charakterisierte Wundt Gefühle als *subjektive Gebilde*.

3.1.1 Gefühle

Nehmen wir als Beispiel mehrere Betrachter eines Gemäldes. Die Beschreibungen der entstandenen Vorstellungen sollten sich nicht großartig voneinander unterscheiden, da sie durch sehr ähnliche Einzelempfindungen entstehen. Gegebenenfalls kann man bei Diskrepanzen darüber reden und sich dann schnell einigen – es handelt sich ja um Sinnesreize, die von Objekten ausgelöst werden. Dagegen werden sich die gleichzeitig angeregten Gefühle der einzelnen Personen wahrscheinlich nicht gleichen, da hier Assoziationen und Erfahrungen die Auslöser sind. Auch Gefühle sind zusammengesetzt, jedoch ist die Zahl der „Zutaten" – im Gegensatz zu denen bei Vorstellungen – deutlich reduziert. Nur drei Arten von *Partialgefühlen* konnte Wundt in seinen Experimenten identifizieren: *Lust* (Unlust – Lust), *Spannung* (Lösung – Spannung) und *Erregung* (Beruhigung – Erregung). Die drei Partialgefühle – zeitgemäßer spricht man von *Gefühlsdimensionen* – können allerdings alle Ausprägungen zwischen den zwei Extremen besitzen, was die Anzahl der möglichen Mischzustände deutlich erhöht[1].

Der Anspruch des Modells von Wundt war, jeden beliebigen Gefühlszustand durch die jeweils besonderen Ausprägungen in den drei Gefühlsdimensionen hinreichend beschreiben zu können. In ▶Abbildung 3.1 ist dies für die zwei Emotionen „Prüfungsangst" und „Freude" exemplarisch dargestellt. Es wird dabei deutlich, dass sich die beiden Gefühlszustände hinsichtlich der Qualität (Unlust – Lust), der Intensität (Beruhigung – Erregung) und dem Grad der Fokussierung (Lösung – Spannung) deutlich unterscheiden lassen (=> *Kapitel 9 Emotion*).

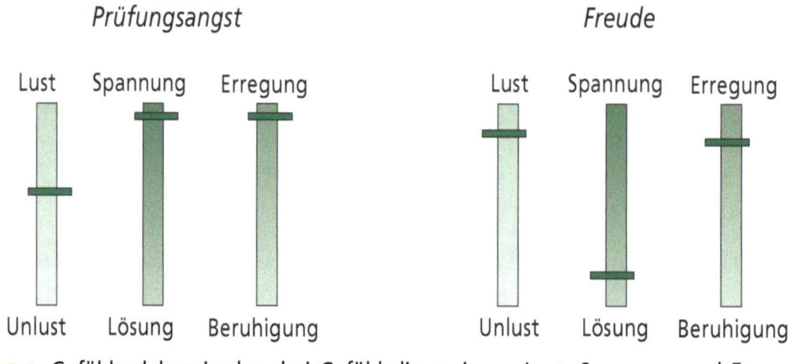

Abbildung 3.1: Gefühlserleben in den drei Gefühlsdimensionen Lust, Spannung und Erregung bei den beiden Emotionen „Prüfungsangst" und „Freude"

Insbesondere dann, wenn man einen Gefühlszustand als sehr diffus oder „komisch" erlebt und kaum beschreibende Worte dafür findet, stellt das Abfragen der drei Partialgefühle eine recht einfache Spezifizierungsmöglichkeit dar. Man kann sich also zunächst fragen: „Ist dieser komische Gefühlszustand eher

1 Die durch Introspektion von Wundt beschriebene Dreidimensionalität des Gefühlserlebens konnte mit anderen Untersuchungs- und Analysetechniken im Wesentlichen bis in die Gegenwart immer wieder bestätigt werden.

lustvoll oder unlustvoll oder eher dazwischen?“. Gleichermaßen verfährt man dann bei den beiden anderen Partialgefühlen. So entsteht dann ein besonderes Profil mit den momentanen Ausprägungen in den drei Gefühlsdimensionen.

Die begrenzte Zahl der mittels dreier Dimensionen beschreibbaren Gefühlszustände auf der einen Seite und die Vielfältigkeit der erinnerbaren jemals erlebten Gefühlszustände auf der anderen scheinen sich zu widersprechen. Dieses Diskrepanzerleben hat wahrscheinlich darin seine Ursache, dass Gefühle und Vorstellungen sehr häufig gemeinsam auftreten und beide im bewussten Erleben bei oberflächlicher Betrachtung nicht selten miteinander verschmelzen.

Stellen wir uns vor, man sieht im Vorbeigehen die in ▶Abbildung 3.2 dargestellte Blumenvase. Im Bewusstsein entsteht bei der Wahrnehmung sofort ein Gesamteindruck, und auf die Frage, was man sieht, gibt es Antworten wie: „eine schöne Blumenvase“ oder „eine hässliche Blumenvase“. Vorstellungen und Gefühle verbinden sich zu einem Gesamteindruck.

Abbildung 3.2: Eine Blumenvase

Wenn man genauere Innenschau betreibt, dann findet man jedoch Folgendes: Die Vorstellungsseite, das objektive Gebilde also, ist bei allen Personen nahezu gleich, denn die Beschreibung fällt bezüglich Form, Farbe usw. sehr ähnlich aus. Jedoch werden bei den Personen individuell unterschiedliche Gefühle ausgelöst, und einige finden die Vase schön (es entsteht ein lustvolles Gefühl), andere dagegen hässlich (es entsteht eher das Gefühl der Unlust). Gefühlen kommt dabei offenbar die Rolle zu, eine summarische *Bewertung* von Reizen oder einer Situation oder des eigenen Zustandes zu geben – nur über einen Gefühlsabruf kann man sagen, wie es einem im Moment geht. Die Vorstellungen allein können darüber keine Auskünfte geben. So resultiert die Einmaligkeit jedes einzelnen Bewusstseinszustandes aus der Besonderheit der entstehenden Vorstellungs-Gefühls-*Kombination* – die Gefühlswelt allein betrachtet ist jedoch begrenzt.

3.1.2 Vorstellungen

Eine vergleichbar klare zugrundeliegende Struktur wie bei Gefühlen konnten Wundt und seine Nachfolger für Vorstellungen nicht finden. Bis in die heutige Zeit gibt es dafür kein schlüssiges, allgemein verbindliches Strukturmodell. In Ermangelung struktureller Merkmale basieren die gegenwärtigen Klassifikationsvorschläge auf den *Funktionen* oder *Eigenschaften*, die Vorstellungsinhalte besitzen können. Folgende sechs Klassen lassen sich dabei unterscheiden: *Wahrnehmungen*, *Phantasien*, *Einschätzungen*, *Selbstreflexionen*, *Entscheidungen* und *Selbst-Kontrolle*.

1 *Wahrnehmungen* liegen dann vor, wenn Sinneseindrücke die Grundlage der Vorstellungsinhalte bilden – weshalb man auch von einem phänomenalen Bewusstsein sprechen kann. Dieser Zustand liegt z.B. beim genauen Betrachten einer Blume oder eines Sonnenuntergangs, beim Riechen eines Parfums, beim Hören von Vogelzwitschern wie auch beim Erleben eines Zahnschmerzes vor. Bei Wahrnehmungen – egal ob die Reize visueller, olfaktorischer, auditiver oder propriozeptiver Herkunft sind – gerät die sprachliche Beschreibbarkeit des Erlebten häufig an ihre Grenzen. Wie schwierig dies ist, wird deutlich, wenn man das besondere Rot einer Rose, den Duft der Frühlingsluft oder das Jucken der Haut in Worte zu fassen versucht. Diese bewussten Wahrnehmungen, die ständig entstehen, erleben wir als unmittelbaren „direkten" Vorgang, der uns scheinbar unverfälscht die Welt wahrnehmen lässt. Wir erleben uns dabei in höchstem Maße als passiv und ausgeliefert, weshalb diese Wahrnehmungen der Welt oder des eigenen Körpers als *Qualia* (im Singular: Quale; lat. qualis = wie beschaffen) bezeichnet werden. Im Gegensatz zu den anderen Vorstellungsklassen finden jene ausschließlich in der Erste-Person-Perspektive statt (=> *Kapitel 4 Wahrnehmung*, *Kapitel 9 Emotion*).

2 *Phantasien* liegen dann vor, wenn nicht mehr die aktuellen Sinneseindrücke die Grundlage der Vorstellungsinhalte bilden, sondern sich diese vom Jetzt und Hier ablösen. In den Vorstellungen entsteht etwas, das nicht vorhanden ist, und dies können zeitlich *zurückliegende Erinnerungen* ebenso wie *zukünftige Ereignisse* sein, wobei auch die damit verbundenen Emotionen anklingen können – wie z.B. bei geweckten Fürchten oder Hoffnungen (=> *Kapitel 10 Motivation*). Phantasien bilden die Quelle menschlicher Kreativität und Erfindungsgabe ab, und diese „Ideen" scheinen grenzenlos und ungebunden. Von Realitäts- und Sachzwängen völlig losgelöst können sie – wie in Träumen – das Unmögliche vorstellbar machen, und damit besitzen sie Merkmale, die Freud dem unbewussten Primärprozess zugeschrieben hat (vgl. ▶Tabelle 3.2).

3 Als *Einschätzungen* werden solche Vorstellungen bezeichnet, die den eigenen momentanen Zustand und die aktuelle Situation zum Inhalt haben und *beobachten* („Monitoring"), *einordnen* und *bewerten*. Es werden Hinweise aus dem Erleben – aus Vorstellungen und Gefühlen – gesammelt, zusammengenommen und „interpretiert". Da es sich um

eine Betrachtung aus „höherer Warte“ handelt, wird dieser Vorgang auch als *Meta*-Kognition bezeichnet. Dabei fließt auch schon vorhandenes Wissen darüber ein, was gerade in uns geschieht, und daraus entsteht eine Erklärung und Zuschreibung des Zustandes, in dem man sich gerade befindet. Z.B. kann man aus den momentanen Wahrnehmungen, Gedanken und Gefühlen erschließen, dass man gerade wohl ängstlich, wütend oder eifersüchtig ist (=> *Kapitel 9 Emotion*). Einschätzungen können sich natürlich auch auf den momentanen Zustand *anderer Personen* beziehen – durch sog. Perspektivenübernahme – oder allgemeiner *auf die äußere Situation* aus höherer Warte.

4 Eine weitere besondere Klasse von Vorstellungen stellen *Selbstreflexionen* dar. Hierbei ist der Vorstellungsgegenstand die eigene Person, oder besser: die eigene Persönlichkeit. In diesem Zustand beziehen sich die Inhalte der Gedanken auf das Subjekt selbst, und Erinnerungen, Wissen und Bewertungen der eigenen Person treten ins Zentrum des Bewusstseins. Aus dieser Perspektive erfolgt auch die Konstruktion eines stabilen situationsunabhängigen „Ichs“. Dieses Selbstbild – und damit das Selbst-Bewusstsein – ist bekanntlich nicht felsenfest, sondern es unterliegt innerhalb gewisser Grenzen Schwankungen. Belegt ist z.B. der Einfluss der gerade angeregten Stimmung, ob man fröhlich oder traurig ist, auf das Selbstbild.

5 Die fünfte Klasse bilden Vorstellungen, die bei zielbezogenen Gedanken des *Abwägens* beginnen und mit einer *Entscheidung* enden. In Abwägeprozessen werden Vor- und Nachteile möglicher Ziele und Optionen verglichen, um daraus dann eine Entscheidung abzuleiten. Es handelt sich also um übergeordnete kontrollierbare Vorgänge, die sich auf ein zielgerichtetes Handeln beziehen und Zielfindung gleichermaßen wie auch später die *Planung* der notwendigen Handlungsschritte beinhalten. Die Basis dieser Vorgänge ist die Phantasie – d.h. die Fähigkeit, das Jetzt und Hier zu verlassen und neue, noch nicht eingetretene Situationen zu simulieren. Im Gegensatz zur freien Phantasie jedoch sind hierbei die Vorstellungen der Realität und Realisierbarkeit verpflichtet, und sie zeigen damit Merkmale, die Freud den Sekundärprozessen zugesprochen hat (siehe Tabelle 3.2). Sie zeichnen sich durch Nützlichkeit und Pragmatik aus, und das Machbare stellt die Grundlage des Überlegens dar, weshalb man den Bewusstseinszustand, der mit diesen Vorstellungen verbunden ist, auch beim Problemlösen wiederfinden kann (=> *Kapitel 8 Problemlösen*). Voraussetzung dafür ist eine Dritte-Person-Perspektive, da man sich selbst als Akteur, d.h. als ausführendes Objekt, einsetzt. Wenn aus der Entscheidung ein verbindlicher Entschluss wird, es so und nicht anders zu machen, ist dies der eine „Ort“ im Bewusstsein, an dem sich der Wille zum ersten Mal zeigt. Der Entschluss führt zu einem deutlich spürbaren ruckartigen Wechsel im Erleben (siehe *Exkurs 10.2*). Ein *willentlicher Entschluss* stellt die Voraussetzung für die Vorstellungen dar, die *Selbst-Kontrolle* zum Ziel haben und in *Willenshandlungen* enden.

6 Die letzte Klasse der Vorstellungen dient der *Selbst-Kontrolle*. Mittels dieser soll auf die momentane *Gefühlslage* als auch auf die *Gedankeninhalte* selbst Einfluss genommen werden. Es geht also darum, die eigene aktuelle Emotions- und Motivationslage zu verändern. Beim Abwägen, Planen und Entscheiden ging es am Ende darum, willentlich einen verbindlichen Entschluss herbeizuführen, ein bestimmtes Ziel anzustreben und dies auf eine bestimmte Weise zu tun. Die direkte Ausführung war davon noch nicht betroffen. Wenn später die Gelegenheit entsteht, das angestrebte Ziel zu erreichen, kann im günstigen Fall auch die Motivation dafür vorhanden sein, und Selbst-Kontrolle ist dann nicht von Nöten. Die Motivation kann jedoch auch fehlen, und trotz der vorhandenen Fähigkeit, das Notwendige zu tun, käme es dann nicht zur beabsichtigten Handlung. Jetzt kommt das „Hauptgeschäft" des Willens, die Selbst-Kontrolle, ins Spiel: Es geht darum, die momentanen Gefühle und Vorstellungsinhalte so zu beeinflussen, dass eine handlungsförderliche Motivation entsteht. Dieses Unterfangen tritt deutlich aus allen anderen bewussten Vorgängen hervor, da hier das *Ich in den Bewusstseinsvordergrund* tritt und die Kontrolle der eigenen spontanen Vorstellungsinhalte als *anstrengend erlebt* wird. Bei diesen sog. *Willenshandlungen* geht es häufig darum, Unlust zu überwinden. Das Spektrum ist dabei weit und reicht von der „einfachen" Verhaltensunterdrückung bei Verführungen (z.B. keine Schokolade mehr zu essen) über die Ausführung einfacher Tätigkeiten (z.B. Geschirr spülen) bis hin zur Schaffung der optimalen Spannung, um eine komplizierte Tätigkeit auszuführen (z.B. einen schwierigen Text zu verstehen). Im letzten Kapitel werden wir darauf noch näher eingehen (=> *Kapitel 11 Volition*).

Situation Vorstellungsinhalte	Prüfung	Sonnenuntergang
Wahrnehmung (Was ist da?)	Meine Hände sind kalt und ich zittere. Mir ist flau im Magen.	Ich fühle mich unendlich und sehe die schönen Farben der Sonne.
Phantasie, Erinnerung (Was ist nicht da?)	Ich träume davon zu bestehen oder erinnere mich an die letzte Prüfung.	Wie schön wäre es, wenn ich immer hier leben könnte.
Einschätzung (Was ist los?)	Ich habe wohl gerade Prüfungsangst.	Es ist ein wunderschöner Sonnenuntergang.
Selbstreflexion (Wer bin ich?)	Ich bin ein Mensch, der in Prüfungen leicht zu verunsichern ist.	Ich bin doch ein glücklicher Mensch, dass ich das erleben kann.
Abwägen, Entscheiden, Planen (Was will ich?)	Ich denke an die Wichtigkeit der Prüfung und treffe die Entscheidung, alles Nötige dafür zu tun.	Ich muss mich davon lösen und noch vor Ladenschluss etwas einkaufen.
Selbst-Kontrolle (Wie bringe ich mich in die optimale Verfassung?)	Ich versuche meine Aufregung durch tiefes Durchatmen zu kompensieren und die Selbstzweifel auszublenden.	Ich löse mich gedanklich vom Sonnenuntergang, denke an die Einkaufsliste, drehe mich um und mache mich auf den Weg.

Tabelle 3.1: Beispiel von zwei Situationen und den darin möglichen Vorstellungsinhalten

Diese *qualitative* Unterteilung der auftretenden Vorstellungen in sechs verschiedene Klassen von Bewusstseinsinhalten kann noch durch ein *quantitatives* Beschreibungsmerkmal ergänzt werden: die generelle *Wachheit*, *Klarheit* oder *Helligkeit*, in der man die Bewusstseinseindrücke erlebt. Diese reicht aufsteigend vom Koma über Schlaf, Traum, entspanntem Wachzustand bis zur höchsten Wachheit, der Vigilanz.

Im Gegensatz zur strukturellen Analyse vor über 100 Jahren konzentriert sich der 60 Jahre später entstandene kognitionspsychologische Ansatz fast ausschließlich auf die *Vorstellungen* im Sinne Wundts. Deshalb fehlt der sinnvollen Gruppierung in die sechs funktionsgeleiteten Erscheinungsformen – Wahrnehmung, Phantasie, Metakognition, Selbstreflexion, Entscheiden und Selbst-Kontrolle – die Vitalität der *Gefühle*. Dies kann als ein Manko in der gegenwärtigen Bewusstseinsdebatte – egal ob daran Psychologen, Philosophen oder Neurowissenschaftler beteiligt sind – angesehen werden. Offensichtlich widersetzen sich Gefühle der rationalen Betrachtung und es herrscht leider ein unausgesprochener Konsens darüber, diese zwar offenkundig bei jedermann stets vorhandenen, jedoch nur selten greifbaren Begleiterscheinungen unserer Bewusstseinstätigkeit *auszuklammern*. Dennoch: Gefühle stellen ständige Begleiter unseres bewussten Erlebens dar. Sie können bildlich gesprochen als das Klima oder Wetter hinter den Vorstellungen beschrieben werden – es kann hell sein oder trüb, regnerisch oder sonnig, kalt oder warm. Gelegentlich treten sie aus dem Bewusstseinshintergrund hervor und drängen in dessen Vordergrund. Dann, wenn sie intensiver werden, wie dies bei emotionalen Reaktionen (z.B. Angst) der Fall ist, wird aus dem unbemerkt säuselnden Wind ein Sturm, der nicht mehr zu überhören oder zu übersehen ist (=> *Kapitel 9 Emotion*).

Die konstituierende Wirkung der Gefühle in der menschlichen Psyche als Gegenstand des Erlebens wird in der europäischen Denktradition seit Descartes' kurz gefasster Einsicht „Ich denke, also bin ich" vernachlässigt. Die Priorität bei der Selbsterkenntnis des Menschseins wird im rational-technischen Menschenbild eindeutig Vorstellungen und Gedanken zugesprochen – im Gegensatz zu östlichen Philosophien und Weisheitslehren, in denen Gefühle eine wichtigere Rolle spielen. Möglicherweise wird durch einflussreiche zeitgenössische Wissenschaftler wie António Damásio eine Rückbesinnung möglich. Der bekannte Neurologe betitelte eines seiner letzten lesenswerten Werke programmatisch mit „Ich fühle, also bin ich". Darin werden Belege aufgeführt, die für die große Bedeutung der Gefühle bei der Welt- wie auch Selbsterkenntnis sprechen. Nur als Gedankenexperiment: Wie sähe ein normaler Alltag ohne das Gefühlserleben aus?

3.2 Woher die Bewusstseinsinhalte stammen – auf der Suche nach dem Unbewussten

Halten wir zunächst fest, dass die Inhalte des Bewusstseins trotz ihrer Komplexität und der methodischen Schwierigkeit, sie zu erforschen, in einige grobe Klassen unterteilt werden können – mittels der Selbstbeobachtung unter kontrollierten Bedingungen wurde das möglich. Was aber wissen wir über die per definitionem nicht direkt zugänglichen unbewussten Prozesse und Inhalte? Dass die bewussten Erlebnisinhalte nicht die Gesamtheit aller in einem Moment ablaufenden psychischen Vorgänge darstellen können, ist schon seit dem Beginn des Nachdenkens von Menschen über sich selbst ein großes Rätsel, und philosophische und theologische Spekulationen über diese Frage gibt es viele. So versuchte schon 200 Jahre vor Freud der große Philosoph, Wissenschaftler und Mathematiker Gottfried Wilhelm Leibnitz (1646–1716) mit Hilfe der Logik zu belegen, dass Menschen neben dem Bewusstsein auch ein „Unterbewusstes“ (= Unbewusstes) haben müssen – u.a. deshalb, weil sie sonst nicht aufwachen würden, wenn jemand sie weckt.[2]

Beginnen wir bei den Arbeiten von Freud, der ja über seine gesamte Lebensspanne als Forscher dieser Frage nachging. Sein Zugang bestand darin, die Traumbeschreibungen und freien Assoziationen seiner Patienten zu analysieren und so deren unsichtbaren Ursprünge zu bestimmen. Er erkannte, dass freie Assoziationen und Phantasien und – in noch größerem Maße – Träume in einem Zustand abgesenkter bewusster Kontrolle stattfinden. Durch den Vergleich der Inhalte und Gedankenverläufe im „normalen“ Patientengespräch mit solchen, die dieselben Personen in freien Phantasien oder in Traumbeschreibungen äußerten, fand er, dass sie sich qualitativ voneinander unterscheiden. Die Inhalte der bei klarem gerichtetem Bewusstsein geäußerten Bewusstseinsinhalte waren sog. *Sekundärprozessen* unterworfen, dagegen ließen die bei frei schweifender Phantasie und im Traum geäußerten Gedanken auf sog. *Primärprozesse* schließen, die typisch für unbewusste Vorgänge sind – so jedenfalls Freuds Annahme (▶Tabelle 3.2).

	Primärprozesse	Sekundärprozesse
Prinzip	Lustprinzip	Realitätsprinzip
Kontrolle	sofortige Triebabfuhr, keine Kontrolle	Hemmung der Abfuhrvorgänge von Triebregungen, Einführung der Zensur
Zeit	Zeitlosigkeit	zeitliche Anordnung
Ordnung	irrational, unrealistisch	rational, „logisch", realistisch

Tabelle 3.2: Qualitative Unterschiede zwischen unbewussten und bewussten Vorgängen – Primärprozessen und Sekundärprozessen – nach Freud (1930)

2 Auch Wundt war sich sicher, dass unbewusste Vorgänge den bewussten vorauslaufen, jedoch sah er in seiner Zeit noch keine wissenschaftliche Methodik, diese genauer zu erforschen.

Die im Unbewussten stattfindenden Primärprozesse – man muss immer dazu sagen: von Freud erschlossen aus Phantasieproduktionen in entsprechenden Bewusstseinszuständen – sind zunächst dadurch gekennzeichnet, dass sie dem *Lustprinzip* unterworfen sind und deshalb lustvolle Zustände anzustreben oder unlustvolle abzuwehren oder zu vermeiden versuchen. So fordern sie auch nach *unmittelbarer* Triebbefriedigung und Erregungsabfuhr. Zudem verschmelzen in diesen Prozessen Impulse aus unterschiedlichen Entwicklungsstufen, und Vergangenheit, Gegenwart und Zukunft fließen „*zeitlos*" ineinander. Dabei entstehen für einen rationalen Betrachter logische oder technische *Ungereimtheiten*, und selbst die markantesten *Widersprüche* können nebeneinander bestehen – nach dem Motto: Nichts ist unmöglich. Im kindlichen Spiel und den dabei entstehenden Phantasien lassen sich die genannten Merkmale von Primärprozessen leicht wiederfinden. Auch bieten Märchen und abergläubisches Verhalten hierfür reichlich Anschauungsmaterial.

Die im hellen und gerichteten Bewusstsein entstehenden Vorstellungen von Erwachsenen haben Sekundärprozesse durchlaufen, die den Primärprozessen aufgesetzt sind und diese entsprechend bearbeitet haben. Das Ergebnis sind Gedanken, die dem *Realitätsprinzip* unterworfen sind, d.h. der Weltwirklichkeit entsprechen müssen. Triebregungen kommen höchstens in *abgeschwächter* Form ins Bewusstsein, und nicht alle im Primärprozess generierten Inhalte und Wünsche, die in der freien Phantasie noch möglich gewesen wären, werden zugelassen – sie sind durch einen Zensurprozess gelaufen und gemäß gesellschaftlicher Norm „gereinigt". Zudem konstruiert der Sekundärprozess eine *zeitlich stimmige* Anordnung der Gedankeninhalte und macht sie so nachvollziehbar. Am Ende geschieht eine Korrektur der Inhalte auf *rationale Stimmigkeit*. Allerdings sind auch die Sekundärprozesse selbst nicht beobachtbar, sondern nur ihre Auswirkungen. In gewisser Weise tritt diese sekundäre Bearbeitung ansatzweise zu Tage, wenn man versucht, eine Geschichte z.B. zur eigenen Entschuldigung zu erfinden, und auf Widersprüche hingewiesen wird.

Die Primärprozesse wirken schon seit der Geburt, dagegen werden die Sekundärprozesse erst im Verlauf der Entwicklung und Sozialisation aufgebaut. Wenn man sich mit der Gedankenwelt von kleinen Kindern beschäftigt, wird man die meisten der von Freud aufgeführten Merkmale von Primärprozessen wiederfinden. Sie selbst und andere kindliche Zuhörer nehmen in den von ihnen erzählten Geschichten, erfundenen wie nacherzählten, Widersprüche und zeitliche wie logische Unstimmigkeiten ohne Probleme in Kauf. Erst später werden Schritt für Schritt die Sekundärprozesse in der Kommunikation mit anderen Menschen aufgebaut und dominant. Bei Erwachsenen kommen Primärprozesse schließlich nur noch in der Phantasie und in Träumen zum Vorschein[3]. Diese Einsichten Freuds zu qualitativen Unterschieden zwischen bewussten und unbewussten Vorgängen finden nach wie vor in tiefenpsychologischen Analysen ihre Anwendung.

---

3 Allerdings, in besonderen Verfassungen, kann das Primärprozesshafte wieder ins bewusste Erleben dringen: bei starkem Stress oder Traumatisierung, unter Drogeneinfluss wie Alkohol oder LSD, unter Müdigkeit und Schlafentzug, unter sensorischer Deprivation, unter starker Überreizung wie auch bei intensiven Emotionen, z.B. Eifersucht.

Wie ging es nach Freud weiter? Die Unterscheidung von bewussten und unbewussten Vorgängen wurde in der psychologischen Forschung nach Freud geradezu tabuisiert. Insbesondere stand die methodische Vorgehensweise in der Kritik, da es sich nicht um experimentell gewonnene objektive Daten handelte. Für geraume Zeit dominierten eher verhaltensnahe, behavioristische Ansätze und seit etwa 1960 dann die Kognitionspsychologie. Im Rahmen der experimentellen Erforschung kognitiver Prozesse und Mechanismen wurde allerdings recht schnell deutlich, dass bei der menschlichen Informationsverarbeitung *nicht* bewusstseinsfähige Vorgänge den deutlich größeren Teil ausmachen (▶Tabelle 3.3). Es kam nach der langjährigen behavioristischen Abstinenz zu einer Art Renaissance des Unbewussten – allerdings um die psychoanalytischen Inhalte und Konzepte bereinigt.

Sinnesorgan	Unbewusste Verarbeitung	Bewusste Verarbeitung
Auge	10.000.000	40
Ohr	100.000	30
Haut	1.000.000	5

Tabelle 3.3: Schätzungen der verarbeiteten Informationsmenge (in Bits pro Sekunde) durch unbewusste und bewusste Vorgänge für drei Sinnesmodalitäten[4]

Wenn – um es in ein Bild zu fassen – die Meinungen der auf dem Planeten lebenden Menschen die unbewussten Vorgänge repräsentieren, dann entsprechen die in der Presse veröffentlichten den bewussten. Dies ist übergreifend bei allen psychischen Leistungen zu beobachten, wie bei der Wahrnehmung, der Aufmerksamkeit, dem Gedächtnis, dem Lernen und dem Problemlösen, aber auch bei Motivation und Emotion. Überall dominieren in quantitativer Hinsicht die unbewussten Abläufe und bereiten das, was uns bewusst wird, entscheidend vor, ohne dass wir dies bemerken können. Dies ist auch schon in der Alltagsbegrifflichkeit bekannt, denn es gibt eine Reihe von Wörtern aus der Umgangssprache, die nicht bewusste psychische Leistungen benennen: unbemerkt, unwillkürlich, instinktiv, ungewollt, automatisch, abgelenkt, geistesabwesend oder unbeachtet. Am Ende steht dann ein perfektes Zusammenspiel unbewusster und bewusster Vorgänge, die erst zusammen die menschliche Psyche ausmachen.

In der psychologischen Forschung vermied man es allerdings akribisch, den stark aus der psychoanalytischen Theorie „vorbelasteten" Terminus *unbewusst* – oder gar *das Unbewusste* – zu verwenden, da hier die assoziative Verbindung zu psychoanalytischen Konzepten wie Trieb, Zensur oder Verdrängung zu eng war, und davon wollte man sich natürlich abgrenzen. Also suchte man nach Ersatzbegriffen, um bewusste und nicht bewusste Vorgänge zu unterscheiden. In ▶Tabelle 3.4 sind einige davon exemplarisch dargestellt.

4 Nicht berücksichtigt sind dabei die anderen Sinne sowie die im Körper selbst ablaufenden Vorgänge.

	bewusst	unbewusst
Selektion	intendiert	automatisch
Aufmerksamkeit	willkürlich (attentive)	unwillkürlich (preattentive)
Wahrnehmung	optional	obligatorisch
Lernen / Gedächtnisabruf / Motive	explizit	implizit
Handlungen	kontrolliert	automatisch
Handlungs-Kontrolle	aktiv	passiv

Tabelle 3.4: Synonyme für bewusst und unbewusst ablaufende Funktionen in der modernen Psychologie

Zunächst ging man davon aus, dass es zwischen bewussten und unbewussten Vorgängen nur graduelle Unterschiede – hinsichtlich des Tempos und der Helligkeit und Klarheit der Prozesse – gibt. Erst um 1980 wurde immer deutlicher, dass auch qualitative Unterschiede angenommen werden müssen. Diese Erkenntnisse fasste Baars (1988) zusammen (▶Tabelle 3.5).

	Unbewusste Prozesse	Bewusste Prozesse
Kapazität	hoch	gering
Verarbeitungstempo	schnell	langsam
Verarbeitungsmodus	parallel	sequentiell
Anwendungsbereich	rigide	flexibel
Kontrollierbarkeit	kaum kontrollierbar (automatisch)	gut kontrollierbar

Tabelle 3.5: Qualitative Unterschiede zwischen unbewussten und bewussten Informationsvorgängen nach Baars (1988)

Beim Vergleich der beiden Charakterisierungen unbewusster und bewusster Vorgänge wird deutlich, dass der Kognitionspsychologe Baars seinen Schwerpunkt auf die eher *technische Beschreibung* der unterschiedlichen Informationsverarbeitungsmodi legte. Kapazität, Tempo, Flexibilität und Prozessmodus stehen hier im Vordergrund. Freuds Ansatz setzte dagegen den Schwerpunkt eher auf die *Semantik*, und er versucht mit seinem Modell die inhaltliche Dynamik der Wünsche und Triebregungen, die zwischen Primär- und Sekundärvorgängen beobachtbar ist, zu erklären. Die kognitive Perspektive ist eine eher mechanische, die tiefenpsychologische dagegen eine dynamische Perspektive auf das Problem „bewusst / unbewusst". Wenn man die Verschiedenartigkeit dieser beiden Perspektiven bildlich fassen will, bietet sich dies am Beispiel des Fernsehers an (▶Abbildung 3.3). Der bewussten Erfahrung (BW) entspricht dabei die empfangene Sendung. Versucht die psychoanalytische Forschung die Entstehung der Inhalte und Strukturen zu rekonstruieren („Sendungen und

Macher"), so ist es das Ziel der Kognitiven Psychologie, die Produktion von Bild und Ton („Technik und Konstruktion" des Gerätes) zu verstehen. Möglicherweise lassen sich die strukturell-technische und die dynamisch-semantische Betrachtung irgendwann einmal integrieren.

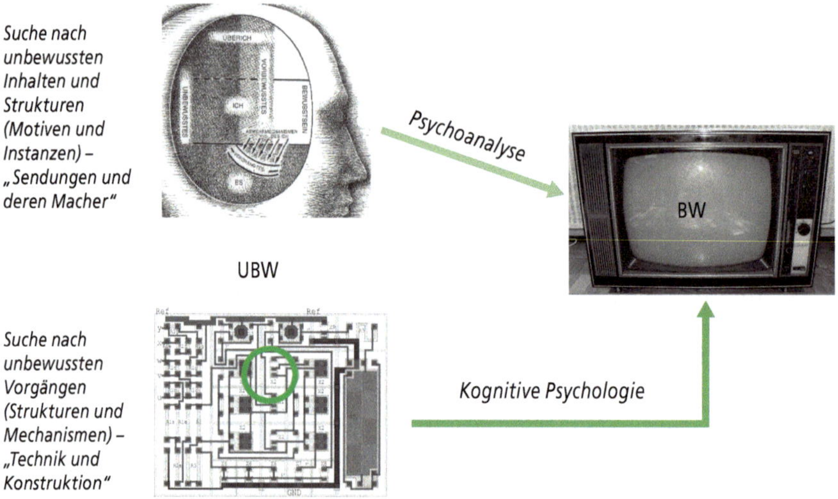

Abbildung 3.3: Die unterschiedlichen Ziele und Vorgehensweisen von Psychoanalyse und Kognitiver Psychologie bei der Erforschung des Unbewussten

3.3 Wechsel der Bewusstseinsinhalte

Neben der Klassifizierung der Bewusstseinsinhalte ist natürlich auch die Frage nach dem Wechsel derselben interessant. Auch hierzu gibt es einige interessante Erkenntnisse aus der psychologischen Forschung. Dazu gehören die beobachtbaren Phänomene bei der Betrachtung von *Kippfiguren*. Es handelt sich dabei um Figuren, die während der Betrachtung spontane Perspektiven- oder Gestaltwechsel erzeugen. Ein Beispiel dafür ist der „Necker-Würfel" (▶Abbildung 3.4).

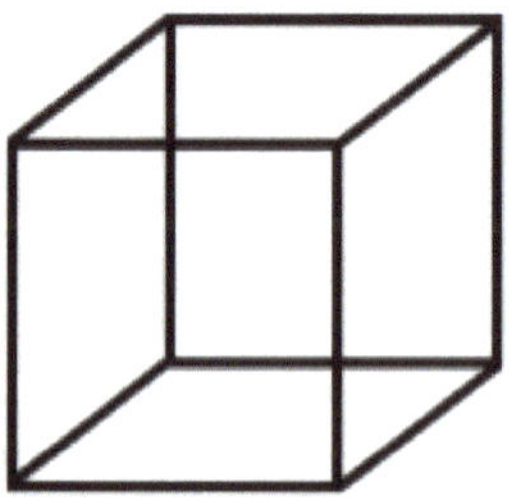

Abbildung 3.4: Kippfigur Necker-Würfel

Wenn man diese Vorlage entspannt betrachtet, dann entsteht in der bewussten Repräsentation ein dreidimensionales Würfelgestell mit Tiefenwirkung. Dieses kann entweder nach rechts oben weglaufen, wenn das linke untere Quadrat als Vordergrund genommen wird, oder – dann, wenn das rechte obere Quadrat den Vordergrund darstellt – perspektivisch nach links unten gehen. Die Figur kann also als Würfelgestell aus zwei Perspektiven wahrgenommen werden, einmal von rechts oben und einmal von links unten. Beim entspannten Betrachten der Figur – man fixiert dabei am besten einen fiktiven Punkt in der Mitte der Figur – entsteht bald die Wahrnehmung eines dreidimensionalen Würfelgestells. Wenn sich diese Wahrnehmung eingestellt hat, dauert es etwa 2,5 bis 3 Sekunden bis die Wahrnehmung sich „neu sortiert" und sich ein Perspektivenwechsel einstellt, der wiederum ca. 3 Sekunden erhalten bleibt, um dann erneut zu kippen. Diese Eigenschaft, spontane *Vorstellungswechsel* herbeizuführen, ist das wesentliche Merkmal der Kippfiguren. Auch wenn die Bilder konkreter sind, wie in ▶Abbildung 3.5, kommt es in etwa zu den gleichen spontanen Perspektivenwechseln. Hier verwandelt sich in unserer Wahrnehmung im Rhythmus von etwa 2,5 Sekunden das Kaninchen in eine Ente.

Abbildung 3.5: Kippfigur Kaninchen-Ente. Quelle: Jastrow, J. (1899). The mind's eye. Popular Science Monthly, 54, 299-312.

Dieses an den Kippfiguren demonstrierbare Phänomen – der Wechsel der Bewusstseinsinhalte trotz gleich bleibender Reize – gilt generell auch für die Wechsel von Vorstellungsinhalten unter lebensnahen Bedingungen. Es betrifft also nicht nur Wahrnehmungen, sondern auch die Inhalte von bewussten Vorstellungen bei „höheren" Leistungen wie z.B. beim Erinnern, Planen oder Entscheiden.

Pöppel (2000) nennt dieses Taktphänomen der Vorstellungsinhalte unseres Bewusstseins „Inseln der Gegenwart", und es konstituiert das, was wir als das *Jetzt* erleben. Dieses zeitliche Inselphänomen wirkt sich auch dann aus, wenn man zwei aufeinander folgende Reize – zwei optische Reize (Linien oder Farben) oder zwei Töne – miteinander vergleichen soll. Der Vergleich gelingt nur dann zuverlässig, wenn die Reize innerhalb dieses 3-Sekunden-Zeitfensters präsentiert werden – bei größerem zeitlichem Abstand der Reize werden deutlich mehr Fehler gemacht. Wenn man sich die Länge von Gedichtzeilen ansieht, kann man feststellen, dass der allergrößte Teil der Zeilen nicht über 3 Sekunden Vortragszeit benötigt, um rezitiert zu werden. Ebenfalls ist die Dauer eines Taktes in Musikkompositionen sehr selten länger als 3 Sekunden. Wenn dem nicht so ist, und eine Gedichtzeile oder ein Takt länger dauert als die magischen 3 Sekunden, dann erleben wir Unbehagen und die Leichtigkeit des Zuhörens geht verloren.

Unter Zugrundelegung dieses Taktes sieht eine Hochrechnung der Vorstellungswechsel in einem ganzen Leben wie folgt aus:

- nach 3 Sekunden ein Wechsel;
- in der Minute 20 Wechsel;
- in der Stunde 1.200 Wechsel;
- am Tag (16 Stunden) 19.200 Wechsel;
- im Monat 576.000 Wechsel;
- im Jahr 6.912.000 Wechsel;
- im Leben bis zur Rente (nach 65 Lebensjahren) 449.280.000 Wechsel.

Allerdings wechseln die Inhalte nicht selten häufiger als im 3-Sekunden-Takt. Filmschnitte gehen hier beispielsweise an die Grenzen der Wechselfähigkeit heran. Eine Verlängerung über 3 Sekunden hinaus dürfte dagegen eher die Ausnahme sein.

Nicht nur die Vorstellungswechsel im Bewusstsein sind dem 3-Sekunden-Takt unterworfen, sondern auch unser Verhalten ordnet sich spontan in dieses Zeitfenster ein. Margret Schleidt untersuchte im Filmarchiv des Max-Planck-Instituts die gleichen Bewegungsabläufe in unterschiedlichen Kulturen. Dabei stellte sie fest, dass es z.B. beim Winken, Streicheln oder beim freundlichen Händeschütteln immer gleiche Zeitrhythmen gab. Die Dauer dieser Bewegungsmuster war – und man ist hierüber nicht sonderlich überrascht – im Durchschnitt über alle Beobachtungen hinweg 3 Sekunden lang und variierte zwischen 2 und 4 Sekunden. Dann wurde in der Regel eine kleine Pause gemacht, um danach die Bewegungsabfolge ein wenig geändert zu wiederholen. Es ist amüsant, dieses Phänomen einmal im Alltag z.B. auf einem Bahnhof beim Zuwinken oder Umarmen zu beobachten oder beim Spiel von und mit Kindern – das psychische Leben scheint hier universell im 3-Sekunden-Takt organisiert zu sein.

Dies ist natürlich keine mechanische oder starre Grenze, die alle unsere Verhaltensabläufe in diskrete 3-Sekunden-Intervalle zerlegt. Aber es ist eine Taktung, die insbesondere bei spontanen alltäglichen Verhaltensabläufen wiederzufinden ist, so z.B. beim Essen, Ankleiden oder Fegen – wir fühlen uns eben wohler, wenn wir mit unseren Verhaltensepisoden innerhalb dieses Zeitfensters bleiben können, mit dessen Rhythmik synchron gehen und nicht dagegen angehen müssen.

Exkurs 3.1: Materie und Kraft

Max Planck (1858–1947)

1919 wurde Max Planck der Nobelpreis für Physik in Stockholm verliehen. Anlässlich seiner Festrede fasste er seine tiefen Einsichten in das, was die Welt zusammenhält, mit folgenden bedenkenswerten Worten zusammen:

„Es gibt keine Materie an sich. Alles entsteht nur durch die Kraft, die die Atomteilchen in Schwingung bringt und zusammenhält."

Diese Beschreibung der Eigenschaft von Materie aus der Perspektive des Grundlagenforschers widerspricht unserer Anschauung und unserem Erleben. Bei näherer Betrachtung der uns so selbstverständlich erscheinenden Eigenschaften unserer Bewusstseinstätigkeit treffen wir auf ein vergleichbares Phänomen, nämlich dass die angenommene Kontinuität des Bewusstseinsstroms de facto nicht besteht, sondern es finden in kurzen Abständen ruckartige schnelle Wechsel der Vorstellungsinhalte statt. Diese haben für sich genommen keinen Zusammenhalt und erst aus dem gerade verfolgten Ziel oder Anliegen – mit anderen Worten: durch die gerade angeregte Motivation – ergibt sich der dahinterliegende Sinn der Bewusstseinserscheinungen. Dieser Sinn, der bis in die tiefsten Schichten der eigenen Identität reichen kann, unterlagert die Wechsel und glättet und verbindet sie. Die Bewusstseinsinhalte wechseln zwar ständig (Kraft, die sie „in Schwingung bringt", s.o.), aber im Hintergrund steht ein überdauerndes Anliegen, das sie verbindet (Kraft, die sie „zusammenhält", s.o.).

Ähnliches geschieht übrigens beim Betrachten von Filmen, die im Idealfall genau die Tätigkeit des Bewusstseins simulieren: Die abrupten Szenenwechsel und Schnitte würden uns für sich genommen nur irritieren, und nur durch das Wissen um die Handlung oder das Ziel des Films ergeben sie einen Sinn und es entsteht in uns ein Geschlossenheitserleben.

Besonders vermerkt sei an dieser Stelle, dass hier ausschließlich die Vorstellungen – sozusagen die klarere Hälfte der Bewusstseinstätigkeit – behandelt wurden, nicht aber die Gefühle. Diese können zwar mit den Vorstellungsinhalten konkordant variieren, je nachdem wie betroffen wir davon sind, aber sie wirken wie Kitt in dem Wechselspiel auf der Vorstellungsbühne. Deutlich wird das, wenn eine Stimmung oder eine Emotion angeregt ist, und noch prägnanter dann, wenn eine Motivation im psychischen System dominant geworden ist. Dann wechseln zwar die Vorstellungsinhalte im 3-Sekunden-Takt, aber die erlebten Gefühle bleiben stets im Direktkontakt zum gerade verfolgten Anliegen – bis zum Erreichen des angestrebten Zielzustandes. Aber auch ohne ein aktuell verfolgtes Anliegen führt das weiterhin stetig wechselnde Vorstellungsspiel nicht zu einer Zerreißprobe der Psyche, denn nun hält das leise Hintergrundgefühl der eigenen Identität die flatterhaften Wahrnehmungseindrücke und Gedanken zusammen.

3.4 Es wird anstrengend – die Kontrollierbarkeit der Bewusstseinsinhalte

Der gerade beschriebene spontane Wechsel der Wahrnehmungsgestalt von Kippfiguren nach etwa 3 Sekunden entsteht in einem Zustand des entspannten passiven Betrachtens. Inwieweit kann man den Wechsel durch willentliche Prozesse beeinflussen? Um dies auf einfache Weise zu prüfen, kann man wieder den Necker-Würfel betrachten. Nach kurzer Zeit entsteht ohne bewusstes Dazutun eine der beiden möglichen Perspektiven. Wenn man sich nun das Ziel setzt, das „Umkippen" der Gestalt zu verhindern und durch Konzentration die aktuelle Perspektive so lange wie möglich zu erhalten, wird man schnell entdecken, dass dies nur sehr eingeschränkt möglich ist. Ebenso schwierig ist es, das Gegenteil zu tun, nämlich die Perspektive möglichst schnell zu wechseln. Auch hier wird man die „magischen" 3 Sekunden des spontanen unwillkürlichen Umkippens kaum beeinflussen können. Auch unter kontrollierten Laborbedingungen gelingt das nicht, denn man kann die Wechsel kaum verzögern oder beschleunigen. Der bewussten willentlichen Beeinflussung der Wahrnehmungsinhalte sind also sehr enge Grenzen gesetzt!

Im natürlichen Lebensumfeld wird dieser Rhythmus nicht so prägnant wie bei simplen Reizvorgaben im Experiment. Hier treten Blickwechsel durch Augen- und Kopfbewegungen hinzu, was dann zur Veränderung der Vorstellungsinhalte führt. Weiter nimmt die willkürliche wie unwillkürliche Lenkung der Aufmerksamkeit Einfluss darauf, da sie innerhalb desselben Wahrnehmungsfeldes auf unterschiedliche Punkte ausgerichtet werden kann. Die Ergebnisse dieser Prozesse werden automatisch zu einem Gesamtbild der Situation zusammengeführt, und dieses aktuelle *Situationsmodell* steht dann dem Handlungsausführenden zur Verfügung.

Was für die Wahrnehmungsinhalte gilt, kann auf andere Vorstellungsarten wie Phantasien oder Erinnerungen übertragen werden. Hier werden – bei geschlossenen Augen ist dies besonders deutlich – die steten Wechsel direkt erlebbar. Sie sind kaum zu verhindern, und die Inhalte sind kaum vorherzusagen. Dennoch erleben wir dies nur sehr selten als bedrohliche Abruptheit oder als ein beängstigendes Ausgeliefertsein. Das Erleben von Kontinuität, dem wiederum das Erleben eines stabilen Selbst unterliegt, kann nicht aus den Vorstellungsinhalten geschöpft werden, sondern dies leisten die Gefühle, die dem für Vorstellungen geltenden 3-Sekunden-Takt nicht unterliegen. Gefühle sind die bewusst werdenden Niederschläge aus zeitlich länger anhaltenden psychischen Zuständen, die als Emotionen und Motivationen bezeichnet werden. Angeregte Emotionen (z.B. Wut oder Trauer) halten in der Regel länger als 3 Sekunden, und das Gleiche gilt auch für gerade verfolgte Absichten und Motivationszustände (z.B. die Suche nach dem Hausschlüssel oder das Bestreben, eine gute Klausur zu schreiben). Über jeweils spezifische Gefühle und Gefühlsverläufe machen sich Emotionen wie auch Motivationen im Erleben bemerkbar, und zusammen mit den gleichzeitig entstehenden typischen Vorstellungen – Wahrnehmungen, Gedanken, Erinnerungen – lassen sich diese Zustände wiedererkennen und identifizieren (Einschätzung,

Metakognitionen; siehe Tabelle 3.1). So erkennen wir, dass z.B. eine Emotion wie Wut oder die Motivation, sich eine Mahlzeit zu kochen, angeregt ist. Gefühle, vermittelt durch die zugrunde liegenden Emotionen und Motivationen, stellen damit so etwas wie den Kitt dar, der die Vorstellungen verbindet und sie im bewussten Erleben überdauern – hinzu kommen natürlich auch die Intentionen und Absichten, die man gerade verfolgt (Abbildung 3.6).

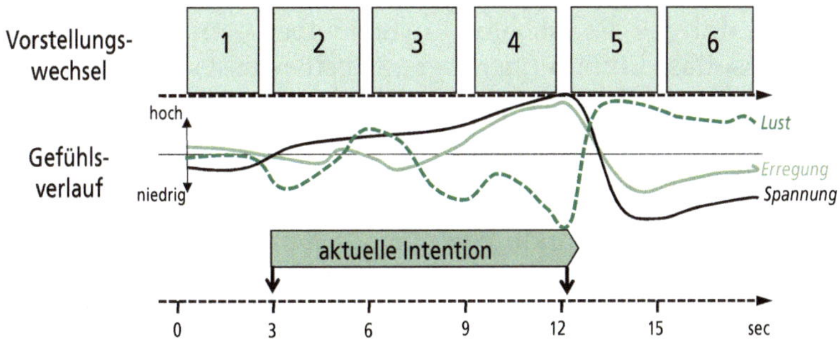

Abbildung 3.6: Der Wechsel von Vorstellungen im 3-Sekunden-Takt – unterlegt durch den Gefühlsverlauf als Bewusstseinshintergrund und die aktuelle Intention – bei einer fiktiven Aufgabe, die nach der dritten Sekunde gestellt und nach der zwölften Sekunde gelöst wird

Des Weiteren wird der Eindruck von Kontinuität und Stabilität des gesamtpsychischen Systems natürlich auch durch die Gedächtnisfunktionen gestützt. Die Inhalte des Kurzzeitgedächtnisses wie auch des Langzeitgedächtnisses stehen fast jederzeit auf Abruf im Hintergrund bereit, um im Bedarfsfall als bewusste Vorstellung in den Vordergrund zu treten – aber auch die Erinnerungen wechseln in stetem Takt.

Viele Meditationsübungen haben zum Ziel, die wechselnde Vorstellungstätigkeit zum Stillstand zu bringen – durch Konzentration auf ein einziges bestimmtes Meditationsobjekt wie z.B. eine Rose oder einen Kristall. Dies gelingt erst nach vielen Übungsdurchgängen und meist nach vielen Jahren regelmäßiger Meditation. Hier entsteht am Ende ein Gefühlszustand, der als tiefe (körperliche) Beruhigung bei gleichzeitiger hoher Gespanntheit erlebt wird (s.o.), und dieser subjektiv erlebte Zustand korrespondiert mit aufgezeichneten Aktivitäten des Gehirns eines Meditierenden.

Zu diesen Ausnahmeleistungen in Ausnahmesituationen finden sich jedoch kaum Entsprechungen im durchschnittlichen Lebensalltag. Hier erkennt man bei genauerer Betrachtung schnell, dass uns die Vorhersage, welcher Inhalt denn als Nächstes im *eigenen* Bewusstsein eintritt, nahezu unmöglich ist – genauso wie es unmöglich ist, einen Stillstand der Vorstellungen zu bewirken. Auch eine direkte willentliche Kontrolle der Inhalte gelingt nicht oder nur unter großer Anstrengung – z.B. wenn man sich vornimmt, von jetzt an *nicht* mehr an einen Marienkäfer zu denken oder von jetzt an *nur* noch an die Aufgabe, die man erledigen muss. Ebenso schwierig und anstrengend ist es, die momentanen Gefühle zu kontrollieren, z.B. bei einer gerade angeregten Emotion wie Angst oder Wut (=> *Kapitel 11 Volition*).

Die durch experimentelle Belege wie auch durch einfache Selbstbeobachtung leicht zu belegende Tatsache, dass unsere Vorstellungsinhalte einem steten und kaum kontrollierbaren Wechsel unterworfen sind, findet – im Gegensatz zu östlichen Weisheitslehren – im Menschenbild der westlichen Kultur kaum einen Niederschlag. Offensichtlich ist der Widerspruch zwischen den tatsächlichen Bewusstseinsabläufen und dem Ideal eines selbstbestimmenden Ichs zu groß. Die Illusion, dass die Abfolge der Vorstellungsinhalte kontrollierbar, erklärbar und sinnvoll ist, scheint unverzichtbar – nicht zuletzt weil wir annehmen, dass diese Einbildung unser „Selbstbewusstsein" konstituiert.

3.5 Funktionen des Bewusstseins

Nach der Darstellung von strukturellen Eigenschaften und Leistungen bewusster Repräsentationen – was auch die Kontrastierung zu unbewussten Vorgängen nötig machte – drängt sich die Frage nach der Funktion von Bewusstsein innerhalb der psychischen Vorgänge auf. Wenn man in den aktuellen Diskussionen nach den ihm zugeschriebenen Funktionen sucht, findet man davon eine ganze Reihe, zu denen Bewusstsein als notwendig erachtet wird. Dazu gehören u.a.:

- Entscheidungen treffen
- Handlungen planen
- Prioritäten setzen
- Probleme lösen
- Mehrdeutigkeiten aufheben
- Metakognitionen erzeugen
- Selbstbeobachtung betreiben
- Verführungen widerstehen
- bisher unbekannte, neue oder ungewohnte Tätigkeiten ausführen

Ohne Frage kann man für all diese Funktionen spezielle Beispiele und Belege finden, die Bewusstsein in diesen Fällen zwingend erforderlich machen. Aber es lassen sich auch genauso gut Beispiele finden, bei denen Aufgaben gleichen Typs auch ohne Beteiligung des Bewusstseins erfolgreich gelöst werden – am deutlichsten wird dies, wenn man höhere Säugetiere, Rabenvögel oder kleine Kinder in ihrem Alltag beobachtet. Die oben genannten Aufgaben können Menschen offenbar sowohl mit als auch ohne Bewusstsein ausführen, d.h. die dazu notwendigen psychischen Funktionen scheinen in beiden Modi erfolgreich zu arbeiten.

Nehmen wir einige der psychischen Grundleistungen, die an den oben aufgelisteten Aufgaben beteiligt sind, heraus. So werden Aufmerksamkeit, Wahrnehmung und Problemlösen häufiger in enge Beziehung mit Bewusstsein gebracht, bzw. wird Bewusstsein dafür als notwendig erachtet.

Aufmerksamkeit und Bewusstsein treten zwar häufig gemeinsam auf, jedoch ist Letzeres nicht notwendig eine Voraussetzung für Ersteres. Es gibt gut nachweisbare unwillkürliche Aufmerksamkeitsprozesse, die auch im Tierreich (z.B. bei der Jagd) und im kindlichen Spiel (z.B. beim Basteln) beobachtbar sind. Zu denen gehört neben *Selektion* und *Lenkung* auch das *Abschirmen* von ablenkenden Reizen über einen längeren Zeitraum, d.h. Konzentration. So ist sich ein Kind, das gerade konzentriert ein Modellflugzeug zusammensetzt, wohl kaum dessen bewusst, dass es dabei gerade seine Aufmerksamkeit selektiv lenkt und abschirmt – oder sollte man besser sagen, dass dabei gerade seine Aufmerksamkeit selektiv *gelenkt und abgeschirmt wird*? Gleiches gilt selbstverständlich für eine Katze bei der Jagd auf Mäuse. Diese Beobachtungen widersprechen der Definition von Wundt, für den Aufmerksamkeit nur dann vorlag, wenn neben Selektion auch Bewusstheit und Willkür (Absichtlichkeit) vorlagen. Für einen Teil der Aufmerksamkeitsphänomene trifft dies ohne Frage zu. Aber eben nicht für alle – Bewusstsein *kann* bei Aufmerksamkeitsvorgängen eine auslösende Rolle spielen, *muss* es aber nicht. Aufmerksamkeit kann auch *unwillkürlich*, d.h. *ohne Bewusstheit*, entstehen und gelenkt werden – wie dies z.B. beim Erschrecken oder bei Ablenkung der Fall ist (=> *Kapitel 5 Aufmerksamkeit*). Hier finden schon vor der Bewusstwerdung Auswahl- und Ausrichtungsvorgänge statt, die von Neisser schon 1967 beschrieben und als „preattentive“ bezeichnet wurden.

Genau dasselbe gilt auch für die Wahrnehmung. Der weitaus größte Teil der Wahrnehmungsleistungen erfolgt ohne bewusste Repräsentationen. Man könnte sogar aufgrund des Verhältnisses von unbewussten und bewussten Informationsmengen (siehe Tabelle 3.3) behaupten, dass bewusste Wahrnehmung eher die Ausnahme denn die Regel darstellt. Zudem sind die bewussten Repräsentationen offenkundig eher für Täuschungen anfällig als die nicht bewussten, denn obwohl man im Bewusstsein Entfernungen, Objektgrößen oder das Bewegungstempo falsch einschätzt, kommt es beim Verhalten selbst nicht zu entsprechenden Fehlern (=> *Kapitel 4 Wahrnehmung*). Offenkundig hat das bewusst Wahrgenommene nicht primär die Funktion, die Welt so abzubilden wie sie ist, denn dann wäre es eine sehr aufwendige Fehlkonstruktion – und dies stünde im Widerspruch zum Ökonomieprinzip in evolutionären Entwicklungen.

Wie beim Aufmerken und Wahrnehmen finden auch beim Problemlösen und Denken die entscheidenden Schritte für das Bewusstsein unsichtbar statt. Dies haben schon die ersten Versuche, den Prozess des Nachdenkens durch kontrollierte Selbstbeobachtung zu erforschen, gezeigt: Nach einer bewussten „Einstimmungsphase“ auf das Problem treten danach in nicht vorhersagbaren Abständen Lösungsvorschläge ins Bewusstsein und – wenn alles gut geht – am Ende die richtige Lösung. Jedoch sind die für die Zwischenresultate und das Endergebnis verantwortlichen Vorgänge nicht beobachtbar und damit nicht erinnerbar und mitteilbar. Das gilt natürlich auch im alltäglichen Leben und somit für die erfolgreichsten Problemlöser in den verschiedensten Anwendungsgebieten. Auch ausgewiesene Experten unter Rechtsanwälten, Kraftfahrzeugtechnikern, Kriminalkommissaren, Künstlern, Schachgroßmeistern oder Wissenschaftlern können anderen Personen die entscheidenden

Teile des Lösungsweges *nicht* beschreiben. Die „Geheimnisse“ ihres Expertentums bleiben auch vor ihnen selbst verborgen – sehr zum Leidwesen ihrer Assistenten, Mitarbeiter, Schüler oder Lehrlinge (=> *Kapitel 8 Problemlösen*).

Halten wir fest: Ins Bewusstsein treten also primär die *Ergebnisse* von Wahrnehmungs-, Aufmerksamkeits- oder Denkvorgängen und nicht die *Prozesse* selbst. Da die bewussten Repräsentationen und Einfälle nicht durch äußere Mächte oder Musen bewirkt werden, bleibt nur die Schlussfolgerung, dass die notwendigen vorbereitenden Verarbeitungsschritte unbewusst stattfinden – in einer der Selbstbeobachtung unzugänglichen wie auch immer gearteten parallelen „psychischen Realität“.

3.5.1 Probebühne 1 – über das Jetzt und Hier hinaus

Wie in Tabelle 3.1 dargestellt, lassen sich im Bewusstsein sechs Arten von Vorstellungsinhalten unterscheiden – gemäß den verschiedenen Funktionen und Eigenschaften, die man ihnen zuordnen kann. Das sind zunächst die Wahrnehmungen der durch die Sinne vermittelten Weltausschnitte, wozu auch der eigene Körper gehört. Die fünf weiteren Vorstellungsarten beinhalten Phantasien, Metakognitionen, Selbstreflexionen, Entscheiden und Selbst-Kontrolle, die allesamt von den aktuellen Sinnesdaten abgelöste bewusste Repräsentationen darstellen. Sie dienen also dazu, das Jetzt und Hier aufzuheben, um alternative und zukünftige Situationen zu simulieren. Ausgelöst wird diese Vorstellungstätigkeit sehr häufig dann, wenn die Erreichung eines Ziels blockiert wird. Dann werden im Bewusstsein Situationen und Szenen „vor-gestellt“ und „durch-gespielt“, die unter Einschluss des eigenen Handelns zu einer Zielerreichung führen können. Die aktuelle (unbefriedigte) Bedürfnislage, die durch die just angeregte Emotion repräsentiert und aufrechterhalten wird, stellt hierfür die motivierende Kraft dar – und mit ihrem Erlöschen vermindert sich auch die diesbezügliche Phantasietätigkeit.

Exkurs 3.2: Haben Tiere Phantasie?

Die Fähigkeit zu Phantasie und planendem Denken ist im Rudiment auch schon bei Menschenaffen beobachtbar. Wenn ein begehrtes Objekt nicht auf direktem Wege erreichbar ist, dann verhalten sich diese anders als z.B. Waschbären oder Rhesusaffen, die unruhig suchend hin und her laufen und verschiedene Möglichkeiten motorisch ausprobieren.

Es geht im Folgenden um eine durch Hochspringen unerreichbare, von der Decke an einem Faden herabhängende Banane und verschieden große im Raum verstreute Kisten. Bei einigen Menschenaffen kann man in dieser Situation beobachten, dass sich ihr Verhalten nach einer anfänglich unruhigen Erregung beruhigt und sie ihre Blicke aufmerksam über die Versuchsanordnung schweifen lassen.

Gelegentlich entstehen Übersprunghandlungen wie Gähnen oder Kratzen, die als Zeichen der Anspannung gesehen werden können. Hier werden offenbar verschiedene Möglichkeiten „ausprobiert", allerdings nicht mehr durch Ausagieren, sondern nur noch durch rastlose Blickbewegungen auf die vorhandenen Objekte.

Vielleicht gibt es einen kurzen aggressiven Schub, weil keine Lösung ins Auge springt, vielleicht auch ein Abwenden von der Situation. Aber immer wieder kehren die Blicke zurück, und irgendwann kommt es dann zu einer *Lösung des Problems*, was durch die sichtbare *Lösung im Ausdruck* des Gesichts und des Körpers unschwer abzulesen ist. Freudig wird dann eine der Kisten aufgenommen und direkt unter die Banane geschoben, um sich dann von dort aus das nun ergreifbare Objekt der Begierde zu holen.

Die Frage stellt sich natürlich, was sich in diesen Sekunden äußerlich bewegungslos, aber wohl innerlich unter hoher Spannung stehend, in ihnen abgespielt hat. Dies kann man natürlich nicht nachvollziehen, aber der Gesamtvorgang mit den sichtbaren Ausdruckserscheinungen hat solch große Ähnlichkeit mit den bei Menschen beobachtbaren Vorgängen während des Problemlösens in vergleichbaren Situationen, dass man mit erheblicher Sicherheit auf eine Funktionsäquivalenz zur menschlichen Vorstellungstätigkeit schließen kann (Köhler, 1921).

Andere Beobachtungen sind ähnlich verblüffend vorausschauend und „clever". Z.B. konnte in einem Freigehege folgendes Verhalten eines Schimpansen beobachtet werden, dem nacheinander in Abwesenheit seiner Artgenossen drei „Verstecke" im Gehege gezeigt worden waren: Im ersten lag eine Gummischlange (Schimpansen haben vor Schlangen Angst), im zweiten verschiedene Spielzeuge (Schimpansen sind neugierig und spielen gerne), im dritten ein paar wenige Leckerbissen. Nachdem dies geschehen war, wurde der Affe wieder zurück zu seiner Gruppe gebracht und mit allen anderen zusammen wieder ins Gelände gelassen. Folgendes Verhalten konnte man nun beim informierten Affen beobachten: Wenn sich einer der Gruppe dem Spielzeugversteck näherte, gab das Bescheid wissende Tier freudige Laute von sich. Es stieß kreischend Warnlaute aus, wenn sich einer der Gruppe dem Schlangenversteck näherte. Es stieß jedoch auch die intensiven Warnlaute aus, wenn sich ein Tier dem Versteck mit den Leckerbissen näherte, um dann – wenn der Alarmruf den Artgenossen zur panischen Flucht getrieben hatte – die Leckereien alleine in Ruhe zu verzehren (Menzel & Halperin, 1975). Auch hier lässt sich aus dem offenkundig zweckgerichteten Verhalten des Schimpansen erschließen, dass er sich die Folgen seines Verhaltens „vorstellen" kann und deshalb in der Lage ist, seine Artgenossen „gewissenlos" zu täuschen.

Allerdings sind nicht alle Menschenaffen zu diesen Leistungen fähig, sondern nur ein diesbezüglich besonders begabter Teil von ihnen.

3.5.2 Probebühne 2 – eine andere Motivationslage

Neben der Vorstellung einer vom Jetzt und Hier abgehobenen phantasierten Wirklichkeit, die im Rudiment auch schon bei Tieren zu beobachten ist, vermögen Menschen noch eine weitere Simulationsebene zu beschreiten, die allerdings nur Homo sapiens zu eigen ist: die Simulation einer nicht vorhandenen Antriebs- oder Bedürfnislage. Betraf die Simulationsebene 1 noch die Möglichkeit, die *aktuelle Situation* zu verlassen, so entsteht nun die Möglichkeit, Abstand von der *aktuellen Motivationslage* zu nehmen. Die Vorstellungen wandern nun nicht mehr, ausgehend von der aktuellen Antriebslage, durch Raum und Zeit, sondern es werden Vorstellungsbilder aus anderen Motivationslagen zu Bewusstsein gebracht. Diese haben dann den Effekt, dass die damit assoziierten Gefühle die aktuelle Gefühlslage überlagern. So kann eine *vorgestellte* Emotions- oder Motivationslage sogar zu der Abschwächung einer aktuell vorhandenen führen (=> *Kapitel 9 Emotion*, *Kapitel 11 Volition*).

Bei Menschenkindern entsteht diese Fähigkeit zur Kontrolle der aktuellen Motivation durch Kontrolle der Vorstellungen um das fünfte Lebensjahr. Die Kinder sind etwa ab diesem Lebensalter in der Lage, Versuchungen zu widerstehen. In den Experimenten dazu stellt man Kinder verschiedenen Alters vor die Wahl, entweder eine einzelne vor ihnen liegende Süßigkeit *sofort* oder die ganze Tüte *nach einer gewissen Wartezeit* zu bekommen. Wenn sie sich für die zweite Möglichkeit entscheiden, werden sie mit der sichtbaren Verführung allein im Raum gelassen. Jüngere Kinder können da nicht widerstehen und am Ende der Wartezeit ist die Süßigkeit verspeist – den meisten Fünfjährigen und Älteren gelingt der Verzicht. Dieser *Belohnungsaufschub* (engl. delay of gratification) funktioniert dadurch, dass die Kinder Vorstellungen einsetzen, die das Abschwächen der aktuellen Antriebslage (die Süßigkeit sofort zu essen) durch die Simulation einer anderen Motivationslage („Ich bin satt" oder „Das sind gar keine echten Süßigkeiten") bewirken. Zu dieser Form der Selbst-Kontrolle sind Tiere nicht in der Lage, wahrscheinlich weil dazu der Besitz von Sprache und damit die Fähigkeit zur Selbstinstruktionen eine wichtige Voraussetzung ist.

Freud hat die menschliche Fähigkeit zu Triebaufschub und Triebverzicht als die wesentlichen Grundbausteine für den Aufbau menschlicher Zivilisation erachtet. Diese Fähigkeit, durch selbst generierte Vorstellungen nicht vorhandene Antriebslagen zu simulieren, scheint damit eine wesentliche – vielleicht sogar die „höchste" – Funktion des Bewusstseins zu sein, zumindest ist es diejenige, die uns am deutlichsten von allen bekannten Tieren unterscheidet. Nach der Reise in der Phantasie durch Raum und Zeit in der Simulationsebene 1, die allerdings noch auf der aktuellen Motivationslage aufbaute, findet in der Simulationsebene 2 sozusagen eine Reise in andere Antriebslagen statt. Dies ist allerdings nicht immer ein einfaches Unterfangen (=> *Kapitel 11 Volition*).

3.6 Das Rätsel bleibt

Wie wir gesehen haben, kann die *Klassifikation* der Inhalte des Bewusstseins in Vorstellungen und Gefühle einen nicht unerheblichen Teil der auftretenden Erlebnisinhalte erfassen, jedoch ist die Erforschung der *Gesetzmäßigkeit ihrer Aufeinanderfolge* noch in den Kinderschuhen – genauso wie die ihrer Entstehung. Es hat schon etwas Erschreckendes, dass sich das, was sich im Bewusstsein abspielt, de facto und bei näherer Betrachtung nur sehr bedingt vorhersagen und kontrollieren lässt – obwohl wir den sehr starken Eindruck haben, dass wir dies könnten. Wenn nicht das Ich die Ursache ist: Wie und wo entstehen Vorstellungen und Gefühle dann aber? Egal wie man es wendet, wir haben keine Einblicke in den Entstehungsprozess der bewussten Vorstellungen – einzig Zwischenresultate oder Ergebnisse der zugrundeliegenden unbewussten Prozesse werden ins Bewusstsein gemeldet. Da wir eben nicht beschreiben können, *wie* Wahrnehmungen, Erinnerungen oder Problemlösungen zustande kommen, bleibt nur der mühsame und schwierige Weg, dieses in Experimenten zu erforschen.

Aus diesem Grunde kann auch die Funktion des Bewusstseins nicht primär in der Abbildung der Welt liegen – dazu ist die Repräsentation zu fehlerhaft, wie wir im nächsten Kapitel sehen werden. Vielmehr scheinen aufgrund der bisherigen Erkenntnisse die Funktionen zum einen in der *Simulation des nicht Gegenwärtigen* zu liegen – im Verlassen des wahrnehmbaren Raumes und der aktuellen Zeit – und zum anderen in der *Simulation einer nicht vorhandenen Antriebslage*. Erst mit Letzterer entsteht die Möglichkeit, die eigene Motivation zu kontrollieren, und mit der „Erfindung“ des Willens begann die eigentliche Menschwerdung.

Damit ist das Rätsel des menschlichen Bewusstseins natürlich nicht gelöst, aber es sind einige doch bemerkenswerte Fakten dazu zusammengetragen worden. Die Möglichkeit, mit seiner Hilfe die Realität – also Raum, Zeit und den eigenen Zustand – zu verlassen, scheint jedoch dessen wesentliche Eigenschaft zu sein. Wie so häufig kann dieses Mittel auch im Übermaß eingesetzt werden und zu Fehlanpassungen führen, es entstehen dann Tagträumerei und Realitätsflucht.

Insgesamt bewertet, ist das Bewusstsein die wohl effektivste und anpassungsfähigste evolutionäre Errungenschaft einer Spezies auf diesem Planeten. Es schafft das Ursubjektive schlechthin und ist der Quell und Ausgangspunkt menschlicher Kreativität. Das menschliche Bewusstsein ist – mit allen seinen Stärken und Schwächen – ein unersetzliches Multifunktionswerkzeug zur Erforschung der Welt und gleichzeitig der wohl interessanteste und komplexeste Gegenstand in der psychologischen Forschung.

Anregungen zum Ausprobieren, Anwenden und Nachdenken

1. Wenn einen zwanghafte Gedanken nicht verlassen wollen, kann man die Technik der Entleerung anwenden. Nehmen Sie sich etwas Zeit und begeben sich in eine entspannte Lage. Nun versuchen Sie im 3-Sekunden-Takt immer neue spontane Vorstellungen zu produzieren – das können Erinnerungen, Wünsche, Bilder usw. sein. Bleiben Sie niemals an einer einmal entstandenen hängen, sondern produzieren Sie munter immer weiter und weiter.
2. Übung mit der Vorstellung: Konzentrieren Sie sich auf Ihre Wahrnehmung bei geöffneten Augen und machen Sie gleichzeitig eine Gedankenreise z.B. zu Ihrer Küche.
3. Wenn Sie den Eindruck haben, Ihr Gefühlszustand sei im Moment diffus und nicht zu beschreiben („Ich fühle mich so komisch."), dann gehen Sie der Reihe nach die Gefühlsdimensionen durch und fragen sich: „Fühle ich eher Lust oder eher Unlust, eher Spannung oder eher Lösung, eher Erregung oder eher Beruhigung?". Stellen sich bei Ihnen nach dieser Übung die passenden Vorstellungen ein? Wissen Sie genauer, wie es Ihnen geht?
4. Bewusst einkaufen: Wenn Sie Geld sparen wollen, dann versuchen Sie einmal, „ganz bewusst" einzukaufen. Legen Sie vor dem Einkauf fest, was genau Sie benötigen, von welchem Produkthersteller oder in welchem Preisrahmen. Überlegen Sie bei jedem Angebot, ob es sich auch wirklich lohnt, dieses zu kaufen. Kaufen Sie nicht mehr als vorher geplant, verweilen Sie nicht länger als nötig im Supermarkt, verwenden Sie einen Einkaufskorb statt einen zum Kaufrausch verlockenden Einkaufswagen und nehmen Sie abgezähltes, vorher kalkuliertes Bargeld statt Kreditkarte / EC-Karte mit. Sie werden bemerken, dass Sie viel Geld sparen. So kaufen 73 Prozent der Menschen im Supermarkt meist mehr als vorher geplant, da z.B. Farben, Gerüche und Beleuchtung im Supermarkt – und nicht zu vergessen: Sonderangebote! – unbewusst auf unser Kaufverhalten einwirken.

Weiterführende Literatur

Dijksterhuis, A. (2010). Das kluge Unbewusste – Denken mit Gefühl und Intuition. Stuttgart: Klett-Cotta.

Pöppel, E. (2000). Grenzen des Bewusstseins. Berlin: Insel.

Wahrnehmung

4

ÜBERBLICK

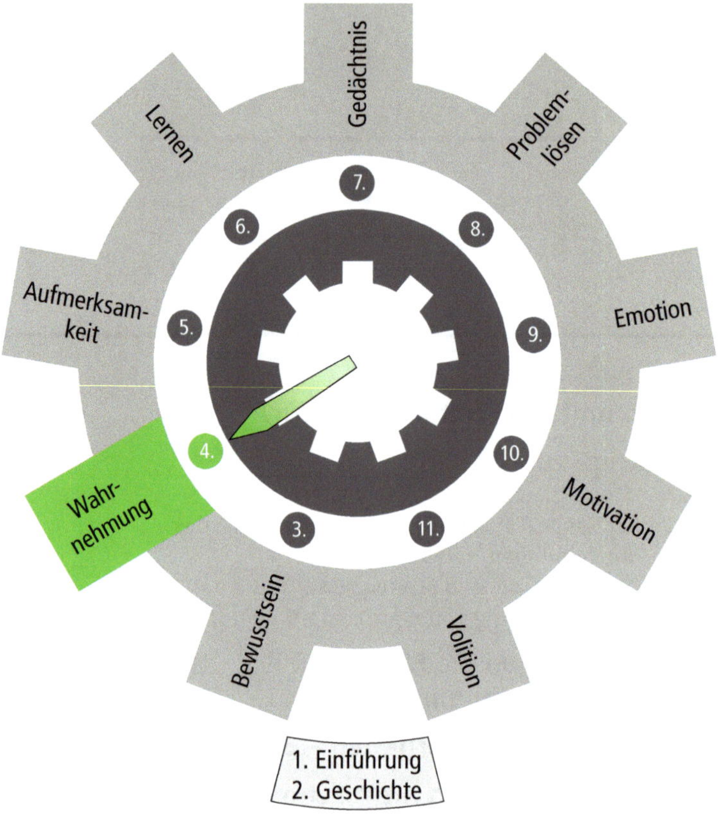

„Was wir sehen, ist nicht die Natur selbst, sondern die Natur nach Maßgabe unserer Untersuchungsmethoden."

(Werner Heisenberg)

Was für die Wissenschaft gilt, gilt ebenso für die alltägliche Wahrnehmung.

Und täglich geht der Vorhang auf – die Vorstellung beginnt. Wahrnehmungsinhalte sind häufig das Erste, was morgens beim Erwachen in unser Bewusstsein tritt. Wir hören das Klingeln des Weckers, spüren eine trockene Reizung im Hals oder den Druck der Matratze am Arm und wenn wir die Augen öffnen, erscheint uns die Welt, als ob ein Schleier gelüftet wird, und wir sehen unsere Umgebung. Dies alles geschieht scheinbar von allein, und ohne unser Zutun offenbart sich jetzt im phänomenalen Bewusstsein die Welt. Erst danach treten andere Arten von Bewusstseinsinhalten – Vorstellungen in Form von Erinnerungen oder Absichten und nicht zuletzt das Selbstbewusstsein betreffend – hinzu. Begleitet werden die Vorstellungen natürlich ständig von den erlebten Gefühlen. Dieses geschieht allmorgendlich unser ganzes Leben lang, und es hat sich bei Menschen seit tausenden von Jahren nicht verändert.

Von Wahrnehmungen – egal durch welche unserer Sinne vermittelt – nehmen wir an, dass sie direkt und unverfälschbar die uns umgebende Welt abbilden. „Nur seinen eigenen Augen kann man trauen“ deutet laut Volksmund auf die hohe Verlässlichkeit der Sinne. Das, was wir sehen, ist auch so, denn erst die eigene Wahrnehmung überzeugt uns von der Existenz von etwas – egal ob es ein Objekt oder ein Vorgang ist.

Dieser Eindruck entsteht, da Wahrnehmungen im Gegensatz zu allen anderen bewussten Vorstellungen direkt an der Wirklichkeit überprüfbar sind: Man kann einfach noch einmal hinschauen und nachsehen. Dies führt unmittelbar zu der Überzeugung, dass es sich bei „Sinnesleistungen“ um einen simplen Datenempfang aus der uns umgebenden Wirklichkeit handelt und damit um ein *objektives* Abbild der Welt. Verstärkt wird dieser Eindruck noch durch eine weitere Eigenschaft von Wahrnehmungen: Man ist dem Vorgang passiv ausgeliefert und kann ihn weder beschreiben noch kontrollieren.

Dagegen erleben wir bei Vorstellungen, die das Jetzt und Hier verlassen, deutlich, dass sie aus unserem Inneren stammen. Diese erfahren wir in höchstem Maße als *subjektiv*, da sie sich von der gegenwärtigen Situationswahrnehmung deutlich entfernen können – wie dies bei Tagträumen oder Erinnerungen der Fall ist. Erst unter Bedingungen, in denen die Grenzen unserer Sinnesleistungen erreicht werden, entstehen für uns erlebbar Vermischungen von Wahrnehmung und Phantasie – wie dies z.B. in der Dunkelheit der Fall ist.

4.1 Wie kommt die Welt in den Kopf?

Diese Frage ist schon so alt wie die Menschheit, und nachdem man einige wichtige Gesetze der Optik kannte und wusste, dass das menschliche Auge einer Linse gleicht, wurde im 19. Jahrhundert ernsthaft die Frage diskutiert, warum wir die Welt nicht auf dem Kopf – also um 180 Grad gedreht – sehen, wie das z.B. bei einer Lochkamera der Fall ist (▶Abbildung 4.1). Auf ein Experiment, das genau dies zum Thema hatte, kommen wir später noch einmal zurück (*Exkurs 4.2*).

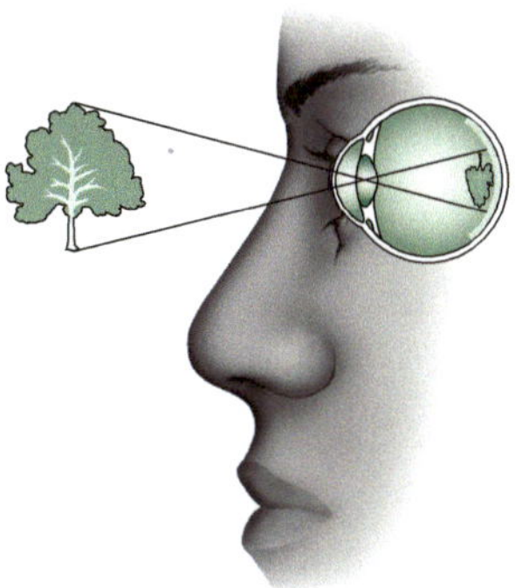

Abbildung 4.1: Die Außenwelt wird durch den Strahlengang der Augenlinse auf den Kopf gestellt. (Aus Pinel, J. (2011). Biopsychology. Boston: Allyn and Bacon, 8. Auflage)

Zunächst wurden in den psychologischen Forschungslabors jedoch andere Fragen untersucht, so die Frage nach den Grenzen unserer Wahrnehmung. Die Vorgehensweise war damals prinzipiell die gleiche wie heute: Im Forschungslabor werden den Versuchspersonen sorgfältig erstellte Reize präsentiert, die mehr oder weniger intensiv oder deutlich sind, und die Aufgabe besteht in der Beantwortung der einfachen Frage „Was siehst Du?“. Etwas technischer ausgedrückt, wird die Beziehung zwischen einem physikalischen *distalen* Reiz (U) und dessen psychischer Repräsentation, d.h. dem wahrgenommenen *proximalen* Reiz (U'), untersucht. So begann man systematisch, die Leistungen des menschlichen Wahrnehmungssystems zu bestimmen: Man ermittelte so die *Absolutschwellen* (Wie stark muss ein Reiz sein, damit er überhaupt wahrgenommen wird?) und die *Unterschiedsschwellen* (Was ist der kleinste Unterschied zwischen zwei Reizen, die Menschen noch bemerken können?).

Zu diesem Zweck können drei verschiedene Techniken eingesetzt werden: *Konstanzmethode*, *Herstellungsmethode* und *Schwellenmethode*. Bei der *Konstanzmethode* werden in zufälliger Folge Reizpaare präsentiert, die sich mehr oder weniger deutlich unterscheiden. Die Aufgabe der Versuchsperson besteht dann darin, festzustellen, ob sie sich unterscheiden oder ob sie gleich sind. Z.B. können dies zwei Linien sein oder zwei Töne oder zwei Farben. Da man ja die objektiven Unterschiede sehr genau messen kann, können so die kleinsten noch wahrnehmbaren Unterschiede bestimmt werden – eben die Unterschiedsschwellen. So wissen wir, wie viele Farben oder wie viele Töne Menschen unterscheiden können. Ebenso können mit dieser Methode – bei Einzelreizpräsentation – die Absolutschwellen der Sinne bestimmt werden.[1]

Bei der *Herstellungsmethode* wird den Versuchspersonen ein Testreiz präsentiert (z.B. ein Ton oder eine Linie), und die Aufgabe besteht darin, einen weiteren Reiz (z.B. hinsichtlich seiner Intensität oder seiner Länge) so einzustellen, dass er dem Testreiz gleicht. Auch hier kann durch nachfolgende objektiv genaue Differenzmessungen zwischen Testreiz und hergestelltem Reiz festgestellt werden, welche Unterschiede Menschen noch wahrnehmen können und welche nicht mehr. Diese Methode kann natürlich auch zur schnellen Feststellung von Absolutschwellen eingesetzt werden, indem die Versuchsperson die Intensität des Reizes bis zum gerade noch Wahrnehmbaren einstellt.

Bei der *Schwellenmethode* werden Reize in aufsteigender (oder je nachdem auch absteigender) Intensität präsentiert. Zunächst sind die Reize sehr schwach und für den untersuchten Sinn nicht wahrnehmbar. Dann werden die Reize schrittweise gesteigert dargeboten, und man kann feststellen, bei welcher kleinsten Intensität ein Reiz schon wahrgenommen wird. Auch diese Methode kann nicht nur zur Bestimmung von Absolutschwellen eingesetzt werden, sondern auch zur Bestimmung von Unterschiedsschwellen.

1 Prinzipiell geht man bei der Untersuchung der Wahrnehmungsleistungen von Babys, kleinen Kindern und Tieren ähnlich vor. Da man hier allerdings nicht die subjektive Repräsentation erfragen kann, sind es Verhaltensindikatoren auf die man zurückgreifen muss, um die gerade noch wahrnehmbaren Unterschiede zwischen Reizen zu bestimmen (=> *Kapitel 6 Lernen*).

Die kurz beschriebenen Techniken kommen u.a. bei der Bestimmung von optimalen Seh- oder Hörhilfen bei Ärzten oder Hörgeräteakustikern / Optikern zum Einsatz, wie auch bei Seh- und Hörtests vor dem Erhalt einer Fahrerlaubnis. Dabei ist allerdings im Rahmen von Eignungsprüfungen die Bestimmung der Absolutschwellen noch wahrnehmbarer Lautstärken und Tonhöhen beim einfachen Einsatz der Schwellenmethode nicht ganz schummelresistent.

Das Unterscheidungsvermögen für optische, akustische und olfaktorische Reize bei Menschen ist schon beeindruckend. So können wir etwa 500.000 Farbnuancen unterscheiden – eine Leistung, die z.B. beim Fleckenentfernen nicht selten zu Unmut führt. Allerdings können wir nur etwa 150 Farben mit Worten benennen. Etwa 400.000 Töne können wir unterscheiden, was die Grundlage für musikalische Ästhetik und die Bewunderung großartiger Solisten darstellt. Im olfaktorischen Bereich können Menschen schätzungsweise 10.000 Gerüche voneinander unterscheiden. Deren häufig unbewusste Wirkungen besitzen aufgrund ihrer stammesgeschichtlichen Bedeutung und ihrer direkten neuronalen Verarbeitung im Großhirn weitreichende Auswirkungen auf unser Gefühlsleben. Der Erfolg der Parfumindustrie basiert genau auf dieser Ausstattung des Menschen, dass Geruchsreize unmittelbar emotionale Reaktionen hervorrufen (=> *Kapitel 9 Emotion*).

Die Absolutschwellen unserer Sinne sind ebenfalls staunenswert und vielen nicht bewusst. In ▶Tabelle 4.1 sind aus einem 60 Jahre alten Lehrbuch der Psychologie einige dieser Leistungen sehr anschaulich beschrieben.

Sinnesmodalität	Wahrnehmungsschwelle
Sehen	Eine Kerzenflamme kann in 50 km Entfernung in einer klaren mondlosen Nacht wahrgenommen werden.
Hören	Das Ticken einer Armbanduhr kann unter sonst ruhigen Bedingungen aus 7 m Entfernung gehört werden.
Schmecken	Ein Teelöffel Zucker in 7 Liter Wasser aufgelöst wird noch als süß geschmeckt.
Riechen	Ein Tropfen Parfum, der in einem 6-Zimmer-Appartment diffus verteilt wird, kann noch gerochen werden.
Fühlen	Wenn aus 1 cm Entfernung der Flügel einer Fliege auf die Wange fällt, wird dies noch gespürt.

Tabelle 4.1: Absolutschwellen für die fünf klassischen Sinne

Es ist bekannt, dass einige Tiere besser sehen als Menschen (Raubvögel und Geier), oder hören (Eulen), schmecken und riechen (Wölfe) und über die Haut fühlen (Schlangen), jedoch ist der Mensch in der Kombination der Leistungsfähigkeit seiner Sinne den einzelnen tierlichen Spezialisten gegenüber im Vorteil. Das Gleiche gilt im Übrigen auch für die bei großen Sportwettkämpfen bewunderten körperlichen Leistungen wie Stärke, Schnelligkeit, Ausdauer, Sprunghöhe und -weite – auch hier gibt es tierliche Spezialisten, die jeden einzelnen Weltrekord spielend in den Schatten stellen würden.

Eine besonders subtile Wahrnehmungsleistung soll hier noch Erwähnung finden, da sie für unsere visuell orientierte Medienwelt von Bedeutung ist, nämlich das zeitliche Auflösungsvermögen. Werden weniger als 30 einfache Lichtreize in einer Sekunde präsentiert, nehmen wir ein unangenehmes Flimmern wahr. Bei filmischen Bilddarbietungen entsteht dann zudem der Eindruck von Ruckartigkeit bei den Bewegungen der Akteure, wie bei älteren Stumm- oder Dokumentarfilmen. Die moderne Technologie arbeitet deshalb mit 50 Hz Bildwiederholungen[2]. Auch hier finden sich im Tierreich Spezialisten, die ein deutlich höheres zeitliches Auflösungsvermögen als Menschen besitzen. So ist dasjenige von Fliegen 6-mal so hoch als bei uns, und sie sehen – aus der Warte des menschlichen Mesokosmos geurteilt – alle Bewegungsabläufe wie in Zeitlupe, weshalb sogar ein mit modernster Technik gedrehter Film für Fliegen zu einer lahmen Diashow wird. Dies macht die Jagd auf sie zu einem ungleichen Kampf – wenn man nicht auf Hilfsmittel wie die hoch beschleunigende Fliegenklatsche zurückgreift.

Exkurs 4.1: Fusions- und Ordnungsschwelle

Unterschiedsschwellen lassen sich wiederum in zwei Klassen unterteilen, die aus dem Wahrnehmungserleben resultieren: Fusionsschwelle und Ordnungsschwelle. Von der *Fusionsschwelle* spricht man, wenn zwei kurz aufeinander präsentierte Reize als gleichzeitig wahrgenommen werden. Das Gleichzeitigkeitserleben tritt bei akustischen Reizen (Klicks) dann auf, wenn diese nicht länger als 3 Millisekunden auseinander liegen. Reize auf der Haut werden als gleichzeitig wahrgenommen, wenn sie innerhalb von 10 Millisekunden auftreten. Für zwei visuelle Reize entsteht Gleichzeitigkeitserleben dann, wenn sie nicht länger als 20 bis 30 Millisekunden auseinander liegen – abhängig u.a. von Kontrast und Intensität des Stimulusmaterials.

Wenn allerdings beim Erleben von Nicht-Gleichzeitigkeit noch gefragt wird, welcher von den beiden Reizen denn zuerst präsentiert wurde, dann gibt es *keine* Unterschiede mehr zwischen den Sinnesmodalitäten. Die *Ordnungsschwelle* ist also unabhängig von der Fusionsschwelle und liegt für alle Sinne zwischen 30 und 40 Millisekunden. Dies ist für die Synchronisationsleistungen der verschiedenen Wahrnehmungsmodalitäten immens wichtig, da z.B. Schall und Licht unterschiedlich lange benötigen, um vom Ort der Entstehung zum Wahrnehmenden zu gelangen. Jeder kennt das erlebte Unbehagen, wenn im Fernsehen Ton- und Bildspur eine bestimmte zeitliche Versetzung überschreiten – dann gelingt die automatische Synchronisation der beiden Sinne nicht mehr und es ist „anstrengend", dies dann bewusst zu leisten oder es zu ignorieren (vgl. *Abschnitt 5.7.1*).

2 Auch bei modernen Filmaufnahmen auf Zelluloid werden zwar nur 24 Bilder in der Sekunde aufgenommen, jedoch wird jedes Bild ein Mal während der Projektion durch eine Blende unterbrochen, sodass 48 Bildwechsel in der Sekunde auftreten und wir ruckfreie glatte Bewegungsabläufe wahrnehmen.

4.2 Vom Auge zum Sehen

Einige können sich sicherlich noch daran erinnern, dass vor der Zeit des Farbfernsehens das Angebot der Sendeanstalten ausschließlich aus Schwarz-Weiß-Übertragungen bestand – natürlich gehören auch die vielen Grautöne dazu. Gelegentlich findet man solche „alten Streifen" auch im aktuellen Fernsehprogramm wieder. Bemerkenswert ist, dass schon nach kurzer Gewöhnungszeit die fehlende Farbigkeit vergessen scheint, insbesondere wenn es sich um einen spannenden oder interessanten Film handelt. Zudem empfinden wir auch keinen Mangel an Tiefe, d.h. die dritte Dimension, die sich auf die wahrgenommenen Entfernungen und Abstände bezieht, wird trotz der flächigen, nur zweidimensionalen Präsentation nicht vermisst. Beides, Farbe und Tiefe, wird durch entsprechende Verarbeitungsvorgänge unseres Gehirns ergänzt. Wir lassen uns in diesem Fall gerne von unserem Gehirn täuschen – denn nichts anderes ist es. Man sagt so schön, dass dies eben „im Kopf" passiert, was natürlich nicht falsch sein kann. Aber was geht darin eigentlich vor?

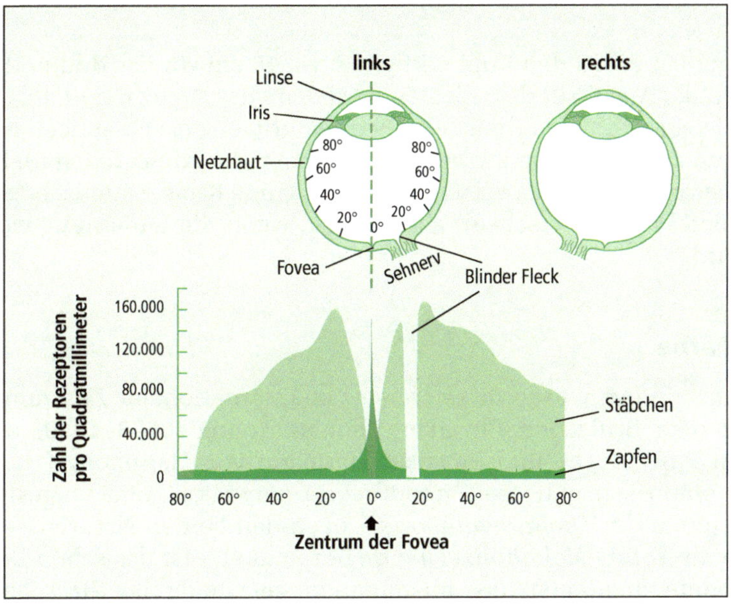

Abbildung 4.2: Aufbau des Auges und Verteilung der Stäbchen und Zäpfchen in der Netzhaut. (Aus Pinel, J. (2011). Biopsychology. Boston: Allyn and Bacon, 8. Auflage)

Betrachten wir dazu zunächst den Aufbau des Auges, und schon hierin liegen einige Hinweise für interessante Wahrnehmungsphänomene. Wie in ▶Abbildung 4.2 zu sehen und schon lange bekannt, besitzt das Auge eine variable Linse, eine variable Blende (die Iris) und eine nahezu geschlossen kreisförmige Projektionsfläche (die Netzhaut – im oberen Teil der Abbildung kreisförmig, d.h. realistisch, dargestellt und im unteren Teil entkrümmt dargestellt). Auf der Netzhaut sind wiederum lichtempfindliche Rezeptoren verteilt, wovon es zwei Arten gibt – aufgrund ihrer anatomischen Form als Stäbchen und Zapfen bezeichnet. Die Anzahl der Stäbchen-Rezeptoren wird auf 150 Millionen geschätzt, und die Zahl der Zapfen-Rezeptoren liegt bei etwa 6 Millionen. Die Nervenleitungen der Rezeptoren verlaufen nicht – wie man es eigentlich erwarten würde – lichtabgewandt, also hinter den Rezeptoren. Stattdessen liegen sie vor ihnen und werden zum Sehnerv gebündelt durch den sog. „blinden Fleck“ aus dem Auge weiter zum Gehirn geleitet, durch welches auch die Blutgefäße zur Versorgung des Auges laufen. Deshalb ist diese Stelle der Netzhaut rezeptorlos und somit blind, was wir allerdings so gut wie nie bemerken, da die fehlende Sehinformation ständig automatisch ergänzt wird. Durch die in ▶Abbildung 4.3 beschriebene Aufgabe kann man diesen Automatismus allerdings austricksen und so den blinden Fleck „sichtbar“ machen.

Abbildung 4.3: Demonstration des „blinden Flecks“. (Adaptiert nach Goldstein, E.B. (2002). Wahrnehmungspsychologie – Eine Einführung, Heidelberg: Spektrum Akademischer Verlag)

Anleitung: Man bringt den Kopf mittig in etwa 15 cm vor das Bild und schließt dann das linke Auge. Mit dem rechten wird dann das Kreuz fixiert. Im Gesichtsfeld sind jetzt sowohl das Kreuz als auch der grüne Kreis erkennbar. Nun wird der Abstand zum Bild langsam vergrößert (immer das Kreuz fixieren). Bei einer Entfernung von etwa 40 cm verschwindet der grüne Kreis – nun ist er genau auf dem blinden Fleck. Er erscheint aber wieder, wenn die Entfernung weiter vergrößert wird.

4.2.1 Farbe

Im 19. Jahrhundert wurde in zeitversetzter internationaler Zusammenarbeit zwischen dem britischen Physiker Thomas Young (1773–1829) und dem deutschen Physiologen und Physiker Hermann von Helmholtz (1821–1894) die erste empirisch haltbare Farbentheorie entwickelt und vorgestellt. Der Ausgangspunkt der *Dreifarbentheorie* – nach den beiden Naturwissenschaftlern auch als *Young-Helmholtz-Theorie* bezeichnet – ist das schon im Mittelalter bekannte Phänomen, dass übereinander gelegte farbige Glasscheiben bei der Gegenlichtbetrachtung neue und z.T. unerwartete Farbeindrücke entstehen lassen. Nach ausgiebigen Versuchen fand man dann, dass praktisch alle phänomenal wahrnehmbaren Farbtöne durch jeweils besondere Mischungen der drei Farben Blau, Rot und Grün hergestellt werden können. Man vermutete dann auch drei auf diese Farben spezialisierte Rezeptoren im menschlichen Auge. Diese Annahme konnte dann nachfolgend von Physiologen bestätigt werden, denn unter den Zapfen-Rezeptoren – und nur diese sind für die Farbrezeption geeignet – finden sich drei Typen mit jeweils absteigenden und sich überschneidenden Aktivierungsflanken, die ihre maximale nervöse Reaktion auf folgende Wellenlängen des Lichts geben (▶Abbildung 4.4):

1 auf 420 Nanometer (etwa ein Blauviolett, Hauptleistung bei Blau),

2 auf 534 Nanometer (ein Smaragdgrün, Hauptleistung bei Grün) und

3 auf 564 Nanometer (etwa ein Gelbgrün, Hauptleistung bei Rot).

Abhängig von der Wellenlänge des eindringenden Lichts werden die drei Zapfen-Typen unterschiedlich stark aktiviert und dieses Aktivierungsmuster lässt dann die besondere Farbwahrnehmung entstehen. Die visuelle Wahrnehmung des Menschen umfasst also das Spektrum von 400 bis fast 690 Nanometer – wir erleben dies in den Farben eines Regenbogens. Nicht gewahr werden wir der Ultraviolettstrahlung, Röntgenstrahlung oder der Gammastrahlung im niedrigeren Wellenbereich und ebenso der Infrarotstrahlung, der Mikrowellenstrahlung, der Radarwellen oder der UKW-, Kurz-, Mittel- und Langwellenstrahlung der Radiosender im höheren Frequenzbereich. Auch hier gibt es Tierspezialisten, die das für uns Unsichtbare „sehen", wie z.B. Bienen den Ultraviolettbereich oder Grubenottern den Infrarotbereich. Und es gibt Spezialisten, die das Unhörbare „hören", wie Wale, Hunde oder Fledermäuse im Infra- und Ultraschallbereich.

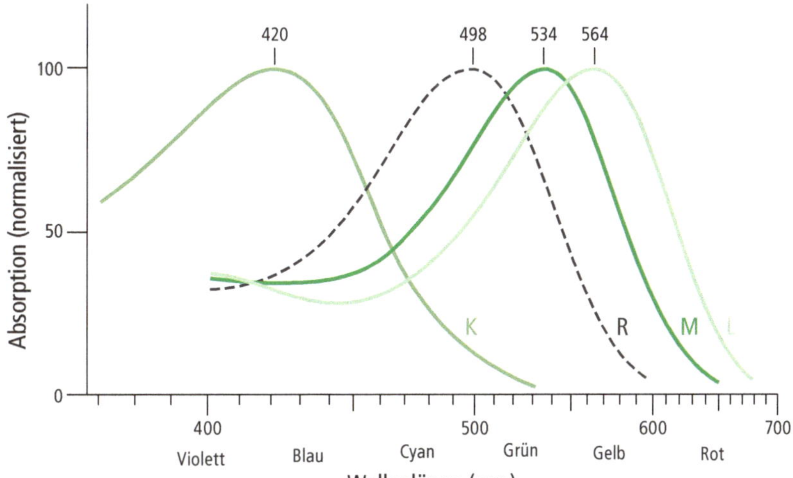

Abbildung 4.4: Spektrale Absorptionskurven der Stäbchen (R) für Schwarz-Weiß und der drei Zapfentypen für Farben (L = längere Wellenlängen, M = mittlere Wellenlängen, K = kürzere Wellenlängen)

Das Problem der Farbwahrnehmung schien gelöst zu sein, da für die drei Farbscheiben entsprechende Rezeptoren im Auge gefunden wurden – übrigens basiert die Trinitron-Röhre für Fernsehgeräte auf diesem Prinzip. Allerdings hat diese Theorie eine Schwachstelle, denn mit ihr kann ein besonderes Phänomen der Wahrnehmung nicht hinreichend erklärt werden: das des gegenfarbigen *Nachbildes*. Dieses entsteht, wenn man längere Zeit auf einen Farbfleck starrt, d.h. die ganze Zeit denselben Fixpunkt fokussiert, und danach auf eine weiße Fläche schaut. Dann erscheint nach kurzer Zeit – man kann dies durch Blinzeln beschleunigen – der Fleck in seiner Komplementärfarbe, und aus Blau wird Gelb, aus Grün wird Rot[3] und aus Schwarz wird Weiß und umgekehrt (▶Abbildung 4.5).

Die von dem Physiologen Ewald Hering (1834–1918) vorgestellte *Gegenfarbentheorie* basiert auf dieser Beobachtung – sie ist damit eigentlich eine Vierfarbentheorie – und findet durch eine weitere bemerkenswerte Tatsache eine starke Stützung. Wenn man bei Menschen auftretende Farbblindheiten untersucht, wird man schnell feststellen, dass diese sich nicht nur auf eine Farbe beziehen wie z.B. Rotblindheit oder Blaublindheit, sondern betroffen davon ist praktisch immer auch die jeweilige Komplementärfarbenwahrnehmung. Es gibt also die Rot-Grün-Blindheit oder Blau-Gelb-Blindheit (diese tritt allerdings viel seltener auf) oder es kann auch unglücklicherweise beides gemeinsam auftreten. An einer Ampel können davon betroffene Menschen dann nur aufgrund der Helligkeit und der Position des Lichts bestimmen, ob es nun rot, gelb oder grün ist. Übrigens tritt Farbblindheit beim männlichen Geschlecht 16-mal so häufig auf als beim weiblichen Geschlecht. So sind nur 0,5 % der Frauen, aber 8 % der Männer davon betroffen.

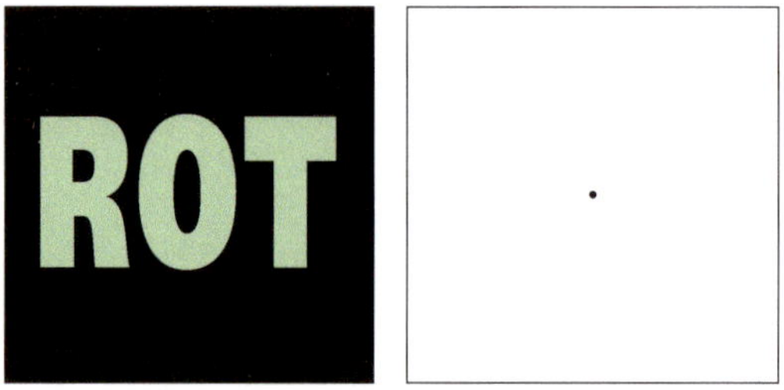

Abbildung 4.5: Gegenfarbiges Nachbild

Man nahm lange Zeit an, dass die beiden Theorien der Farbwahrnehmung – die Dreifarbentheorie und die Gegenfarbentheorie – sich gegenseitig ausschließen, und es gab teilweise erbitterte akademische Grabenkämpfe der unterschiedlichen Anhängerschaften. Heutzutage überwiegt jedoch die Meinung, dass sie sich ergänzen, denn nur so kann die Phänomenvielfalt unserer Farbwahrnehmung erklärt werden.

Die auf Farbwahrnehmung spezialisierten Zapfen sind im schärfsten Bereich des Sehfeldes (0 Grad in Abbildung 4.2 rechts) massiert, jedoch reagieren sie nur bei Helligkeit und bis zum Beginn der Dämmerung. Am Dämmerungsende und in Dunkelheit machen die Stäbchenrezeptoren aufgrund ihrer wesentlich höheren Lichtsensibilität das Sehen möglich – die Zapfenrezeptoren reagieren nun nicht mehr. Dagegen sind Stäbchenrezeptoren so lichtempfindlich, dass sie sogar dazu in der Lage sind, einzelne Photonen sichtbar zu machen. Es ist also verständlich, wie in Tabelle 4.1 dargelegt, dass ein Kerzenlicht aus fast 50 km Entfernung noch wahrzunehmen ist oder dass die gar nicht so großen Feuer in den Leuchttürmen des Altertums nachts auch bei

3 Um genau zu sein: Die Komplementärfarbe von Grün ist Magenta (Pink) und von Rot ist sie Cyan.

nicht so günstigen Sichtbedingungen erkannt wurden[4]. Diese hohe Lichtempfindlichkeit hat aufgrund der Platzierung der Stäbchen außerhalb der Zone des schärfsten Sehens (der Fovea) ihren Preis. So können wir die Reize zwar im peripheren Wahrnehmungsbereich registrieren, aber wir können sie nicht im scharfen fovealen Bereich betrachten, da in diesem Bereich fast ausschließlich Zapfen platziert sind (Abbildung 4.2 unten). Neben der durchaus ernst zu nehmenden Alltagsweisheit „Nachts sind alle Katzen grau" müsste man aus wahrnehmungspsychologischer Perspektive eigentlich hinzufügen: „... und unscharf noch dazu". Wenn wir also im Dunklen über eine „grüne" Wiese gehen, dann sehen wir sie nicht als grau, wie es die Stäbchenrezeptoren eigentlich dem Gehirn melden. Dasselbe geschieht nachts auch beim Betrachten der Lippen des Gegenübers, die wir nicht als dunkelgrau wahrnehmen, sondern als rot.

Nur die Erfahrungen und Erwartungen lassen uns im Dunkeln die Welt nicht grau sondern bunt erscheinen: Das Wissen über die Farben von Objekten ergänzt hier die Meldungen der Sinnesrezeptoren – allerdings, ohne dass wir dies bemerken (vgl. *Abschnitt 7.8.2*). In Fachbegriffe gefasst, dominieren dann die *Top-down-Prozesse* (z.B. Wissen, Erfahrungen oder Wünsche) über die *Bottom-up-Prozesse* (die Reizmuster von den Sensoren), und das Wahrgenommene ist dann eher ein Gedächtnisabruf als ein Sinneseindruck (▶Abbildung 4.6).

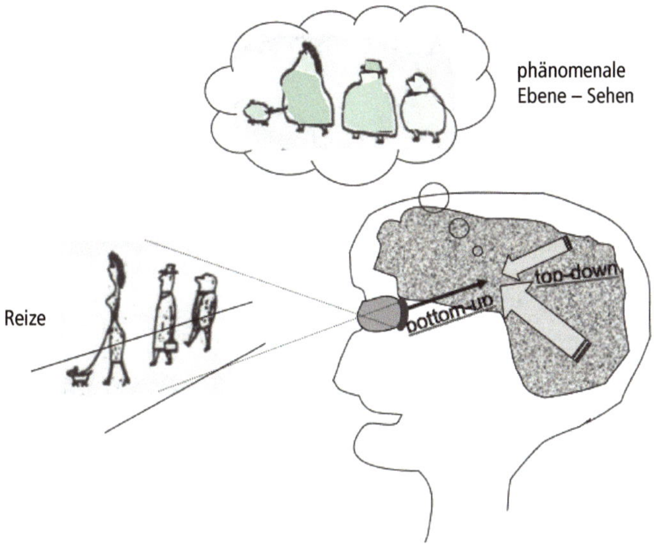

Abbildung 4.6: Top-down- und Bottom-up-Prozesse bei der Wahrnehmung einer magersüchtigen Person mit Farbergänzung bei Nacht

4 Aufgrund der Krümmung der Erdoberfläche kann ein Mensch einen anderen in der Ebene nur bis zu einer Entfernung von maximal 6 km sehen – dann verschwindet er hinter dem sichtbaren Horizont. Anders sieht das aus, wenn man auf einem 50 m hohen Aussichtsturm oder Mastkorb ist, dann beträgt die Sichtweite schon über 25 km.

Wie eingangs des Kapitels dargestellt, gehören Wahrnehmungen zur Klasse der bewussten Repräsentationen, und nicht selten treten – ohne dass wir dies bemerken könnten – Vorstellungen *verkleidet* als phänomenale Wahrnehmung in unser Bewusstsein[5]. Dies gilt natürlich nicht nur für Farben, sondern auch für Formen und andere Reizmerkmale. Diese Unterwanderung des Sehens, Hörens, Fühlens, Riechens und Schmeckens durch nicht bewussten, automatischen Wissens- und Erfahrungsabruf ist in den meisten Fällen des alltäglichen Lebens sehr nützlich, nicht umsonst hat es sich für uns Menschen so bewährt. Es kann natürlich auch gelegentlich die Ursache von Täuschungen sein, die manchmal unangenehme und schmerzhafte Konsequenzen mit sich tragen können.

Exkurs 4.2: Umkehrbrille – Die Welt steht auf dem Kopf!

In den 1950er Jahren kamen die ersten einigermaßen handhabbaren Umkehrbrillen, die mittels eingebauter Spiegel und Prismen das Bild für die Augen um 180 Grad drehten, zum Einsatz (▶Abbildung 4.7). Die eingangs des Kapitels gestellte Frage, warum wir die Welt nicht auf dem Kopf stehend sehen, konnte durch die Möglichkeit es einfach auszuprobieren, nun untersucht werden (zusf. Kottenhoff, 1961).

Abbildung 4.7: Versuche mit einer Umkehrbrille (links) – im Park wird der Schlangenlinienweg durch den aus dem Sack ausfließenden Sand sichtbar (Mitte), in der Stadt Innsbruck hat die Versuchsperson schon große Sicherheit (rechts). (Aus Kottenhoff, H. (1961). Was ist richtiges Sehen mit Umkehrbrillen und in welchem Sinne stellt sich das Sehen um? Meisenheim: Anton Hain.)

Was beschrieben die Versuchspersonen nach Anlegen der Umkehrbrille, die nur zum Schlafen im Dunklen abgesetzt und morgens im Dunklen wieder aufgesetzt wurde?

5 Halluzinationen stellen den Extremfall top-down-beeinflusster Wahrnehmungen dar. Hier liegen dann für das „Gesehene", „Gehörte", „Gerochene", „Geschmeckte" oder „Gefühlte" überhaupt keine entsprechenden Meldungen von den Sinnesrezeptoren – von Bottom-up-Prozessen also – vor. Umgangssprachlich wird dies dann als Einbildung bezeichnet.

Zwischen dem ersten und dem dritten Tag stand die Welt auf dem Kopf, und nur durch sehr langsames und stetig bewusst kontrolliertes Bewegen konnte das Verhalten bei einfachen Aufgaben gesteuert werden. Ansonsten zeigten sich Greif- und Bewegungsfehler im Verhalten, das insgesamt nur sehr unsicher ausgeführt wurde (Abbildung 4.7, Mitte). Besondere Schwierigkeiten stellten sich beim Essen und Trinken ein – man stelle sich nur vor, aus einem Glas trinken zu wollen, das man verkehrt herum sieht.

Ivo Kohler, der selbst an dieser Untersuchung teilnahm, beschrieb die Wahrnehmungserfahrungen an einem der ersten Tage wie folgt:

„So erzeugt jede Bewegung des Kopfes gegenüber den auf einem Punkt festgehaltenen Augen die unerwartetsten und wunderlichsten Form- und Gestaltänderungen aller Objekte, die sich im Gesichtsfeld befinden. Die sonst so wohl bekannten Formen scheinen in Auflösung begriffen und setzen sich in neuen, noch nie gesehenen Proportionen wieder zusammen. ... wenn irgendeine Hauswand überhängend schräg zur Gasse abfiel, ein gesehener und mit dem Blick verfolgter Kraftwagen sich verbog, die Straße wie eine Wasserwoge abwärts glitt, Häuser und Bäume umzufallen begannen".

Zwischen dem dritten und dem fünften Tag stabilisierte sich die Wahrnehmung unter günstigen Bedingungen und es entstand zunehmende Sicherheit beim Orientieren.

Nach sechs Tagen ununterbrochenem Tragen der Brille stellte sich ein dauerhaftes Aufrechtsehen ein, und das Verhalten war völlig sicher. Nun ist von den beschriebenen Wahrnehmungsstörungen nur mehr wenig zu bemerken:

> *"Die Eigentümlichkeiten des Sehens nach dem ersten Aufsetzen der Brille sind jetzt blass geworden, sie wurden zunehmend ausgemerzt ... Die Welt ist trotz Brille und Prisma zu meiner alten geworden".*

Nach Abnahme der Brille sah man die Welt wiederum um 180 Grad gedreht – aber nun dauerte das verkehrte Sehen nur wenige Minuten.

Einige Besonderheiten während der Tage 3 bis 5 seien hier noch erwähnt. So berichteten einige der Versuchspersonen in der Übergangsphase, dass sie die Gegenstände, die sie mit den Händen anfassten, nicht mehr verkehrt herum, sondern „richtig" herum wahrgenommen haben – z.B. eine Schreibtischlampe. In dem Augenblick, wo sie diese allerdings wieder losließen, kehrte die Wahrnehmung wieder in die Ausgangslage zurück. Diese Beschreibung erinnert an die Wahrnehmungen von LSD-Trips und scheint für uns kaum vorstellbar, denn sie bricht mit unseren zentralen Annahmen über die Abbildungsfunktion der Sinne: Wie kann nur ein Teil der Umwelt, nämlich nur das eine Objekt, das man gerade greift, sich vor den eigenen Augen umdrehen, alles andere aber nicht? Hier zeigt sich wieder, dass auch das, was wir scheinbar so mühelos sehen, eine immense Konstruktionsleistung unseres Gehirns darstellt.

Aber hier wird eine wichtige Tatsache über die Entwicklung der Wahrnehmung bei Kindern verdeutlicht. Nur durch *die Erfahrung am Handeln*, nämlich dadurch, dass man etwas mit den sichtbaren Objekten erfolgreich tut, entwickelt und verbessert sich die Wahrnehmungsleistung – durch *Begreifen* im wörtlichen Sinne.

4.2.2 Optische Täuschungen – Ich sehe was, das ...

Aus der wahrnehmungspsychologischen Forschung sind die Abbildungen mit *optischen Täuschungen* wohl die bekanntesten. Das so offenkundig einfache Austricksen unseres Auges ist immer wieder verblüffend, und man scheint hier auch bei wiederholter Darbietung nicht durch Übung oder Erfahrung zu lernen – was gleichsam ärgerlich und amüsant ist. Auf die wohl bekannteste, die Müller-Lyer-Täuschung, soll hier kurz eingegangen werden (▶Abbildung 4.8).

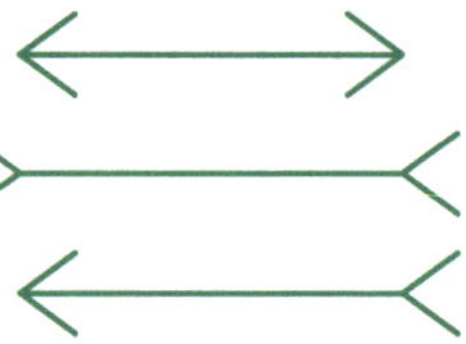

Abbildung 4.8: Müller-Lyer-Täuschung

Bei den gleich langen horizontalen Linien hängt die Längenwahrnehmung davon ab, wie die Endpfeile gestellt sind – die mittlere Linie erscheint am längsten, gefolgt von der unteren und der oberen. Eine Erklärung dafür liegt in der unbewussten räumlichen Interpretation der Endpfeile. Diese führt in dem einen Fall dazu, *in* eine Kante zu schauen und im anderen Fall *darauf*, um dann daraus – wiederum unbewusst – eine Größenschätzung vorzunehmen, die dann zu der Täuschung führt.

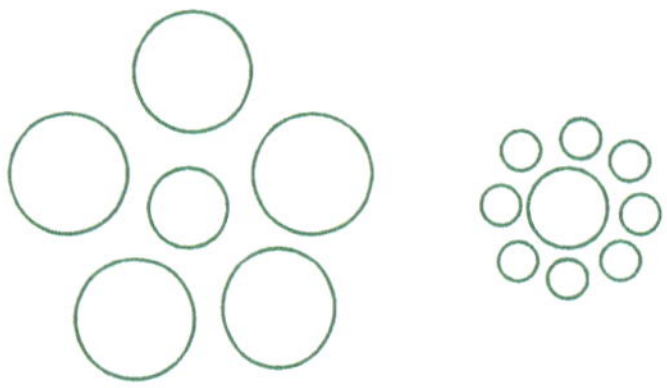

Abbildung 4.9: Größentäuschung durch den Kontext

Bei einer anderen Täuschung wird ebenfalls unbewusst der Kontext mit einbezogen, allerdings hier zum Größenvergleich (▶Abbildung 4.9) – hier sind die beiden mittleren Kreise gleich groß.

In Kombination verschiedener Raum- und Größeninformationen wird die Täuschungswirkung noch potenziert – wie dies in ▶Abbildung 4.10 zu sehen ist. Die beiden schwarzen Linien sind gleich lang. Man kann es kaum glauben und auch nach dem Messen mit einem Lineal bleibt die Wirkung erstaunlicherweise erhalten. Besseres Wissen nützt hier nichts.

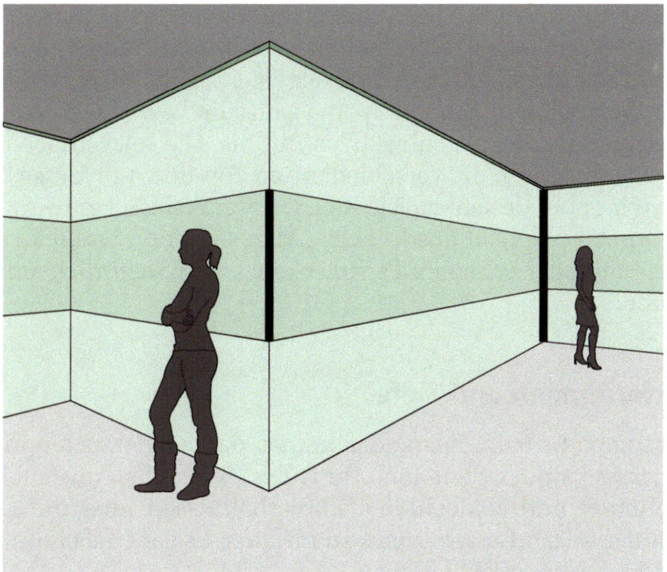

Abbildung 4.10: Zusammenwirken verschiedener optischer Täuschungen. (Aus Hilgard, E. R. & Atkinson, R. C. (1967). Introduction to psychology. New York: Harcourt, Brace & World.)

Wie eindringlich auch unsere Farbwahrnehmung durch automatische Kontextanalysen beeinflusst ist, kann ▶Abbildung 4.11 (linkes Bild) veranschaulichen. Es geht dabei um die Grauwahrnehmung der beiden mit A und B gekennzeichneten Fliesen. Der Schattenfall durch den grauen Zylinder wird unbewusst bei B „herausgerechnet" und deshalb erscheint sie uns heller als sie in Wirklichkeit ist. Dass dies auf der Rezeptorebene nicht der Fall ist, kann durch den gleichgrauen Längsbalken, der beide verbindet, gezeigt werden (rechtes Bild) – in der Abbildung ist der Grauton beider Fliesen identisch.

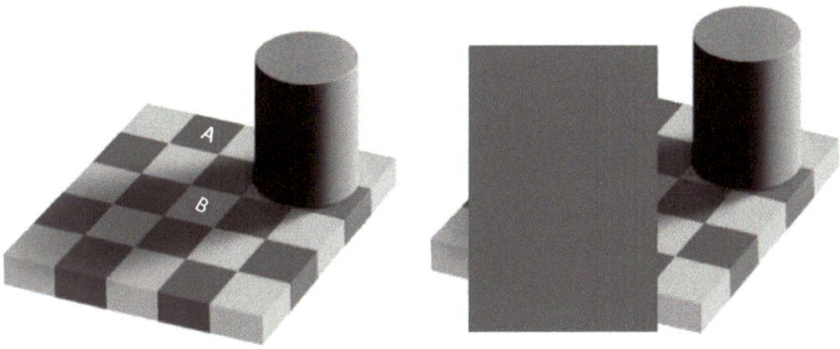

Abbildung 4.11: Farbtäuschung durch den Kontext (Schatten)

Über die Vielfalt der optischen Täuschungen findet man im Internet einen guten Überblick. Sie belegen eine wie die andere, dass unsere Wahrnehmung nicht ein genaues Abbild der physikalischen Umwelt ist, sondern die entstehende Repräsentation der Welt ist „nur" ein durch eine ganze Reihe von unbewussten Verarbeitungsvorgängen im Gehirn subjektives Bildnis. Die reizgetriebenen Bottom-up-Prozesse werden durch die verschiedensten Top-down-Prozesse überarbeitet zu dem, was wir am Ende sehen. Wie Richard von Weizsäcker in Anlehnung an Goethe dies einmal prägnant ausdrückte: „Man sieht nur, was man weiß." Das, was wir hören, fühlen, riechen und schmecken, kommt natürlich auf die gleiche Weise zustande.

4.2.3 Entfernungen und Tiefe

Die Mechanismen, die beim Zustandekommen der geometrisch-optischen Täuschungen wirksam sind, haben auch ihr Gutes. Sie helfen, uns auch bei geringen Informationen und schlechten Lichtverhältnissen über die Umwelt ein sinnvolles Bild des Handlungsraumes zu machen. Es geht dabei um die Tiefen-, Größen- und Entfernungsschätzungen.

Die einfachste Möglichkeit eine Schätzung der Entfernung verschiedener im Raum verteilter Objekte zu leisten, gründet darauf, dass wir zwei nebeneinanderliegende Augen besitzen. Sie sind beim Menschen im Durchschnitt 6 cm voneinander entfernt. Das Gehirn kann dann eine trigonometrische Berechnung vornehmen: Mithilfe des bekannten Abstandes zweier Messpunkte und der erfassten beiden Winkel zum Zielobjekt kann die Entfernung berechnet werden. So ist es nur der *Konvergenzwinkel* der beiden Augen zueinander, der sich entfernungsabhängig verändert: Bei Fixation in weiter Entfernung ist er kleiner als bei Fixation in der Nähe. Zudem werden Objekte entfernungsabhängig an verschiedenen Korrespondenzpunkten auf der Netzhaut der beiden Augen abgebildet. Der Vergleich dieser verschiedenen Abbildungspunkte wird als *Querdisparation* bezeichnet, und diese liefert ebenfalls Informationen über die Objektentfernung. In stereoskopen Dias (z.B. beim View-Master) oder bei 3-D-Filmen wird durch die gleichzeitige Projektion leicht unterschiedlicher Bilder für jedes Auge dieser Effekt ausgenutzt, um Raum und Tiefe erlebbar zu machen.

Allerdings kann auch mit nur einem Auge Tiefe wahrgenommen werden[6]. Einige der oben dargestellten optischen Täuschungen entstehen ja durch die unbewusste Berücksichtigung von – allerdings „falscher" – Rauminformation, die im Bild selbst steckt. Wie sehen solche in der zweidimensionalen Fläche darstellbaren Rauminformationen aus? In ▶Abbildung 4.12 sind einige davon schematisch dargestellt. Links ist die Bildvorlage dargestellt, in der Mitte die Bottom-up-Information, die von der Augennetzhaut ans Gehirn gesandt wird, und rechts die durch Top-down-Prozesse rekonstruierte Wirklichkeit.

6 Die Erforschung des einäugigen Tiefensehens wurde insbesondere von dem Münsteraner Psychologen Wolfgang Metzger nach dem Zweiten Weltkrieg vorangetrieben – er hatte als Soldat ein Auge verloren.

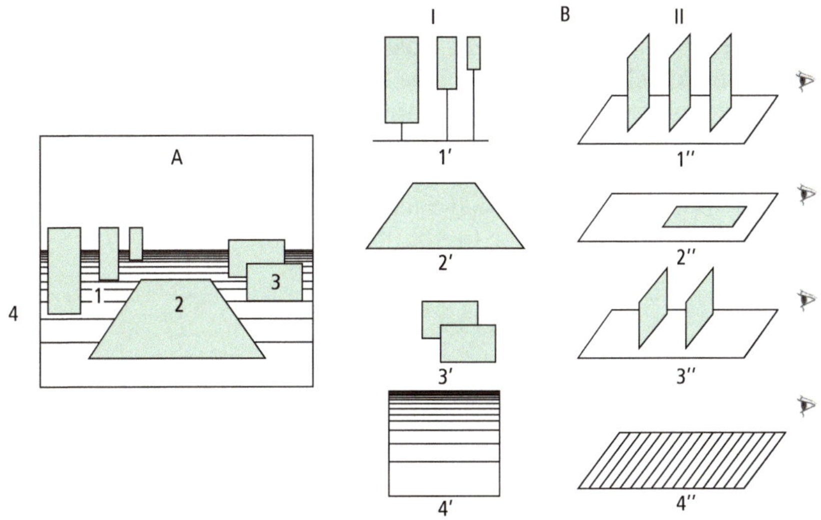

Abbildung 4.12: Einäugiges Tiefensehen aufgrund relativer Größe, linearer Perspektive, Überlagerung und Texturgradient. (Aus Hochberg, J. (1964). Perception. Englewood Cliffs, N.J.: Prentice Hall.)

Auf der Netzhaut noch unterschiedlich groß, wird die tatsächliche Größe der drei Rechtecke ermittelt – nämlich als gleich groß (1). Aufgrund eines fiktiven Fluchtpunktes wird die Form, die auf der Netzhaut noch ein Trapez ist, zum Rechteck rekonstruiert (2). Die beiden Flächen (3) – auf der Netzhaut noch als liegendes L und Rechteck abgebildet – werden als hintereinander positioniert interpretiert und somit als zwei gleich große rechteckige Flächen wahrgenommen. Die auf der Netzhaut nach oben hin immer enger liegenden waagerechten Linien (4) werden als Texturgradienten mit eigentlich gleichem Abstand interpretiert, wie es z.B. beim Betrachten der Bahnschwellen während eines Gangs über Gleise geschieht. Hinzu kommen noch *Helligkeits- und Schattenverläufe* bei Standbildern, und bei Filmbetrachtungen werden die sich verändernden Perzeptionsmuster – sog. *Bewegungsparallaxen* – ebenfalls zur Hochrechnung von Rauminformationen genutzt. All diese Top-down-Prozesse ermöglichen es auch einäugigen Menschen, sehr exakte Tiefen-, Größen- und Raumschätzungen vorzunehmen, allerdings innerhalb gewisser Grenzen, und so werden Fahrerlaubnisse für den Straßenverkehr hier nach Begutachtung gelegentlich mit Tempoauflagen vergeben – nicht zuletzt aufgrund des kleineren Gesichtsfeldes bei nur einem Auge.

4.2.4 Form – Figur und Hintergrund

Die Voraussetzung für jede Raumwahrnehmung ist zunächst die Identifikation von Figuren und Formen darin – erst danach kann die Bestimmung ihres Zueinanders erfolgen. Dem ersten Problem widmete sich insbesondere die Berliner Schule der Gestaltpsychologie im ersten Drittel des 20. Jahrhunderts. Die Grundbeobachtung war, dass in alltäglichen Situationen selten Figuren vollständig zu sehen sind – also kann die Wahrnehmung der Gegenstände nicht durch das einfache Zusammenschalten ihrer einzelnen Elemente entstehen oder durch das raumzeitliche Zusammentreffen ihrer Teile. Die daraus abzuleitende praktische Frage lautet: Was kann ich alles an einem präsentierten Reiz weglassen, ohne dass die Wahrnehmung einer Figur gestört wird? Damit war die Untersuchungsfrage schon sehr nah an dem, was den Wahrnehmungsalltag ausmacht, denn welche Reize bekommen wir schon vollständig zu Gesicht? Ein Beispiel, das diesen Sachverhalt überzeugend demonstrieren kann, ist das sog. Kaniza-Dreieck (▶Abbildung 4.13).

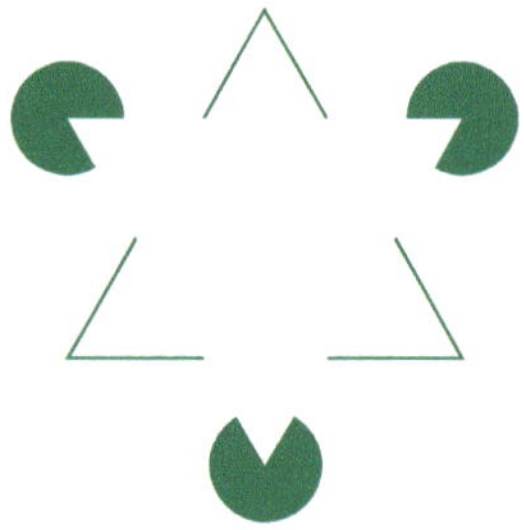

Abbildung 4.13: Gestaltwahrnehmung – Kaniza-Dreieck

Wenn man dieses Objekt kurz präsentiert und die Versuchspersonen fragt, was sie gesehen haben, kommen fast ausschließlich Antworten wie: zwei Dreiecke und drei Kreise oder einen (sechseckigen) Stern und drei Kreise. Kaum jemand beschreibt, dass hier drei Kreisausschnitte (ähnlich den Pacman-Figuren) und drei gleichschenklige Winkel dargestellt sind. Auch wenn man dies weiß und versucht, die Wahrnehmungsinhalte analytisch zu kontrollieren, so drängen sich insbesondere die beiden Dreiecke – das „unsichtbare" weiße und das scheinbar dahinter liegende mit grünem Rand – in der Wahrnehmung auf. Wir sehen dabei deutlich Gestalten, obwohl sie gar nicht da sind.

Dieser spürbare Sog zur Wahrnehmung klarer Formen und Figuren führte damals zu umfangreichen Serien von Experimenten, die am Ende in der Aufstellung von *Gestaltgesetzen* mündeten. Deren Wirken macht es möglich, dass auch bei nur einem kurzen Blick Figuren wahrgenommen werden, die sich von einem Hintergrund abheben. Einige der bekanntesten Gesetze sind in ▶Abbildung 4.14 veranschaulicht.

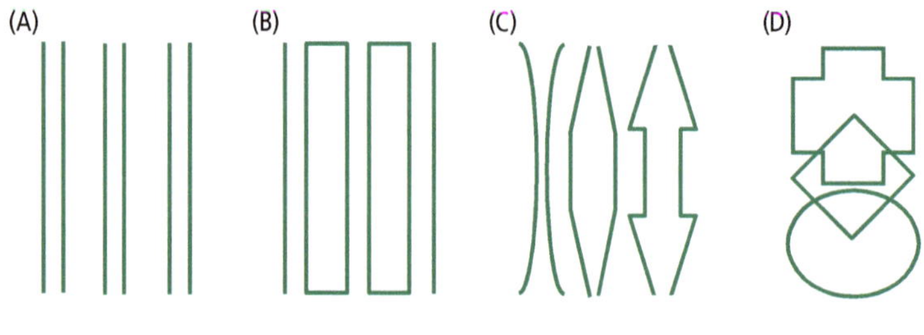

Abbildung 4.14: Was sieht man? Demonstrationen der Gestaltgesetze: der Nähe (A), der Geschlossenheit (B), der Symmetrie (C) und der Guten Gestalt (D). (Aus Müsseler, J. (Hrsg.) (2008). Allgemeine Psychologie. Heidelberg: Springer)

Neben den vier hier dargestellten sollte noch ein weiteres erwähnt werden – das *Gesetz des gemeinsamen Schicksals*. Es geht dabei darum, dass Einzelobjekte, die sich mit dem gleichen Tempo in dieselbe Richtung bewegen, als Gestalt wahrgenommen werden, wie z.B. ein Vogelschwarm, Eiskunstläufer beim Paarlauf oder ein Orchester. Neben diesen wichtigsten Gestaltgesetzen wurden in der Folge wie in einem Boom immer weitere gefunden, und am Ende konnten über 100 davon gezählt werden – damit verlor dieser damals so wichtige neue Zugang zur menschlichen Wahrnehmung an Übersichtlichkeit. Bei komplexen Reizen gehörte eine große Artistik dazu, deren Wahrnehmung mittels Gestaltgesetzen zu erklären – z.B. bei einem Blumenstrauß. Dennoch war der Einfluss der gestaltpsychologischen Sichtweise in der damaligen Epoche groß, und insbesondere in der bildenden Kunst und Architektur – man denke nur an das Bauhaus – ist ihre Wirkung auch heute noch sichtbar. Die immer wieder beeindruckenden Gestaltwahrnehmungsphänomene bleiben nach wie vor lebendig, jedoch haben sie heutzutage ihren eigenständigen Charakter in der Kognitiven Psychologie verloren – sie haben ihren Stellenwert im Rahmen von Top-down-Vorgängen bei der Wahrnehmung erhalten.

4.2.5 Wahrnehmung von oben – top-down

Wie wir gesehen haben, sind Wahrnehmungsvorgänge keine Prozesse, die Außenreize einfach abbilden, sondern sie durchlaufen verschiedene Stufen der Verarbeitung und werden dabei durch die individuellen Erfahrungen und Erwartungen angereichert – bis es am Ende zur Repräsentation im Bewusstsein kommt. Neben den schon dargestellten subtilen Konstruktionsvorgängen für Farbe, Tiefe und Form können noch Weitere genauer benannt werden, die im Folgenden näher beschrieben werden sollen: *Kontext*, *Erwartung* und *Motivation*.

Wenn Objekte und Reize nur teilweise sichtbar oder undeutlich sind, werden Informationen aus der *Reizumgebung* wichtig. Diese *Kontext*informationen setzen gewissermaßen einen Deutungsrahmen für den alleine betrachtet mehrdeutigen Reiz. In ▶Abbildung 4.15 ist dies für einen Reiz, der gleichermaßen als „13“ oder „B“ gesehen werden kann, dargestellt.

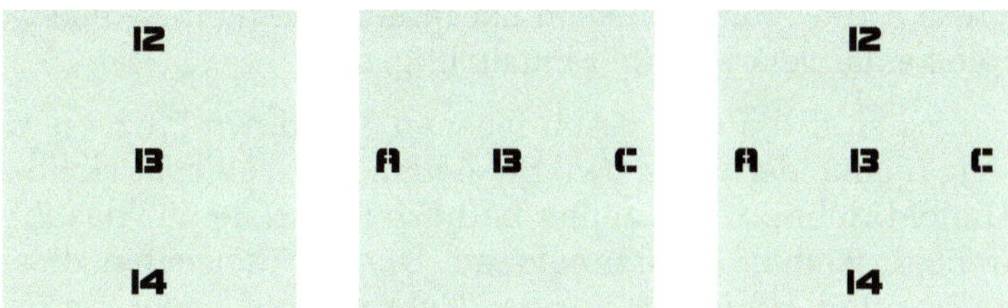

Abbildung 4.15: Kontexteinfluss auf die Wahrnehmung

Den Kontext in der senkrechten Reihe (links) stellen Zahlen dar – also wird der kritische mittlere Reiz als Zahl „13“ wahrgenommen. In der waagerechten Reihe (Mitte) besteht der Kontext aus Buchstaben – also wird der identische Reiz als „B“ wahrgenommen.

Während der Kontext sozusagen im Jetzt einer Situation seine Bedeutung gewinnt, wirkt *Erwartung* als Top-down-Prozess in der Zeit, denn es wird eine Erinnerung abgerufen. Erwartung kann sehr allgemein gefasst sein („Ich erwarte ihn am Bahnhof."), aber auch eher subtil entstehen, wie z.B. beim Betrachten eines Bewegungsablaufs. In ▶Abbildung 4.16 ist die Erwartung noch simpler gefasst, da hier eine Bilderfolge, die sich laufend ein wenig verändert, präsentiert wird. Die Jim-und-Jane-Aufgabe besteht aus zwei Durchgängen. Man beginnt im ersten Durchgang von links mit der Durchmusterung (bei Jim) und schaut von Bild zu Bild, um zu prüfen, ob noch immer Jim zu erkennen ist. Im zweiten Durchgang beginnt man rechts (bei Jane), und geht Bild für Bild rückwärts vor, um dasjenige zu identifizieren, bei dem Jane nicht mehr wiederzuerkennen ist.

JIM

JANE

1 2 3 4 5 6 7 8

Abbildung 4.16: Von Jim zu Jane und zurück – der Einfluss von Erwartung auf die Wahrnehmung

Die meisten Menschen werden Jim bis zum Bild 5 identifizieren – danach kann man ihn nicht mehr erkennen. Rechts bei Jane beginnend, wird meistens das Bild 4 noch als Jane erkannt. Also: Es ist von der *Erwartung* abhängig, was man bei nicht eindeutigen Reizen wahrnimmt. So kann die Produktpiraterie z.T. mit sehr ungenauen Kopien von Markenwaren große Gewinne einstreichen.

Einen weiteren wichtigen Einfluss auf das, was wir sehen und allgemein wahrnehmen, nimmt die momentane *Motivations-* und *Emotionslage*. Abhängig von dem gerade aktiven Motiv oder der angeregten Emotion wird die Welt wie durch einen entsprechenden Filter gesehen. Wenn eine Person hungrig ist, wird die Wahrnehmungsschwelle für Essbares abgesenkt, und sie entdeckt es schneller als satte Personen. Das Gleiche gilt bei Ängstlichkeit, denn jetzt werden mehrdeutige Reize deutlich schneller und häufiger als bedrohlich wahrgenommen als in ausgeglichener Emotionslage. Die sprichwörtlich bekannte „rosa Brille" von Verliebten hat ihre Berechtigung – ebenso wie die wohl komplementär gefärbte von Eifersüchtigen.

Im Lebensalltag sind die drei beschriebenen Top-down-Prozesse der Wahrnehmung eng ineinander verwoben. Sie helfen uns, schlecht sichtbare Dinge in ihrem Umfeld richtig zu erkennen und das Erwartete wie das Erwünschte oder Befürchtete leichter wahrzunehmen. Die Schattenseiten dieser unverzichtbaren Seh- und Hörhilfen unseres Gehirns sind auch aus dem Alltag bekannt: Wir finden einen Knopf auf dem gemusterten Teppich nicht, weil der Kontext ihn unsichtbar macht. Wir spüren zu spät, dass der Schuh drückt, da wir erwartet haben, dass er in unserer Schuhgröße ist. Wir verlieren die Angst vor dem Hund nicht, weil wir sein freudiges Bellen als Drohgebaren wahrnehmen. Wir lassen uns bei der Weinprobe im angenehmen

Ambiente durch die Ankündigung, es sei ein besonders guter Tropfen, in Verzückung versetzen – was aber zu Hause am heimischen Herd nicht wiederholbar ist. Die alltäglichen Fehler beim Verhören, Versehen und Vergreifen lassen sich also recht gut erklären. Unabhängig davon, dass man gemäß Freud immer unbewusste Wünsche hinter den sogenannten „Fehlleistungen" sehen muss, machen sie dadurch Sinn, dass sie eben nicht zufällig, sondern häufig durch überschnelle Fehlinterpretationen von Situationsreizen geschehen.

Exkurs 4.3: Franciscus Cornelis Donders' Blick in die Zukunft der psychologischen Forschung

Francisucs Cornelis Donders (1818–1889)

Eine geradezu moderne Versuchsanordnung stammt von dem niederländischen Physiologen Franciscus Cornelis Donders (1818–1889), einem Pionier der Augenheilkunde. Diese 1868 beschriebene Versuchsanordnung kann exemplarisch deutlich machen, wie man auch in der modernen Kognitiven Psychologie durch relativ simple und wiederholbare Versuchsanordnungen – natürlich sind sie wohl durchdacht und man muss sie erst einmal erfinden – empirisch absicherbare Erkenntnisse auch über komplexe psychische Sachverhalte gewinnen kann.

Die Fragen von Donders scheinen auf den ersten Blick zwar interessant und wichtig, aber zu komplex, um sie empirisch zu untersuchen. Sie lauten zum einen: Wie lange dauert es, eine Vorstellung zu entwickeln? Und zum anderen: Wie lange dauert eine Willensbestimmung?

Wie ist Donders vorgegangen? Er gab den Probanden drei Aufgaben (Versuchsbedingungen), und es wurden immer die Reaktionszeiten gemessen, was damals schon sehr präzise mit einem Schallschlüssel und dem Hipp'schen Chronoskop möglich war.

1. Die erste Aufgabe bestand darin, immer dann, wenn der Vokal „a" ertönte, selbst mit „a" zu antworten, und der einzige Reiz, der in dieser Bedingung wiederholt auftrat, war der Vokal „a".
2. In der zweiten Aufgabe wurden alle Vokale „a", „e", „i", „o" und „u" in einer zufälligen Reihenfolge angeboten, und das Nachsprechen des gerade gehörten Vokals sollte so schnell wie möglich erfolgen.
3. Bei der dritten Aufgabe wurden dieselben Reize wie in (2) verwandt, aber bei der Reaktion sollten die Versuchspersonen nur auf „a" antworten, bei den anderen sollten sie schweigen.

Die mittleren Reaktionszeiten für das möglichst schnelle Nachsprechen von „a" – nur dieses Reiz-Reaktions-Paar kommt ja in allen drei Bedingungen vor – waren:

ad (1) 201 Millisekunden

ad (2) 284 Millisekunden

ad (3) 238 Millisekunden.

Donders' Erklärung für die unterschiedliche Länge war in der Fragestellung des Experiments begründet. Im Unterschied zu (1) musste in (3) vor dem Aussprechen noch die Vorstellung von „a" entstehen – in (1) war das nicht nötig, da hier ja alle Reize „a" waren. Die Differenzberechnung von (3) minus (1) ergibt 37 Millisekunden, und so lange ist – so Donders – die Dauer eine Vorstellungsentwicklung. Der Unterschied zwischen (2) und (3) besteht darin, dass in (2) noch der Impuls für das Aussprechen von „a" generiert werden muss, weil man in dieser Versuchsbedingung auch mit den vier anderen Vokalen antworten kann und eine Auswahl in der Reaktion (die „Willensbestimmung") treffen muss – in (3) bleibt die Antwort immer „a". Die Differenzberechnung zu (3) ergibt hierbei 46 Millisekunden, und dies sei die Zeitdauer für die Entwicklung einer Willensbestimmung – so Donders.

Zu seiner Zeit noch wenig beachtet, entfaltet dieses Forschungsparadigma nach 1960 eine kaum zu unterschätzende Wirkung in der Psychologie. Donders legte mit diesem Experiment einen der gedanklichen Grundsteine der *Kognitiven Psychologie* (vgl. *Abschnitt 2.1.6*), nämlich, dass Informationsverarbeitung Zeit benötigt – und da das menschliche Gehirn Informationen verarbeitet, sollte dies auch für alle psychischen Prozesse gelten. Die Vorgehensweise ist auf den ersten Blick recht simpel: Man entwickelt zunächst Aufgaben, die sich nur in geringem Maße in den Anforderungen unterschieden. Dann – im Experiment – misst man die Reaktionszeiten für die Lösung und vergleicht sie miteinander. Aus den Zeitdifferenzen kann man nun Schlussfolgerungen über die beteiligten Stufen und Prozesse der Informationsverarbeitung gewinnen: Wie oben dargestellt, nannte Donders sie in seinem Experiment – heute etwas antiquiert klingend – damals „Vorstellungsentwicklung" und „Willensbestimmung".

In den letzten 50 Jahren kognitiver Forschung ist so über die menschliche Informationsverarbeitung und deren Teilprozesse ein breiter Befundteppich entstanden, der Lernen, Gedächtnis, Aufmerksamkeit und natürlich auch die Wahrnehmung umfasst.

4.3 Nach den Dingen die Menschen – soziale Wahrnehmung

Wir entfernen uns zwar nun von der genuinen Wahrnehmungsforschung, jedoch wird auch das Sehen von Gesichtern und Menschen von jener erlebten Unmittelbarkeit und Direktheit begleitet, wie sie für einfache Objektwahrnehmungen und Wahrnehmungstäuschungen typisch ist. Es handelt sich dabei um Phänomene und Effekte, die im Rahmen sozialpsychologischer Forschung als *soziale Wahrnehmung* bezeichnet werden. Die ersten Beobachtungen lieferte ein Experiment, das mit der Herstellungsmethode (s.o.) arbeitete. Dabei bestand die Aufgabe von Kindern darin, die Größe verschiedener, ihnen vorgelegter Münzen aus ihrer Alltagswährung mittels eines variablen Reglers möglichst akkurat auf einem Bildschirm einzustellen. Man konnte nun feststellen, dass Unterschichtenkinder von den Münzen deutlich größere Abbilder erzeugten als Mittelschichtenkinder. Für sie – so die Erklärung – hatte das Geld höheren Wert, und Wertvolles oder Bedeutsames erscheint größer. Man denke hier nur an Kinderzeichnungen, bei denen einige Objekte (z.B. Streichhölzer oder eine Pistole) viel zu groß dargestellt werden.

Sind Erwachsene vor dieser Täuschung gefeit? Wenn man ihnen Fotos nicht bekannter Personen zeigt, geschieht etwas Bemerkenswertes, obwohl es alltäglich ist. Auch bei nur kurzzeitiger Darbietung der Gesichter können diese sehr schnell beschrieben werden: nicht nur hinsichtlich des Alters, der Augenfarbe oder der Frisur, sondern auch wie freundlich, nett oder hilfsbereit jemand ist. Es werden also nicht nur sichtbare Merkmale gesehen, sondern auch ohne Zögern unsichtbare. Diese scheinbar so direkt identifizierbaren Eigenschaften an fremden Menschen sind allerdings das Resultat eines Gedächtnisabrufs, der jedoch so schnell und unmittelbar erfolgt, dass er im Erleben nicht bewusst wird. Es können Erfahrungen sein, die man mit ähnlich aussehenden Personen gemacht hat, die aktiviert werden, oder es kann auch Vorwissen sein, das unbemerkt abgerufen wird (=> *Kapitel 7 Gedächtnis*). So sieht man durch die unbemerkte Gedächtnisunterstützung diese Personen als sympathisch oder unsympathisch, hässlich oder schön, interessant oder langweilig.

Abbildung 4.17: Wahrnehmung und Einschätzung von Menschen

In ▶Abbildung 4.17a kann diese schnelle direkte – ja geradezu sichtbare – Beurteilung von Personen einmal demonstriert werden. Wenn man das Bild betrachtet, kann man doch vergleichsweise sicher beurteilen wie:

	1	2	3	4	5
fleißig	o	o	o	o	o
kreativ	o	o	o	o	o
unternehmungslustig	o	o	o	o	o
pünktlich	o	o	o	o	o
tolerant	o	o	o	o	o

1 = gar nicht , 3 = mittel, 5 = sehr

die dargestellten Personen sind. Nun betrachtet man die in ▶Abbildung 4.17b dargestellten Personen und schätzt diese ebenfalls hinsichtlich derselben Merkmale ein.

Beim Vergleich der beiden Einschätzungen wird man feststellen, dass sie recht unterschiedlich ausfallen. Selbst ein eingeweihter Betrachter der Gesichter kann sich den aktivierten Top-down-Prozessen aus dem Gedächtnis kaum entziehen – weil man es doch deutlich *sieht*. Dass hier ausgehend von den reizgetriebenen Bottom-up-Prozessen Assoziationen und Gedächtnisinhalte und Wissensschemata automatisch aktiviert werden und sich in die Wahrnehmung einschleichen, bemerken wir nicht.

Dieser Vorgang ist der Grundprozess bei der Entstehung von sozialen Vorurteilen. Wenn dann diese Vorurteile noch die Art und Weise des Umgangs und Handelns mit den Personen bestimmen, ist zu erwarten, dass die so behandelten Personen auch entsprechend reagieren. Es bewahrheitet sich dann: „Wie man in den Wald hineinruft, so schallt es heraus." Am Ende wird, durch das eigene Handeln ausgelöst, die Einschätzung bestätigt, und es kommt zu einer „self fulfilling prophecy". Wohlgemerkt, ohne dass man sich dieser einzelnen Schritte bewusst wird. Was insbesondere im zwischenmenschlichen Feld als „Vorurteil" erscheinen kann, ist jedoch in vielen anderen Situationen von Vorteil. Die Vorgänge des unbewussten Wissens- oder Erfahrungsabrufs erleichtern uns eine schnelle Orientierung auch in neuen oder komplexen Situationen, und es wäre unsinnig, die eigenen Erfahrungen einfach über Bord zu werfen und jeder Situation „vorurteilslos" zu begegnen.

4.4 Wahrnehmung als Verhalten – Blickbewegungen

Wenn man sich vornimmt, einen Reiz fest im Auge zu behalten, wird man feststellen, dass sich nach kurzer Zeit die Augen unwillkürlich zu bewegen beginnen – in kleinen Schleifen oder auch in größeren Sprüngen entfernen sie sich vom Fixationspunkt. Diesen unwillkürlichen Bewegungen sind wiederum kurze ruckartige Augenbewegungen, Sakkaden genannt, unterlegt, die zwei- bis fünfmal in der Sekunde stattfinden[7]. Das bedeutet, dass der Bottom-up-Prozess beim Sehen mehrmals in einer Sekunde aufgefrischt wird und in diesem Takt die Informationen von der Netzhaut ans Gehirn weitergeleitet werden. Allerdings werden auf dem Weg zur bewussten Wahrnehmung diese kleinsten Augenbewegungen herausgefiltert und gedämpft, denn es würde uns sehr verwirren, wenn diese schnell wechselnde Reizfolge unser Bewusstsein erreichen würde. Nur kurze Zeit können wir solch schnell wechselnde Bildfolgen in Filmen oder Musikvideos verkraften.

Wenn man allerdings verhindert, dass ein Reizmusterwechsel durch Augenbewegungen auf der Netzhaut entsteht, hat das unerwartete Folgen. Um dies zu untersuchen, konstruierte man einen extrem leichten Miniprojektor, der fest auf einer Kontaktlinse angebracht war (▶Abbildung 4.18). Wenn man diesen Miniprojektor einer Versuchsperson auf die Hornhaut setzte, konnte sie zwar Augenbewegungen ausführen, jedoch führten diese nicht zu einer Veränderung der Reizung auf der Netzhaut – diese ist wie „eingefroren“.

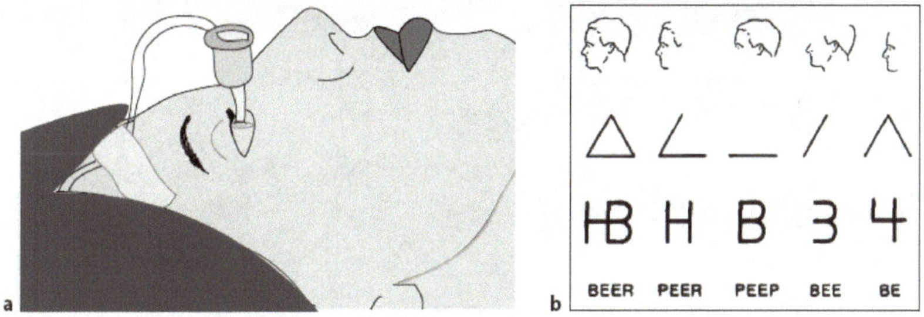

Abbildung 4.18: Kompensation der Augenbewegungen durch einen auf der Hornhaut aufgebrachten Miniprojektor und die Wirkungen auf die Wahrnehmung bei vier unterschiedlichen Reizen. (Aus Myers, D.G. (2008). Psychologie. Heidelberg: Springer, 2. Auflage)

Im rechten Teil der Abbildung sind die Auswirkungen einer konstanten Netzhautreizung durch verschiedene Bilder (linke Spalte in Abbildung 4.18) zu sehen. Der ursprüngliche Reiz wird zunächst gesehen, dann verschwindet er gänzlich, um dann nachfolgend in verschiedenen Teilstücken wieder sichtbar zu werden. Charakteristisch für diese Ausschnitte ist, dass sich jeweils sinnvolle Teile herausheben, was insbesondere an den beiden unteren Reizen „HB“ und „beer“ deutlich wird. Offenkundig kommt es durch die zeitstabilen Reizmuster zu einer „Ermüdung“ der Sensoren, und erst nach einer gewissen „Erholungszeit“ enden sie wieder. So entsteht für die höhere Wahrnehmungsverarbeitung eine Situation, auf die sie natürlicherweise nicht vorbereitet ist – man könnte sagen, sie ist unterfordert. Auf der ständigen Suche nach deutbaren Reizmustern nimmt sie aus dem Vorhandenen das heraus, was einen Sinn macht, und gibt dies für einen bewussten Wahrnehmungseindruck frei.

7 Es handelt sich dabei um die schnellsten Bewegungen, die unser Körper ausführen kann.

Kommen wir wieder zurück zur normalen Wahrnehmung in alltagsnahen Situationen. Wenn wir für ein paar Sekunden ein Gesicht betrachten, dann finden in dieser Zeit 20 und mehr Augenbewegungen statt, die ein Muster ergeben, das immer wieder zu der Augen- und Mundpartie zurückkehrt, da hierin die wichtigsten Informationen für den Emotionsausdruck zu finden sind (▶Abbildung 4.19). Wie aus dem linken Teil der Abbildung ersichtlich, ist dieses durch die Aufzeichnung von Blickbewegungen während der Betrachtung entstandene Muster bei einem Monat alten Säuglingen – die Suche gilt offenkundig schon kurz nach der Geburt Augen und Mund – noch relativ unpräzise und „überschießend". Aber schon nach einem weiteren Lebensmonat gleicht es dem von Erwachsenen schon sehr.

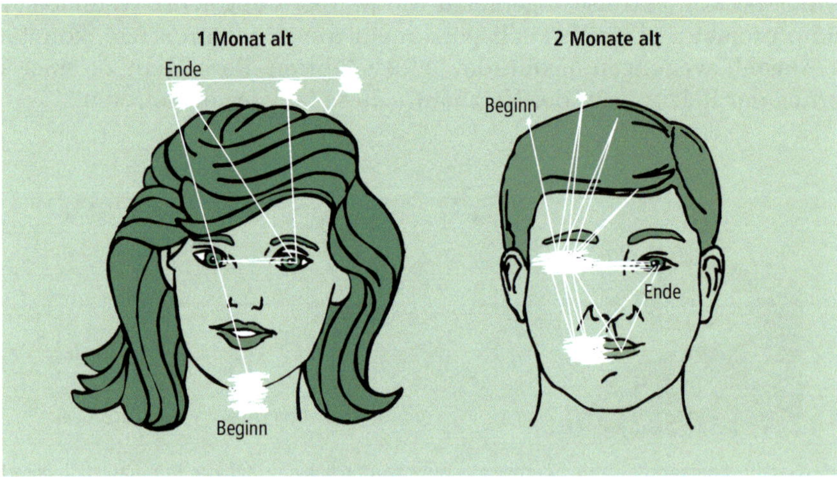

Abbildung 4.19: Augenbewegungen von Säuglingen. (Aus Berk, L.E. (2004). Development Through the Lifespan. Boston: Allyn and Bacon, 3. Auflage)

Auch diese sich über einige Sekunden hinziehenden Bewegungsverläufe der Augen sind uns in den meisten Fällen nur sehr dunkel bewusst, und hier befinden wir uns an einer interessanten Schnittstelle zwischen Wahrnehmung und Verhalten. Der scheinbar so passive rezeptive Wahrnehmungsvorgang entpuppt sich bei genauerer Analyse als ein Vorgang, der durch komplexes sinnvolles Verhalten – und nichts anderes sind die Augen*bewegungen* – unterlegt und versorgt wird. Wahrnehmung ist also ein aktiver, sinnvoll gesteuerter Such- und Prüfvorgang, der sich jedoch der willkürlichen Einflussnahme weitestgehend entzieht, denn wir sind uns der einzelnen Fixationspunkte und Blickbewegungen beim Betrachten eines Gesichtes nicht bewusst. Wahrgenommen werden nur die integrierten Ergebnisse, denn alles andere würde unser Bewusstsein überfordern.

Dass die Bewegungsmuster wie von Geisterhand sinnvoll gesteuert erscheinen, kann aus den aufgezeichneten Blickbewegungen beim Betrachten eines Bildes von Ilja Repin (1844–1930), „Unerwartet", entnommen werden (▶Abbildung 4.20).

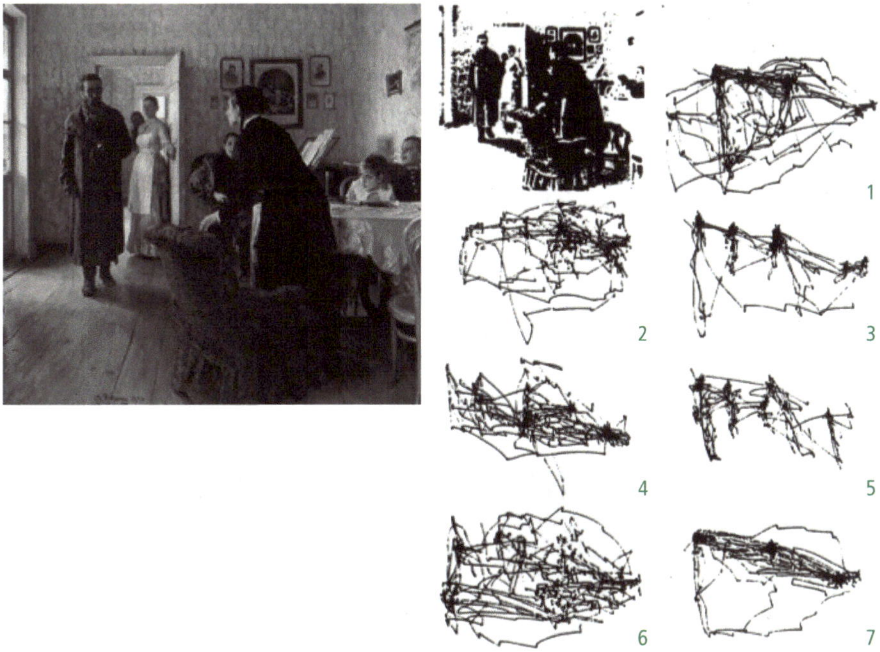

Abbildung 4.20: Bildvorlage „Unerwartet" von Ilja Repin und die Blickbewegungsmuster, die bei verschiedenen Instruktionen entstanden: 1. Freie Betrachtung, 2. Beurteilung der materiellen Lebenssituation, 3. Alter der Personen schätzen, 4. Was hat die Familie vor der Ankunft des Besuchers getan?, 5. Kleidung der Personen erinnern, 6. Positionen von Personen und Objekten merken, 7. Wie lange war der unerwartete Besuch weg? (Aus Hilgard, E. R. & Atkinson, R. C. (1967). Introduction to psychology. New York: Harcourt, Brace & World. 4. Auflage)

Man erkennt deutlich, dass die Betrachtung ein und desselben Bildes zu sehr unterschiedlichen Bewegungsverläufen und Fokussierungsorten führt – abhängig von der Aufgabe und Intention, die man gerade verfolgt. Man vermeint, allein aufgrund der Blickbewegungsmuster zu ahnen, welchen Zweck sie verfolgen. Sie erscheinen intuitiv sinnvoll zu sein, ohne dass man genau sagen kann, warum – auf gar keinen Fall sind sie jedoch zufällig entstanden.

4.5 Ich sehe was, was ich nicht sehe – „blindsight"

Wir können anhand der vielen Studien und Experimente belegen, dass unsere Wahrnehmung, der das Vorurteil unterliegt, eine schlichte Abbildung der Welt zu sein, ein konstruktiver, aus unterschiedlichen Stufen bestehender Prozess ist, dessen Ende dann phänomenal die bewusste Wahrnehmung repräsentiert. Die einzelnen Stufen können aufgrund der Experimente und Phänomene – zwar mit großer Sicherheit – jedoch „nur" erschlossen werden, aber es gibt einen eindringlichen Beleg für die unbewusste Vorstufe unserer Wahrnehmung, die als „blindsight" (Blindes Sehen, Blindsicht) in die Literatur eingegangen ist.

Eines Tages kam ein befreundeter Arzt zu dem Wahrnehmungspsychologen Lawrence Weiskrantz, da er meinte, irgendetwas mit seinen Augen sei nicht in Ordnung. Er beschrieb erhöhte Konzentrationsschwierigkeiten, Nachtsehschwäche und häufige Kopfschmerzen. Bei der genaueren Untersuchung wurde festgestellt, dass beide Augen bedeutsame etwa gleich große Skotome, d.h. blinde Stellen im Sehfeld besaßen.

Die Skotombestimmung erfolgt dadurch, dass in einem abgedunkelten Raum über das gesamte Sehfeld verteilte helle Punkte in zufälliger Abfolge aufleuchten, und dabei hat die Person die Aufgabe, immer dann wenn sie ein Aufblinken wahrnimmt, einen Knopf zu betätigen. Dieses Vorgehen geschieht für jedes Auge einzeln, und wichtig ist dabei, dass vor jedem Durchgang die Fixation auf den zentralen Punkt erfolgt ist. So kann man eine Art Landkarte des Sehfeldes erstellen, wie sie in der ▶Abbildung 4.21 zu sehen ist.

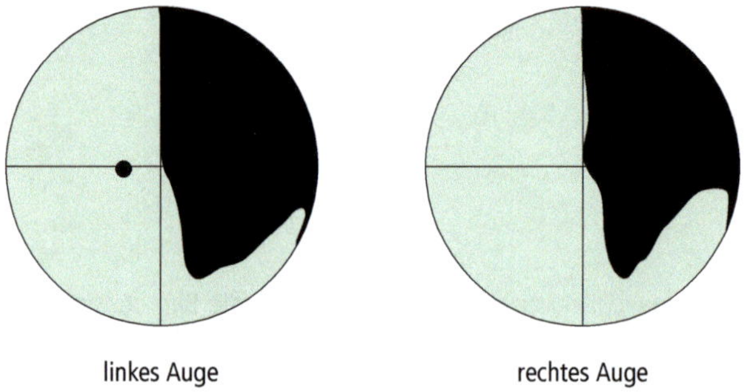

Abbildung 4.21: Gesichtsfeld eines hirnverletzten Patienten. Die schwarz markierten Flächen bilden die Größe der Skotome ab. Der kleine schwarze Punkt im linken Auge ist der blinde Fleck, der beim rechten Auge in das Skotom fällt.

Weiskrantz hatte nun den Eindruck von seinem Patienten gewonnen, dass er doch irgendwie mehr wahrnahm, zumal er im täglichen Leben keine Verhaltensauffälligkeiten zeigte – u.a. konnte er noch normal Auto fahren, was allerdings seine Konzentration sehr beanspruchte, wie er sagte. So versuchte Weiskrantz mit ihm eine erneute Skotombestimmung wie beschrieben, allerdings sollte er dieses Mal nicht den Knopf drücken, wenn er etwas gesehen hatte, sondern er sollte raten, wo denn wohl der Lichtpunkt aufgeleuchtet hatte – auch wenn er ihn nicht gesehen hatte. Mit jedem der nun folgenden Übungsdurchgänge stieg die Ratewahrscheinlichkeit in den Skotombereichen, bis sie am Ende bei über 90 % lag. Diese hohe Wahrscheinlichkeit von richtigen Treffern hat nichts mehr mit Raten oder Zufall zu tun, und so blieb nur eine Schlussfolgerung übrig: Die Reize wurden von den Rezeptoren im Auge verarbeitet und auch zum Großhirn geleitet. Sie waren damit vorhanden und standen der Verhaltenssteuerung zur Verfügung, allerdings war ihnen bei dieser Person der Zugang zur letzten Stufe, der bewussten Repräsentation, versperrt. Die entsprechenden „höheren" neuronalen Verbindungen waren offenbar beschädigt.

Anregungen zum Ausprobieren, Anwenden und Nachdenken

1. Um den Unterschied zwischen den Reizungen am Sinnesorgan (bottom-up) und der im Kapitel bereits angesprochenen höheren Verarbeitung (top-down) deutlich zu machen, beschreiben Sie einmal genau das, was Sie vor sich *sehen* (Farben, Flächen usw.). Achten Sie darauf, dass Sie dabei nicht *deuten*, sondern wirklich ausschließlich beschreiben – d.h., vermeiden Sie es, die wahrgenommenen Gegenstände zu benennen (z.B. als Tasse, Stuhl oder Bleistift).
2. Einäugiges Sehen nachts: Verdeutlichen Sie sich die Bedeutung des zweiäugigen Sehens im Alltag, indem Sie beispielsweise versuchen, mit einem geschlossenen Auge zu essen oder zu trinken – vielleicht sogar Tennis, Federball oder Volleyball zu spielen. Vergleichen Sie Ihre Leistungsfähigkeit mit dem zweiäugigen Sehen. Gleiches Experiment können Sie beim Autofahren nachts wiederholen – aber bitte nur als Beifahrer!
3. Hören, Riechen, Schmecken: Viele Wahrnehmungsbereiche lassen sich beim Kochen und Backen erfahren. Wenn Sie das nächste Mal einen Teig herstellen, lassen Sie den Mixer mal in der Schublade und kneten Sie den Teig per Hand. Das Vermischen der Zutaten in der Rührschüssel und das anschließende Kneten fördern die kinästhetische als auch die taktile Wahrnehmung. Durch ihre visuelle Wahrnehmung überprüfen Sie die Konsistenz des Teiges und durch das Naschen zwischendurch die Geschmackswahrnehmung. Wird der Teig gebacken, ist ihre Nase gefordert.

Weiterführende Literatur

Goldstein, E.B. (1997). *Wahrnehmungspsychologie – eine Einführung*. Heidelberg: Spektrum Akademischer Verlag.

Hellbrück, J. (1993). *Hören*. Göttingen: Hogrefe.

Metzger, W. (1975/2006). *Gesetze des Sehens*. Frankfurt/M.: Kramer.

Aufmerksamkeit

5

ÜBERBLICK

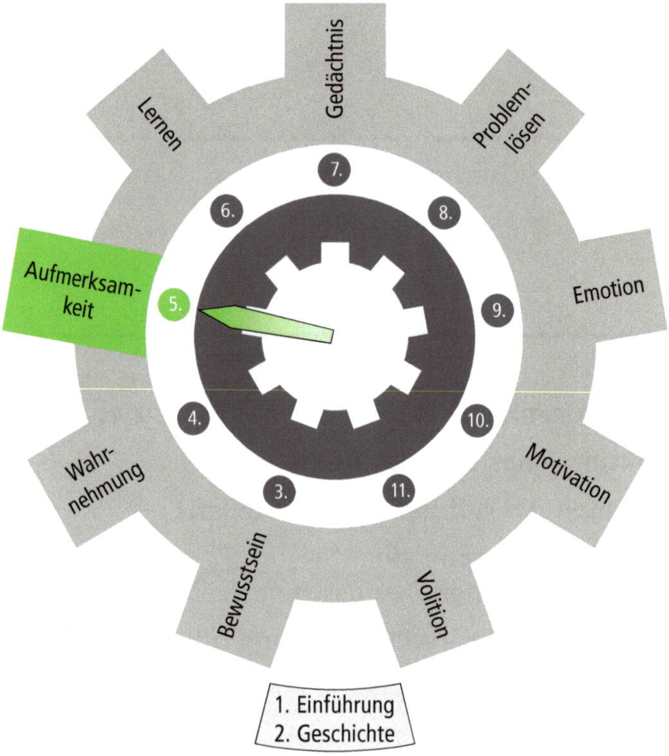

„Nun passt doch endlich einmal auf!“

(Ermahnung eines Lehrers an seine Schüler)

Der Erfolg eines Zaubertricks hängt davon ab, wie gut es einem Zauberer gelingt, die Aufmerksamkeit der Zuschauer davon abzulenken, was tatsächlich passiert.

„Konzentriere dich!“, „Lass dich nicht ablenken!“ oder „Sei aufmerksam!“ sind Aufforderungen, die nicht selten im schulischen Kontext zu hören sind. Diesen Ermahnungen liegt eine Auffassung von Aufmerksamkeit zugrunde, die schon Ende des 19. Jahrhunderts vorgestellt wurde und sich bis heute im Allgemeinverständnis wiederfinden lässt. Aufmerksamkeit – damals von Wilhelm Wundt als *Apperzeption* bezeichnet – liegt demnach dann vor, wenn ein psychischer Vorgang folgende drei Merkmale besitzt: erstens *Selektivität*, zweitens *Willkür*[1] und drittens *Bewusstheit*. Es ist leicht nachzuvollziehen, dass unter Zugrundelegung dieser drei Merkmale die eingangs erwähnten Appelle auch Sinn machen. Allerdings bereitet die Gegenfrage des Schülers, wie man dies

1 Willkür ist im Sinne von *Absichtlichkeit* zu verstehen, also anders als die (mir in ihrer Herkunft rätselhafte) umgangssprachliche Verwendung, die genau das Gegenteil davon bedeuten kann – eine „willkürliche Auswahl“ meint dann, dass sie *ohne* Absicht und zufällig vonstattengeht.

denn eigentlich macht, ein ernstes Problem – hier muss dann der besorgte Mahner passen, da die erfragten Vorgänge sich einer umsetzbaren Beschreibung entziehen. Wir treffen hier wieder auf die Schnittstelle bewusster und nicht bewusster psychischer Vorgänge.

Treten wir jedoch noch einen Schritt zurück und betrachten einige weitere ältere Versuche, Aufmerksamkeit zu umschreiben. So schreibt der Universalgelehrte Christian Wolff 1751:

> *„Aufmerksamkeit ist ein Vermögen ... zu machen, dass ein Gedanke mehr Klarheit bekommet als die übrigen."*

1890 schreibt der französische Philosoph und Psychologe Théodule Ribot:

> *„Aufmerksamkeit ist die Fixierung auf Teilinhalte bei gleichzeitiger Hemmung anderer Bewusstheiten."*

In diesen beiden Definitionsversuchen wird die Selektionsfunktion einmal als *Verstärkung* („... mehr Klarheit bekommet ...") gedeutet und einmal als *Abschwächung* der konkurrierenden Inhalte („... gleichzeitige Hemmung ..."). Beide Gedanken sind nachvollziehbar, da der notwendig herzustellende *Kontrast*, der ein Hervorheben bewirkt, entweder durch Verstärkung des Zielobjekts oder durch Abschwächung der rivalisierenden Objekte zustande kommen kann – oder aus einer Kombination beider Vorgänge. Beide Mechanismen berücksichtigt die prägnante Definition von William James, die auch von 1890 stammt:

> *„Jeder weiß, was Aufmerksamkeit ist: Es ist die klare und lebhafte Inbesitznahme des Verstandes von einem Objekt oder Gedanken aus einer Menge anderer gleichzeitig möglicher Objekte oder Gedanken. Ausrichtung und Konzentration des Bewusstseins sind ihr Wesen. Sie beinhaltet die Abwendung von einer Sache, um sich effektiv mit einer anderen auseinanderzusetzen."*

Carl Stumpf fügte diesen eher beschreibenden Aspekten von Aufmerksamkeit eine interessante Facette hinzu. Er schrieb 1889:

> *„Aufmerksamkeit ist die Lust am Bemerken des Folgenden."*

Der neue Gedanke besteht darin, Aufmerksamkeit mit Motivation in Verbindung zu bringen, denn „die Lust am Bemerken des Folgenden" ist nichts Anderes als der auf ein erstrebtes Ziel hin ausgerichtete Spannungszustand, der mit der Zielerreichung in ein lustvolles Lösungsgefühl umschlägt (vgl. *Abbildung 3.6*). Auch beim Betrachten eines – nomen est omen – spannenden Krimis oder beim Lesen eines ebensolchen Buches findet sich dieser Gefühlsverlauf wieder (=> *Kapitel 10 Motivation*). Ohne Frage, auch hier handelt es sich um Aufmerksamkeit, die entsteht.

In den bisherigen Betrachtungen wird der Zustand gerichteter Aufmerksamkeit immer als Ergebnis einer intendierten, *gewünschten* Fokussierung des Bewusstseins auf bestimmte Inhalte beschrieben. Dies beinhaltet die unausgesprochene Annahme, dass ein Abschweifen von dieser Linie eine *unerwünschte* Ablenkung bedeutet. Die Aufmerksamkeit scheint hier zu versagen. Wie wir im Folgenden sehen werden, kann diese noch immer weitverbreitete Annahme in Frage gestellt werden.

5.1 Aufmerksamkeit – ein Privileg des Menschen?

Wenn man die von Wundt vorgegebenen Bestimmungsstücke der Aufmerksamkeit – Selektivität, Willkür und Bewusstsein – ernst nimmt, muss man zu dem Schluss kommen, dass Tiere nicht über diese Funktion verfügen, denn für *Bewusstheit* oder gar *Wille* gibt es bei ihnen nur rudimentäre Vorläuferformen (vgl. *Exkurs 3.2*). Allerdings gibt es bei Tieren schon gut nachweisbare unbewusste Aufmerksamkeitsprozesse, die das Kriterium der Selektivität erfüllen – wenn eine plötzliche, ungewohnte Veränderung in ihrer Umwelt stattfindet, unterbrechen sie ihre Aktivität und richten ihre Sinne auf die Ursache.

Deutlich ist dies bei Tieren mit hochstehenden und unabhängig voneinander beweglichen Tütenohren zu sehen, wie bei Wölfen oder Pferden. Neue akustische Reize führen bei ihnen dazu, dass beide Ohren auf die Geräuschquelle ausgerichtet werden. Tritt ein weiterer unerwarteter Reize aus entgegengesetzter Richtung hinzu, kann es nach einem kurzen zwischenzeitlichen Wechselspiel der Ohren in beide Richtungen dazu kommen, dass am Ende die Ohren in unterschiedliche Richtungen weisen, und beide Geräuschquellen dann gleichzeitig „im Ohr" behalten werden. Handelt es sich hierbei schon um *Aufmerksamkeit*, wie dies ohne Zögern von Hundetrainern den Tieren zugesprochen wird? Liegen vielleicht bei diesen Tieren sogar *zwei* parallel arbeitende Aufmerksamkeiten vor? Die Antworten auf diese Fragen können mit dem bisherigen Wissensstand noch nicht gegeben werden. Später in diesem Kapitel werden wir sie im Rahmen der sog. „geteilten Aufmerksamkeit" noch einmal aufgreifen und erörtern.

Exkurs 5.1: Beobachtungen auf einer Cocktailparty

Wir alle kennen die Situation: Eine Anzahl Menschen hat sich zu zwanglosem Miteinander in einem Raum versammelt, und es haben sich verschiedene Gesprächsgruppen gebildet. Das Gespräch in der eigenen Gruppe ist vielleicht etwas langweilig, und das eigene Interesse schwenkt zu einer Gruppe, die ein paar Meter entfernt ist. Man kann nun – scheinbar wie mit einem Richtmikrofon, allerdings ohne dass man den Kopf drehen muss – die Aufmerksamkeit in dieses entfernte Gespräch lenken und dort hinein-hören. Der Preis dafür ist, dass man die eigene Gesprächsrunde nur noch nebulös und wie aus weiter Ferne hört.

Diese geistige Abwesenheit in der „Nahrunde" kann meist durch ein freundliches Lächeln und mechanisches Kopfnicken kaschiert werden. Vielleicht wird das gerade noch „abgehörte" Gespräch aber auch uninteressant, und dann kann man in eine weitere anderswo platzierte Gruppe „lauschen", um sich danach wieder der eigenen Runde zu widmen. Diese Beobachtung des Hin-und-Herspringens im akustischen Raum zwischen unterschiedlichen, gleichzeitig stattfindenden Gesprächen wird als *Cocktailparty-Effekt* bezeichnet. Auch beim Abspielen einer Tonbandaufnahme von besagter Cocktailparty gelingt dieses selektive „Heraushören" einzelner Stimmen und Unterhaltungen. Möglich ist das allerdings nur bei einer *Stereoaufnahme*, d.h. bei einer Aufnahme mit Raumcharakter. Bei einer Monoaufzeichnung gelingt dies nicht. Hierbei hört man dann nur ein unentwirrbares Stimmengemurmel, in dem gelegentlich die eine oder andere unkontrollierbar hervortritt.

5.2 Selektion – das Eine aus dem Vielen

Wenn etwas ausgewählt wird und die Aufmerksamkeit darauf gerichtet ist, treten die anderen Dinge in den Hintergrund. Sie erscheinen dann unklarer, unschärfer und wie vernebelt – gelegentlich hat man sogar den Eindruck, die restliche Umwelt gänzlich auszublenden und zu „vergessen". Hier wird natürlich die Frage interessant und wichtig, welche und wie viele man von den außerhalb des Selektionsfeldes liegenden Reizen und Informationen dennoch mitbekommt. Lange Zeit schien die Untersuchung dieser Frage unmöglich, und erst mit der Erfindung einer Versuchstechnik, die als „dichotisches Hören" bezeichnet wird, wurde dies möglich. Dabei werden der Versuchsperson via Kopfhörer unterschiedliche Texte für beide Ohren präsentiert. Die Instruktion für die Dauer des Versuchs lautet, nur einem der beiden Texte – entweder dem linken oder dem rechten – die vollständige Aufmerksamkeit zuzuwenden. Damit dies auch tatsächlich und überprüfbar geschieht, entwickelte Colin Edward Cherry – ein Fachmann für Akustik und Telekommunikation – Anfang der 1950er Jahre eine Technik, die er „shadowing" nannte (▶Abbildung 5.1): Das gerade Gehörte soll einfach nachgesprochen werden. Nach einer kurzen Einübephase gelingt dies den meisten Personen[2]. Der interessante Nebeneffekt dieses Verfahrens ist, dass jeder Wechsel der Aufmerksamkeit zum anderen Text sofort und unvermeidlich zu beobachtbaren – genauer: hörbaren – Fehlern führt: wie z.B. Unterbrechungen, Stottern oder Wortauslassungen.

Abbildung 5.1: Experiment zum dichotischen Hören. Die Versuchsperson hört unterschiedliche Texte auf dem linken und dem rechten Ohr. Die Aufgabe besteht darin, die Aufmerksamkeit auf einen Text zu richten und das Gehörte nachzusprechen („shadowing").

Nach der Einführung dieser Versuchstechnik folgten zunächst in England und dann weltweit ganze Serien von Experimenten. Es zeigte sich darin immer wieder, dass von den sprachlichen Einspielungen auf dem nicht beachteten Kanal nur selten einzelne Wörter oder die ungefähre Bedeutungen von Sätzen erin-

2 Probieren Sie das „shadowing" selbst einmal, indem Sie die Nachrichten im Radio nachsprechen.

nert wurden. Aber praktisch immer konnte wiedergegeben werden, wenn die Sprecherstimme von einer Frau zu einem Mann gewechselt hatte oder wenn zwischendurch ein Piep-Ton eingeblendet worden war – ein Wechsel der Sprache von Englisch in Deutsch wiederum wurde selten bemerkt. Man schlussfolgerte daraus, dass außerhalb des Selektionsfeldes der Aufmerksamkeit nur Oberflächenmerkmale (männliche oder weibliche Stimme, Wort oder Ton) aber keinesfalls Tiefeninformationen wie Bedeutung verarbeitet werden können.

Das sog. *Flaschenhals-Modell*, das Broadbent daraufhin 1958 vorstellte, postuliert, dass es aufgrund bestimmter physikalischer Merkmale schon zu einem frühen Zeitpunkt der Informationsverarbeitung zu einer Vorselektion kommt und am Ende nur diese „durchgelassenen" Informationen zur tieferen Bedeutungsanalyse gelangen können – die herausgefilterten dagegen sollten für immer verloren sein (▶Abbildung 5.2 oben). Dieses Modell passte auch gut zu dem Cocktailparty-Effekt, da hier sozusagen ein akustischer Filter, eingestimmt auf Richtung und Entfernung der Quelle, die Worte der interessanten Sprecher „ortet" und dann semantisch „dechiffriert". Alle anderen Geräusche verschmelzen dann für den Hörer zu einem murmelnden Hintergrundrauschen, das natürlich keinen Erinnerungswert hat.

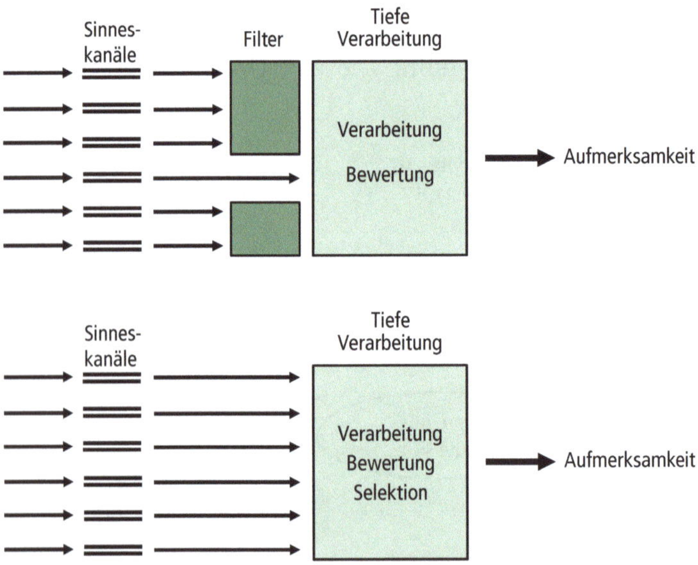

Abbildung 5.2: Das Flaschenhals-Modell der Aufmerksamkeit von Broadbent (oben) und das Modell der späten Selektion von Deutsch und Deutsch (unten)

Eine eher zufällige Beobachtung in einer Studie zum dichotischen Hören ließ dieses Modell jedoch wanken. Denn als zufälligerweise während des Experiments der Vorname der gerade teilnehmenden Versuchsperson auf der nicht beachteten Seite ertönte, geriet deren Nachsprechen sofort ins Stocken – die Nennung des eigenen Name hatte zu einem unwillkürlichen Wechsel der Aufmerksamkeit geführt. Als man diesen Effekt dann nachfolgend systematisch untersuchte, stellte man fest, dass nicht nur der eigene Vorname einen Kanalwechsel erzwingt, sondern dass auch Wörter, die momentane Wünsche, Probleme oder Anliegen der Person ausdrückten, zum gleichen Ergebnis führten – nämlich der unwillkürlichen Lenkung der Aufmerksamkeit in eine nicht beabsichtigte Richtung. Erinnern wir uns noch einmal an die Cocktailparty, denn auch hier wirken der irgendwo ausgesprochene eigene Vorname, Nachname oder Beruf wie elektrisierend und die Aufmerksamkeit wird unwillkürlich dorthin gelenkt.

Das Flaschenhals-Modell musste also revidiert werden, was 1967 im *Modell der späten Selektion* von Deutsch und Deutsch geschah (Abbildung 5.2 unten). Offenkundig wird ein großer Teil der eingehenden Informationen *nicht* im Vorfeld einfach weggefiltert und geht damit verloren, sondern es werden kontinuierlich sämtliche Umweltreize ständig registriert, verarbeitet und grob vorbewertet. Bekommt einer der Reize aufgrund der individuellen Erfahrungen die Bewertung *bedeutsam* (z.B. „gefährlich", „interessant" oder „lecker"), wird er unwillkürlich ins Bewusstsein gedrückt. Die Aufmerksamkeit wird dann also unwillkürlich darauf gerichtet – man wird *abgelenkt*. Bei kurzem Nachdenken wird verständlich, dass es sich bei der so erklärbaren *Ablenkbarkeit* um einen überlebensnotwendigen Mechanismus handelt, den wir allerdings wegen seiner Alltäglichkeit und Nützlichkeit kaum bemerken. Nur dann, wenn die willkürliche Konzentration auf eine Sache nicht gelingen will und man ständig abschweift, wird der Vorgang der *unwillkürlichen Aufmerksamkeitslenkung* auffällig und bekommt dann als „Ablenkbarkeit" eine negative Bedeutungsgebung – wie z.B. im schulischen Kontext.

Exkurs 5.2: Dichotisches Hören in der Klinischen Diagnostik

Man testete die Technik des dichotischen Hörens auch im klinischen Bereich, und zwar bei Patienten mit Waschzwang. Wörter, auf die sie *vor* der Therapie noch mit unwillkürlicher Aufmerksamkeitszuwendung reagierten, wie „Handtuch", „Seife" oder „Bürste", verloren *nach* erfolgreicher Therapie deutlich an ablenkender Wirkung. Leider wurde diese vielversprechende Spur hin zu einer objektiven Diagnostik von Therapieerfolgen bei Zwängen nicht weiter verfolgt – sie könnte ebenso bei der Diagnostik von Ängsten eingesetzt werden.

5.3 Kann man die Aufmerksamkeit teilen?

Noch zu der Zeit um etwa 1980, als IBM-Kugelkopf-Schreibmaschinen den letzten Stand der maschinellen Schreibtechnik darstellten, konnte ich folgende, für mich immer aufs Neue faszinierende Beobachtung machen: Schon vor dem Eintreten in das eher kleine Sekretariat, dessen Tür stets offen stand, hörte ich das Anschlaggeräusch der Tastatur, das – aufgrund der großen Könnerschaft der Sekretärin – dem einer stark gedämpften Schlagbohrmaschine glich. Nachdem ich beim Eintritt in den Raum gegrüßt hatte, wurde der Gruß mit freundlicher Stimme erwidert, und es entstand schnell ein munterer Dialog um mein Anliegen herum, allerdings ohne dass die Sekretärin ein einziges Mal zu mir blickte. Ihr Blick war die ganze Zeit auf das handschriftliche Manuskript, welches sie gerade abtippte, gerichtet. Offenkundig war sie in der Lage, zwei relativ anspruchsvolle Tätigkeiten gleichzeitig auszuführen, nämlich einen Text abzuschreiben und ein Gespräch zu führen.

Eine ähnlich bemerkenswerte *Doppeltätigkeit* beschrieb schon 1792 der Moralphilosoph Dugald Stewart: Sein Bekannter konnte gleichzeitig Cello spielen und ein Gespräch mit dem Besucher führen – man beachte die Gemeinsamkeit zum ersten Fall. Schon aufgrund dieser beiden Beispiele lassen sich erste Verallgemeinerungen ableiten. Die Ausführung solcher Doppeltätigkeiten gelingt dann, wenn beide Tätigkeiten sich hinsichtlich der Reizaufnahme und -verarbeitung sowie der nötigen Bewegungen nicht zu ähnlich sind, d.h. sie dürfen sich nicht gegenseitig stören. Eine weitere Voraussetzung für das Gelingen ist, dass beide Tätigkeiten gut eingeübt und damit in einem gewissen Maße automatisiert sind.

In ▶Tabelle 5.1 ist eine kleine Sammlung von Doppeltätigkeiten, die in der Zeit vor etwa 100 Jahren beschrieben worden sind, aufgelistet. Schon damals wurde bemerkt, dass einige der Kombinationen eher leicht und andere eher schwer zu lernen sind. Aufgrund der Schwierigkeit bei paralleler Ausführung kann man dann von niedriger oder von hoher Interferenz[3] der beiden Tätigkeiten sprechen. Bei einigen „Paaren" leuchtet deren geringe respektive starke Interferenz auf Anhieb ein, bei einigen kommt man dagegen schon ins Grübeln.

keine oder geringe Interferenz	starke Interferenz
Kopfrechnen / Gedicht aufsagen	zwei Kopfrechenaufgaben
Takt klopfen / leises Lesen	Takt klopfen / lautes Lesen
Text verstehen / Rechnen	Text verstehen / Sätze lesen
Schreiben / Kopfrechnen	Schreiben / Fußhebel drücken

Tabelle 5.1: Doppeltätigkeiten mit schwacher oder mit starker Interferenz

Ausgehend von diesen episodischen Beobachtungen wurde in systematischen Laborstudien genauer untersucht, welche Reizverarbeitungen und Tätigkeiten sich gegenseitig in der Parallelausführung stören und welche nicht. Auf diese Art konnte immer genauer bestimmt werden, welche Aktivitäten auf dasselbe Verarbeitungsmodul zurückgreifen müssen, was dann zu einem Engpass und gegenseitiger Störung führt, und bei welchen Aufgaben dies nicht der Fall ist. Auf diese Weise konnte eine immer präzisere „Landkarte" der einzelnen Informationsverarbeitungsmodule des Gehirns erstellt werden – sowohl die Seite der Informationsaufnahme und -verarbeitung als auch die der Verhaltenssteuerung betreffend.

3 Interferenz = Überlagerung im Sinne von Störung

Es ist unschwer einzusehen, dass der Einsatz dieses Wissens bei der ergonomischen, menschengerechten Einrichtung von Arbeitsplätzen wie auch für die Armaturen- und Bedienungsausstattung von Fahrzeugen große Vorteile für die Benutzer hat. Insbesondere bei der Gestaltung von Bedienoberflächen am Computer wurden im Rahmen der Forschung zur Mensch-Maschine-Schnittstelle (engl.: human-machine interface) große Fortschritte gemacht – nicht zuletzt weil die „Benutzerfreundlichkeit" der Bedienoberfläche großen Einfluss auf die Kaufentscheidung hat. Inzwischen wird zudem die Forderung von Psychologen ernst genommen, die Ausgestaltung der Benutzeroberflächen nicht nur auf die psychische Normalverfassung auszulegen, sondern auch extreme Emotions- und Motivationszustände der bedienenden Menschen zu berücksichtigen, da z.B. bei Angst oder Stress das Wahrnehmungsfeld verengt, Entscheidungen weniger rational und Reaktionen ungenauer werden (z.B. bei Fluglotsen, Piloten oder Überwachungspersonal in Kernkraftwerken). Unter solchen emotionalisierten Umständen können selbst vergleichsweise einfache Aufgaben zu Problemen führen, sie werden dann subjektiv schwieriger. Neben dem *Übungsgrad* und der *Ähnlichkeit* der Aufgaben nimmt ebenfalls deren *Schwierigkeitsgrad* Einfluss auf die Ausführungsleistung von Doppeltätigkeiten (▶Abbildung 5.3).

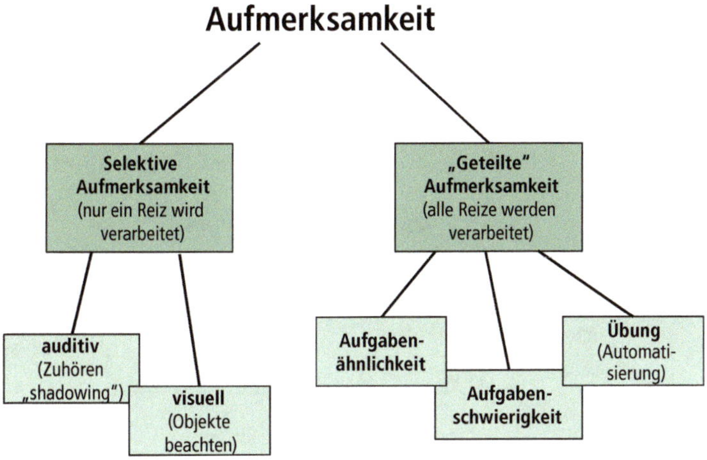

Abbildung 5.3: Selektive und „geteilte" Aufmerksamkeit bei Doppeltätigkeiten.

Ob jedoch bei der Ausführung von Doppeltätigkeiten die Aufmerksamkeit tatsächlich *geteilt* werden muss (engl.: divided attention) und ob sie überhaupt geteilt werden kann, darf angezweifelt werden. Denn dies würde ja bedeuten, dass zwei gleichzeitig ablaufende Fokussierungsvorgänge vonstattengehen, d.h. es käme zu einer *Bewusstseinsteilung*. Dies ist schon aufgrund der geringen Informationsmenge, die bewusst verarbeitet werden kann, nicht möglich (=> *Kapitel 3 Bewusstsein*). Vielmehr geschieht hier prinzipiell dasselbe, wie beim Essen mit Messer und Gabel, Klavierspielen oder Fahrradfahren – Tätigkeiten, die allesamt dem Kriterium der Doppel- oder Mehrfachtätigkeiten genügen. Gemeinsam ist ihnen, dass die ersten Ausführungen von Anfängern langsam, fehleranfällig und ungelenk sind – z.B. in der ersten Fahrstunde beim Autofahren gleichzeitig schalten, blinken und den Verkehr beachten. Mit der Zeit automatisiert sich die Abstimmung der verschiedenen Teiltätigkeiten, und am Ende kann dann ein sicherer, glatter Tätigkeitsverlauf beobachtet werden, der zu einer integrierten Gesamthandlung verschmilzt.

Die anfangs noch notwendig bewusste Kontrolle und Steuerung der Teiltätigkeiten zwingt zu einer sehr langsamen Ausführung. Mit der Häufigkeit des Übens steigt der Grad der „Automatisierung" und unbewusste Vorgänge sorgen für ein schnelles, geschicktes Handeln. Nur dann, wenn die Abläufe in Problemzonen geraten, wird die Aufmerksamkeit unwillkürlich darauf gelenkt, und eine bewusste Steuerung ersetzt dann kurzzeitig die automatische. Dasselbe gilt im Prinzip auch für alltägliche Doppeltätigkeiten – wie einen Geschäftsbrief lesen und telefonieren oder Milch aufschäumen und Kaffeetassen aus dem Regal nehmen. Vergleichbar mit dem Beginn der zweihändigen Klavierübungen oder mit der ersten Fahrstunde kommt es zu Wechseln der Aufmerksamkeitszuwendung von der einen zur anderen Aufgabe – immer unter spürbarer Vernachlässigung der anderen, bewusst nicht beachteten. Am Ende steht die Frucht des Übens: Neben der Verbesserung der Tätigkeitsroutinen ist es das erworbene Erfahrungswissen, die optimalen *Zeitpunkte der Aufmerksamkeitswechsel* sicher zu treffen. Man *teilt* die Aufmerksamkeit also *nicht zu einem Zeitpunkt* („geteilte Aufmerksamkeit" ▶Abbildung 5.4 oben), sondern man *verteilt* sie *über einen Zeitverlauf*, d.h. sie wechselt dann zwischen den Aufgaben hin und her („verteilte Aufmerksamkeit" ▶Abbildung 5.4 unten).

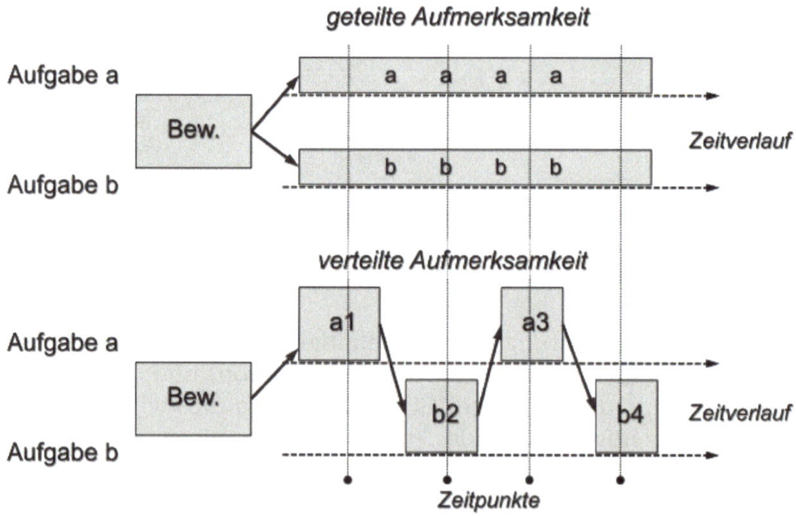

Abbildung 5.4: Annahmen zur Bewusstseinstätigkeit (Bew.) bei Doppelaufgaben (a und b): oben als „geteilte Aufmerksamkeit" und unten als „verteilte Aufmerksamkeit"

Die Erkenntnisse über das menschliche Bewusstsein und seine begrenzte Kapazität liefern hier die Erklärungsbasis. Das Gehirn benötigt vom Auftreten eines Reizes bis zu seiner bewussten Repräsentation etwa eine halbe Sekunde (400 bis 500 Millisekunden). Des Weiteren können wir davon ausgehen, dass der Wechsel der Inhalte im Durchschnitt nach 2 bis 3 Sekunden erfolgt (=> *Kapitel 3 Bewusstsein*). Wenn nun zwei Aufgaben parallel zu betreuen sind, gelingt dies nur durch eine geeignete, zeitlich optimal abgestimmte Wechselstrategie der Aufmerksamkeitsausrichtung. Diese kann allerdings nur innerhalb der vom Bewusstsein vorgegebenen Zeitfenster stattfinden – mit kleinen „bewusstlosen“ Pausen von etwa einer halben Sekunde dazwischen. Das bedeutet, dass bei Doppeltätigkeiten generell eine der Aufgaben für kurze Zeit – ein paar Sekunden also – ohne bewusste Betreuung auskommen muss. In diesem unbewussten Steuerungsmodus wird bekanntlich viel Information berücksichtigt, aber es gibt ein Manko dabei: die *Unflexibilität* (vgl. Tabelle 3.2).

Solange kein Problem auftritt, funktionieren gelernte Automatismen gut. Wenn dies aber doch einmal der Fall ist, dann geht das bewährte Gleichgewicht der Koordination schnell verloren, und man muss gegebenenfalls sogar eine der Tätigkeiten abbrechen, um sich in Gänze der anderen zu widmen. Beispielsweise unterbricht man das Gespräch mit dem Beifahrer, wenn die Verkehrssituation unübersichtlich wird. In diesen engen Grenzen bewusster Aufmerksamkeitswechsel bei der Bewältigung von Doppeltätigkeiten liegt auch die Ursache vieler der beobachtbaren Fehler, die dabei auftreten. Man kann zwar zwei, oder sogar noch mehr Tätigkeiten gleichzeitig ausführen, aber das kann man nur durch den gekonnten Wechsel der Aufmerksamkeit zwischen ihnen leisten – und nur dann, wenn nichts Außergewöhnliches passiert.

Betrachten wir aus dieser Perspektive das menschliche *Multitasking* – der Begriff stammt ursprünglich aus der Computerprogrammierung. Die genauere Analyse zeigt, dass es sich dabei eben nicht um *zwei gleichzeitig* ablaufende Vorgänge, sondern um „nur“ *einen* schnell hin- und herwechselnden Vorgang handelt. Das Einüben zweier gleichzeitig auszuführender Tätigkeiten besteht im Kern darin, die optimalen Zeitpunkte des Aufmerksamkeits- und damit Bewusstseinswechsels zu erkennen und letztendlich zu automatisieren. Allerdings ist die Häufigkeit des Wechselns zwischen mehreren gerade anstehenden Aufgaben – noch vor nicht allzu langer Zeit als erstrebenswerte Kunst angesehen – eine hoch beanspruchende psychische Tätigkeit, die nur für überschaubare kurze Phasen zum Einsatz kommen sollte. Beispiele dafür wären die Managerin, die das Kundentelefonat bei „gleichzeitiger“ E-mail-Korrespondenz und Durchsicht der Unterschriftenmappe führt, oder der Hausmann, der ein quengelndes Kind trösten muss bei „gleichzeitigem“ Telefongespräch mit der Schwiegermutter und den Essensvorbereitungen. Im modernen Arbeitsleben ist die sich stetig erhöhende Wechselfrequenz anspruchsvoller Aufgeben eine der Ursachen für die hohe Belastung und den Stress, über den sich immer mehr Menschen beklagen. Falls dieser Zustand längere Zeit und unabsehbar anhält, kann das am Ende dann zu Burn-out oder Erschöpfungsdepression führen.

5.4 „Da fällt mir gerade ein …" – zur unwillkürlichen Bewusstheit

Bis hierher wurde der Schwerpunkt der Betrachtung von Aufmerksamkeitserscheinungen auf die *bewusste* und *willkürliche* Lenkung gelegt. Damit folgten wir den von Wundt eingangs des Kapitels beschriebenen drei wesentlichen Merkmalen. Es tauchten jedoch im Verlauf der bisherigen Ausführungen immer wieder Phänomene auf, bei denen die Anstöße für die Aufmerksamkeitslenkung außerhalb des Bewusstseinsfeldes liegen. Wenn z.B. ein plötzlich einsetzendes Geräusch oder eine schnelle Bewegung in der Umwelt registriert wird, findet bei kleinen Kindern wie auch Erwachsenen sofort eine spontane Ausrichtung der Sinne darauf statt. In diesen Fällen richtet sich der Organismus – und Tiere sind hier natürlich eingeschlossen – ohne eine aktuelle Absicht der Quelle zu. Der Vorgang geschieht also *unwillkürlich*. Gleichzeitig mit der Neuausrichtung der Sinne wird die fortlaufende Tätigkeit unterbrochen und die Aktivierung erhöht. Dieses Syndrom ist als *Orientierungsreaktion* in die Literatur eingegangen, und interessanterweise wird, da sie sich kaum unterdrücken lässt, die Intensität dieser Reaktion als Indikator für die *Neuheit* und *Bedeutung* eines Reizes eingesetzt – u.a. auch in der Untersuchung von Werbung oder in der Filmindustrie.

Bei näherer Betrachtung ist unschwer zu erkennen, dass Orientierungsreaktion und Aufmerksamkeit vieles gemeinsam haben – die reflexartige Orientierungsreaktion geht stufenlos in den Aufmerksamkeitsvorgang über. Es ist für uns alltäglich, dass unsere Sinne ständig von Umweltreiz zu Umweltreiz wandern und wir dann gelegentlich an einem haften bleiben, ohne dass uns die Gründe dafür bewusst wären – man denke nur an einen Gang durch ein Museum, vorbei an Schaufenstern oder über einen Flohmarkt. In diesen Fällen wird die Aufmerksamkeit ohne eine bewusste Absicht von etwas Neuem oder Bedeutendem angezogen und bleibt – zumindest eine gewisse Weile – darauf gerichtet.

Neben Reizen aus der Umwelt können auch von innen stammende Reize unwillkürlich die Aufmerksamkeit auf sich ziehen. Es geschieht im Laufe eines Tages nicht selten, dass ohne Vorankündigung Vorstellungen ins Bewusstsein treten und es in Beschlag nehmen. Wünsche und Hoffnungen, Erwartungen und Befürchtungen kommen uns in den Sinn, und wir folgen diesen *Phantasien* – zumindest für eine gewisse Zeit. Einen anderen Typ Vorstellungen stellen die plötzlichen Eingebungen noch unerledigter Aufgaben dar – wie z.B. etwas zur Reinigung zu bringen oder der Oma ein Geschenk zu kaufen. Hierbei handelt es sich zwar um willkürliche Vornahmen, allerdings um solche, die schon Stunden, Tage oder gar Wochen vorher gefasst worden waren, und die man vergessen hatte. Diese *wieder erinnerten Absichten* sind – zumindest in diesen Situationen nicht aktuell gewollte – „Eingebungen" aus dem sog. *prospektiven* Gedächtnis. Sie können deutlich von „echten" *Erinnerungen* unterschieden werden, die vergangene, schon abgeschlossene Episoden zum Thema haben. Auch diese können wie spontane Eingebungen ungerufen auftauchen und für eine Zeit lang unsere Aufmerksamkeit beanspruchen, und manchmal kann man beim besten Willen nicht sagen, warum einem gerade diese und nicht irgendeine andere vergangene Episode einfällt (=> *Kapitel 7 Gedächtnis*).

Die gerade beschriebenen, die Wahrnehmung und das Verhalten ausrichtenden Reize, egal ob sie von außen oder von innen stammen, binden unbeabsichtigt für kurze Zeit unser Bewusstsein. Die Aufmerksamkeit wird dabei *unwillkürlich* gelenkt – manchmal sogar *gegen* den eigenen Willen. Diese alltäglichen psychischen Geschehnisse stellen im Sinne der Wundt'schen Aufmerksamkeitsdefinition eine Antinomie[4] dar, da hierbei offenkundig ein spezieller Reiz ins Bewusstsein tritt, aber unbeabsichtigt und *ohne* dass ein Entschluss vorauslief. Es handelt sich hierbei also um einen Vorgang, der als *unwillkürliche Bewusstheit* bezeichnet werden kann.

Exkurs 5.3: Unbewusste Willkür

Neben dem beschriebenen Phänomen der unwillkürlichen Bewusstheit gibt es ebenfalls Belege für die andere Antinomie, die *unbewusste Willkür*. Dieses Phänomen lässt sich in einem Experiment, das Fehrer und Raab 1962 durchführten, hervorrufen. Den Versuchspersonen wurden zwei einfache Reize präsentiert – eine Kreisscheibe und ein von der Größe her diese umschließender Ring (▶Abbildung 5.5). Jeder Reiz war für sich genommen in der Einzelpräsentation gut erkennbar. Das änderte sich jedoch, wenn man die Reize kurz nacheinander im Abstand von 40 bis 80 Millisekunden darbot, denn der nachfolgende zweite Reiz unterdrückt die Wahrnehmung des ersten Reizes: Es wird nicht – was man vielleicht erwarten würde – ein großer Kreis gesehen, sondern nur der äußere Ring. Der zweite Reiz maskiert den ersten, und diese Form der *Rückwärtsmaskierung* wird als Metakontrast bezeichnet. Ändert man die Versuchsinstruktion – bisher ging es ja nur um die Beschreibung dessen, was man gesehen hat – und gibt die Anweisung, auf die folgenden präsentierten Reize so schnell wie möglich mit einem Tastendruck zu reagieren, so stellt sich heraus, dass die Reaktionen schon auf den ersten „unsichtbaren" Reiz hin erfolgen und nicht erst auf den zweiten, also den, der gesehen wird.

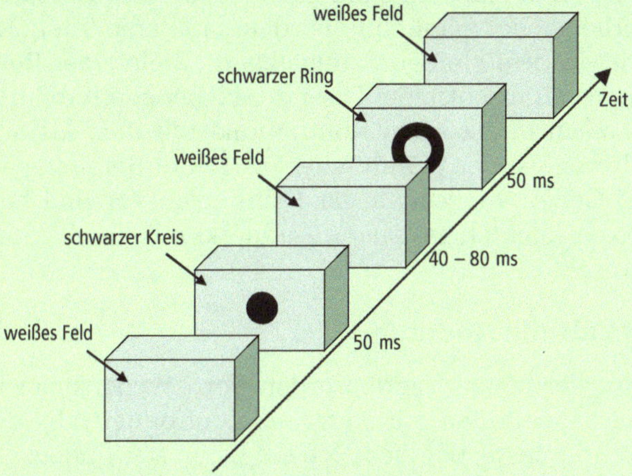

Abbildung 5.5: Reizpräsentation bei der Rückwärtsmaskierung

4 Eine Antinomie (griech.: anti = gegen, nomos = Gesetz; d.h. der Widerspruch von Gesetzen) bedeutet in unserem Zusammenhang die Unvereinbarkeit zweier Aussagen.

Dieses Phänomen kann deshalb als Beispiel für unbewusste Willkür bezeichnet werden, da zwar Willkür in Form der Absicht der Versuchsperson, so schnell wie möglich zu reagieren, vorliegt, jedoch ist sie sich des auslösenden Reizes nicht bewusst – sie kann ihn ja aufgrund der Rückwärtsmaskierung nicht sehen. Auch hierfür gibt es bei genauer Betrachtung im täglichen Leben genügend Beispiele, die meistens nicht auffallen, da die Zeitfenster, in denen sie stattfinden, zu klein sind. So ist z.B. die Reaktionszeit der 100-Meter-Sprinter deutlich kürzer (etwa 200 Millisekungen) als die Zeit, die zur Bewusstwerdung des Startschusses benötigt wird (etwa 500 Millisekunden), und damit reagieren sie auf einen Reiz, den sie bewusst noch gar nicht gehört haben können.

Auch in größeren Zeitfenstern lässt sich Vergleichbares beobachten – so bei vielen Vornahmehandlungen. Da man ja eine morgens formulierte Absicht nicht gebetsmühlenartig den ganzen Tag im Bewusstsein hält, können hier Minuten oder Stunden zwischen dem Vornahmeakt und der Ausführung vergehen, ohne dass man daran denkt. Die einmal gefasste Absicht (Willkür), die am besten noch genau spezifiziert sein sollte, führt dann „automatisch" (unbewusst) angesichts der passenden Gelegenheit zur Handlungsausführung – so z.B. im Supermarkt beim Einkaufen ohne Einkaufszettel.

5.5 Aufmerksamkeit – willkürlich und unwillkürlich

Es stellt sich angesichts der bis hier beschriebenen Mannigfaltigkeit von Aufmerksamkeitsvorgängen die Frage nach einem Modell, das dem Anspruch einer Integration der vielfältigen – insbesondere der offenbar nicht notwendig an Bewusstheit und Willkür gebundenen – Phänomene gerecht werden kann. Um es vorwegzunehmen: Solch ein allgemeines Modell wurde von Wolfgang Prinz, dem ehemaligen Direktor des Max-Planck-Instituts für Kognitions- und Neurowissenschaften in Leipzig, schon 1990 vorgeschlagen. Allerdings geschah dies eher im Verborgenen, nämlich unter dem lapidaren Titel „Unwillkürliche Aufmerksamkeit“ in dem kleinen Sammelband „Bielefelder Beiträge zur Kognitionspsychologie“. Ein achtsamer Leser des bisherigen Kapitels wird den von Prinz in der Überschrift gesetzten Kontrapunkt mit dem kleinen Präfix „un“ sofort bemerkt haben. Ist der Wundt'sche Ansatz mit Betonung auf der Willkür damit hinfällig? Gehen wir jedoch der Reihe nach vor und betrachten noch einige weitere experimentell gesicherte Aufmerksamkeitsphänomene.

5.5.1 Anders als die Anderen

Schon zu Beginn der 1960er Jahre wurden Versuchspersonen in psychologischen Forschungslaboratorien mit Aufgaben konfrontiert, die das Ziel hatten, sog. *visuelle Suchprozesse*, wie sie z.B. beim Lesen stattfinden, genauer zu analysieren. Die Aufgabe für die Versuchsperson bestand darin, die präsentierten Buchstabenlisten zeilenweise zügig zu durchmustern und dann, wenn sie ein „Z“ entdeckte, auf eine Reaktionstaste zu drücken. Es wurden – nicht gerade zur Erbauung der Versuchspersonen – in einem Durchgang immer mehrere Dutzend dieser Listen vorgeführt, und natürlich war der gesuchte Buchstabe nach dem

Zufallsprinzip an verschiedenen Stellen platziert (▶Abbildung 5.6). Aus der Abbildung wird deutlich, dass hier der Kontext, in dem der gesuchte Buchstabe auftritt, eine wichtige Rolle für die mittlere Suchzeit spielt. Die Säule 1 simuliert einen unähnlichen Kontext (alle Buchstaben bis auf den gesuchten haben gerundete Anteile) und die Säule 2 einen ähnlichen (die Buchstaben besitzen alle nur Winkel). Das Ergebnis war, dass bei ähnlichem Kontext die Suchzeiten länger ausfallen als bei unähnlichem, was nicht gerade verblüfft.

ODUGQR	IVMXEW	VWMEIX
QCDUGO	EWVMIX	VMWIEX
CQOGRD	EXWMVI	XVWMEI
QUGCDR	IXEMWV	WXVEMI
URDGQO	VXWEMI	XMEWIV
GRUQDO	MXVEWI	MXIVEW
DUZGRO	XVWMEI	VEWMIX
UCGROD	MWXVIE	EMVXWI
DQRCGU	VIMEXW	IVWMEX
QDOCGU	EXVWIM	IEVMWX
CGUROQ	VWMEIX	NVBWXI
OCDURQ	VMWIEX	XEMIWV
UOCGQD	XVWMEI	WXIMEV
RGQCOU	WXVEMI	IVMXEW
GRUDQO	XMEWIV	EWVMIX
GODUCQ	MXIVEW	EXWMVI
QCURDO	VEWMIX	IXEMWV
DUCOQG	EMVXWI	VXWZMI
CGRDQU	IVWMEX	MXVEWI
UDRCOQ	IEVMWX	XVWMEI
GQCORU	WVZMXI	MWXVIE
GOQUCD	XEMIWV	VIMEXW
GDQUOC	WXIMEV	EXVWIM
URDCGO	EMWIVX	EMWIVX
GODRQC	IVEMXW	IVEMXW

Abbildung 5.6: Drei Listen, wie sie bei der visuellen Suche verwandt wurden – hier: suche „Z". Die Lösungen stehen in der Fußnote[5].

Doch wie so häufig spielte hier der Zufall eine entscheidende Rolle für den Gewinn neuer Erkenntnisse – in diesem Fall ein kleiner Fehler im Versuchsmaterial. Was war geschehen? Versetzen wir uns in eine Versuchsperson, die nach der 21sten Liste mit ähnlichem Kontext (wie in Säule 2) immer nach dem „Z" sucht. Inzwischen hat sich schon so etwas wie eine Gewöhnung an den Suchkontext eingestellt. Dann bleibt der Blick beim Durchmustern plötzlich an einer Stelle hängen – mit der starken Tendenz, auf den Reaktionsknopf zu drücken. Aber es ist kein „Z", sondern ein „B", das die Suchroutine unterbrochen hat: Ein Reiz, der *nicht* zum Kontextmodell gehört, führt genauso zu einer Aufmerksamkeitszuwendung wie der gesuchte. Das „B" war ein schlichter Tippfehler, der sich bei der Erstellung der Liste eingeschlichen hatte. Aber die Erkenntnis, die nachfolgend dann systematisch durch Versuche mit eingestreuten „falschen" Kontextbuchstaben (engl. hurdles) untersucht und bestätigt wurde, war eindeutig: Neben der willkürlichen und bewussten Aufmerksamkeitsausrichtung (Suche nach „Z") findet offenbar ständig ein nicht bewusster Abgleich des Reizhintergrundes statt, der sich bei der – noch immer unbewuss-

5 Lösungen: „Z" in der 1. Säule, 7. Zeile von oben; in der 2. Säule, 5. Zeile von unten; in der 3. Säule, 8. Zeile von unten; „B" in der 3. Säule, 11. Zeile von oben

ten – Registrierung einer Veränderung in der Gestalt eines unwillkürlichen Aufmerkens („Was soll das „B“ denn hier?“) ins Bewusstsein schiebt.

Neben den schon beschriebenen zahlreichen Beobachtungen aus dem Alltag kann also auch in streng kontrollierten Experimenten nachgewiesen werden, dass Aufmerksamkeit nicht nur willkürlich gesteuert werden kann, sondern auch unwillkürlich gelenkt wird – wir hatten das auch schon in den Experimenten zum dichotischen Hören kennengelernt. Diese „erzwungene“ Ausrichtung der Aufmerksamkeit wird umgangssprachlich als Ablenkung bezeichnet, allerdings ist dieser Begriff im Gegensatz zum Begriff „unwillkürliche Aufmerksamkeit“ eher negativ belegt, nämlich als ein Zeichen von Unkonzentriertheit. Eine Ablenkung geschieht natürlich nicht zufällig, und wir können zunächst festhalten, dass sie durch bewusst nicht wahrgenommene, aber unbewusst registrierte Veränderungen in der Umwelt verursacht wird – im beschriebenen Experiment als das „B“ im ansonsten immer eckigen Buchstabenkontext.

Dieses unwillkürliche Aufmerken selbst bei geringen Veränderungen im Umfeld ist ein fester Bestandteil im Verhaltensrepertoire von Tieren und kleinen Kindern, immer beginnend als einfache Orientierungsreaktion in Richtung der ausgemachten „Quelle“ – die Neugier ist geweckt. In ▶Abbildung 5.7 sind Beispiele aus Experimenten zu sehen, bei denen immer ein Reiz ins Auge fällt und dann aufmerksam exploriert wird, nämlich der nicht in den Kontext passende[6]. Diese Reize treten geradezu aus dem Hintergrund hervor und scheinen dann größer, kontrastreicher und heller zu sein als die anderen. Dieses Phänomen wird sehr treffend als Pop-out-Effekt bezeichnet, was umgangssprachlich meint, dass etwas auffällig wird.

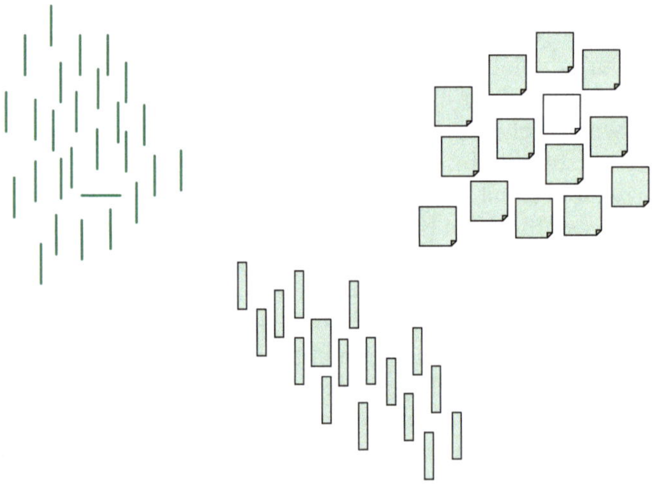

Abbildung 5.7: Pop-out-Effekte in verschiedenen Kontexten

6 Aus der Perspektive der gestaltpsychologischen Wahrnehmungslehre wird hierbei das „Gesetz der Gleichheit“ verletzt. Wenn Bewegung ins Spiel kommt und ein einzelnes Objekt unter vielen eine andere Richtung einschlägt als die anderen, widerspricht dies dem „Gesetz des gemeinsamen Schicksals“ (vgl. *Abschnitt 4.2.4*).

Das findet auch im zwischenmenschlichen Miteinander seinen Niederschlag, denn auffälliges Verhalten (lautes Grölen, auf den Boden spucken) oder auffällige Accessoires (Kleidung, Haartracht, Autos) führen zu unwillkürlicher Aufmerksamkeitsausrichtung und längerer Betrachtung und damit am Ende zu *Beachtung*, was möglicherweise gerade das Anliegen der „Exoten“ ist, egal ob Anziehung oder Ablehnung daraus resultiert.

5.5.2 Ein Bedürfnis macht sich bemerkbar

Nicht nur das, was durch sein Anderssein aus der Umgebung heraussticht, sondern auch das, was unsere Bedürfnisse anspricht, springt uns ins Auge. Dem Hungrigen an der Bushaltestelle entgeht morgens nicht der Geruch von frischem Brot aus der Bäckerei und dem Durstigen keine Reklametafel für Getränke. Nicht selten wird uns ein ungestilltes Bedürfnis erst dadurch bewusst, dass die Aufmerksamkeit von einem Reiz okkupiert wird, der Befriedigung verspricht[7]. Motivationspsychologisch ist das jener Augenblick, in dem ein – zunächst einmal wertneutraler – Reiz zum *Anreiz* wird (vgl. *Abschnitt 10.3*). Ist dies geschehen, kann man kaum noch den Gedanken davon abwenden, und das Betrachten des Anreizes und die angeregte Motivation schaukeln sich wechselseitig immer höher. Man sollte eben nicht hungrig in eine wichtige Konferenz gehen, wenn dort Knabbereien oder Gebäck angeboten werden. Entweder kann man sich daran vor aller Augen zunächst satt essen, was natürlich keinen sehr guten Eindruck macht, oder man tut das nicht, dann wird man aber von Beginn an ständig von den Verlockungen abgelenkt, und einzelne zwischendurch geknabberte Kekse steigern das Verlangen und damit die Abgelenktheit nur noch mehr. Als hungriger Konferenzteilnehmer befindet man sich so in dem leidigen Konflikt, sich zwischen zwei wenig attraktiven Alternativen entscheiden zu müssen.

5.5.3 Zusammenhalt im ständigen Wechsel

Da eine einzelne Bewusstseinsepisode nur sehr wenig Information fassen kann, kann nur durch das *Sammeln* der ständig wechselnden Inhalte ein Gesamtbildnis – sowohl der Außen- wie der Innenwelt – konstruiert werden. Erst durch das Zusammenwirken und -fügen der einzelnen über die Zeit verstreuten Bewusstseinsmomente, die zum Teil willkürlich, aber zum großen Teil auch ohne eine bewusste Intention entstehen, erleben wir die Welt und ebenso uns selbst als Ganzes. Hier wird der große Nutzen der unwillkürlichen Aufmerksamkeit deutlich, denn nur so werden die Ergebnisse der fortlaufenden unbewussten Analysen und Bewertungen von Reizen aus der Umwelt wie aus der eigenen Psyche auch dem Bewusstsein zugänglich gemacht. Wenn diese Einwürfe – wie in den meisten Fällen – nützlich sind, vermerken wir sie kaum.

7 Zudem werden, wie schon im vorigen Kapitel erwähnt, die Wahrnehmungsschwellen für Objekte, die ein Bedürfnis befriedigen können, abgesenkt, und obendrein werden mehrdeutige Situationen dann eher bedürfnisbezogen gedeutet (vgl. *Abschnitt 4.2.5*).

Erst wenn diese „Zwischenrufe“ während der Ausführung einer wichtigen oder komplizierten Tätigkeit auftreten, stellen sie für uns lästige und störende Ablenkungen dar, und wir möchten dann am liebsten an dem Knopf drehen, der sie – zumindest für eine gewisse Zeit – vollständig abschaltet. Zum Glück geht das nicht so einfach, denn wir würden damit dann sozusagen „das Kind mit dem Bade“ ausschütten. Wir könnten vermutlich kaum eine Stunde überleben, wenn wir während einer Tätigkeit *nicht* ablenkbar wären. Die Ablenkungen können ihren Ursprung sowohl in der Außenwelt (z.B. Gefahrenreize) als auch im eigenen Körper (z.B. Schmerzen durch Haltungsfehler) haben. Aber auch Vorstellungen rein psychischen Ursprungs stellen unabdingbare Mahnungen und Überlebenshilfen dar. Der Phantasie, welche das sein könnten, sind hier keine Grenzen gesetzt ...

Exkurs 5.4: Von unbewussten Mächten

Dass eine ausschließlich auf bewussten Eindrücken basierende mentale Konstruktion unserer Umwelt wie auch der eigenen Psyche nur aus fragmentarischen Bruchstücken bestehen kann, ist eine rational gut begründbare und leicht nachzurechnende Tatsache. Zu den in *Tabelle 3.3* beschriebenen unbewusst verarbeiteten Sinnesinformationen kommt die kaum schätzbare Zahl an innerpsychischen Impulsen hinzu, von denen ebenfalls nur ein geringer Bruchteil das Bewusstsein erreichen dürfte.

Jedoch haben wir keine natürliche Neigung, diesen Sachverhalt ernst zu nehmen. Die Beweggründe liegen tief in uns: Da ist zunächst der Wunsch nach Kontrollierbarkeit zu nennen, denn dieser könnte angesichts der unbewussten Aktivitäten in uns kaum erfüllbar sein. Gleiches gilt für das Streben nach Sicherheit, Sinn oder Selbstvertrauen usw. Alle diese Ziele sind realistisch betrachtet kaum haltbar.

Wenn wir fortdauernd der Tatsache unserer eigenen Unüberschaubarkeit und Unkontrollierbarkeit ins Auge sehen würden und ständig zweifeln müssten, wäre dies ein unerträglicher Zustand – das bewusste „Ich" wehrt diese Einsicht aus psychohygienischen Gründen mit „Händen und Füßen" und mit allen erdenklichen schönfärbenden Tricks ab, und so bemerken wir nicht einmal die damit verbundene aufwendige Abwehrarbeit. Das Bewusstsein wäre allein völlig überfordert, ständig ein optimistisches Welt- und Selbstbild zu erstellen, und nur unbewusste psychische Prozesse sind in der Lage, das zu leisten.

Allerdings gibt es Hoffnung: Warum sollte man dem eigenen Unbewussten nicht einfach vertrauen? Das gibt der Gedichtzeile, die Dietrich Bonhoeffer im KZ schrieb, einen etwas anderen Sinn: „Von guten Mächten wunderbar geborgen."

5.6 Ein Modell für alle Phänomene

Wie wir in den bisherigen Betrachtungen gesehen haben, gehen dem bewussten Aufmerken ständige unbewusste Auswerte- und Bewertungsaktivitäten der ins Gehirn dringenden und von ihm selbst produzierten Reize voraus. Eine Beobachtung dieser Vorgänge selbst ist dem Bewusstsein nicht möglich, und nur ausschnittweise bekommt es Zwischenbilanzen und Ergebnisse davon gemeldet. Diese unwillkürlich in das Bewusstsein eintretenden „Eilmeldungen" können, wie wir oben gesehen haben, in zwei Klassen unterteilt werden: solche, die auf *spezifische* Reize hinweisen, und solche, die *unspezifische* Veränderungen anmahnen. In dem schon angekündigten Modell der Aufmerksamkeit bezeichnet Prinz sie als zwei *Formen der Selektion* – eine bezieht sich auf *spezifische* Reize und die andere auf *unspezifische* Veränderungen in der Umwelt. In Kombination mit den beiden *Erscheinungsformen* – nämlich *willkürlicher* oder *unwillkürlicher* Herkunft – ergeben sich drei verschiedene Mechanismen oder „Filter", die für die Aufmerksamkeitsausrichtung verantwortlich sind (▶Tabelle 5.2).

Erscheinungsform:	willkürlich	unwillkürlich	
Selektionsgrundlage:	(aktuelle) Selektionsintention	(permanente) Selektionsdisposition	(dynamisches) Situationsmodell
Filter:	Relevanzfilter	Signifikanzfilter	Pertinenzfilter
Selektionsform:	spezifisch		unspezifisch

Tabelle 5.2: Formen und Mechanismen der selektiven Aufmerksamkeit (nach Prinz, 1990)

Es lassen sich also drei unterschiedliche Ursachen für die Selektion finden: die *aktuelle Selektionsintention* (z.B. die Suche nach der Kaffeetasse), die *permanente Selektionsdisposition* (z.B. Spinnenangst) und eine Abweichung im *dynamischen Situationsmodell* (z.B. Veränderung des normalen Motorgeräuschs während der Autofahrt). Betrachten wir die drei im Modell beschriebenen Filter im Einzelnen.

5.6.1 Relevanz

Der erste Fall, die *willkürliche* Selektion mit *spezifischer* Ausrichtung, besitzt im Grunde genommen die gleichen Merkmale, wie sie auch schon von Wundt genannt wurden: Selektion, Willkür und Bewusstheit. Hier geht es um bewusste Absichten und Selbstinstruktionen, die wir im täglichen Leben – sowohl im beruflichen als auch im privaten – ständig fassen. Sie können eher vage und sprachlich nicht ausformuliert sein und als Absichtsimpulse auftreten – wie z.B. „Wo ist die Fernbedienung?" oder „Achtung: Die Kochplatte ist noch heiß!". Sie können aber auch bis ins Detail ausformulierte Selbstinstruktionen sein: „Erst den Verbindungsstecker herausziehen und dann den Netzstecker!" oder „Wenn die Temperatur 80 Grad erreicht hat, noch 3 Minuten ziehen lassen." In diesen Fällen wird etwas, was im Moment als relevant eingeschätzt wird, bewusst ausgewählt und eine Absicht gebildet, die im Idealfall bis zum Erreichen des entsprechenden Ziels aufrechterhalten wird[8]. Im Modell wird diese aktuelle Selektionsintention im *Relevanzfilter* verwaltet.

8 Die bis ins Detail beschriebenen Vorgehensweisen von Gebrauchsanweisungen entsprechen solchen Instruktionspfaden.

5.6.2 Signifikanz

Die anderen beiden Selektionsgrundlagen gehen deutlich über die Wundt'sche Aufmerksamkeitsdefinition hinaus: Sie arbeiten *unwillkürlich* und richten ohne bewusste Absicht die Aufmerksamkeit aus. Kommen wir zunächst zum Fall „permanente Selektionsdisposition". Bildlich gesprochen steckt ein ganzes Arsenal von sehr unterschiedlichen Wächtern und Beobachtern – alle vor Entdeckung des Bewusstseins gut getarnt – dahinter, die sämtliche eingehenden Informationen analysieren und vorbewerten (siehe *Tabelle 3.3*). Falls etwas potenziell Bedeutsames erspäht, errochen, erfühlt oder erhört wird, schiebt sich dies ohne Vorankündigung in den Bewusstseinsraum hinein – mit dem deutlichen Fingerzeig auf das bewertete Objekt.

Dieses Überwachungssystem basiert auf genetisch verankerten Präferenzen unserer Spezies und wird entscheidend durch die besonderen Erfahrungen des jeweiligen Menschen geprägt. Die individuellen *Bedürfnisse*, *Motive*, *Ängste*, *Vorlieben*, *Interessen* oder *Anliegen* sind in einer Art Lauerstellung, um sich dann zu Wort zu melden, wenn einer ihrer Beobachter etwas Bedeutsames in der Umwelt registriert hat:

- für Durstige etwas Trinkbares,
- für Männer ein tiefes Dekolleté,
- für Oldtimer-Fans der vorbeifahrende Bugatti,
- für Hobbyköche der Geruch von Basilikum im Vorgarten,
- für Arbeitssuchende eine Annonce unter vielen auf einer Wandzeitung.

In all den beschriebenen Fällen wird die Aufmerksamkeit unwillkürlich, d.h. ohne eine aktuelle Absicht, von einem *spezifischen Reiz* angezogen. Dessen Bedeutsamkeit erschließt sich sofort im Moment der Bewusstwerdung, denn er hat Appell- oder Anreizcharakter, und es entsteht eine motivationale Tendenz, ihn aufzusuchen oder zu vermeiden (=> *Kapitel 10 Motivation*). Die Gesamtheit aller vorhandenen, im unbewussten Hintergrund stets wachsamen Bedeutungsprüfer wird im Modell als *Signifikanzfilter* zusammengefasst. Dieser Filter ist offenbar nicht nur im Wachzustand aktiv, was durch den sogenannten „Ammenschlaf", den natürlich Mütter und Väter ebenfalls kennen, illustriert werden kann: Selbst aus tiefem Schlaf werden viele Eltern durch ein leises Wimmern des Babys aufgeweckt, was dagegen eine vorbeifahrende Straßenbahn oder laute Geräusche im Hausflur nicht bewirken können.

5.6.3 Pertinenz und Inpertinenz im Situationsmodell

Es gibt aber auch Situationen, in denen eine *unwillkürliche* Aufmerksamkeitszuwendung nicht durch spezifische, sondern durch *unspezifische* Reize ausgelöst wird. Die Bezeichnung dieser Selektionsform als „unspezifische Selektion" scheint ein Widerspruch in sich zu sein, denn wie kann eine Auswahl oder Suche *ohne* Spezifizierung, d.h. ohne ein- oder ausschließende Merkmale, erfolgen? Wonach soll denn nun ausgewählt oder gesucht werden? Die

Lösung liegt darin, dass hier eigentlich keine Auswahl oder Suche stattfindet, sondern ein *Vergleich*.

Die Selektionsgrundlage ist hierbei das aktuelle *dynamische Situationsmodell* einer Person. Was kann man sich darunter vorstellen? Jeder kennt dies: Man sitzt auf der Terrasse und plötzlich setzt ein lautes Geräusch ein. Sofort wird die Aufmerksamkeit unwillkürlich darauf gelenkt, und Gedanken und Handlungen werden unterbrochen. Nach wenigen Sekunden wird man als Ursache des Lärms den Benzinrasenmäher eines Nachbarn identifiziert haben. Wiederum kurze Zeit später – wenn der vielleicht anfängliche Ärger darüber verflogen ist – hat man sich an das Geräusch gewöhnt und wird nicht mehr davon abgelenkt. In der Modellsprache ausgedrückt, hat sich das eigene Situationsmodell *aktualisiert*, denn nun gehört das Motorengeräusch im Hintergrund dazu, und man kann nun wieder der Terrassentätigkeit nachgehen. Allerdings wird dann die Aufmerksamkeit später noch einmal unwillkürlich in Richtung des Nachbarn anspringen, dann nämlich, wenn der Nachbar seinen Rasenmäher abstellt. Auch hier wird auf eine plötzliche Veränderung in der Reizumwelt reagiert – jedoch dieses Mal auf das plötzliche *Wegfallen* eines Reizes in der gewohnten Reizumgebung. Nach einer erneuten kurzen Analyse der Ursache des Aufmerkens und der erneuten Anpassung des Situationsmodells kann man wieder ungestört fortfahren – so lange, bis sich etwas in der Umwelt verändert.

Wenn man einmal darauf zu achten beginnt, wann der *Pertinenzfilter*[9] eine Veränderung, d.h. eine Inpertinenz, meldet, wird man mit gewissem Erstaunen feststellen, wie häufig dies der Fall ist. Abhängig ist die Häufigkeit des Anspringens zum einen natürlich von der *Umgebung*, in der man sich gerade befindet, also davon, wie häufig, intensiv und unvorhersehbar die Reize sich in ihr verändern. Zum anderen liegt es am Grad der eigenen *Fokussierung* und der *Konzentration*, mit der man im Moment bei einer Sache ist – egal ob man gerade Zeitung liest, einen Film guckt oder eine komplizierte Aufgabe löst. Hier schirmt dann der Relevanzfilter effektiv die Meldungen des Pertinenzfilters ab – zumindest wird seine Empfindlichkeit deutlich heruntergesetzt.

> *Von Konzentration spricht man, wenn die Aufmerksamkeit ohne Abschweifungen über einen längeren Zeitraum auf eine Aufgabe oder Tätigkeit – im Idealfall bis zur Erreichung eines Ziels – ausgerichtet bleibt.*

Angemerkt sei schon an dieser Stelle, dass ein extremer Fall von Tätigkeitsfokussierung, bei gleichzeitiger Ausblendung aller irrelevanten Außen- wie Innenreize, im sog. „Flusserleben" auftritt. Hierbei gehen dann die Tätigkeiten „wie von allein" von der Hand, nur das Wesentliche tritt ins Bewusstsein und die Außenwelt erscheint weit entfernt wie durch einen Nebel. Ursache dafür ist ein optimaler Motivationszustand, bei dem willkürliche und unwill-

9 Pertinenz (lat.: pertinere = dazugehören) bedeutet Dazugehörigkeit oder Passung. Das Gegenteil von Pertinenz wird als Inpertinenz bezeichnet, um das negative Bedeutungsumfeld von Impertinenz (= Unverschämtheit) im sozialen Kontext abzulegen.

kürliche Aufmerksamkeitsvorgänge Hand in Hand arbeiten. Relevanzfilter und Signifikanzfilter sind sozusagen synchron geschaltet und verfolgen nun für eine gewisse Zeit dasselbe Ziel – in *Abschnitt 10.7* zur Motivation werden wir dieses Phänomen noch ausführlicher behandeln.

Wie wir gesehen haben, stellt die Basis des Pertinenzfilters das sich ständig aktualisierende, d.h. *dynamische* Situationsmodell dar. Die darin abgelegten Daten werden fortwährend mit den von der Umwelt aufgenommenen Sinnesreizen verglichen und auf Passung oder Übereinstimmung geprüft – das alles geschieht natürlich unbewusst. Im Falle einer plötzlichen Abweichung zwischen den aufgenommenen Sinnesdaten und dem Situationsmodell wird eine Inpertinenz nach dem Motto „Hier stimmt etwas nicht!" gemeldet, und es erfolgt eine unwillkürliche Orientierungsreaktion. Dieser folgt eine Suche mit der Frage „Was war das?". Nach Identifikation der Veränderung in der Umwelt wird man abhängig von der Bewertung entweder zur eigentlichen Tätigkeit zurückkehren oder auf den neuen Reiz reagieren.

5.6.4 Pegelsprünge und Regelbrüche im Situationsmodell

Worauf reagiert nun der Pertinenzfilter und richtet damit die Aufmerksamkeit neu aus? Zum einen sind es „simple" messbare Veränderungen in der Umwelt, auf die er anschlägt. Diese werden als *Pegelsprünge* bezeichnet. Dabei handelt es sich um plötzliche Veränderungen der Lautstärke oder der Frequenz von Tönen, der Helligkeit oder Farbe von Licht, der Druckintensität auf der Haut, der Muskelempfindungen oder der Geruchsnote. Nun ist es leicht nachvollziehbar und erklärbar, warum wechselnde Töne und Lichter als Alarmsignale eingesetzt werden, denn sie erzwingen durch ständige Pegelsprünge eine unwillkürliche Aufmerksamkeitszuwendung. Die Änderungsrichtung spielt dabei keine Rolle. Es ist also egal, ob ein Reiz hinzukommt oder wegfällt bzw. ob der Pegel eines Reizes ansteigt oder abfällt. Man merkt z.B. unwillkürlich auf, wenn das Ticken einer Uhr oder das Tropfen eines Wasserhahns, an das man sich gewöhnt hat und das man nicht mehr bewusst wahrnimmt, plötzlich endet. Jedoch ist der gerade weggefallene Reiz vergleichsweise schwieriger festzustellen als der neu hinzugekommene. Entscheidend für das Anspringen des Pertinenzfilters ist immer nur das Tempo der Veränderung, denn langsame, stetige Änderungen führen nur zu Korrekturen und Anpassungen des Situationsmodells, nicht aber zu einer Inpertinenz-Meldung. Das Situationsmodell wird noch einmal in *Abschnitt 8.8* im Rahmen der Darstellung des Arbeitsgedächtnisses aufgegriffen.

Dieselbe Wirkung wie Pegelsprünge von Umweltreizen haben auch *Regelbrüche*. Das in der dritten Buchstabenliste in Abbildung 5.6 versehentlich eingefügte „B" – wie erinnerlich, sollte man nach „Z" suchen – führte ja zu einer kurzen Unterbrechung der Suche. Erklärt wurde das damit, dass das „B" nicht in den gewohnten Kontext, der nur aus Buchstaben mit Winkeln bestand, passte. Dieses unwillkürliche Aufmerken kann nicht durch einen Pegelsprung erklärt werden, sondern durch die Verletzung einer Kontexterwartung oder des Passungsprinzips. Das, was sich von seiner Umgebung unterscheidet, fällt uns auf – wie das schwarze Schaf in einer Schafherde oder das Motorrad unter Autos.

Im Situationsmodell ist nicht nur der aktuell letzte Stand der Umwelt abgelegt, sondern es werden auch Schemata, Erinnerungen und Erfahrungen bei Pertinenzbeurteilungen hinzugezogen. Ebenso deutlich wie uns die horizontale unter vertikalen Linien in Abbildung 5.7 ins Auge fällt, sticht uns der falsche Ton in einem Konzert ins Ohr. Hier wird offenbar die Erwartung einer Abfolge enttäuscht, und man merkt hier auf – genauso wie beim Aufzählen „1, 2, 3, 4, 6, 7, 8, 9“, wo man bei „6“ kurz aufmerkt. Auch unvollständige oder grammatikalisch unkorrekte Sätze – „Er hat im gesessen“ oder „Ich weiß, wo dein Haus wohnt“ – führen zum Anspringen des Pertinenzfilters, denn auch hier handelt es sich um Regelbrüche, die registriert werden und die Aufmerksamkeit unwillkürlich auf sich ziehen – allerdings unspezifisch. Man bemerkt zunächst, dass *irgendetwas* hier nicht stimmt. Einige der surrealistischen Künstler versuchten genau dieses Empfinden schon im ersten Moment des Betrachtens zu erzeugen. Beispiele dafür liefert der belgische Maler René Magritte (▶Abbildung 5.8).

Abbildung 5.8: Zwei Bilder von René Magritte, in denen auf den ersten Blick irgendetwas nicht passt (links „La reproduction interdit“, rechts „La condition humaine“)

Das diffuse Erleben von Inpertinenz, mit dem die Suche nach der Ursache beginnt, ist nicht nur bei Sherlock Holmes zu finden. Sein besonderer „Riecher“ für Unstimmigkeiten in Zeugenaussagen oder Tatorten ist gefürchtet – begleitet von der Aussage: „Hier stimmt etwas nicht.“ Auch im echten Leben beschreiben Experten jedweder Provenienz etwas Ähnliches – wie z.B. Ärztinnen, Kraftfahrzeugmeister, Schachgroßmeisterinnen, Rechtsanwälte, Köche u.v.m. Bei der Konfrontation mit Informationen über ein fachspezifisches Problem beschreiben sie, dass zunächst ein diffuses Spannungserleben, ein unrundes Gefühl, ein Verharren – also Signale des Aufmerkens – der Ausgangspunkt einer detaillierten Suche und Überprüfung sind (=> *Kapitel 8 Problemlösen*). Dem voraus geht jedoch immer die unbewusste Feststellung einer Inpertinenz.

5.7 Welche Funktionen hat Aufmerksamkeit nun?

In dem Modell von Prinz kann also der über 100 Jahre alte Ansatz von Wundt in Form des willkürlich arbeitenden *Relevanzfilters* übernommen werden. Es gibt allerdings, wie wir gesehen haben, überzeugende Belege dafür, dass Aufmerksamkeit auch unwillkürlich gelenkt werden kann. Die beiden Formen werden im Modell als *Signifikanz-* und *Pertinenzfilter* bezeichnet. Die von Wundt genannten drei exklusiven und notwendigen Merkmale von Aufmerksamkeit, Selektivität *und* Willkür *und* Bewusstheit, müssen also revidiert werden – nicht zuletzt, weil bei Anwendung dieser Kriterien kleinen Kindern und Tieren so etwas wie Aufmerksamkeit abgesprochen werden müsste. Willkür und Bewusstheit entfallen nunmehr als zwingende Merkmale von Aufmerksamkeitsvorgängen, und *Selektivität* bleibt als einziges der drei Wundt'schen Bestimmungsstücke erhalten.

5.7.1 Mobilisierung

Wenn man also *Selektion* als *das* Wesensmerkmal von Aufmerksamkeit zugrunde legt, lässt sich ein weiteres, damit eng verbundenes Funktionsmerkmal aus der stammesgeschichtlich alten Schreck- und Orientierungsreaktion ableiten, nämlich *Mobilisierung*. Ein plötzlich einsetzender Reiz führt nicht nur zu einer Hinorientierung, sondern im gleichen Zug auch zu einer Anpassung der Erregung und Aktivierung, die in diesem Fall eine Erhöhung ist. So wird der Organismus automatisch auf möglicherweise nötiges schnelles Reagieren vorbereitet – auf Angriff oder Flucht. Was im Tierreich noch sehr deutlich ausfällt, ist in der „zivilisierten" Lebensumwelt von Großstadtmenschen, die weitgehend von natürlichen Gefahren bereinigt ist, natürlich meistens nicht so deutlich. Bei Reizen und in Situationen, die nach der unwillkürlichen Aufmerksamkeitszuwendung als sehr bedrohlich eingeschätzt werden, wird dies allerdings deutlich spürbar – z.B. wenn sich auf der Autobahn durch einen ausscherenden Lkw der Bremsabstand gefährlich verkürzt oder wenn ein Geräusch uns hinter unserem Rücken darauf aufmerksam macht, dass der gerade auf den Schrank gestellte Fernseher ins Rutschen gerät. In beiden Fällen werden mit dem Aufmerken physiologische Mobilisierungsvorgänge in Gang gesetzt, die dann 15 bis 20 Sekunden nach dem kritischen Ereignis noch spürbar sind, denn eine einmal hochgefahrene Aktivierung braucht doch eine gewisse Zeit, um nach Klärung der Situation wieder heruntergefahren zu werden (=> *Kapitel 9 Emotion*). Die Mobilisierung des Körpers, die als Gefühl des Erregt- oder Aufgeregtseins erlebbar ist, schließt natürlich auch das Gehirn selbst ein. Dessen nun auf die Informationsaufnahme und -verarbeitung des Reizes sowie die Einschätzung der Situation bezogene Aktivierungserhöhung erleben wir dann als Gefühl der Spannung.

5.7.2 Integration

Neben Selektion und Mobilisierung hängt noch eine weitere Funktion eng mit Aufmerksamkeitsvorgängen zusammen. Diese bewirkt, dass die vielen unabhängigen Sinneseindrücke, die in jeder Situation auf uns einströmen, zu Bedeutungseinheiten zusammengefügt werden und als ein sinnvolles Ganzes erscheinen. Diese Leistung wird als *Integration* bezeichnet, und auch ihre „Arbeit" ist so subtil, dass wir sie häufig gar nicht bemerken. In der Unterhaltung mit einer Person hören wir das Gesprochene und sehen die Mundbewegungen nicht unabhängig voneinander, sondern das Gehörte und Gesehene verschmelzen miteinander. Man sieht sozusagen das Gehörte, genauso wie man das Gesehene hört. Erst wenn bei einem Film Ton- und Bildspur zeitversetzt länger als eine halbe Sekunde auseinanderliegen, kann die Integrationsarbeit nicht mehr automatisch geleistet werden. Wir nehmen dann die beiden Reizfolgen als unabhängig wahr, können dem Text kaum noch folgen und erleben dies als unangenehm und anstrengend (vgl. *Exkurs 4.1*).

Eine weitere sehr subtile Integrationsleistung kann ebenfalls beim aufmerksamen Zuhören beobachtet werden, denn hierbei müssen ständig undeutlich ausgesprochene Worte als solche identifiziert und Nichtworte – wie Husten, Räuspern oder Lautmalerei – ausgeblendet werden. Dies müssen wir – zumindest bei einer Rede in unserer Erstsprache – zum Glück nicht bewusst leisten. Die Integration überwacht aus der Warte des gerade Bedeutsamen die eingehenden Reize und gibt ihnen damit Sinn, und gleichzeitig werden damit die als irrelevant eingeschätzten nicht weiter beachtet.

Neben den Außenreizen müssen natürlich auch die von innen stammenden Gedankenimpulse auf Bedeutsamkeit für das gerade aufmerksam Fokussierte geprüft, die passenden ausgewählt und die unpassenden gehemmt werden. Die uns selbst so häufig linear, wohldosiert und organisiert erscheinende Ausrichtung auf eine Aufgabe ist nur die bekannte Spitze des Eisberges, und diese so selbstverständlich stattfindende Aufmerksamkeitsleistung ist de facto das Produkt vieler darunter ablaufender Verarbeitungs- und Bewertungsprozesse, die Selektion, Mobilisierung und Integration beinhalten. Dass hierbei natürlich immer wieder „Ausrutscher" passieren, liegt in der Natur der Sache, denn was bedeutsam ist, ändert sich von Situation zu Situation und unterliegt keinen festen Regeln – nicht zuletzt die menschliche Kreativität lebt davon.

Erst im Störungsfall, wenn man – aus welchen Gründen auch immer – die Aufmerksamkeit nicht so einfach willkürlich ausrichten kann, wird deutlich, wie wenig wir direkt in diese Vorgänge eingreifen können. Wir alle kennen diesen Fall. Er tritt z.B. dann ein, wenn man Angst hat. Auch wenn man sie in den meisten Fällen – z.B. bei Prüfungsangst – als überzogen und irrational einschätzt, fällt es sehr schwer, die der Situation angemessene Selektion, die Mobilisierung (hier: Demobilisierung) oder die Integration willkürlich zu leisten. Dann dominieren leider doch die unwillkürlichen Aufmerksamkeitsvorgänge, und der Signifikanz- oder der Pertinenzfilter melden sich ständig. Man ist nun häufig *abgelenkt*, was in diesem Fall allerdings weder dem Überleben dient noch sonst nützlich ist. „Konzentriere dich!“, „Lass dich nicht ablenken!“ oder „Pass doch auf!“ sind hierbei als Selbstinstruktionen im Allgemeinen wenig hilfreich, und dieser gedachte Ruf in die stetig arbeitenden unbewussten Vorgänge verhallt nicht selten ungehört.

Anregungen zum Ausprobieren, Anwenden und Nachdenken

1. Was für die willkürliche Lenkung der auditiven Aufmerksamkeit auf einer Cocktailparty gilt, kann auch in der visuellen Wahrnehmung nachgezeichnet werden. Halten Sie mit nach oben gerichtetem Daumen eine Hand auf Armlänge vor sich und fixieren Sie ihn. Nun lassen Sie – ohne die Fokussierung auf den Daumen aufzugeben – die Aufmerksamkeit wandern, von links nach rechts in immer größerem Abstand zum Daumen. Dabei sehen Sie natürlich nicht scharf. Beachten Sie die Zeiten für den Wechsel. Visuelle Aufmerksamkeit und Fokussierung sind also *trennbar.* Das können Sie auch einfacher ausprobieren, indem Sie den Fernseher einschalten, den Daumen vor sich halten und diesen von jetzt an ausschließlich fokussieren. Bewegen Sie nun langsam den Arm immer weiter von links nach rechts und verfolgen dabei – ohne den Blick vom Daumen zu lassen! – das Fernsehprogramm. Das Fernsehbild erscheint, je nachdem wie weit der Daumen vom Fernseher entfernt ist, mehr oder weniger farbig und mehr oder weniger scharf.
2. Auch für selbst generierte Reize, wie Erinnerungen, kann man Aufmerksamkeitswechsel durchführen. Erinnern Sie sich an die Gesichter Ihres Vaters und Ihrer Mutter. Nun entwickeln Sie ein Erinnerungsbild, das so detailliert wie möglich ist. Wechseln Sie nun von dem Bild ihrer Mutter zu dem Ihres Vaters, dann wieder zu dem Ihrer Mutter usw. Diese willkürliche Aufmerksamkeits-Kontrolle ist natürlich anstrengend. Interessant sind hierbei wiederum die Wechselzeiten von einem zum anderen Erinnerungsbild.
3. Lenken Sie Ihre Aufmerksamkeit auf den nächstliegenden Schreibstift. Konzentrieren Sie sich nun vollständig darauf. Natürlich werden Sie dabei nach kurzer Zeit davon abgelenkt. Merken Sie sich die Quellen der Ablenkung und versuchen Sie diese hinterher zu sortieren. Wann ist der Signifikanzfilter angesprungen und wann der Pertinenzfilter und warum?
4. Überlegen Sie für sich, bei welchen Tätigkeiten nur eine sehr geringe Ablenkbarkeit vorliegt und bei welchen Sie deutlich häufiger auftritt. Anders ausgedrückt: Wann gelingt die Konzentration wie von allein? Wann muss sie bewusst immer wieder hergestellt werden? Wie gelingt es Ihnen dann, die Aufmerksamkeit wieder auf eine bestimmte Tätigkeit zurückzulenken?

Weiterführende Literatur

Neumann, O. & Sanders, A.F. (1996). *Aufmerksamkeit* (Enzyklopädie der Psychologie, Bd. II/5). Göttingen: Hogrefe.

Lernen

6

ÜBERBLICK

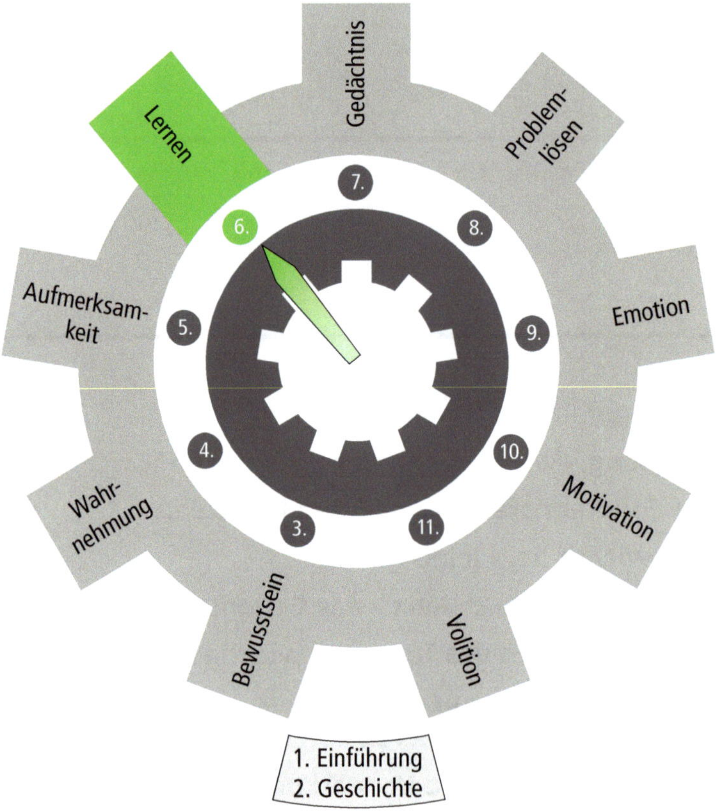

„Ich lerne schon seit einer Woche für die Prüfung."
(Ein Student zu einem anderen)

Der Aneignungsprozess von all dem, was unser Können und Wissen betrifft, wird umgangssprachlich als Lernen bezeichnet, und insbesondere im schulischen Bereich gibt es kaum etwas, was nicht „gelernt" wird. Alleine aus der Tatsache, dass man etwas kann, wird geschlussfolgert, dass vorher Lernen stattgefunden hat. Nehmen wir einige Beispiele, um das damit verbundene Problem zu illustrieren. Jemand

1 kann Fahrrad fahren,
2 kann eine Frage ins Japanische übersetzen,
3 kann den Kreisumfang berechnen,
4 hat Angst vor Prüfungen,
5 weiß das Krönungsdatum Karl des Großen,
6 kann Schach spielen,

7 kann Teppichböden verlegen,

8 kann Tetris am Computer spielen,

9 ekelt sich vor Fleisch.

Es fällt sofort ins Auge, dass es sich bei einigen Punkten um Wissensabruf oder -anwendung handelt (2., 3., 5. und 6.), bei anderen um reine Bewegungskoordination (1., 8.), eine Mischung aus beidem (7.) oder um emotionale Reaktionen (4., 9.). Die Entstehungsgeschichte und den Abruf all dieser – im weitesten Sinne – Reaktionen allesamt auf „Lernen" zurückzuführen, versperrt den Blick auf die doch recht unterschiedlichen Prozesse, die daran beteiligt sind. Neben Lernen im engeren Sinn, wie es im Folgenden behandelt wird, sind daran auch Gedächtnis- und Problemlösevorgänge beteiligt, und natürlich auch Motivation. „Ich lerne schon seit einer Woche für die Prüfung." weist daneben auch auf weitere allgemeinpsychische Vorgänge wie Aufmerksamkeit, ins Gedächtnis übertragen, Verstehen und aus dem Gedächtnis abrufen hin.

In der Psychologie war man von Beginn an mit der Verwendung des Lernbegriffs etwas zurückhaltender, was seinen Grund auch in der stark durch den Behaviorismus geprägten Lernforschung in der Mitte des letzten Jahrhunderts hatte. Die dort vornehmlich mit Tieren durchgeführten Laborexperimente konzentrierten sich – nomen est omen – auf den Erwerb von neuen Verhaltensweisen, d.h. auf *Änderungen des Verhaltens.* Die Zeit damals war noch nicht reif für die Untersuchung der kognitiven Vorgänge, die am Aufbau, der Speicherung und dem Abruf von Wissen beteiligt sind. So ist die Definition von Lernen zunächst nur auf das objektiv messbare Verhalten beschränkt:

> *Lernen hat stattgefunden, wenn eine beobachtbare Verhaltensänderung zeitlich überdauernd und aufgrund von Übung oder Erfahrung entstanden ist.*

Daraus folgt, dass diejenigen beobachtbaren Änderungen des Verhaltens, die in *Reifungsprozessen* (z.B. das Fliegenkönnen von Vögeln oder das pubertätsbedingte Interesse am anderen Geschlecht) oder in *Krankheiten oder anderen physiologischen Ursachen* (wie z.B. nach einem Schlaganfall oder exzessivem Drogenkonsum) begründet sind, *nicht* ein Ergebnis von Lernen sind. Natürlich gehören die Verhaltensänderungen, die bei Kindern mit massiven Aufmerksamkeits-Hyperaktivitäts-Störungen durch die Einnahme von Methylphenidat (z.B. Ritalin) zu beobachten sind, ebenfalls nicht dazu.

Treten wir jedoch einen Schritt zurück und betrachten die Anfänge der Lernforschung. Was bei wichtigen Entdeckungen nicht selten zu beobachten ist, dass sie nämlich eher beiläufig ans Licht der Welt treten, geschah auch hier. Denn paradoxerweise entstand der Initialimpuls zur wissenschaftlichen Untersuchung von Lernvorgängen in einem medizinischen Labor, das zum Ziel hatte, angeborene, d.h. *ungelernte,* Verhaltensweisen zu erforschen.

6.1 Ein neuer Reiz – dieselbe Reaktion

Als der russische Physiologe Iwan Petrowitsch Pawlow (1849–1936) in seinem Petersburger Labor für experimentelle Medizin die Reflextätigkeit bei Hunden untersuchte, stellte er zunächst an Hundewelpen fest, dass eine Speichelsekretion angeborenerweise erfolgt, wenn Futter *ins Maul* geführt wird. Bei erwachsenen Hunden konnte man jedoch beobachten, dass dieser Speichelreflex schon kurz vorher, nämlich schon bei der *Präsentation* des Futters, erfolgt. Um die Entstehungsbedingungen dieser Verhaltensänderung genauer zu erforschen, wurden die Hunde so in ein Geschirr gespannt, dass ihr Verhaltensspielraum extrem reduziert war – praktisch bis auf die den Forscher interessierende Speichelreaktion (▶Abbildung 6.1). Zweifellos ist damit die Laborsituation längst nicht mehr mit einer natürlichen zu vergleichen und somit nicht für das Verhalten von Hunden repräsentativ[1]. Aber Pawlow war als Reflexologe daran auch nicht interessiert – er vertrat die damals in der Wissenschaft populäre Sichtweise, dass das gesamte Verhaltensrepertoire von Organismen aus einzelnen Reflexen zusammengesetzt sei. Heute wird das selbstverständlich anders gesehen, aber das soll Pawlows Erkenntnisse zum *klassischen Konditionieren* nicht schmälern.

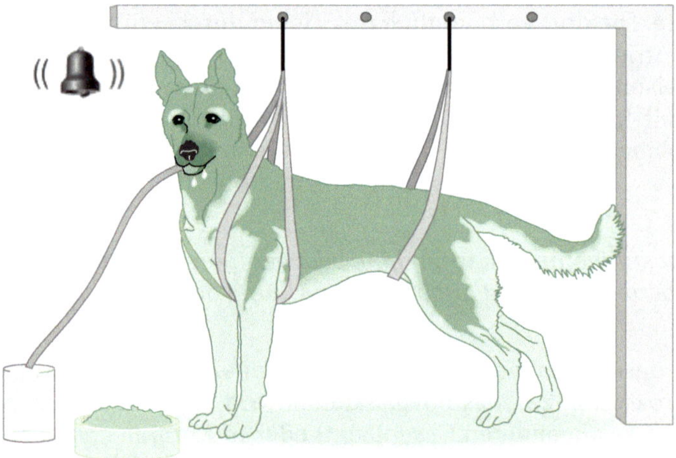

Abbildung 6.1: Die Situation des Hundes in Pawlows Versuch (Aus Gerrig, R. und Zimbardo, Ph. (2007). Psychology and Life. Boston: Allyn and Bacon, 18. Auflage)

1 Jeder Hundebesitzer kennt die Reaktionen der Tiere auf die bevorstehende Fütterung. Sie warten nicht passiv auf diese, sondern versuchen aktiv, diese durch Bellen, Annäherungsverhalten oder Apportieren des Fressnapfes zu „erbetteln“. In der beschriebenen Situation in Pawlows Labor würden Hunde, die nicht festgeschirrt wären, zu der Glocke laufen, an dieser hochspringen und sie anbellen.

Das Vorgehen beim klassischen Konditionieren ist in vier Schritte unterteilt (▶Abbildung 6.2). Dabei sind folgende Fachbegriffe wichtig, wobei die Abkürzungen auf die englische Terminologie zurückgreifen:

UCS = unkonditionierter Stimulus (Futter)

UCR = unkonditionierte Reaktion (Speicheln)

CS = konditionierter Stimulus (Glockenton)

CR = konditionierte Reaktion (vorher: neutral; nachher: Speicheln)

Im ersten Schritt wird ein UCS präsentiert, dem die ungelernte Reaktion UCR reflexartig folgt – bei Pawlow sind es Futterpräsentation und Speichelproduktion. Im zweiten Schritt wird ein neutraler Reiz präsentiert, dem keine besondere Reaktion folgt, höchstens eine leichte Orientierungsreaktion – dieser Reiz wird als CS bezeichnet. Im dritten Schritt werden UCS und der CS gleichzeitig präsentiert – auf die Darbietung des UCS erfolgt ja bekanntlich die entsprechende Reaktion (Speichelproduktion). Es erfolgen nun wiederholte gemeinsame Darbietungen des UCS und des CS – hier findet das Lernen statt. Am Ende, im vierten Schritt, wird dann der CS allein gezeigt, und jetzt löst auch er eine Speichelreaktion aus. Der Hund hat sein Verhalten geändert, und da diese *konditionierte Reaktion* (CR) auch wiederholt zu beobachten ist, können wir hierbei von Lernen sprechen.

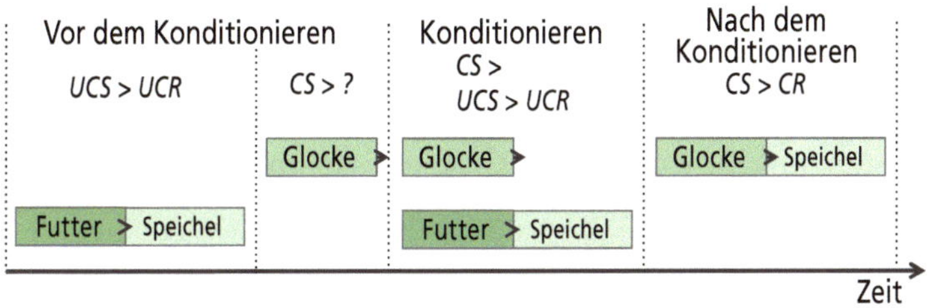

Abbildung 6.2: Die vier Schritte des klassischen Konditionierens (Abkürzungen siehe Text)

Das klassische Konditionieren bezeichnet also einen Lernvorgang, bei dem eine neue Reiz-Reaktionsverbindung entsteht, indem eine schon vorhandene Reaktion auf einen neuen Reiz erfolgt. Neben der zeitgleichen gemeinsamen Darbietung von UCS und CS – der sog. *simultanen Konditionierung* – können die beiden Reize auch zeitlich versetzt präsentiert werden, wie dies in ▶Abbildung 6.3 dargestellt ist.

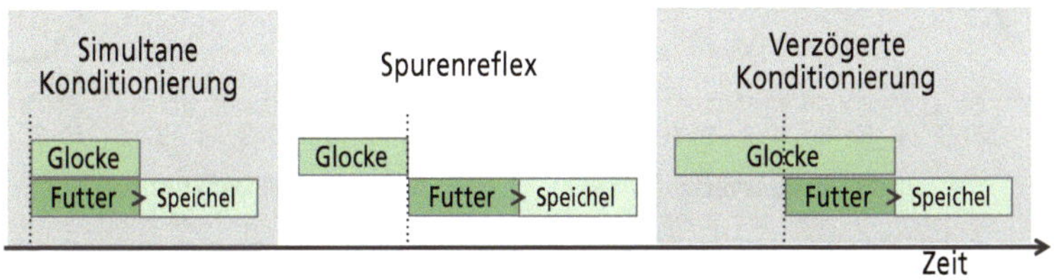

Abbildung 6.3: Drei mögliche zeitliche Anordnungen beim klassischen Konditionieren

Beim *Spurenreflex* beginnt der CS vor dem UCS und endet mit dessen Beginn. Dagegen beginnt bei der *verzögerten Konditionierung* der CS zwar ebenfalls vor dem UCS, jedoch endet er gemeinsam mit diesem. Wenn man die Effektivität der drei Konditionierungstechniken miteinander vergleicht, schneidet die simultane Konditionierung am schlechtesten ab, und der Lernvorgang (der 3. Schritt in Abbildung 6.2) dauert hierbei länger als bei den anderen beiden, die etwa gleich gut funktionieren. Der optimale zeitliche Abstand zwischen Beginn des CS und UCS hängt von den konditionierten Reaktionen ab. Bei einfachen motorischen Reaktionen wie Lidschlag des Auges oder Wegziehen der Hand sollte der CS etwa 1 Sekunde vor dem UCS beginnen, dagegen bei physiologischen Reaktionen wie Pulsschlag oder Speichelfluss deutlich früher (zwischen 5 und 15 Sekunden).

Weil mittels Spurenreflex und verzögerter Konditionierung, also wenn der CS *vor* dem UCS auftritt, am schnellsten Lernergebnisse zu erzielen sind, konnte man schlussfolgern, dass der konditionierte Reiz etwa wie eine Ankündigung oder Warnung wirkt. Etwas allgemeiner ausgedrückt, handelt es sich hier um eine Form des *Signallernens*.

6.2 Löschung – wie gewonnen so zerronnen?

Unter kontrollierten Laborbedingungen können bei einfachen unkonditionierten Reaktionen wie Futterpräsentation / Speichelproduktion oder Luftstoß aufs Auge / Lidschluss verblüffend schnell intensive konditionierte Reaktionen aufgebaut werden. Wie in ▶Abbildung 6.4 zu sehen, reichen dabei 6 Lerndurchgänge schon aus, um die Speichelreaktion auf einem stabilen hohen Niveau zu etablieren (Akquisitionsverlauf).

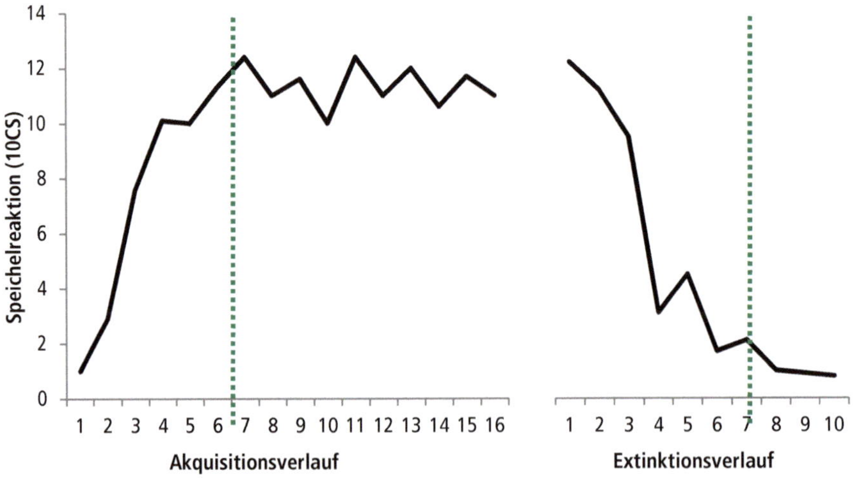

Abbildung 6.4: Verhaltensaufbau und Löschung

Allerdings wird auch aus dem rechten Teil der Abbildung deutlich, dass das Gelernte nach etwa ebenso vielen Durchgängen, in denen der CS solo auftritt, d.h. ohne den UCS Futter, wieder komplett verloren geht (Extinktionsverlauf). Man könnte nun annehmen, dass damit eine vollständige Löschung, sozusagen auf den Zustand *vor* der Konditionierung, erfolgt ist. Dem ist aber nicht so! Denn wenn man das Zeitfenster der Abbildung nach rechts aufklappen würde, und das vernachlässigt man angesichts des auf die Basislinie zurückgekehrten Verhaltens leicht, dann könnte man beobachten, dass später gelegentlich – vielleicht nach der 30sten oder der 120sten Präsentation des CS – doch wieder eine einzelne mittelstarke Reaktion erfolgt. Die Löschung ist also nicht radikal und vollständig, sondern es scheint so, als ob noch eine „Gedächtnisspur" vorhanden ist, die sich ab und zu „trotzig" noch einmal ausprobiert. Dieses bei fast allen gelernten und danach wieder verlernten Verhaltensweisen beobachtbare Phänomen wird als *Spontanerholung* bezeichnet. Die Volksweisheit „Was erlernt wurde, kann auch wieder verlernt werden." bleibt nur an der Oberfläche – wir kommen dabei in das Wirkungsfeld des Gedächtnisses.

Exkurs 6.1: Spontanremission

Im klinischen Bereich – sowohl im medizinischen bei Krebs als auch im psychischen Bereich bei Ängsten oder Süchten – lassen sich gelegentlich auch ohne therapeutische Maßnahmen sog. Spontanheilungen beobachten. Die Ursachen dafür werden zwar intensiv erforscht, jedoch bisher ohne nennenswerten Erfolg. Deshalb ist zur Bestimmung der Wirksamkeit einer Therapie elementar, die Erfolgsquote durch eine Behandlung mit der Quote der Spontanremissionen bei der Erkrankung zu vergleichen. Bei Süchten (Rauchen, Alkohol oder Heroin) scheinen so gelegentlich die Therapieerfolge für sich alleinstehend beeindruckend – allerdings ist dies ein Eindruck, der schnell verschwindet, wenn die Zahl der Spontanheilungen danebengestellt wird.

Umgekehrt kann nach dem Aufenthalt in einer Spezialklinik eine geheilt erscheinende Sucht nach vorher nicht kalkulierbarer Zeit wieder ausbrechen – hier wird dann von einer Spontanregression gesprochen. Dieser nicht seltene Fall ist neben anderen Faktoren – wie belastenden Lebenssituationen, Berufsstress, Kontrollverlust usw. – auch auf die bei Verlernen und Löschung beobachtbare Spontanerholung alter und scheinbar längst abgelegter Verhaltensmuster zurückzuführen. Auf diese nicht kontrollierbaren, gelegentlich ausbrechenden Reminiszenzen kann man in einer Therapie nur schwer vorbereitet werden.

6.3 Die Grundausstattung und ihre Folgen

Ausgangspunkt für das klassische Konditionieren stellt bekanntlich das Repertoire an ungelernten Reiz-Reaktions-Verbindungen dar, das Neugeborene in ihrer angeborenen Ausstattung mit auf die Welt bringen. Auf diesem aufbauend werden über das gesamte Leben hinweg durch Konditionierungsvorgänge immer neue Assoziationen zwischen Ereignissen, Reizen und Reaktionen gestiftet und miteinander vernetzt. Aus dieser, allerdings aus heutiger Sicht zu engen Sichtweise resultierte bei den Behavioristen der ersten Stunde wie auch bei Pawlow die Annahme, dass alle beobachtbaren Unterschiede ausschließlich auf der Basis von Lernprozessen entstehen und demzufolge auch von außen geradezu beliebig beeinflussbar sind. Die angeborenen Unterschiede wie auch die im Laufe des Lebens immer größeren Anteile selbstbestimmter Eigenaktivitäten von Menschen wurden dabei unterschätzt.

Aber sehen wir uns einige wichtige in der angeborenen Grundausstattung mitgelieferte unkonditionierte Reaktionen an, wie sie in ▶Tabelle 6.1 dargestellt sind. Neben den Reflexen, die sehr spezifische Reize mit sehr spezifischen Reaktionen verbinden, gibt es auch Reize, die erst aus dem situativen Kontext und aus Gewöhnung heraus wirksam werden. Hier wird der auftretende Reiz nicht nur für sich und absolut wirksam, sondern auch der Kontrast ist mitentscheidend: Je stärker z.B. die Abweichung vom Vorhandenen oder Erwarteten ist, umso stärker wird eine *Orientierungsreaktion* ausgelöst, die im Extremfall zur Schreckreaktion wird. Im *Kapitel 5* zur Aufmerksamkeit wurde dieser Vorgang als unwillkürliche Aufmerksamkeitslenkung behandelt, bei der unspezifische Reize als Pegelsprung oder Regelbruch in der Situation wirksam werden. Wie erinnerlich können auch spezifische Reize zu einer unwillkürlichen Hinwendung führen, wie dies besonders auffällig bei Angst auslösenden Reizen der Fall ist, und hierzu gehört unter anderen auch der emotionale Ausdruck von anwesenden Menschen (Gesichtsmimik, Körperhaltung und Tonfall der Stimme).

	unkonditionierte Reize	unkonditionierte Reaktionen
einige Reflexe	- Luftstoß - Nahrung - Helligkeitsveränderung - Berühren der Wange	- Lidschluss - Speichelsekretion - Pupillenkontraktion - Saugbewegung
Orientierung	- unerwartete Veränderungen und neue Reize	- Unterbrechung des Verhaltens und Orientierung zur Reizquelle; Muskelanspannung; Erhöhung von Blutdruck, Atmungs- und Herzfrequenz
Unbehagen und Angst auslösende Reize	- Überstimulation - Unterstimulation - Schmerzhafte Ereignisse - Bedrohungssignale von Artgenossen	Angstreaktion

Tabelle 6.1: Einige angeborene Reiz-Reaktions-Verbindungen

Man kann sich nun leicht vorstellen, wie auf der Basis der klassischen Konditionierung ein Baby lernt, auf neue Reize mit den schon vorhandenen Reaktionen zu reagieren. Das gemeinsame Auftreten eines ursprünglich neutralen Reizes (z.B. die Wahrnehmung eines Hundes) mit einem unkonditionierten Reiz (z.B. einem plötzlichen lauten Geräusch) führt dazu, dass später die Wahrnehmung eines Hundes unangenehme Gefühle oder gar Angst anregt. Auf diese Weise werden viele emotionale Reaktionen auf unbekannte oder bisher neutrale Reize durch diese subtile, aber dennoch wirksame klassische Konditionierung erworben – Reaktionen, die dann im weiteren Leben zu kaum begründbaren spontanen Gefühlen und Bewertungen führen. Viele Vorlieben und Abneigungen gegenüber Gerüchen, Geräuschen oder Farben, die dann auf Nahrungsmittel, Tiere, Musik usw. übertragen werden, dürften so entstehen, genauso wie das ambivalente Gefühl, das bei der Wahrnehmung einer Spritze oder beim Geräusch eines Bohrers entsteht. Mit dem Gewahrwerden des konditionierten Reizes wird unmittelbar die unkonditionierte Reaktion aktiviert, und so reicht es aus, eine ungeliebte Speise im Schaufenster oder auf einem Bild zu sehen, um gleichzeitig den unangenehmen Geruch in der Nase zu haben. Wer kennt nicht beim Erblicken der gesuchten Toilette den sich abrupt erhöhenden Blasendruck oder das Unbehagen, das beim Sirren einer Mücke oder Wespe entsteht?

In all diesen Fällen zeigt das klassisch konditionierte Signallernen seine Wirkung, was in den meisten Fällen ohne Frage als sinnvoll und hilfreich eingestuft werden kann, da man so auf ein nahendes Ereignis aufmerksam gemacht wird, sich darauf einstellt und es ggf. vorsichtig vermeiden kann. Die unerwünschte Schattenseite zeigt sich insbesondere bei extremen Reaktionen wie bei Ekel oder Ängsten, die dann ein der Situation angemessenes Verhalten schier unmöglich machen.

Exkurs 6.2: Klassische Konditionierung in Werbung und Politik

Ein zentrales Ziel von Werbekampagnen – neben der unwillkürlichen Beschlagnahme der Aufmerksamkeit – besteht in der Herstellung möglichst vieler positiver Assoziationen zum vorgestellten Produkt (CS). Dies wird dadurch erreicht, dass die gemeinsam mit dem Produkt auftretenden Reize – oder die kurz vor ihm präsentierten – die angestrebte emotionale Wirkung besitzen (UCS). Mit der Häufigkeit gemeinsamer Präsentationen wird die Konditionierung immer fester etabliert, die Wahrnehmung des Produkts wird am Ende allein die konditionierte emotionale Reaktion auslösen und so eine entsprechende Bewertung erfahren. Insbesondere die Parfumwerbungen liefern eindrucksvolle Versuche für dieses Vorgehen.

Dieses scheinbar so einfache Vorgehen hat allerdings einen Haken, denn zum einen sollten die (unkonditionierten) positiven Reize exklusiv in Verbindung mit dem spezifischen Produkt erscheinen und nicht bei anderen. Zudem sollten die positiven Reize *nie* – oder *so selten wie möglich* – ohne das Werbeprodukt auftreten. Beide Bedingungen – hochgradige *Exklusivität* und starke *Korrelativität*, d.h. CS und UCS immer gemeinsam, aber niemals CS oder UCS alleine – sind nur schwerlich zu erfüllen. Hier ist dann echte Kreativität und Weitsicht beim Entwurf der Werbung gefragt.

Inzwischen hat diese Technik aus der kommerziellen Produktwerbung auch schon Einzug in die politischen Wahlkampagnen gehalten – insbesondere der in Amerika geführte Wahlkampf gleicht eher einer simplen Werbeschlacht, in der es weniger um sachliche Argumente als um Sympathie- und Antipathieproduktion mittels klassischen Konditionierens geht. Im politischen Alltag heißt das: Man zeigt sich nur mit Sympathieträgern oder Gewinnern – und lässt sich entsprechend auch nur so ablichten.

6.4 Und wieder der kleine Albert

Nachdem das von Pawlow entdeckte klassische Konditionieren Einzug in die amerikanische Psychologie gefunden hatte, stellte es ein wichtiges Fundament des gerade entstehenden Behaviorismus dar. Das Gemeinsame dieser russisch-amerikanischen Achse, ausschließlich objektiv beobachtbares Verhalten – bei Ausklammerung des subjektiven Erlebens – als Fundament für psychologische Forschung und Erkenntnis zuzulassen, ist offensichtlich. Eines der am häufigsten geschilderten „Experimente“, das wohl eher eine sehr illustrative Einzelfallbeobachtung darstellt, ist der „Kleine Albert“. John Watson, seines Zeichens einer der radikalsten Vertreter des Behaviorismus, und seine Mitarbeiterin Rosalie Raynor wollten damit den Nachweis erbringen, dass emotionale Reaktionen konditionierbar, d.h. erlernbar, sind. An dem 11 Monate alten Albert, Sohn einer der Ammen des Harriet-Lane-Hospitals, wurde der – aus heutiger Sicht eher moralisch verwerfliche – Versuch durchgeführt.

Dem als emotional stabil und normal entwickelt eingestuften Kind wurden zunächst unbekannte Objekte wie ein Hund, eine weiße Ratte, ein Kaninchen, menschliche Masken mit und ohne Haare oder brennendes Zeitungspapier präsentiert. Albert, der während der gesamten Prozedur auf einer Matratze saß, reagierte auf die ihm unbekannten Reize mit neugieriger Zuwendung und griff auch danach. Diese Reize (CS) können damit als neutral bis leicht angenehm bewertet werden (2. Schritt in Abbildung 6.2). Der unkonditionierte Reiz (UCS) war ein bei festem Aufeinanderschlagen zweier Metallteile entstehendes lautes Geräusch, das hinter dem Versuchskind außerhalb seines Gesichtsfeldes produziert wurde. Die unkonditionierte Reaktion (UCR) darauf war eine Schreckreaktion (1. Schritt in Abbildung 6.2).

Der Konditioniervorgang (3. Schritt in Abbildung 6.2) bestand darin, dass Albert eine weiße Ratte präsentiert wurde und in dem Augenblick, in dem er nach ihr griff, der UCS ertönte. Nach mehrmaligen Wiederholungen der Konditionierung wurde die Reaktion von Albert auf die Ratte (CS) alleine getestet (4. Schritt in Abbildung 6.2). Die Konditionierung war effektiv, denn er drehte sich von der Ratte weg, schrie, und versuchte auf die andere Seite der Matratze zu gelangen. Auch nach einer Woche war die konditionierte Reaktion, allerdings etwas schwächer ausgeprägt, zu beobachten. Zudem zeigte Albert auch auf ähnliche pelzige oder haarige Objekte (Seehundfell, Nikolausbart, Kaninchen) ebenfalls ängstlich ausweichendes Verhalten – es hatte sich eine *Generalisierung* auf den konditionierten Reiz, die weiße Ratte, eingestellt (▶Abbildung 6.5).

Ob und wie diese frühkindliche emotionale Konditionierung von Furcht das Leben des kleinen Alberts verändert hat, ist nicht kolportiert worden. Ein Grund dafür könnte gewesen sein, dass zu damaliger Zeit noch nicht bekannt war, wie man eine erlernte Angst wieder löschen kann. Denn das – ansonsten zu diesem Zweck erfolgreiche – wiederholte einzelne Präsentieren des konditionierten Reizes bewirkt bei erworbenen Ängsten nicht, dass sie gelöscht werden, wie man dies aufgrund der bisherigen Erkenntnissen erwarten würde (vgl. Abbildung 6.4). Um beim kleinen Albert zu bleiben: Wenn man ihn wiederholt – von nun an allerdings *ohne* begleitendes aversives Geräusch – mit einer Ratte konfrontieren würde, hätte das keine angstvermindernde Wirkung.

Man musste noch 30 Jahre warten, bis der Schlüssel zum Verständnis von erworbenen Ängsten gefunden wurde. Watsons Fehler bestand darin, dass er das *zurückweichende Verhalten*, das man neben anderen Anzeichen von Angst bei Albert beobachten konnte, als Teil der *konditionierten Reaktion* interpretierte und nicht als *aktives Meidenverhalten*. Dies ist eine wichtige Unterscheidung, auf die wir später in *Abschnitt 6.10* unter dem Stichwort *Vermeidungslernen* noch näher eingehen werden.

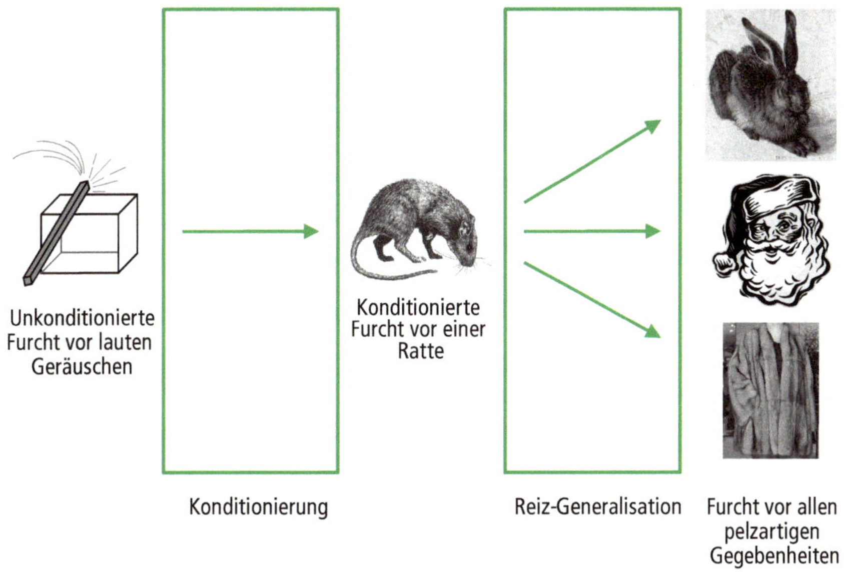

Abbildung 6.5: Konditionierung beim kleinen Albert und ihre Generalisierung

6.5 Reiz ist nicht gleich Reiz – das Genom spielt mit

Neben der fehlenden Unterscheidung von *passiven Reaktionen* und *aktivem Verhalten* beim kleinen Albert fand im Rahmen des klassischen Konditionierens ein weiteres besonderes Phänomen große Beachtung – das sog. *biologisch vorbereitete* Lernen. Dieses wurde beim Erlernen einer *Geschmacksaversion* (taste aversion) von dem amerikanischen Psychologen John Garcia in den 1950er Jahren beschrieben. Er gab Ratten Futter mit besonderem Geschmack oder Geruch (CS), das die Tiere gerne fraßen. Nach dem Verzehr der Nahrung setzte er die Tiere Röntgenstrahlen (UCS) aus, die zu Übelkeit und Erbrechen (UCR) führen. Es zeigte sich, dass die Tiere meist schon nach einem einzigen Konditioniervorgang von da an das Futter mieden. Dieses *one-trial-learning* ist für klassisches Konditionieren auffällig, da gewöhnlich mehrere Lerndurchgänge erforderlich sind, um eine sichtbare konditionierte Reaktion zu etablieren.

Nicht nur, dass hierbei das Lernen sehr *schnell* vonstattengeht, es ist zudem noch sehr *löschungsresistent*. Hinzu kommt noch eine weitere Besonderheit beim Erwerb einer Geschmacksaversion: Der *zeitliche Abstand* zwischen CS (Geschmack, Aussehen oder Geruch von Futter) und UCR (Übelkeit, Erbrechen oder Fieber) übersteigt den für klassisches Konditionieren normalerweise gerade noch funktionierenden einminütigen Zeitabstand von Reiz und Reaktion deutlich, denn eine Geschmacksaversion wird selbst noch bei einem Zeitfenster von *mehreren Stunden* erworben. Hierin liegen die Ursachen der bei Menschen teilweise so absonderlichen Abneigungen gegen bestimmte Speisen und der Ekel, den man dabei empfindet, und manchmal kann man – insbesondere bei aus der Kindheit stammenden Lernerfahrungen – gar nicht erklären, woher sie eigentlich stammen.

Neben dem Nahrungsbereich ist dies auch für einige angstauslösende Reize bekannt, da sie offenbar in der stammesgeschichtlichen Entwicklung der Spezies eine Selektionsfunktion hatten und eine darauf vorhandene besondere Sensibilität und erhöhte Reagibilität mit Angst überlebenswichtig war. Im Englischen wird diese in der Evolution vorbereitete leichte Verknüpfbarkeit von bestimmten Reizen mit bestimmten Reaktionen als „biological preparedness" bezeichnet. Biologisch vorbereitetes Lernen liegt dann vor, wenn Reiz-Reaktions-Verbindungen *schnell gelernt*, die Reaktionen *sehr intensiv* ausgeführt werden und nach dem Erwerb *äußerst löschungsresistent* sind.

Solche Reize, auf die bei Menschen schnell und löschungsresistent intensive Angstreaktionen konditioniert werden können, sind – neben Schmerzreizen – hohe oder enge Räume, Schlangen, spinnenähnliche Insekten, rattenähnliche Tiere oder Abgründe. Es fällt sofort auf, dass es sich bei dieser Aufzählung um die in der Klinischen Psychologie am häufigsten diagnostizierten Phobien handelt. Diese spezifischen Fürchte können deshalb so intensiv ausfallen und löschungsresistent sein, weil für sie eine biologische Fundierung vorliegt, die sich einem vernünftigen oder rationalen Zugriff störrisch widersetzt. Der kleine Albert hatte also auch in dieser Hinsicht wenig Glück, denn für den ausgewählten konditionierten Reiz – die erwähnte weiße Laborratte – liegt bei Menschen eine angeborene Bereitschaft vor, darauf eine intensive und löschungsresistente Angstreaktion zu erwerben.

6.6 Auch die Folgen des Tuns sind wichtig

Ein weiterer Vertreter des amerikanischen Behaviorismus war Edward Lee Thorndike (1874–1949). Sein Interesse galt weniger *einfachen Reaktionen* als dem Erlernen *komplexer Verhaltensweisen*. Zu diesem Zweck beobachtete er Katzen, die er in sog. Problemkäfige einsperrte (▶Abbildung 6.6).

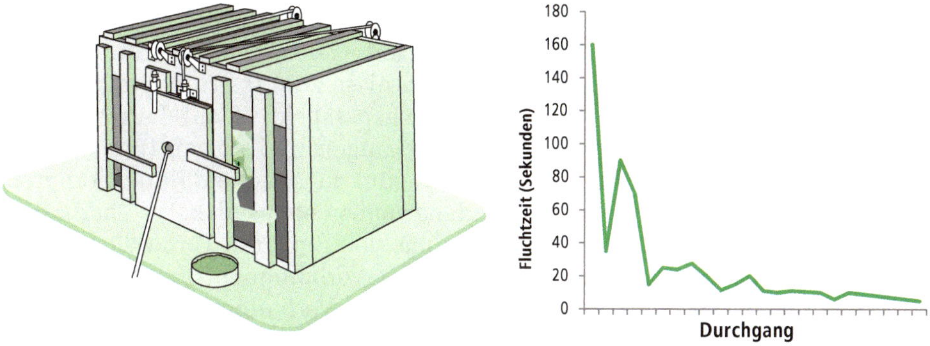

Abbildung 6.6: Thorndikes Problemkäfig mit diversen Mechanismen, um das Tor zu öffnen, und Darstellung der Veränderung der bis zum Öffnen benötigten Zeit

Um sich aus dem Problemkäfig zu befreien, mussten die Katzen den Mechanismus auslösen. Der Drang, den Käfig zu verlassen, wurde noch dadurch forciert, dass dem hungrigen Tier Futter davor präsentiert wurde. Um hinauszugelangen, vollführten die Tiere verschiedenste Bewegungen, die aus ihrem vorhandenen Repertoire zur Verfügung standen, wie Entlangstreifen, Tatzenbewegungen, Aufrichten des Körpers, Kratzen usw. – es handelte sich also nicht um zielgerichtete, sondern um zufällige Verhaltensweisen nach dem Versuch-Irrtum-Prinzip. Irgendwann führte dann eine davon zum Erfolg, und die Käfigtür öffnete sich. Aufgezeichnet wurden die Bewegungen und die Zeit bis zum Öffnen der Tür. Wenn dies mit derselben Katze wiederholt wird, verändert sich die Häufigkeit der verwandten Bewegungsmuster wie auch die benötigte Zeit bis zum Erfolg (siehe Abbildung 6.6). Nach etwa 10 Durchgängen führt die Katze relativ zügig das aus ihrer Erfahrung zum Öffnen erfolgreiche Verhaltensmuster aus, wobei das erfolgreiche Verhalten sich von Katze zu Katze unterscheidet. Diesen Vorgang bezeichnete Thorndike als *instrumentelles Konditionieren*. Im Gegensatz zum klassischen Konditionieren, bei dem man auf einen Reiz zu reagieren lernt, wird hier ein Verhalten gelernt, das etwas bewirkt und für das Erreichen eines Zielzustandes dienlich (= instrumentell) ist. Im Problemkäfig wird das Verhalten, das unmittelbar vor dem Öffnen der Tür ausgeführt wurde, immer fester mit der Situation assoziiert und das Verhalten damit beim nächsten Mal wahrscheinlicher. Diesen beobachtbaren Zusammenhang bezeichnete Thorndike als *Gesetz des Effektes* („law of effect"), und als solches ist es auch in der Psychologie bekannt geworden.

6.7 Von der Reaktion zur Aktion – von respondent zu operant

Durch das klassische Konditionieren wird verständlich, wie ein Organismus es lernt, auf neue Situationen und Reize seiner individuellen Umwelt zu *reagieren* und diese im weitesten Sinne zu bewerten – etwas abstrakter ausgedrückt, werden *Reiz-Reaktions-Verbindungen* (S-R = engl. „stimulus-response learning") gestiftet. Durch die Erkenntnisse zum instrumentellen Konditionieren veränderte sich die Betrachtungsperspektive auf Lernvorgänge entscheidend, denn hierbei stehen die Wirkungen und Folgen (Effekte) des Tuns im Zentrum. Um den Unterschied zum klassischen Konditionieren deutlich zu machen, wurde – zugestandenermaßen etwas plakativ – beim instrumentellen Konditionieren die Reihenfolge von Reiz und Verhalten einfach umgekehrt. Man bezeichnet das durch aktives Verhalten entstehende Lernen als R-S-Lernen (response-stimulus learning), dem Verhalten folgen also Reize, die einen Effekt haben (▶Abbildung 6.7).

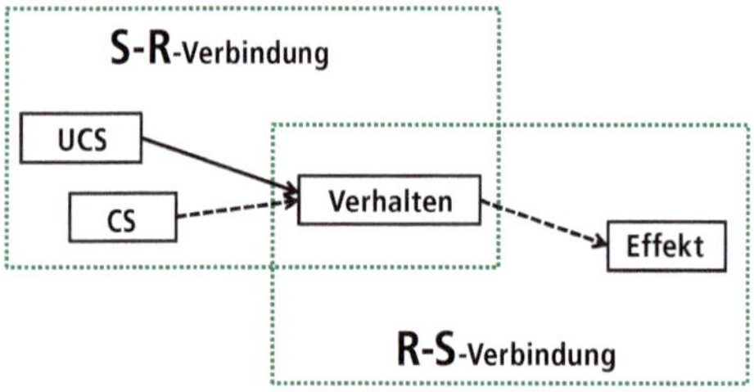

Abbildung 6.7: Klassisches (S-R) und instrumentelles (R-S) Konditionieren als Verbindung zwischen Verhalten (R) und Reiz (S)

Die im Gesetz des Effektes bezeichneten Vorgänge, nämlich dass sich die Auftretenswahrscheinlichkeit für Verhalten, dem ein befriedigender Zustand folgt, erhöht, war der Ausgangspunkt für die von Skinner eingeleitete Forschung[2]. Die technische Grundlage für seine epochalen Erkenntnisse war die von ihm entwickelte sog. „Skinner-Box" (▶Abbildung 6.8).

Diese sehr spartanisch ausgestattete Kammer schuf die Möglichkeit, Verhaltensänderungen unter Bedingungen, die gut kontrollierbar sind, zu beobachten und genau zu messen. Die Tiere – bei Skinner meist Tauben – hatten innerhalb der

2 Für sein Lebenswerk wurde er 2002 von den Mitgliedern der American Psychological Association (APA) zum bedeutendsten Psychologen des 20. Jahrhunderts gewählt.

Box eine reizneutrale abgeschirmte Umwelt, und bis auf das Aufleuchten eines Lämpchens und der Ausgabe eines Futterkorns oder von etwas Wasser veränderte sich nichts. Die Ausgabe der Nahrungsmittel erfolgte auf die Bewegung eines in der Box vorhandenen Hebels. Setzt man eine Taube dort hinein, zeigt sie spontan Verhalten aus ihrem Repertoire: Laufbewegungen, Flügelschlagen, Kopfdrehen- und strecken und Picken. Diese zufällig auftretenden Verhaltensweisen bezeichnete Skinner als *operantes Verhalten* – im Gegensatz zu dem Verhalten beim klassischen Konditionieren, das er als *respondentes Verhalten* charakterisierte – darin liegt der Ursprung der Bezeichnung *operantes Konditionieren*. Vor den Experimenten waren die Versuchstiere entweder futter- oder wasserdepriviert, und durch die Zeit der Deprivation (z.B. 6 Stunden oder 12 Stunden) konnte die Bedürfnislage ebenfalls genau kontrolliert und variiert werden.

Abbildung 6.8: Taube in einer Skinner-Box

Wenn ein hungriges Tier nun zufällig den Hebel in die richtige Richtung bewegt, wird ein Futterpellet freigegeben, das dann natürlich sofort aufgenommen und verschluckt wird. Die Wirkfolge dieser Sequenz ist dann: Verhalten, Umweltänderung, Nahrungsaufnahme und Absenkung des Hungers. Es entsteht ein bedürfnisreduzierender Effekt, also ein angenehmerer Zustand als vorher, und dieser führt zu einer Erhöhung der Auftretenswahrscheinlichkeit des zuvor gezeigten Verhaltens. Mit den Worten Skinners erhält das Verhalten eine *Verstärkung* („reinforcement"). Was dann folgt, ist abzusehen: Das Verhalten, das zum Hebeldrücken führt, tritt in immer kürzeren Zeitabständen auf und wird dann bis zur Sättigung ausgeführt. Allgemeiner und ganz in behavioristischer Manier nicht auf das subjektive Erleben bezogen ausgedrückt heißt das:

> *Durch Verstärkung wird die Auftretenswahrscheinlichkeit eines Verhaltens erhöht.*

Exkurs 6.3: Abergläubisches Verhalten

Wenn man fünf hungrige „normale" Tauben zum ersten Mal in fünf nebeneinanderstehende identische Skinner-Boxen setzt und diese über einen 30-minütigen Zeitraum von außen nicht einsehbar verhüllt darin belässt, kann man am Ende eine verblüffende Beobachtung machen. Die fünf Tiere zeigen nämlich jeweils hochspezifische Bewegungsmuster. Vielleicht dreht sich eine immer nach rechts um die eigene Achse, die andere macht schnelle Kopfbewegungen von rechts nach links, die dritte öffnet und schließt dauernd ihren linken Flügel usw. Was ist hier passiert? Die Ursache ist relativ simpel, denn in den fünf Boxen wurde vor dem Versuch ein Zeitgeber so eingestellt, dass genau alle 15 Sekunden ein Futterpellet in allen fünf Boxen freigegeben wird. In diesem Experiment ist die Ausgabe von Futter also von dem Verhalten der Tauben de facto völlig unabhängig.

Da die Tauben aber nicht in der Lage dazu sind, das zu durchschauen, wird das spontan kurz vor dem Auswurf des ersten Futters aufgetretene Verhalten verstärkt und danach dann häufiger gezeigt. Damit erhöht sich natürlich die Wahrscheinlichkeit, dass es auch kurz vor dem nächsten Pelletauswurf auftritt, und so weiter ... Am Ende wird dieses besondere Verhalten dann kontinuierlich gezeigt und es entsteht das Bild, das der Zuschauer beim Lüften des Schleiers wie oben beschrieben zu sehen bekommt, nämlich fünf Tauben, die völlig „verrückte" Bewegungen wiederholen. Skinner nannte dieses Verhalten übrigens sehr treffend und anthropomorphisierend *abergläubisches Verhalten*, und es braucht nicht viel Phantasie, um dessen Entstehung auf den Menschen, der dafür offenkundig sehr empfänglich ist, zu übertragen. Man denke nur an die Regentänze von Eingeborenen, die „Beschwörungen" von Fußballfans vor dem Spiel oder die unsinnig erscheinenden Gesten und Bewegungen von Weit- oder Hochspringern vor dem Anlaufen.

Auch eine Manipulation von außen ist dabei natürlich möglich. So wird über Stephen Gary Wozniak (Spitzname: „Wizard of Woz"), der zusammen mit Steve Jobs 1976 das Unternehmen Apple gründete, erzählt, dass er einmal vor einem wichtigen Football-Spiel einen Störsender baute, den er aus seiner Hosentasche heraus bedienen konnte. Damit konnte er den Fernsehempfang im studentischen Clubraum beliebig unterbrechen und wieder einschalten. Auf die Störungen des Empfangs reagierten die Zuschauer sehr unterschiedlich: Antenne drehen, auf den Fernseher klopfen usw. Immer dann, wenn ein vom Wizard of Woz erwünschtes Verhalten auftrat, beendete er die Störung. So hatte sich am Ende abergläubisches Verhalten der unterschiedlichsten Art bei den ahnungslosen Zuschauern eingestellt, und es reichte von Zwangshaltungen, die einige einnahmen, bis hin zu bestimmten Bewegungen und Ausrufen.

Interessant war es, im nächsten Schritt herauszufinden, welchen Einfluss die Stärke eines *Bedürfnisses* oder *Triebes* auf den Lernvorgang hat. Wie schon oben dargestellt, konnte man die Triebstärke relativ einfach in Experimenten mit der Skinner-Box variieren, nämlich durch die Zeit, die ein Tier vor dem Experiment keine Nahrung erhalten hat. Das erwartete Ergebnis war, dass mit der Triebstärke die Verhaltenshäufigkeit und -intensität zunimmt und sich damit der Lernvorgang beschleunigen lässt.

Weitere Forschung betraf die Frage danach, ob die *Quantität* oder die *Qualität* der Belohnung eine Wirkung auf das Verhalten hat. Man kann ja entweder eine einzelne Futterpille verabreichen oder gleich fünf auf einmal, oder man kann „leckeres" Futter anbieten oder „nur" nahrhaftes. Auch hierin wichen die aufgezeichneten Ergebnisse nicht von Vorhersagen des gesunden Menschenverstandes ab, denn die Verstärkung sowohl bei höherer Qualität als auch bei höherer Quantität der Nahrung führte zu schnellerem Anstieg der Auftretenswahrscheinlichkeit des Verhaltens.

Überraschend war aber die Wirkung eines plötzlichen Wechsels der Anzahl der Futterpillen während eines Lerndurchgangs: Wenn die Tiere an nur eine Futterpille als Verstärkung gewöhnt waren, führt die Verfünffachung zu einer deutlichen Steigerung der Verhaltensfrequenz (Bedingung 1). Wenn die Tiere allerdings von mehreren Futterpillen auf eine einzelne „umsteigen" mussten (Bedingung 2), sank die Verhaltensfrequenz deutlich ab – und zwar *unter* das Niveau der ersten Gruppe bei gleicher Verstärkung. Etwas vermenschlichend ausgedrückt, erlebten die Tiere in Bedingung 2 wohl so etwas wie eine *Enttäuschung* (engl. „disappointment"), die sich in dem dann etwas „lustlosen" Verhalten niederschlägt. Dieser Effekt, der durch die Wechselrichtung der Verstärkungsquantität entsteht, ist nach seinem Entdecker *Crespi-Effekt* genannt worden.

6.8 Positive und negative Verstärkung

Um Verhalten aufzubauen, kann man zum einen – wie es in der Alltagspsychologie häufig dargestellt wird – eine *Belohnung* (engl. „reward") folgen lassen, und ein angenehmer Reiz (S+) wird *hinzugefügt*. Weniger bekannt – aber genauso effektiv – ist es, unmittelbar nach dem erwünschten Verhalten einen bisher wirkenden unangenehmen Reiz (S-) zu *beenden*, was als Folge *Erleichterung* (engl. „relief") hat. Man spricht im ersten Fall von *positiver Verstärkung* und im zweiten Fall von *negativer Verstärkung* (siehe ▶Abbildung 6.9). Wohlgemerkt, beide Formen erhöhen gleichermaßen die Auftretenswahrscheinlichkeit eines Verhaltens. Ein anschauliches Beispiel für die Effizienz negativer Verstärkung stammt aus dem Automobilsektor. Das erwünschte Verhalten bestand darin, dass sich die Autoinsassen vor Fahrtbeginn anschnallen.

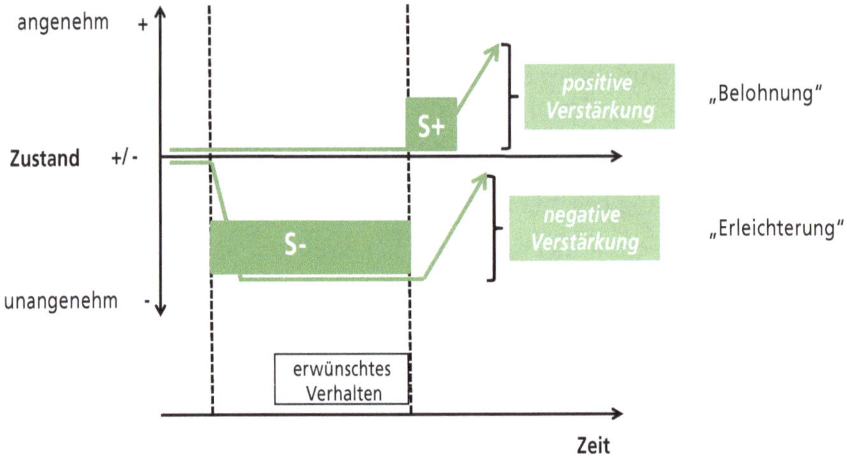

Abbildung 6.9: Der Verlauf des Erlebniszustandes bei positiver und negativer Verstärkung

Die positive Verstärkung entfiel als Möglichkeit, da angenehme Reize erstens hochgradig individuell sind („Was dem einen seine Eule, ist dem anderen seine Nachtigall.") und zudem sich ihre Wirkung mehr oder weniger schnell erschöpft (die erste Praline der Lieblingssorte ist angenehm, die zehnte eher neutral und die hundertste ist unangenehm).

Man griff also auf die – zudem kostengünstigere – Variante der negativen Verstärkung zurück. Zunächst musste man einen unangenehmen Reiz einführen, sobald die Zündung eingeschaltet wird. Die Wahl war ein aufdringlicher Piepton, der sich in stetigem Wechsel befindet – zudem optisch untermalt von einem gut sichtbar blinkenden Lämpchen im Armaturenbrett (S- in Abbildung 6.9). Eine Person, die diese Situation – Drehen des Zündschlüssel sofort gefolgt von Piepen und Blinken – zum ersten Mal erlebt, mag auf einen aktivierten Alarm schließen und den Zündschlüssel schnell wieder zurückdrehen und abziehen. Diese Aktion ist erfolgreich, da der „Alarm" sich ausschaltet, jedoch bei erneutem Versuch leider wieder einsetzt. Was also tun? Hier kommt vielleicht während des nervigen Gepiepses der Gedanke, sich anzuschnallen. Und siehe da, der nervige „Alarm" wird mit dem Einrasten des Sicherheitsgurtes postwendend abgeschaltet und der unangenehme Zustand beendet. In diesem Augenblick wird die Auftretenswahrscheinlichkeit des kurz zuvor gezeigten Verhaltens sogleich erhöht – es hat eine negative Verstärkung stattgefunden. Beim nächsten Fahrtantritt mit dem Auto wird die Reaktionszeit auf den „Alarm" sicherlich kürzer ausfallen, und nach einigen weiteren Malen kommt vielleicht sogar der Impuls auf, das erleichternde Klicken *schon vor* dem Betätigen des Zündschlüssels (und damit vor dem unangenehmen Reiz) durch Anschnallen zu bewerkstelligen. Der unangenehme Zustand soll ja gar nicht erst entstehen.

Das von den Konstrukteuren intendierte Verhalten, Anschnallen vor Fahrtbeginn, ist durch schlichte negative Verstärkung mit anschließendem Vermeidungslernen eingetreten. Dabei wird die benötigte Anzahl der Lerndurchgänge höchstwahrscheinlich unter 10 gelegen haben, da es sich hierbei um eine sehr kontingente Beziehung zwischen Verhalten und Folge handelt. Entscheidend ist für die Wirkung einer Verstärkung, egal ob einer negativen oder positiven, dass dem Verhalten zeitnah eine spürbare schnelle Veränderung des Zustandes in Richtung angenehm folgt.

Die Häufigkeit von negativer Verstärkung im Alltag wird leicht unterschätzt, da sie nicht so auffällig ist wie die positive. So wird das Kratzen einer juckenden Stelle, das Waschen schmutziger Hände, die Einnahme einer Kopfschmerztablette, das Nichterscheinen zu einer Prüfung, das Wechseln der Straßenseite angesichts eines Hundes oder das Trinken von vier Glas Cognac bei Stress negativ verstärkt, da alle Verhaltensweisen einen unangenehmen Zustand beenden, mit allen möglichen „bösen" Folgen des Tuns, was bis zur unangemessen häufigen Ausführung der Verhaltensweise führen kann – zu Sucht, Angst und Zwang.

Exkurs 6.4: Das Tolman-Experiment

Schon 1930 – also zu Zeiten der frühen behavioristischen Lernforschung – wurde deutlich, dass Gelerntes nicht immer auch im Verhalten gezeigt wird, sondern sozusagen auf die passende Gelegenheit wartet. So ließ Edward C. Tolman (1886–959) in seinem Labor in Berkeley zwei Gruppen Ratten gleich viele Durchgänge in einem Labyrinth machen: Für die Tiere der einen Gruppe war vom ersten Durchgang an immer an derselben Stelle Futter ausgelegt, für die Tiere der anderen Gruppe gab es keinerlei Belohnungen – sie liefen sozusagen „ziellos" in dem Labyrinth herum. Nach 10 Durchgängen stellte sich heraus, dass die Ratten der ersten Gruppe in immer kürzerer Zeit zum Futterplatz fanden – sie hatten also am Erfolg gelernt. Die zweite Gruppe schien in derselben Zeit nichts gelernt zu haben – wie sich herausstellte ein Trugschluss. Verlängerte man bei diesen Tieren den Versuch und legte Futter an derselben Stelle wie bei Gruppe eins aus, dann zeigte sich, dass diese Tiere viel schneller den Weg zur Futterstelle lernten als Gruppe eins. Es gab dafür nur eine Erklärung: Gruppe zwei hatte auch ohne Belohnung durch einfaches Herumstreifen in dem Labyrinth etwas gelernt, nämlich so etwas wie eine Landkarte ("cognitive map") davon, die ihnen dabei half, den Futterort schnell wiederzufinden.

Dieses Phänomen des beiläufigen Lernens ohne Verstärkung wurde als *latentes Lernen* bezeichnet, und es kennzeichnet den Beginn der sog. *kognitiven Lerntheorien.* Latentes Lernen meint dabei, dass Organismen kontinuierlich Informationen aus der Umwelt registrieren und verarbeiten. Insofern ist also die Aussage richtig, dass man nicht Nicht-Lernen kann. Erst dann, wenn die Gelegenheit passend ist und es sich lohnt, tritt im Verhalten das Gelernte zutage – aus *Kompetenz* (man kann etwas) wird dann *Performanz* (man tut es auch).

Das war der erste wichtige Beleg dafür, dass der Motivation eine zentrale Rolle beim Verhaltensabruf zukommt. *Kompetenz* wird erst dann zur *Performanz,* wenn *Motivation* dazu vorhanden ist. Auch beim Lernen durch Beobachtung spielt Motivation die verbindende Rolle zwischen Wissen und Können auf der einen und Tun auf der anderen Seite – wie wir später sehen werden.

6.9 Löschung und Bestrafung

Nach ähnlichen Regeln wie beim klassischen Konditionieren kann das Gelernte durch schlichte Aufhebung der raum-zeitlichen Nähe zwischen S (Reiz, Effekt) und R (Reaktion, Verhalten) – der Fachbegriff in der Lernpsychologie dafür ist *Kontiguität* – auch wieder verlernt, d.h. gelöscht, werden. Wenn beim operanten Konditionieren dem Verhalten keine Verstärkung mehr folgt, wird schrittweise die Auftretenswahrscheinlichkeit bis auf das Eingangsniveau abgesenkt. Dieser Löschungsvorgang dauert umso länger, je höher die Qualität oder Quantität der einzelnen Verstärkungen war (s.o.).

Zudem kommt bei der Löschung oder der Löschungsresistenz noch ein weiterer Faktor mit ins Spiel, nämlich die Frage, ob eine kontinuierliche oder eine intermittierende Verstärkung beim Verhaltensaufbau stattgefunden hat. Bei *kontinuierlicher Verstärkung* wird *jedes Mal*, wenn das erwünschte Verhalten auftritt, eine Verstärkung gegeben. Dagegen folgt bei der *intermittierenden Verstärkung* nicht jedes Mal eine Verstärkung, sondern nach einer vorher festgelegten *Quote* nur manchmal (z.B. jedes dritte oder jedes fünfte Mal). Auch hier ist mit dem gesunden Menschenverstand leicht nachvollziehbar, dass die Löschung eines Verhaltens nach intermittierender Verstärkung länger braucht als nach kontinuierlicher Verstärkung. Erklärt wird dies mit der bei intermittierender Verstärkung sozusagen parallel mitgelernten *Frustrationstoleranz*, weil hier schon beim Lernen erfahren wird, dass nicht jedes Mal die erwünschte Folge eintritt.

Das Ausbleiben der wünschenswerten Folge eines Tuns kann im täglichen Leben schlicht und einfach durch Veränderungen in der sächlichen Umwelt geschehen, z.B. wenn ein neues Türschloss eingebaut wurde, das im Gegensatz zum alten den Schlüssel nur um 180 Grad gedreht aufnimmt. Dann wird die Auftretenswahrscheinlichkeit des alten Verhaltens relativ schnell gelöscht. Bei der Löschung von unerwünschten Verhaltensweisen im sozialen Umfeld – egal ob in der Familie, am Arbeitsplatz oder in der Schule – ist es allerdings meist etwas komplizierter, da eine Kontingenz zwischen Verhalten und Folge nicht immer so einfach aufzuheben oder herzustellen ist. Im etwas laxeren Sprachgebrauch des Erziehens wird dann, wenn ein enger Zusammenhang von Verhalten und dessen Folgen beendet oder aufgebaut werden soll, von einem *konsequenten Vorgehen* gesprochen. Zum Zwecke der Löschung wird dann häufig das Nichtbeachten empfohlen. Das funktioniert aber nur, wenn das Erregen der Aufmerksamkeit anderer Anwesender die *einzige* erwünschte Folge des Akteurs ist.

In der Terminologie der Lernpsychologie ist das Ausbleiben einer erwünschten Folge des Tuns eine der beiden Möglichkeiten von *Bestrafung* (engl. „punishment“). Der Begriff mag hier etwas überstrapaziert scheinen, jedoch hebt sich dieser Eindruck auf, wenn man der Definition folgt:

> *Durch Bestrafung wird die Auftretenswahrscheinlichkeit eines Verhaltens abgesenkt.*

Wenn man in den Erziehungsalltag sieht, wird man schnell bemerken, dass Bestrafung durch das Entfernen von Annehmlichkeiten – wie z.B. dem Nachtisch oder Fernsehen – recht verbreitete Mittel sind, um unerwünschtes Verhalten in Zukunft zu unterdrücken. Das Hinzufügen unangenehmer Folgen als weiterer Technik der Bestrafung hat zwar einstmals zu überhitzten Diskussionen geführt, jedoch sollte man auch hier ideologiefrei und sachlich hinschauen und sich auf die wertneutrale Definition (s.o.) besinnen. Der Umgang mit einem Taschenmesser oder dem Fahrrad ist bei falschen Bewegungen genauso von unangenehmen Folgen begleitet wie das Ärgern einer Katze oder der oft zitierte Griff auf die heiße Herdplatte. In allen Fällen lernt man durch Bestrafung bestimmte Dinge zu lassen.

Im Umgang mit anderen Menschen ist das natürlich nicht anders, und die sozialen Signale, die über Tonfall der Stimme, Gestik, Haltung oder Gesichtsausdruck kontinuierlich übermittelt werden, zeitigen – allerdings nur im Falle wahrnehmbarer Kontingenz (Konsequenz) – schnell ihre verstärkende oder bestrafende Wirkung. In ▶Tabelle 6.2 sind die vier Kombinationsmöglichkeiten der Reize, die einem Verhalten folgen können, noch einmal zusammenfassend im Vergleich dargestellt.

	Reiz wird hinzugefügt	Reiz wird entfernt
angenehmer Reiz	positive Verstärkung	Bestrafung / Löschung
unangenehmer Reiz	Bestrafung	negative Verstärkung

Tabelle 6.2: Förderung (grüne Felder) und Unterdrückung (weiße Felder) von Verhalten durch das Hinzufügen / Entfernen von angenehmen / unangenehmen Reizen

6.10 Vermeidungslernen – die Kombination macht es

Seit Beginn der 1940er Jahre führte der amerikanische Psychologe Neal Elgar Miller (1909–2002) an der Yale-Universität in New Haven Experimente mit Ratten durch, die zu Einsichten in Lernvorgänge führten, die weit über den damaligen Stand der Erkenntnisse hinausgingen[3]. In den Versuchen wurden die Tiere in eine sog. „Doppelkammer-Box“ gesetzt, die aus zwei unterschiedlichen Departments – einem weißen und einem schwarzen – bestand, die durch eine Wand mittels einer Verbindungstür voneinander getrennt waren (▶Abbildung 6.10). Die Tür konnte durch die Betätigung einer Walze – später auch eines Hebels – von den Tieren geöffnet werden.

3 Miller war übrigens keiner von den behavioristischen Hardlinern, wie z.B. Skinner, sondern er hatte sich während eines einjährigen Aufenthalts in Wien auch mit der Psychoanalyse vertraut gemacht.

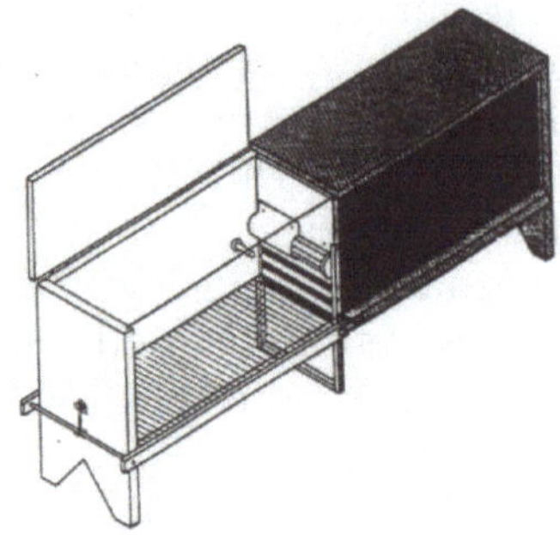

Abbildung 6.10: Doppelkammer-Box nach Miller

In der ersten Phase des Experiments konnten die Tiere die Räumlichkeiten bei geöffneter Tür frei erkunden. In der zweiten Phase wurden sie bei geöffneter Tür in die weiße Kammer gesetzt und erhielten dann durch das vorhandene elektrische Bodengitter leichte, aber unangenehme Stromschläge, denen sie durch Flucht in die schwarze Kammer entkommen konnten – was sie auch taten. Hierbei wurde also eine klassische Konditionierung vorgenommen, und die weiße Kammer wurde zum konditionierten Furchtreiz. Wichtig ist zu beachten, dass es in den nun folgenden Phasen des Experiments keinen elektrischen Schock – also keinen unkonditionierten Reiz – mehr gab.

In der nächsten Phase wurde das Tier zunächst 5 mal bei geschlossener Tür in die weiße Kammer gesetzt, wobei es mit Furcht reagiert und agil wird. Immer wenn es sich der Tür nähert, wird diese von außen geöffnet. In den darauf folgenden 16 Durchgängen öffnet sich die Tür nur, wenn die Ratte die Walze betätigt. Die meisten Tiere lernen das Walzendrehen sehr schnell, und die Reaktionsgeschwindigkeit erhöht sich über die Durchgänge, sodass sie am Ende, direkt nachdem sie in die weiße Box gesetzt wurden, den kürzesten Weg zur Walze wählen, um sie zu drehen. In der letzten Phase des Experiments führt aufgrund einer Veränderung des Versuchsaufbaus das bisher gelernte Verhalten nicht mehr zum Ziel, sondern nun öffnet sich die Tür nur, wenn der Hebel betätigt wird. Das Tier muss also eine neue Verhaltensweise erlernen, um aus der weißen Kammer zu entkommen. Auch dies gelingt den meisten Versuchstieren in recht kurzer Zeit. In diesen beiden Phasen wird durch operantes Konditionieren – genauer durch negative Verstärkung – neues Verhalten gelernt.

Was ist die oben angekündigte neue Erkenntnis aus dem Experiment? Durch die Analyse der Ereignisse in den verschiedenen Phasen des Versuchs konnte man das bis dahin bestehende Rätsel lösen, warum der kleine Albert seine Angst vor der Ratte nicht verlor, sondern diese sich – im Gegenteil – sogar noch auf pelzähnliche Reize generalisierte (vgl. Abbildung 6.5). Er versuchte sich nämlich – anfangs durch *Flucht* und am Ende durch *Vermeidung* – dem aversiven Reiz aktiv zu entziehen.

Flucht bezeichnet das Verhalten, das zum Verlassen oder der Beendigung einer unangenehmen Situation führt. Wenn durch entsprechendes Verhalten eine unangenehme Situation erst gar nicht entsteht, dann handelt es sich um Vermeidung.

Wie schon weiter oben dargestellt, reicht es für das Löschen einer klassisch konditionierten Reaktion eigentlich aus, einfach mehrere Durchgänge lang auf die Präsentation des unkonditionierten Reizes zu verzichten. In dem Doppelkammer-Experiment geschieht aber offenkundig nicht eine einfache Löschung, sondern die in Phase 2 durch die Elektroschocks in der weißen Kammer konditionierte Furcht kann durch die *Flucht* in die schwarze Kammer beendet werden. Es entsteht *Erleichterung*, und damit kommt es zu einer negativen Verstärkung des Fluchtverhaltens (vgl. Abbildung 6.9).

Durch ihre Flucht können die Tiere jedoch niemals die Erfahrung machen, dass *kein* Schock mehr erfolgt. So nehmen sie sich selbst die Chance, die Konditionierung einfach durch Ausbleiben des UCS zu löschen. Aus dem ursprünglichen *Fluchtverhalten* wird nun ein *Meidenverhalten*, d.h. das Verhalten dient nun dazu, eine unangenehme Situation erst gar nicht auftreten zu lassen. Der kleine Albert verlor seine Angst vor der Ratte deshalb nicht, weil er – neben typischen Angstmustern – auch aktives Fluchtverhalten zeigte, denn er versuchte, sich so weit es eben ging von der Ratte zu entfernen. Die Wichtigkeit der Unterscheidung von *Angstreaktion* und *Fluchtverhalten* war damals von Watson noch nicht erkannt worden.

Exkurs 6.5: Verhaltenstherapien von Phobien

Die aus den Experimenten Millers gewonnene Erkenntnis fasste Mowrer in der „Zwei-Faktoren-Theorie erworbener Furcht" zusammen. Eine Furcht oder Phobie wird in zwei aufeinanderfolgenden Schritten erlernt: Im *ersten Schritt* wird durch *klassisches Konditionieren* eine Angstreaktion auf einen neuen Reiz erworben, und im *zweiten Schritt* wird das Flucht- und Vermeidungsverhalten (durch Reduktion der Angst) immer weiter verfestigt. Diese scheinbar so simple Einsicht in die Entstehung von Ängsten führte zum Siegeszug der Verhaltenstherapie bei der Behandlung von Phobien, die bis dahin mit tiefenpsychologisch orientierten Therapien – und dies langwierig und nur mehr oder weniger erfolgreich – behandelt wurden. Die erfolgreiche neue Technik besteht in der *Löschung* der konditionierten Angstreaktion.

Dies kann zum einen durch Präsentation des maximalen Reizes, durch sog. *Flooding*, geschehen. Man bleibt „einfach" so lange in der angstauslösenden Situation, bis man sich daran gewöhnt hat – d.h. bis die Konditionierung gelöscht ist. Hierbei ist zu beachten, dass sich auf keinen Fall eine Fluchtreaktion durchsetzen darf. Es erfordert allerdings eine stabile Persönlichkeit und einen festen Willen, diesen kürzesten Therapieweg zu wählen – z.B. sich bei starker Höhenangst auf eine Plattform zu stellen oder sich bei einer Schlangenphobie in ein Terrarium voller (harmloser!) Schlangen zu setzen und so lange dort zu bleiben, bis man keine Angst mehr verspürt.

Die andere Technik, *systematische Desensibilisierung*, geht im Gegensatz zum Flooding in kleinen Schritten vor. Ausgehend von einem angenehm entspannten Zustand des Patienten wird mit sehr schwach Angst auslösenden Reizen (z.B. einer Biene bei Spinnenphobien) eine Konfrontation geschaffen. Wichtig ist immer, dass der entspannte Zustand erhalten bleibt. Dies wird mehrfach wiederholt. Wenn diese einfachste Konfrontation problemlos gelingt, geht man zum nächststärkeren Reiz über (z.B. einer Fliege). So wird in kleinen Schritten die Reizintensität bis hin zum maximal Angst auslösenden Reiz (z.B. eine Vogelspinne) gesteigert.

Die Ausführungen machen deutlich, dass die gelegentlich als „rein mechanisch" oder „zu simpel" bezeichneten Lernprinzipien des klassischen und operanten Konditionierens auch für uns Menschen in vielen Bereichen des Lebens nachdrücklich Einfluss nehmen – sie reichen von der scheinbar einfachen Einschätzung eines Menschen als sympathisch bis hin zu komplexen Bewegungsabläufen beim Skifahren oder Tennisspielen. Vielleicht werden diese Lernvorgänge deshalb unterschätzt, weil sie einerseits unsere ständigen, lebenslangen „Begleiter" sind und andererseits so selbstverständlich, subtil und unterschwellig ihre Wirkung entfalten. Vielleicht aber auch, weil ihr stetiges Wirken das uns so wichtige Erleben individueller Freiheit trübt und sie deshalb ein zwar notwendiger, aber ungeliebter Gast im psychischen System sind.

Allerdings kann natürlich nicht alles, was Menschen sich im Laufe ihres Lebens angeeignet haben, durch die Wirkungen des klassischen und operanten Konditionierens erklärt werden. Die zum Teil ins Abstruse ausufernden Versuche radikaler Behavioristen, den Spracherwerb oder das Autofahren durch den Aufbau von S-R- oder R-S-Verbindungen zu beschreiben, waren zum Scheitern verurteilt, da die reale Lebenszeit von Menschen deutlich hätte verlängert werden müssen. Die recht vagen, aber illustrativen Schätzungen, durch operantes Konditionieren Autofahren zu lernen, liegen bei über 100.000 Jahren und für den Spracherwerb bei deutlich über 1.000.000 Jahren.

Ein erster experimenteller Hinweis darauf, dass Lernvorgänge auch jenseits von S-R- und R-S-Verbindungen stattfinden, wurde schon durch das von Tolman beschriebene *latente Lernen* geliefert. Wie erinnerlich, hatten die Ratten durch einfaches Herumlaufen eine Art Landkarte des Labyrinths erworben (siehe *Exkurs 6.4*). Allerdings wurde diese Erkenntnis vom damals vorherrschenden wissenschaftlichen Mainstream, dem Behaviorismus, in den Vereinigten Staaten nicht beachtet. Erst 30 Jahre später war die Zeit reif, und seine Forschung wurde im Rahmen der kognitiven Wende in der Psychologie angemessen gewürdigt.

6.11 Lernen durch Beobachtung – Modell und Vorbild

Ein wichtiger Schritt über die beiden aus behavioristischer Forschung bekannten Formen des Lernens – das klassische und das operante Konditionieren – hinaus wurde in den 1960er Jahren durch den kanadischen Psychologen Albert Bandura (*1925) gemacht. Er erweiterte die Betrachtung von Lernvorgängen durch die Einbeziehung sozialer und kognitiver Faktoren. Im behavioristischen Ansatz konzentrierte man sich ja bekanntlich ausschließlich auf die messbaren Reize und Reaktionen und ihre durch Lernvorgänge gestifteten Verbindungen (vgl. Abbildung 6.7) – wogegen die innerhalb der Organismen ablaufenden Vorgänge, da sie nicht beobachtbar sind, auch nicht weiter Beachtung fanden.

Die kognitive Wende konzentrierte sich gerade auf diese internen informationsverarbeitenden Vorgänge, und es wurde zwischen den äußeren Reiz (S) und das beobachtbare Verhalten (R) die nicht einsehbare „black box“ (O) eingefügt[4], die später dann mit „C“ („cognition“) gefüllt wurde (▶Abbildung 6.11).

Damit wird zumindest im Schema deutlich, dass innerhalb des Organismus Vorgänge ablaufen, die zu einer *Repräsentation* der Umwelt und zu einer jeweils aktuellen *Bewertung der Situation* führen. Allgemeiner gesagt, treten kognitive Prozesse zwischen Reiz und Reaktion. Im Extremfall kann es auch dazu kommen, dass aufgrund eines kognitiven Vorgangs (C1) *keine* Reaktion auf einen Reiz erfolgt oder – anders herum – dass ein Verhalten aufgrund eines kognitiven Vorgangs (C2) gezeigt wird, *ohne* dass ein entsprechender äußerer Reiz vorhanden ist. Aufgrund der zwischen C1 und C2 verstrichenen Zeit wird dann die Annahme einer – wie auch immer gearteten – zeitüberdauernden kognitiven Repräsentation, d.h. eines Gedächtnisses, zwingend. Für radikale Behavioristen wie Skinner war diese Form der Modellierung ein Graus, und noch in hohem Alter hielt er gedächtnispsychologische Forschung für überflüssig.

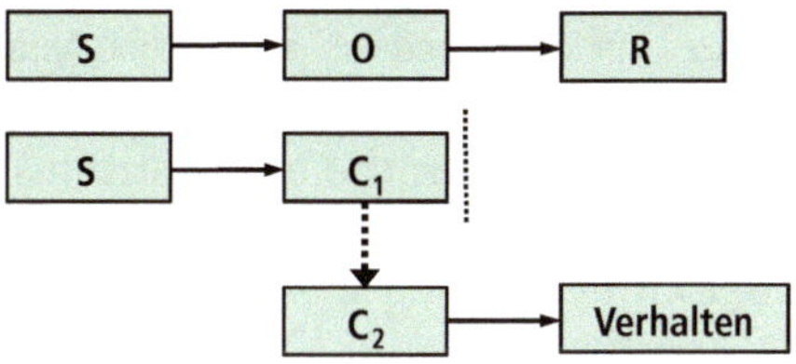

Abbildung 6.11: Zwischen Reiz (S) und Reaktion (R) treten kognitive Vorgänge (C1 und C2) im Organismus (O). Diese können dazu führen, dass auf einen Reiz gar nicht reagiert wird oder dass Verhalten ohne einen äußeren Reiz gezeigt wird.

Was war der entscheidende Beitrag, mit dem Bandura bekannt wurde und den Zeitgeist traf? Damals beschäftigte er sich mit der Frage, welchen Einfluss der Familienhintergrund von Kindern auf die Entstehung aggressiven Verhaltens hat. In diesem Rahmen entstanden seine Experimente zum Modelllernen. In einem der Versuche zeigte er Kindern im Alter zwischen vier und fünf Jahren einen Film, in dem dargestellt wird, wie eine Erwachsene einen Raum mit einer lebensgroßen Gummipuppe betritt, die ihr – so scheint es – nicht aus dem Weg gehen will. Daraufhin wirft die Person die Puppe um, setzt sich auf sie, boxt ihr auf die Nase, beschimpft sie mit Fantasiewörtern und schlägt ihr mit einem Holzhammer auf den Kopf (▶Abbildung 6.12). Der Schluss des Films hat drei verschiedene Ausgänge: 1. Das Modell wird gelobt und bekommt Süßigkeiten (Belohnung), 2. das Modell wird getadelt und als es beim Zurückweichen stolpert, wird es auch noch mit einer zusammengerollten Zeitung geschlagen (Bestrafung), 3. das Modell geht einfach hinaus (keine Konsequenzen). Nachdem sie den Film gesehen hatten, wurden die Kinder in den gleichen Raum geführt und ihr Verhalten wurde beobachtet.

4 Die von Watson eingeführte Bezeichnung „black box“ sollte auf die nicht beobachtbaren Vorgänge innerhalb der Organismen verweisen. Mit „black box“ wurden in den amerikanischen Bürgerkriegen vom Feind zurückgelassene Kisten bezeichnet. Diese Hinterlassenschaft explodierte gelegentlich beim gewaltsamen Öffnen, da sie Sprengstoff mit einem entsprechenden Auslösemechanismus enthielt.

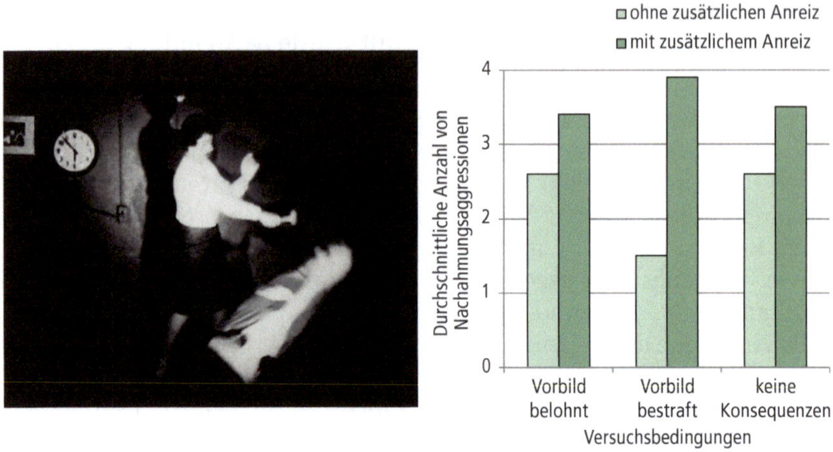

Abbildung 6.12: Aggressives Modell im Film und Anzahl nachgeahmter aggressiver Verhaltensweisen in Abhängigkeit von den Konsequenzen am Modell und vom zusätzlichen Anreiz

Es zeigte sich, dass diejenigen Kinder, die ein bestraftes Modell gesehen hatten, deutlich weniger von dessen aggressiven Verhaltensweisen imitierten als diejenigen, denen ein belohntes Modell gezeigt worden war. Ungefähr gleich hoch lagen – was doch überraschte – die Kinder mit dem Ende ohne Konsequenzen für das Modell. Das änderte sich jedoch, wenn den Kindern aller drei Gruppen ein *zusätzlicher Anreiz* gegeben wurde – eine kleine Belohnung dafür, wenn sie möglichst genau das wiederholen, was sie gesehen hatten. Jetzt spielte es praktisch keine Rolle mehr, welche Konsequenz das Verhalten des Modells im Film hatte (Abbildung 6.12).

Dieses Ergebnis zeigte, dass sich alle gleich gut an das Verhalten des Modells erinnern konnten. Entscheidend dafür, ob die gesehenen aggressiven Verhaltensweisen auch später ausgeführt wurden, war, dass es sich auch lohnte. Hier finden wir die schon vordem von Tolman getroffene wichtige Unterscheidung von *Kompetenz* und *Performanz* wieder, denn das Gekonnte oder Gelernte wird nicht immer gezeigt, sondern nur dann, wenn es sich auch lohnt – wenn also eine Motivation vorliegt.

6.11.1 Zwei Phasen – vier Schritte

In der Nachfolge Banduras wurde eine große Zahl solcher und ähnlicher Experimente in vielen psychologischen Labors auf dem gesamten Globus durchgeführt. Die gesammelten Erkenntnisse zusammenfassend, können beim Vorgang des Modelllernens[5] zwei Phasen, die *Aneignung* und die *Ausführung*, und insgesamt vier Schritte unterschieden werden (▶Abbildung 6.13). Die Aneignung ist dann erfolgreich, wenn im ersten Schritt die *Aufmerksamkeit* auf die relevanten Aspekte des Modellverhaltens gelenkt ist und es dann

5 Modelllernen, Vorbildlernen und Beobachtungslernen werden synonym verwandt.

im zweiten Schritt zur *Speicherung* des Gesehenen kommt, also eine entsprechende Gedächtnisrepräsentation aufgebaut wird. Für eine erfolgreiche Ausführung muss dann zum einen die kognitive und sensomotorische *Kompetenz*, das Verhalten überhaupt angemessen produzieren zu können, vorhanden sein, genauso wie zum anderen die *Motivation*, es auch zu tun (Schritte drei und vier). Bei jedem dieser vier Schritte sind Störungen möglich – man ist abgelenkt, man merkt es sich nicht richtig, die Bewegungskoordination gelingt nicht oder es fehlt das motivierende Ziel.

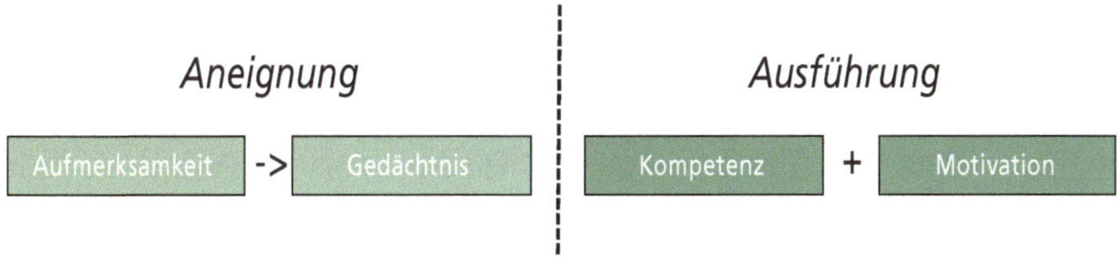

Abbildung 6.13: Die zwei Phasen und vier Schritte beim Beobachtungslernen

Zu vermerken ist, dass die Gedächtnisrepräsentation beim Vorbildlernen nicht eine filmisch genaue Kopie des beobachteten Bewegungsablaufs ist – damit wäre unser Gedächtnis überfordert. Die Speicherung bezieht sich eher auf generalisierte Tätigkeitsmuster gemeinsam mit dem entsprechenden Kontext.

Es scheint vielleicht überflüssig, aber dennoch soll hier noch erwähnt werden, dass regelmäßiges und vielleicht „lästiges" Üben durch wiederholtes, aufmerksames Beobachten von Modellverhalten *nicht* ersetzbar ist – man kann endlos lange einer Pianistin, einem Fahrradfahrer, einer Turmspringerin oder einem Billardspieler fasziniert zuschauen, jedoch wird das am Ende sicherlich nicht zu einer Kompetenzsteigerung führen.

6.11.2 Vom Modell zum Vorbild

Wenn man sich die Verhaltens-, Sprach- oder Bekleidungsweisen der unterschiedlichen Jugendkulturen ansieht, fallen auf den ersten Blick deutliche Unterschiede zwischen ihnen auf. Diese zu verstehen fällt dann relativ leicht, wenn man sich die Vorbilder oder Idole der jeweiligen Gruppe ansieht. Die so offenkundig erkennbare Nachahmung selbst gewählter und verehrter Vorbilder lässt auf Anhieb leider keine allgemeinen Aussagen darüber zu, was die Merkmale erfolgreicher Vorbilder sind. Die Frage danach, unter welchen Bedingungen beobachtetes Verhalten nachgeahmt wird oder welche Eigenschaften von Modellen dazu führen, wurde jedoch in einer Reihe sozialpsychologischer Studien systematisch untersucht.

Zu der schon in Banduras Experiment beschriebenen beobachtbaren *Konsequenz*, die das Modellverhalten hat[6], kommt die wahrgenommene *Ähnlichkeit* (z.B. hinsichtlich Alter, Rasse oder Geschlecht). Ebenfalls wichtig ist die *emotionale Beziehung* – einander sympathische Personen imitieren Bewegungen und Haltungen voneinander und es entsteht so häufig ein symmetrisches Bild, insbesondere bei Verliebten. Weitere, Nachahmung begünstigende Merkmale von Vorbildern sind ihre wahrgenommene *Kompetenz* und ihr *sozialer Status* – d.h. die in beiden Fällen damit verbundene soziale Macht der Personen.

Beim Lernen durch Beobachtung handelt es sich also um einen mehrstufigen Vorgang, der Aufmerksamkeitslenkung, Zeit überdauernde mentale Repräsentationen, entsprechende sensomotorische wie auch kognitive Kompetenzen und am Ende auch die angestrebten Ziele einer Person einschließt. Damit verlässt das Modelllernen deutlich die anfangs des Kapitels vorgestellte Definition von Lernen im engeren Sinn, da es auch höhere Gedächtnisvorgänge, die von der Aufnahme über die Ablage bis hin zum Abruf von Informationen reichen, mit einschließt. Es nähert sich damit wieder einem sehr weit gefassten, im Allgemeinwissen verankerten Verständnis von Lernen.

Wenn Kinder eine für sie bisher unbekannte Handlung beobachtet haben und diese spontan häufiger ausführen als Kinder, die diese noch nie gesehen haben, dann kann dies als ein Hinweis auf Beobachtungslernen gesehen werden. Einfache Verhaltensweisen – wie das Herausstrecken der Zunge – nachzuahmen gelingt schon Säuglingen kurz nach der Geburt. Bei diesen Bewegungskopien der *einfachen Imitation* ist nicht zu erkennen, was genau dabei gelernt wurde. Wenn allerdings bei der Beobachtung einer neuartigen Handlung auch das Ziel, das damit verfolgt wird, begriffen wird, kann das Gelernte schon besser bestimmt werden. Etwa ab dem zweiten Lebensjahr gelingt dies Kindern – hier kann man dann von *echtem Modelllernen* sprechen. Dabei kann es dann zu mehr oder weniger deutlichen Abweichungen vom *Verhalten* des Modells kommen. Die einfache Imitation wird deshalb auch als „prozessorientiertes Nachahmungslernen“ bezeichnet und das echte Modelllernen als „ergebnisorientiertes Nachahmungslernen“.

6 Die Konsequenz muss allerdings auch beim Modell eine entsprechend sichtbare Wirksamkeit besitzen. Wenn das Modell z.B. bei Bestrafung nur müde lächelt, ist diese für den Beobachter des Ganzen damit neutralisiert.

Anregungen zum Ausprobieren, Anwenden und Nachdenken

1. Sie werden sich sicherlich vor einigen Speisen ekeln. Überlegen Sie, wann und in welcher Situation dieser Ekel zum ersten Mal entstanden ist. Gleiches gilt natürlich für Prüfungsangst. Auch gegenüber unbekannten Personen entsteht meistens spontan ein Eindruck – woher stammt die so schnell angeregte Sympathie oder Antipathie? Meistens hat diese eine lange Geschichte, die weit in die kaum weckbaren, unbewussten Urgründe der persönlichen Erfahrungen zurückreicht.
2. Setzen Sie die Methode der Verstärkung in Ihrem Alltag ein, um Ihr Arbeitsverhalten zu verbessern. Planen Sie beispielsweise eine Belohnung nach getaner Arbeit ein. Welche Tätigkeiten sind es, die Sie verstärken wollen? Wie könnte eine positive Verstärkung aussehen? Gibt es dafür auch die Möglichkeit der negativen Verstärkung, sodass durch das Ausführen der Tätigkeit ein unangenehmer Zustand beendet wird und Sie dadurch Erleichterung verspüren – wie es z.B. beim Anschnallen im Auto ist, wenn der unangenehm und kontinuierlich ertönende Piepton aufhört?
3. Versuchen Sie im nächsten Gespräch mit einer gut bekannten Person einmal Folgendes: Immer wenn die Person „ich", „mein", „mir" oder „mich" sagt, reagieren Sie sofort mit einem freundlichen, kommentierenden „hmm" – unaufdringlich, leise, aber noch hörbar. Alternativ können Sie auch dann sofort den Blickkontakt suchen und die Augenbrauen hinaufziehen. Beide nonverbalen Signale sind soziale Verstärker. Sie werden sehen, wie sich die Frequenz der Personalpronomen langsam aber sicher erhöht, ohne dass die Person dies absichtlich tut. Später können Sie dann anstatt „ich", „mein", „mir" oder „mich" auf „du", „dein", „dir" oder „dich" umschwenken ...
4. Überlegen Sie, in welchen Lebensbereichen bei Ihnen negative Verstärkung zum Tragen kommt, ohne dass Sie es bisher gemerkt haben. Ein kleiner Hinweis: Die meisten lernen vor Prüfungen genau aus diesem Grund, und „Lernmotivation" entsteht häufig erst hierdurch. Versuchen Sie das zu erklären.

Weiterführende Literatur

Mazur, J.E. (2006). *Lernen und Verhalten* (6. Aufl.). München: Pearson.

Gedächtnis

7

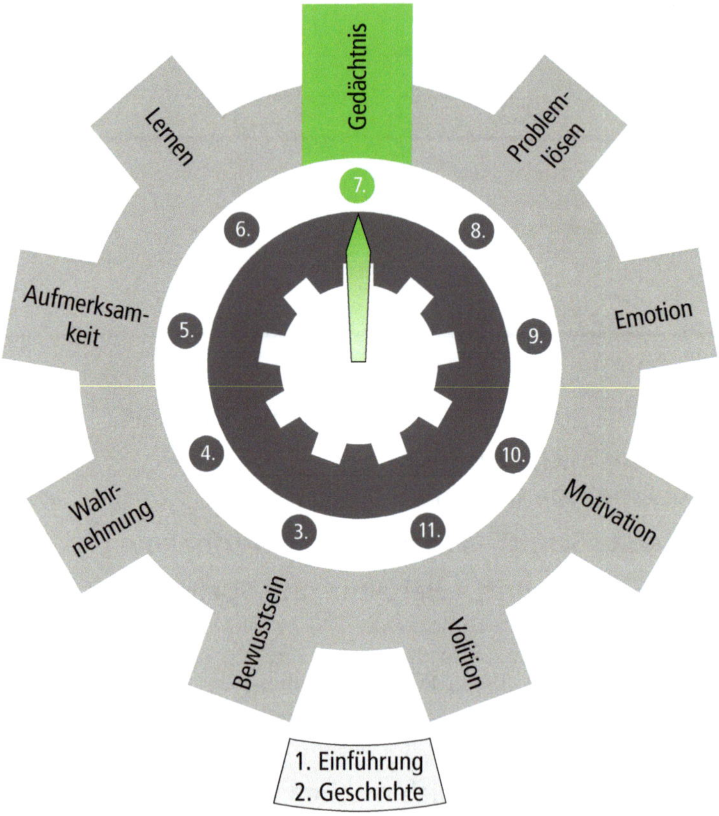

Polizist: „Besitzen Sie eine Videokamera?“
Fred: „Davon halte ich nichts.“
Polizist: „Warum nicht?“
Fred: „Ich erinnere mich lieber an die Dinge, wie ich sie im Kopf behalten habe und nicht, wie diese wirklich passiert sind.“

(Fred im Gespräch mit einem Polizisten im Film „Lost Highway“ von David Lynch)

Im vorigen Kapitel sind wir erst am Ende – bei der Beschreibung des Lernens durch Beobachtung – nicht mehr ohne die Annahme *mentaler Repräsentationen*, die über einen längeren Zeitraum zur Verfügung stehen, ausgekommen. Bei den davor betrachteten Lernformen, dem klassischen und dem operanten Konditionieren, war dies nicht zwingend, da hierbei das Forschungsinteresse – ganz im behavioristischen Sinne – primär auf beobachtbare stabile Verhaltensänderungen, die durch Übung oder Erfahrung entstanden sind, gerichtet war. Am Ende von solchen Lernvorgängen kann dann allein durch die Situationsreize und die aktuelle Bedürfnislage das Verhalten hinreichend vorhergesagt werden. Die dabei gefundenen Prinzipien gelten für Tiere und Menschen gleichermaßen, da hierbei Lernen auch ohne Beteiligung des Bewusstseins stattfinden kann. Aus dieser engen Perspektive ist Skinners provokative Aussage zu verstehen, dass man in der Psychologie gar keine Gedächtnispsychologie brauche.

Einen anderen Weg ging die kontinentaleuropäische Erforschung des „Lernens“, wobei hier noch die weite Fassung des Begriffs zugrunde lag, denn wie im Folgenden dargestellt, handelte es sich dabei um die ersten wissenschaftlichen Untersuchungen zum *Gedächtnis*. Zwar nahm man den amerikanischen Behaviorismus zur Kenntnis, jedoch wurde eine gewisse kritische Distanz gehalten. Der Grund lag auch darin, dass nach wie vor – in der Tradition Wundts – die Aufgaben psychologischer Forschung primär in der Untersuchung des menschlichen Erlebens und der Bewusstseinstätigkeit gesehen wurden. Wie man auch schon bei einer ersten groben Analyse durch Selbstbeobachtung feststellen kann, stellen *Erinnerungen* eines der Hauptgeschäfte unserer Bewusstseinstätigkeit dar (vgl. *Abschnitt 3.1.2*).

Erinnerungen treten allerdings nicht nur intentional durch konkrete Abfragen von anderen Personen oder von uns selbst ins Bewusstsein, sondern sie können auch ohne Absicht durch wahrgenommene Reize ausgelöst werden, und gelegentlich stellen sie sich sogar spontan und ohne erkennbare Ursache „einfach nur so“ ein. Der häufig so mühelos und automatisch erscheinende Abruf von Gedächtnisinhalten reicht bis weit in Wahrnehmungsvorgänge hinein, denn nur durch die unbemerkte Hilfe des Gedächtnisses können die nicht selten unvollständigen Reizmuster als Gestalten wahrgenommen und sogar Eigenschaften von Personen „gesehen“ werden (vgl. *Abbildung 4.12*).

Exkurs 7.1: Der Ort der Erinnerungen – wo ist das Archiv?

Wenn wir über das Gedächtnis sprechen, stellen sich die meisten Menschen bildlich einen Ort vor, in dem die Erinnerungen abgelegt werden. Mit Hilfe dieses Bildes kann man dann versuchen, die relevanten Vorgänge des *Einprägens*, der *Ablage* und des *Abrufens* sowie auch des *Vergessens* zu umschreiben.

Dieser Ablageort kann – dem Vorschlag Platons folgend – wie eine Vogelvoliere funktionieren, in der jedem der darin lebenden Vögel eine spezifische Erinnerung entspricht. Geprägt durch den Zeitgeist und die technischen Entwicklungen folgte diesem Bild das Bild der Bibliothek, dann Anfang des 20. Jahrhunderts die Telefonvermittlung mit Auskunft, dann die eingesetzten Speichermedien Schallplatte, Tonband oder Film und in der zweiten Hälfte des 20. Jahrhunderts der Computer. In ▶Tabelle 7.1 sind einige dieser Bilder kurz beschrieben.

Bild	Einprägen	Ablage	Abrufen	Vergessen / Fehler
Vogel-voliere	Einsetzen des Vogels in die Voliere	Vögel in der Voliere	Finden, Fangen und Betrachten des Vogels	- Vogel ist entflogen, - hat sich versteckt oder - verändert
Bibliothek	Schreiben und Archivieren eines Buchs	Bücher	Ausleihe eines Buchs – mit oder ohne Hilfe eines Bibliothekars	- Titel oder Archivierungs-nummer verloren, - Buch an falscher Stelle, - Bibliothekar ist abwesend oder möglicherweise betrunken
Telefon-vermitt-lung	ein Teilnehmer („Zeuge") der Episode, dessen Namen oder Telefonnummer man kennt	Teilnehmer, der anwe-send war	mit dem Teilneh-mer Verbindung herstellen (durch das „Fräulein vom Amt")	- Name des Teilnehmers vergessen, - Teilnehmer verzogen
Grammo-phon / Ton-band / Film	Aufnahme	Information auf dem Träger	Stelle finden und Abspielen	- Träger verloren oder defekt
Computer	Einspeichern	Speicher	Abruf aus dem Speicher	- Speicherort unbekannt, - Information gelöscht, - Träger defekt

Tabelle 7.1: Bilder und Metaphern für das menschliche Gedächtnis

Jedes dieser Bilder und jede dieser Metaphern hat eine gewisse Überzeugungskraft und korrespondiert mit unseren Erfahrungen, denn in unserem Bewusstsein *erscheint* es so, als ob es in unserer Psyche einen Raum gäbe, in dem die Erinnerungen abgelegt sind. Jedoch ist die bisherige Suche im menschlichen Gehirn nach einem Ort oder nach Gedächtnisspuren, die solch einem Archiv entsprächen, nicht erfolgreich gewesen.

Man kann zwar nachweisen, dass die Beschädigung einiger der Strukturen zu spezifischen Gedächtnisproblemen führt (z.B. beim Hippocampus[1] zu Störungen bei der Aufnahme neuer Information), jedoch kann dieses Wissen auch nicht ansatzweise das Rätsel der Speicherung klären.

Zusammengenommen ist daraus zu schlussfolgern, dass es *keinen* Ort in unserem Gehirn gibt, der einem Archiv entspräche, und damit auch keine „Ausleihe" von Ereigniskopien. Stattdessen müssen wir davon ausgehen, dass jeder Abruf eine *Rekonstruktion* des zu erinnernden Ereignisses darstellt – mit allen Konsequenzen daraus. Somit ist der Vorgang des Gedächtnisabrufs und damit die Erinnerung von unterschiedlichen Faktoren beeinflussbar. Die Abweichungen vom „Original" sind häufig nur geringfügig, jedoch können sie auch deutlich ausfallen und es kommt sogar zu sog. „falschen Erinnerungen", d.h. Erinnerungen an Ereignisse, die gar nicht stattgefunden haben. Darauf gehen wir später in diesem Kapitel noch näher ein.

1 Teil des limbischen Systems, der u.a. für die Konsolidierung von Lernvorgängen wichtig ist.

Sicherlich etwas überpointiert kann man also sagen: Menschen besitzen gar kein Gedächtnis – im Sinne eines im Gehirn lokalisierbaren Archivs oder Speichers. Die im Bewusstsein entstehenden „Erinnerungen" gaukeln uns zwar die Existenz eines solchen vor, aber sie sind nichts anderes als das Resultat einer perfekten Simulation davon – also eine Illusion. Eine Erkenntnis, die beim ersten Nachdenken darüber schon etwas Beunruhigendes hat.

In den nachfolgenden Ausführungen zum Gedächtnis wird allerdings die bildliche *Modellsprache* der Psychologie – mit der Annahme von „Speichern" – verwandt. Diese hat sich zur Erklärung der beobachtbaren Phänomene bislang auch gut bewährt.

Meistens finden Gedächtnisvorgänge unauffällig und nebenbei statt, und paradoxerweise werden sie uns dann am deutlichsten bewusst, wenn sie *versagen* und ein erwünschter Abruf nicht ohne Weiteres gelingt. Das nun unangenehme Aufmerken, wenn der inneren Nachfrage die innere Antwort verweigert wird, führt nicht selten zu der Vermutung, dass sich das eigene Gedächtnis verschlechtere. Man sollte dann einfach eine Gegenrechnung vornehmen und die – allerdings meist wenig beachteten – tausenden erfolgreichen Abrufe dagegen stellen, um schnell zu einer nüchternen und deutlich positiveren Bilanz zu gelangen!

Zudem sind es nicht nur aus der Vergangenheit stammende Ereignisse, die sich dem Abruf verweigern können, sondern auch solche, die in die Zukunft weisen – hier ist dann das sog. *prospektive Gedächtnis* davon betroffen. Was zunächst verblüffen kann, ist schnell aufgeklärt: Dabei handelt es sich um *Vornahmen*, etwas noch zu tun – z.B. dass man auf der Heimfahrt noch etwas einkaufen oder einen Anruf tätigen will. Auch hier hat jeder schon die Erfahrung gemacht, dass man diese vergessen kann. In *Kapitel 10* zur Motivation werden wir auf die Wirkung unerledigter Vornahmen noch näher eingehen (*Exkurs 10.3*).

7.1 Wie alles anfing – mit der Ersparnismethode

Die ersten wissenschaftlichen Experimente zum Vergessen wurden von Hermann Ebbinghaus (1850–1909) durchgeführt. Die Ergebnisse fasste er 1885 in einem heute durchaus noch lesenswerten Werk mit dem Titel „Über das Gedächtnis" zusammen (▶Abbildung 7.1). Es mag einen heutzutage verwundern, aber bei vielen dieser streng kontrollierten Versuche war der Forscher selbst Versuchsperson – und zwar die einzige! Dies tut der Geltung seiner Ergebnisse keinen Abbruch, da sie – inzwischen vielfach überprüft und bestätigt – auch heute noch Gültigkeit besitzen. Ebbinghaus interessierte sich dafür, wie lange und wie gut einmal auswendig Gekonntes im Gedächtnis bleibt.

Damals wie auch heute ist es nicht nur in der schulischen Karriere eine schmerzliche Erfahrung, dass man vieles von dem, was man einstmals sicher abrufen konnte, auch wieder vergisst – Namen, Daten, Vokabeln oder Gedichte.

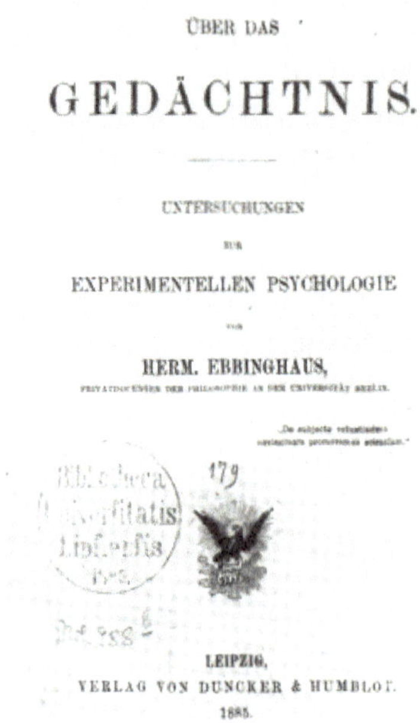

ÜBER DAS

GEDÄCHTNIS.

UNTERSUCHUNGEN

ZUR

EXPERIMENTELLEN PSYCHOLOGIE

VON

HERM. EBBINGHAUS,

LEIPZIG,

VERLAG VON DUNCKER & HUMBLOT.

1885.

Abbildung 7.1: Hermann Ebbinghaus und das Deckblatt seiner Schrift „Über das Gedächtnis"

Um diese Frage experimentell zu untersuchen, entwickelte Ebbinghaus eine Technik, die auch gegenwärtig noch von der Methode her vorbildlich ist. Das Lernmaterial bestand nämlich aus *sinnlosen Silben*, die jeweils aus drei Buchstaben – zwei Konsonanten und einem Vokal – bestanden (z.B. NIT, PEK oder WAB)[2]. Die Überlegung, sinnfreie Silben zu verwenden, war darin begründet, dass die Versuchsergebnisse durch die zu jedem sinnvollen Wort bei jedem Menschen vorhandenen individuellen Assoziationen und Bedeutungen verfälscht werden. Mit bedeutungsfreiem Material kann die Gedächtnisleistung sozusagen „pur" – quasi unter „sterilen", also erfahrungsfreien Bedingungen – untersucht werden[3].

Zu lernen waren verschieden lange Listen mit Silbenpaaren (z.B. 16 Zeilen mit jeweils 6 Silben), wobei die einzuprägenden Silben vor den einzelnen Durchgängen per Zufall durch einen Apparat, der einem Rollkarteikasten ähnlich ist, ermittelt wurden – dieser Apparat wurde bekannt als „Ebbinghaus'sche Gedächtnistrommel". Ebbinghaus notierte bei jedem Versuch die Anzahl der Durchgänge, die er bis zur ersten fehlerfreien Wiedergabe einer

2 Auf diese Weise können 2299 verschiedene Silben erzeugt werden.

3 Genau deshalb wurden übrigens diese Studien später als realitätsfern kritisiert – allerdings gibt es Pros und Kontras für beide Argumentationen.

Liste benötigte (z.B. 10 Lerndurchgänge). Dann ließ er ein vorher bestimmtes Zeitintervall verstreichen. Da natürlich selbst nach 20 Minuten zumindest das partielle Vergessen schon eingesetzt hatte, ermittelte er dann zum zweiten Mal die benötigten Durchgänge bis zur korrekten Wiederholung der Liste (z.B. 4 Lerndurchgänge). Den Unterschied der Lerndurchgänge beim ersten und beim zweiten, d.h. abermaligen Lernen der Liste bezeichnete er als *Ersparnis* (hier 6 Lerndurchgänge). Diese Ersparnis kann in Prozent ausgedrückt werden, und es ergibt sich aus den Werten ein von der Zeit abhängiger, stetig abnehmender Verlauf – die sog. *Vergessenskurve* (▶Abbildung 7.2).

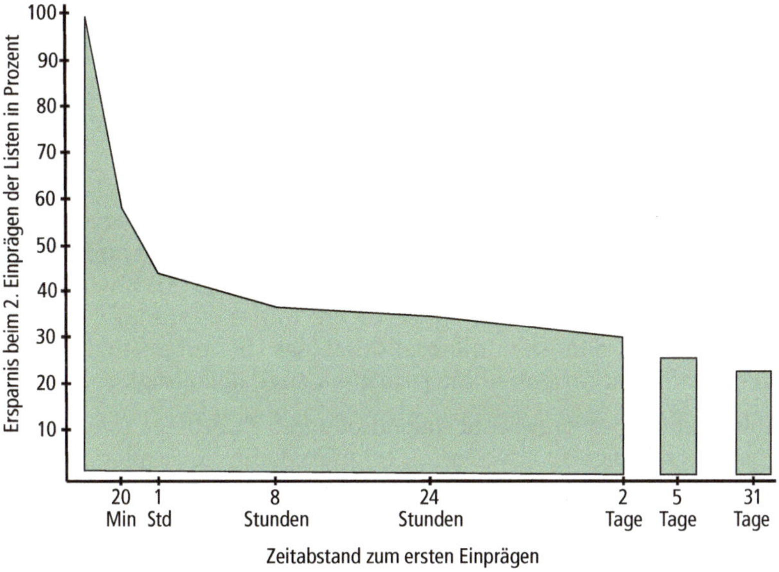

Abbildung 7.2: Vergessenskurve nach Ebbinghaus

Zu sehen ist, dass die Ersparnis beim Wiederaneignen der Liste nach 20 Minuten bei etwa 60 % liegt und nach 1 Stunde nur noch bei 45 %. Nach diesem relativ schnellen Abfall der Vergessenskurve kommt es quasi zu einer Stabilisierung auf niedrigem Niveau, denn die Ersparnis sinkt von nun an sehr langsam von 8 Stunden bis hin zu 31 Tagen ab, wo die Ersparnis noch bei etwa 25 % liegt. Die Ersparnis ist – und das haben viele nachfolgende Experimente gezeigt – bei *sinnvollem* Material natürlich höher. Sie haben aber immer einen ähnlichen Verlauf: am Beginn in kurzer Zeit schnell abfallend bis am Ende zu einer Stabilisierung auf niedrigem Niveau. Auch hier hängt es von der Art des Lernens und von der Bedeutung des Inhalts ab, wie viel vergessen wird – z.B. können 40 % der einstmals gelernten Spanisch-Vokabeln noch nach 10 Jahren erinnert werden und selbst nach 50 Jahren (!) sind es immer noch 30 %[4].

4 Achtung: Es ist nicht ganz korrekt, die *Ersparnis beim Wiedererlernen* und die *Prozentzahl richtig erinnerter Wörter* gleich zu setzen, da es sich um zwei verschiedene Formen der Gedächtnisprüfung handelt. Das Beispiel dient hier nur der Veranschaulichung des Kurvenverlaufs beim Vergessen.

Neben dem zeitlichen Verlauf des Vergessens führte Ebbinghaus auch Selbstversuche zum Einfluss der Anzahl der Übungsdurchgänge beim Erlernen durch. Dazu wiederholte er beim Einprägen verschiedene Listen entweder 8, 16, 24, 32 oder 64 Mal. Nach 24 Stunden setzte er zur Prüfung wieder die Ersparnismethode ein, und hierbei fand er eine eindeutige Beziehung zwischen Übungshäufigkeit und Vergessen: Je häufiger eine Liste beim ersten Einprägen wiederholt worden war, umso größer war die Ersparnis beim wiederholten vollständigen Erlernen nach einem Tag.

7.2 Ich kann mich nicht erinnern – drei mögliche Ursachen

Diese ersten Studien des Pioniers der Gedächtnisforschung Ebbinghaus machen sehr deutlich, dass Vergessen davon abhängt, wie gut etwas eingeprägt ist – hier aufgrund der Häufigkeit der Wiederholungen – und wie viel Zeit bis zum Erinnern vergeht. Eine erfolgreiche Gedächtnistätigkeit setzt also zwei gelungene Vorgänge, das *Einprägen* und das *Behalten*, voraus. Der dritte und letzte Schritt ist das *Abrufen* des Gespeicherten selbst (▶Abbildung 7.3). Etwas technischer bezeichnet handelt es sich dabei zunächst um Informationsaufnahme (*Einprägen*; engl. encoding), dann um Informationsablage (*Behalten*; engl. storage) und am Ende um Informationsentnahme (*Abrufen*; engl. decoding).

Demzufolge kann dies drei recht verschiedene Fehlerursachen haben, wenn man sich auf Nachfrage an etwas nicht erinnern kann: Entweder das Einprägen hat nicht stattgefunden (z.B. weil die Aufmerksamkeit woanders war) oder es liegt am Behalten (z.B. an Überlagerung durch andere Inhalte) oder das Abrufen gelingt nicht (z.B. weil Prüfungsangst angeregt ist). Abhängig von der Ursache des Nicht-Erinnerns müssen dann unterschiedliche Hilfen gegeben werden.

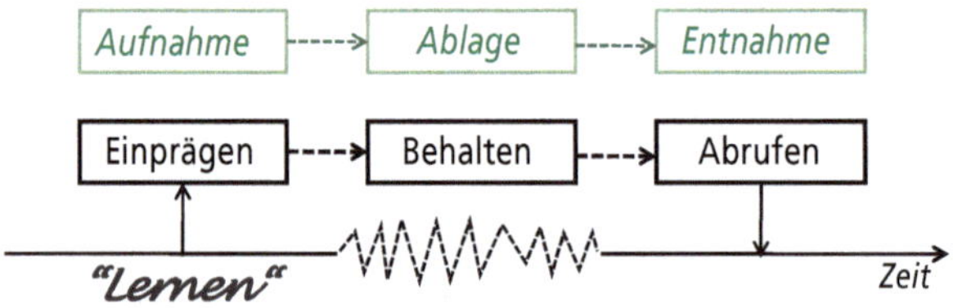

Abbildung 7.3: Die drei für Gedächtnisabrufe wichtigen Phasen

Die am Einprägen beteiligten unterschiedlichen Prozesse werden umgangssprachlich häufig als „Lernen“ bezeichnet, was aus psychologischer Perspektive – wie wir im vorhergehenden Kapitel gesehen haben und im Folgenden noch näher darstellen werden – etwas unscharf ist und zu Missverständnissen führen kann.

7.3 Der erste Schritt – Einprägen und Aufnehmen

Wie in *Kapitel 6 Lernen* bereits beschrieben, kann der Vorgang des Einprägens durch relativ „simple“ Lernvorgänge, wie sie auch im Tierreich beobachtbar sind, geleistet werden. *Klassisches Konditionieren* kann genauso wie *operantes Konditionieren* ohne eigenes aktives Bemühen vonstattengehen, da hierbei in äußeren Reizen und Situationswechseln die Ursachen der beobachtbaren Verhaltensänderungen zu finden sind. Es schafft den Tieren die Möglichkeit, sich an neue oder wechselnde Umwelten optimal anzupassen. Das *Beobachtungslernen* lässt sich damit deutlich von den beiden gerade genannten Lernformen unterscheiden, denn spätestens bei einer echten Imitation muss aus der Beobachtung des Verhaltens das Handlungsziel des Akteurs erschlossen werden. Im Gegensatz zur einfachen Imitation oder Nachahmung – wo dies nicht nötig ist – handelt es sich dabei um eine anspruchsvolle mentale Leistung, da hierbei die wahrgenommene Situation aus der Fremdperspektive, sozusagen mit den Augen des Akteurs, vorgestellt werden muss. Zu solchem echten Modelllernen sind Menschenkinder mit Sicherheit ab dem fünften Lebensjahr in der Lage und diesbezüglich allen Tieren überlegen.

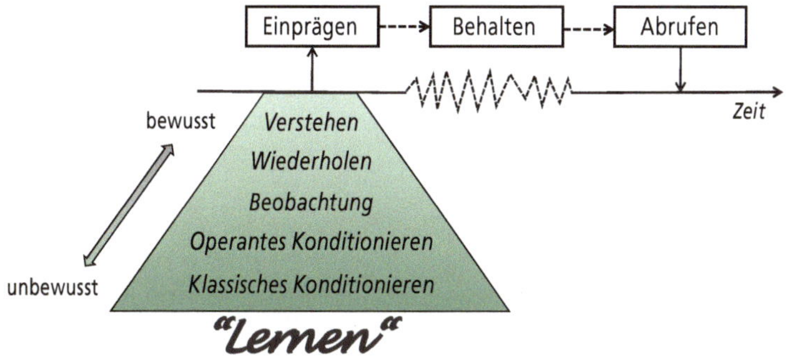

Abbildung 7.4: Verschiedene Arten des Einprägens

Auch das in ▶Abbildung 7.4 aufgeführte *Wiederholen* – ein scheinbar simpler Einprägungsvorgang – hebt sich deutlich von klassischem und operantem Konditionieren ab. Denn es setzt die bewusste Absicht oder Intention des Akteurs voraus, genau dieses zu tun: nämlich eine bestimmte Abfolge oder Assoziationen entweder sprachlich oder handelnd mehrmals nacheinander auszuführen, wie dies beim Auswendiglernen eines Gedichtes oder beim Vokabellernen, aber auch beim Üben eines Saltos oder Tennisaufschlags der Fall ist.

Am deutlichsten hebt sich das *Verstehen* von den anderen vier Formen des Einprägens ab. Hier handelt es sich um einen mentalen Vorgang, der durch das Umstrukturieren vorhandener, noch loser Wissensvorräte zustande kommt. Dieses *Erkennen* der rational stimmigen Lösung eines Problems wird von einem deutlich spürbaren *Gefühl* der Erleichterung und Lösung begleitet[5]. Die neue Einsicht führt unmittelbar zu einer einfacheren, prägnanteren Organisation der zugehörigen Informationen im Gedächtnis und des Weiteren zu leichterem Abruf und sicherer Anwendung des neu erworbenen Wissens. Jedermann kennt diesen Vorgang der „Erleuchtung“ oder des „Einleuchtens“, allerdings ist er weder von der Person selbst noch von außen beeinflussbar. Damit widersteht dieses interessante Phänomen der experimentellen Erforschung schon seit über 100 Jahren (=> *Kapitel 8 Problemlösen*).

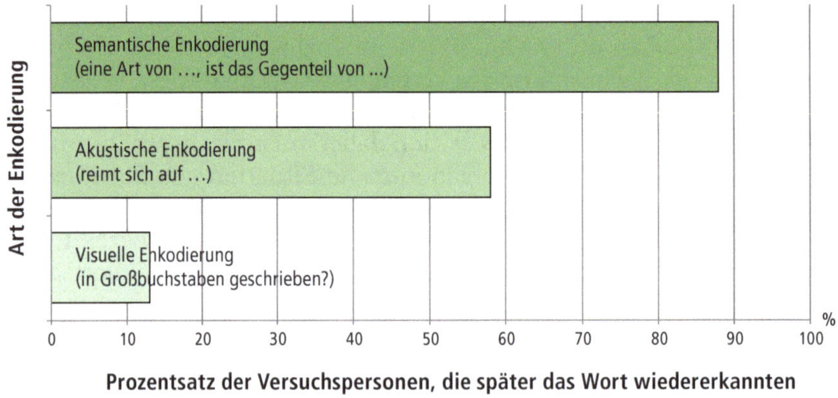

Abbildung 7.5: Erinnerungsleistungen (Wiedererkennen) nach visueller, akustischer und semantischer Verarbeitung (Enkodierung) von Informationen

Die Grenze zwischen den Einprägungsvorgängen *Wiederholen* und *Verstehen* ist jedoch nicht ganz scharf zu ziehen, und es gibt einen kontinuierlichen Übergang zwischen ihnen. Denn wenn man Personen eine Reihe von Wörtern mit der Vorgabe, sich diese einzuprägen, vorgibt, kann man Folgendes beobachten: Einige der Versuchspersonen lesen die visuell dargebotenen Wörter leise – oder, wenn sie allein sind, auch laut – und wiederholen sie mehr oder weniger mechanisch vor dem inneren Ohr; andere dagegen versuchen, mit den Wörtern Assoziationen zu stiften, sinnvolle Sätze zu bilden oder gar eine ganze Geschichte daraus zu kreieren. So werden die neuen Inhalte schon beim Einprägen mit den vorhandenen vernetzt.

Als man begann, dieses Phänomen in Experimenten systematisch zu untersuchen, fand man schnell heraus, dass der aktive Umgang mit dem Gedächtnismaterial zu deutlich besseren Reproduktionsleistungen führte als die einfache Wiederholung. Dieses Ergebnis wird durch die Wirkung der *Verarbeitungstiefe* beim Einprägen von Informationen erklärt: Die aktive Eigenleistung führt zu einer *tiefen* Verarbeitung, weil die *Bedeutung* der Wörter „geweckt“

5 Die Erfahrung, einen neuen Zusammenhang erstmals verstanden zu haben, findet zum einen in den entsprechenden Gedanken- und Vorstellungsinhalten seinen Niederschlag, zum anderen wird eine deutliche Veränderung des Gefühls erlebt. In der deutschen Sprache bezeichnet man beide Veränderungen – das rationale Verstehen wie auch das begleitende gefühlsmäßige Erleben – als Lösung.

wird – egal ob durch die Bildung von Assoziationen oder von Sätzen. Der tiefen, d.h. semantischen, Verarbeitung steht die *flache* Verarbeitung gegenüber, bei der nur visuelle, also graphische Merkmale (Buchstaben suchen) verarbeitet werden. Dazwischen liegt die *mittlere* Verarbeitungstiefe, die akustische, d.h. phonemische Merkmale (wie einfache Reime bilden) berücksichtigt. Wie in ▶Abbildung 7.5 zu sehen, werden nach einer tiefen Verarbeitung während der Präsentation etwa 90 % der Wörter richtig wiedererkannt, nach mittlerer Verarbeitungstiefe sind dies etwa 60 % der Wörter und nach einer flachen Verarbeitung nur etwa 15 %.

Exkurs 7.2: Hyde und Jenkins – Tiefe oder Absicht?

Die beobachtbare Wirkung der Verarbeitungstiefe auf die Verbesserung der Erinnerungsleistung konnte in einer Reihe von Experimenten bestätigt werden. Es zeigte sich deutlich, dass präsentierte Wörter besonders gut erinnert wurden, wenn *selbsterzeugte* Elaborationen (z.B. Assoziationen finden oder Sätze damit bilden) entstanden und so die Wort-*Bedeutung* in der Person aktiviert wurde. Bei vorgegebenen *fremderzeugten* Elaborationen funktioniert das nicht so gut, da offenbar eine Anknüpfung an die *individuelle Eigenart* der Gedächtnisstruktur nötig ist. Man kann sich die Wirkung dadurch erklären, dass durch eine tiefe Verarbeitung die Anzahl der möglichen Erinnerungshilfen erhöht wird.

In einem bemerkenswerten Experiment präsentierten Hyde und Jenkins (1973) den Probanden nacheinander 24 Wörter – jeweils für 3 Sekunden. In einer Versuchsgruppe bestand die Aufgabe darin zu entscheiden, ob ein 'e' oder ein 'g' darin enthalten war. In einer anderen Versuchsgruppe bestand die Aufgabe darin anzugeben, wie angenehm ihnen das Wort erscheint. Durch die Suche nach den Buchstaben wird eine flache Verarbeitung forciert, durch die Bewertung des Wortes dagegen eine tiefe. Wovon die Versuchspersonen in diesem (ersten) Experiment nichts wussten, war, dass am Ende eine Gedächtnisprüfung stattfand.

In einem weiteren Experiment wurde genau der gleiche Versuch wiederholt, bis auf eine „kleine" Änderung, denn hier wurden die Versuchspersonen vorher darüber informiert, dass der Zweck des Versuchs darin besteht, Wörter zu lernen und diese im Anschluss auch zu erinnern. Die Ergebnisse dieser beiden Experimente sind in ▶Tabelle 7.2 dargestellt.

	Aufgabe	
Absicht	**Bewertung**	**Buchstaben**
ohne (1)	68 %	39 %
mit (2)	69 %	43 %

Tabelle 7.2: Prozentsatz erinnerter Wörter für die beiden Aufgaben (Bewertung / tief und Buchstaben / flach) in den Spalten und *ohne Absicht*, sich die Wörter einzuprägen (1), bzw. *mit Absicht* (2) in den Zeilen

Deutlich ist beim Vergleich der beiden Spalten zu sehen, dass die tiefere Verarbeitung (Bewertung der Worte) zu besseren Erinnerungsleistungen führt als die flachere (Buchstaben suchen). Zudem – und das kann schon nachdenklich stimmen – hat offenbar die Absicht, sich etwas zu merken, praktisch keine Auswirkung auf die Erinnerungsleistung.

Die so häufig gegebene Selbstinstruktion „Das darf ich nicht vergessen! Das muss ich mir merken!" (sei es ein Name, eine Vokabel, ein Passwort, eine Telefonnummer oder eine Adresse) hat danach tatsächlich kaum eine Wirkung auf die Güte des Einprägens der Wörter, obwohl wir selbst fest davon überzeugt sind.

Also: Nicht die Absicht ist für die Erinnerbarkeit entscheidend, sondern die Verarbeitungstiefe, die durch ein einfaches ästhetisches Urteil oder eine Bewertung „erzwungen" werden kann. Wie weiter oben schon dargestellt, steht natürlich daneben immer noch die klassische Methode, nämlich das mehrmalige Wiederholen, zur Verfügung.

Wie wir gesehen haben, kann das Einprägen von Informationen auf verschiedenen Ebenen erfolgen, die in unterschiedlichem Grad an Bewusstheit gebunden sind. Dies beginnt bei den stammesgeschichtlich alten Lerntypen des *klassischen* und *operanten Konditionierens*, die allerdings ohne ein Erfahrungsarchiv auskommen, denn hierbei zählt beim Abruf nur die *Bilanz*, d.h. der jeweils *aktuelle* Stand der Verstärkungsgeschichte. Die einzelnen Schritte auf dem Weg zum Jetzt gehen verloren, denn es ist für den Organismus nicht relevant und ein unnötiger Ballast, sich zu erinnern, wie er gestern oder vor einem Monat auf einen Reiz reagiert hat. Wichtig ist einzig der gegenwärtige Stand des Gelernten, d.h. die *Summe* aller bisherigen Erfahrungen, denn dies ist die Grundlage des Verhaltens.

Auf der nächsten Stufe – durch Beobachtung Informationen aufzunehmen, die dann später für die eigene Verhaltensausführung genutzt werden können – wird eine wie auch immer geartete *Repräsentation* benötigt. Bis zur Anwendung oder Umsetzung von beobachtetem Verhalten kann auch längere Zeit vergehen, demzufolge kommt man hier nicht mehr ohne die Annahme von Gedächtnisspuren aus. Diese werden dann später bei passender Gelegenheit aktiviert und genutzt, egal ob als „schattierende" *einfache Imitation* der Bewegungen des Originals oder als *echtes Modelllernen*, das Sinn und Zweck des Modellverhaltens mit berücksichtigt und sich – manchmal sehr deutlich – vom einstmals beobachteten Verhalten ablösen kann.

Wie wir bei den bewussten Techniken, eine Information dauerhaft zu speichern, gesehen haben, kann dies in unterschiedlichen *Verarbeitungstiefen* erfolgen. Eine flache Verarbeitung stellt das simple „mechanische" *Wiederholen* dar. Diese Technik ist, wie es schon Ebbinghaus beim Auswendiglernen sinnloser Silben gezeigt hat, sicherlich in bestimmten Bereichen erfolgreich und stellt die Methode der Wahl dar z.B. beim Üben manueller Geschicklichkeit wie beim Klavierspielen oder Schreibenlernen. Jedoch kann man, wenn die aufzunehmende Information mit Bedeutung oder Sinn angereichert werden kann, eine tiefe Verarbeitung anregen, die nachweislich – gerade bei nur einmaliger Darbietung – zu einer verbesserten Abrufleistung führt. Solch eine tiefere Verarbeitung kann sogar durch eine subjektive Bewertung oder ein ästhetisches Urteil zu einer verbesserten Gedächtnisspur führen. So könnte man sich bei einer neuen Telefonnummer beispielsweise fragen, wie harmonisch sie aussieht.

Die sicherlich effektivste Form der Informationsverarbeitung mit der besten Langzeitwirkung ist dem Verstehen vorbehalten. Das *Verstehen* – gelegentlich auch als „Lernen durch Einsicht" bezeichnet – ist die tiefste mögliche Form des Einprägens, da nicht nur die Bedeutung des aufgenommenen Materials aktiviert wird, sondern dies gleichzeitig zu einer Neu- oder Umstrukturierung im Bedeutungsnetzwerk des schon vorhandenen Wissens führt.

7.4 Der zweite Schritt – Behalten und Speichern

Im ersten Schritt versuchten wir nachzuzeichnen, auf welch unterschiedliche Weisen Informationen aufgenommen werden können, um sie dann später bei passender Gelegenheit wieder abzurufen. Zwischen dem Einprägen und dem Abrufen muss die Information aufbewahrt und verfügbar gehalten werden. So entsteht die nächste Frage danach, wie die Speicherung beschaffen ist und was sie leisten kann.

In den ersten Überlegungen dazu wurde das Gedächtnis als ein homogenes Speichermedium angesehen, das dann mit stetig neu hinzukommenden experimentellen Befunden in immer weiter spezifizierte Teilstrukturen unterteilt wurde. Betrachten wir – beim kürzesten beginnend – der Reihe nach die verschiedenen Speicher.

7.4.1 Das sensorische Register – ein Ultrakurzzeitgedächtnis

Die Entdeckung des Speichers mit der kürzesten Haltezeit war – wie auch andere wichtige Entdeckungen – eher ein Zufallsprodukt, denn diesen Speicher können wir kaum erleben. Es geschah im Rahmen eines Experiments, das eigentlich das Ziel hatte, die Grenzen des in einem Moment Auffassbaren zu bestimmen. Dabei wurden kurzzeitig (nur 50 Millisekunden lang!) zwei Reihen mit jeweils acht zufällig ausgewählten Buchstaben gleichzeitig präsentiert, und die Aufgabe der Probanden bestand darin, direkt danach so viele der präsentierten Buchstaben wie möglich zu erinnern. Dabei gelingt es in der Regel, 3 bis 5 oder höchstens 6 der dargebotenen 16 Buchstaben zu nennen. Einige Personen gaben jedoch an, dass sie in dem Augenblick, als sie begannen diese aufzuzählen, noch alle 16 „vor Augen hatten", jedoch dann sofort ein schnelles Vergessen einsetzte – so schnell wie feiner trockener Sand durch die Finger verfließt.

Zunächst schenkten die Forscher diesen Berichten keine Beachtung, als dann aber wiederholt ähnliche Selbstbeobachtungen beschrieben wurden, fassten sie das Ziel, dies genauer zu prüfen – was zunächst gar nicht einfach erschien. Zu diesem Zweck entwickelte George Sperling – ein kleiner Geniestreich – die *Teilberichtsmethode*. Dabei wird die Präsentation der Buchstabenzeilen genau so wie zuvor beibehalten, jedoch folgt nach einer kurzen Pause der Hinweisreiz, welcher Teil reproduziert werden soll. Der Hinweisreiz besteht entweder in einem Ring („circle indication"), der im Nachhinein um die Stelle des Zielbuchstaben erscheint, oder in einem Balken („bar marker"), der über oder unter dem Platz des Zielbuchstabens auftritt (siehe ▶Abbildung 7.6).

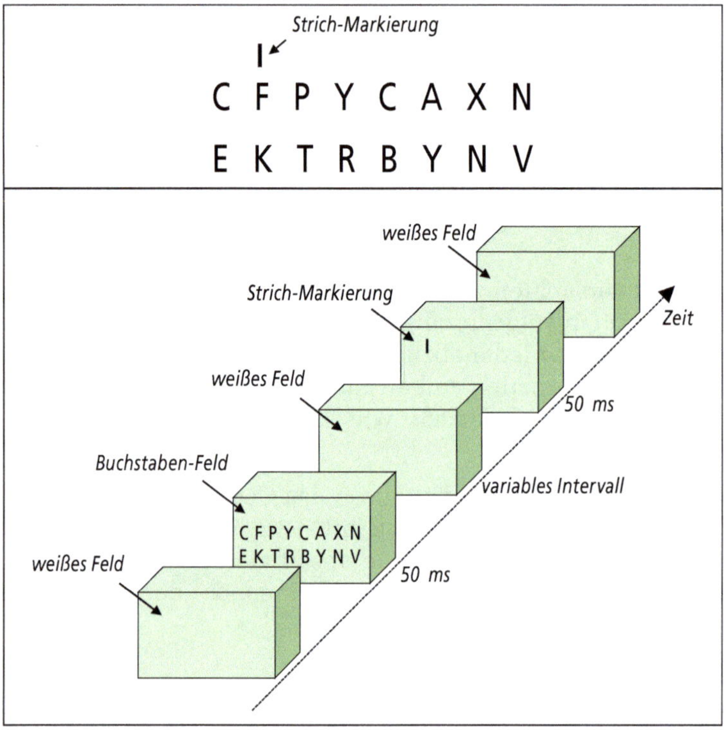

Abbildung 7.6: Der Versuchsablauf bei der Teilberichtsmethode zur Erforschung des sensorischen Registers

Wenn die Markierung (Kreis oder Balken) eine Sekunde oder länger nach den präsentierten Buchstaben auftrat, dann unterschieden sich die Ergebnisse nicht von der normalen Ganzberichtsmethode. Wenn jedoch das Zeitintervall kleiner war als eine Sekunde, dann konnten immer mehr Buchstaben richtig wiedergegeben werden, und bei etwa 500 Millisekunden konnten fast alle richtig „erinnert" werden. Man kann daraus schlussfolgern, dass das *sensorische Register* – einige bezeichnen es auch als „ikonisches Gedächtnis" – die gesamte visuelle Information eines Blicks für eine halbe Sekunde speichert, worauf dann aber ein rapider Spurenzerfall einsetzt. Diese halbe Sekunde Speicherung bemerken wir praktisch nicht, sie kann nur im Experiment „sichtbar" gemacht werden. Wenn ein automatischer Augenlidschluss erfolgt, verhindert dieses ultrakurze Gedächtnis, dass die Welt verschwindet und sich in Schwärze auflöst[6]. Für diesen kurzen Augenblick ersetzt der Inhalt des sensorischen Regis-

6 Ein Lidschlag erfolgt etwa alle 4 bis 6 Sekunden, und die Dauer liegt bei durchschnittlich 300 bis 400 Millisekunden.

ters unauffällig die Wahrnehmung, und das ist auch der Grund, warum wir es nicht bemerken. Erst wenn wir einen Lidschluss kontrolliert länger ausführen, wird die Haltezeit des Speichers überschritten und wir sehen dann das Augenlid von innen. Aufgrund der extrem kurzen Haltezeit des sensorischen Registers kann man diesen „Puffer" fast genauso gut dem Wahrnehmungssystem zuordnen – allerdings erfüllt er schon das Kriterium eines Speichers von Information und ist damit ein ultrakurzes photographisches Gedächtnis.

7.4.2 Das Kurzzeitgedächtnis – ein flüchtiges Echo

Schon Ebbinghaus beobachtete beim Lernen von kurzen Listen mit fünf und weniger Silben an sich selbst, dass schon nach einmaliger Darbietung – also ohne Wiederholung – eine fehlerfreie Wiedergabe möglich ist. Dies gelingt allerdings nur, wenn der Abruf auch zeitnah geschieht. Dieses Phänomen kennt jeder, der versucht, sich eine Telefonnummer oder eine Adresse zu merken, denn unmittelbar nachdem sie gehört wurde, kann man sie ohne Probleme wiederholen. Wenn danach jedoch einige Sekunden verstreichen und man zudem in der Zwischenzeit noch mit etwas anderem beschäftigt ist, dann verfliegt die gerade noch so klare und sichere Erinnerung schnell. Ebenso kennen wir dieses Phänomen aus den Vorstellungsrunden, die zu Beginn von Seminaren stattfinden – bekanntlich sind aufgestellte Namensschilder der Teilnehmer dann sehr hilfreich.

Verantwortlich für das nun – im Gegensatz zum sensorischen Register – *erlebbar* vergängliche Behalten von Zahlen und Wörtern ist das sogenannte *Kurzzeitgedächtnis.* Als einer der Ersten beschäftigte sich George Miller mit diesem Phänomen, und er betitelte seinen 1956 erschienen Beitrag mit „The magical number seven, plus or minus two ...". Seiner Beobachtung nach konnten sich Versuchspersonen zwischen 5 und 9 (7 ± 2) Ziffern, Buchstaben oder Wörter nach einmaliger Präsentation für kurze Zeit merken. Wie lange sie ohne eine aktive Wiederholung verfügbar sind, ist abhängig von dem, was man in der Zeit zwischen Darbietung und Abruf macht: Ob man ähnliche Wörter lesen muss, eine Subtraktionsaufgabe im Kopf durchführen muss oder einfach nur Musik hört. Allgemein ausgedrückt: Je größer die *Interferenz* von Pausenbeschäftigung und Inhalt des Kurzzeitgedächtnisses ist, umso schneller zerfällt die Erinnerungsspur (vgl. *Tabelle 5.1*). Bei großer Ähnlichkeit des „Pausenfüllers" zerfällt die Gedächtnisspur im Kurzzeitgedächtnis schon nach wenigen Sekunden, wenn man dagegen in der Pause passiv und entspannt ist, kann man durchaus noch 15 Sekunden auf dessen Inhalt zurückgreifen – ähnlich wie bei einem lang anhaltenden Echo.

Gegenwärtig wird die damals mit 7 (± 2) angegebene Speicherkapazität als zu hoch angesetzt erachtet. Unter der Bedingung, dass man sich aktiv in der Pause zwischen Darbietung und Abruf beschäftigt, sind es selbst nach wenigen Sekunden nur 3 (± 1) Inhalte, die wiedergegeben werden können. Vielleicht ist darin auch ein epochaler Effekt zu sehen, denn in den letzten Jahrzehnten ist z.B. mit Google die Notwendigkeit, sich etwas im eigenen Kopf „auswendig" zu merken, immer seltener geworden. Handys und Smartphones sind inzwischen allgegenwärtig griffbereit und „intelligent" geworden – nicht zu vergessen die Navigationsgeräte. Damit sinkt die Notwendigkeit einer tiefen Verarbeitung oder Wiederholung der abzulegenden Information und ebenso das Training des Kurzzeitgedächtnisses. Im Zusammenhang mit dem *Arbeitsgedächtnis* werden wir in *Abschnitt 8.8* dem echoartigen Nachwirken akustischer Reize noch einmal begegnen.

7.4.3 Nachrichten aus der eigenen Vergangenheit – lang ist es her

Neben dem visuellen Ultrakurzzeitgedächtnis und dem akustischen Kurzzeitgedächtnis verfügen wir natürlich auch über die Möglichkeit, Informationen für lange Zeit abzulegen und irgendwann später bei Bedarf abzurufen. Da es, wie wir gesehen haben, keine im Gehirn lokalisierbaren Archive für die abzulegende Information gibt, lässt sich nur indirekt – über die Analyse der beobachtbaren Abrufresultate – auf verschiedene Arten der Speicherung schließen. Zudem findet der weitaus größere Teil der alltäglichen Gedächtnisabrufe – sowohl mentale als auch motorische Leistungen betreffend – ohne bewusste Absicht und ohne dass man es merkt statt. Diese *impliziten* Gedächtnisabrufe begann die psychologische Forschung erst Ende des 20. Jahrhunderts genauer zu untersuchen. Bis dahin hatte man sich ja ausschließlich um den Bewusstheit und Absicht voraussetzenden *expliziten* Abruf gekümmert[7].

7.5 Deklarieren – öffentlich machen – ich kann verkünden

Aufgrund der beiden Abrufmodi – explizit versus implizit – werden innerhalb des Langzeitgedächtnisses ein *deklarativer*[8] und ein *nicht-deklarativer* Teil unterschieden (▶Abbildung 7.7). Innerhalb des deklarativen Gedächtnisses selbst können wiederum gut begründbar zwei Typen voneinander abgegrenzt werden: Zum einen ist es das *semantische Gedächtnis* mit dem im Laufe der Zeit angesammelten *Wissen* – z.B. das Rechnen mittels Dreisatz, die Währung von Russland oder die Unterscheidung von Pegelsprung und Regelbruch (vgl. *Abschnitt 5.6.3*). Zum anderen ist es das *episodische Gedächtnis*, in dem die persönlichen Erlebnisse abgelegt sind – z.B. der Tag der Einschulung, das erste Verliebtsein oder die Beerdigung einer nahestehenden Person. Der Abruf aus dem deklarativen Gedächtnis kann durch einfache Abfrage erfolgen (vgl. Tabelle 7.4), und Sprache ist das entscheidende Transportmedium für die Informationen – der Inhalt ist dann deklarierbar, d.h. mitteilbar.

---

7 vom Lateinischen implico = verwickelt, verwoben, verworren; explico = ausgebreitet, entfaltet
8 vom Lateinischen declaro = öffentlich erklären, verkünden, ausrufen

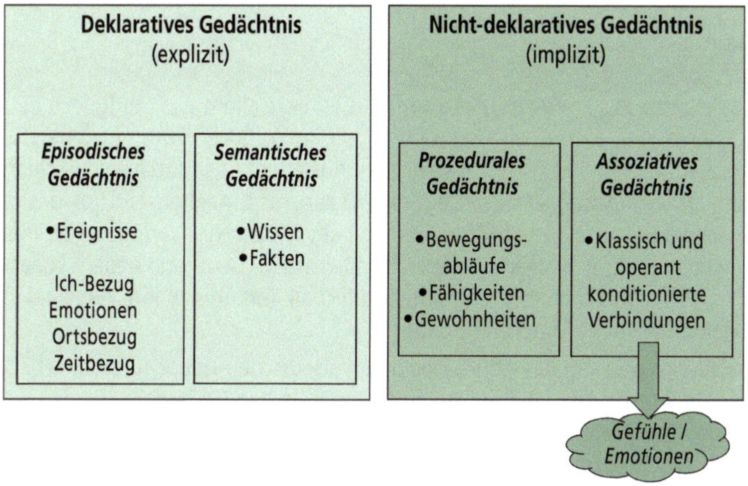

Abbildung 7.7: Die Organisation des Langzeitgedächtnisses

Die Unterscheidung zwischen dem semantischen und episodischen Department wirkt auf den ersten Blick etwas künstlich, denn häufig vermischen sich in unseren Erinnerungen Fakten und Erlebnisse, und nicht selten prägen sich Fakten und Wissenssachverhalte während besonderer Erlebnisse ein. Dennoch lassen sich einige markante Grenzlinien ziehen, denn Erinnerungen aus dem episodischen Gedächtnis besitzen besondere Merkmale, die denen aus dem semantischen Gedächtnis fehlen:

1. Episoden sind immer in der *Ich-Perspektive* abgelegt, d.h. der eigene Standpunkt, die eigenen Gedanken in der Situation und die gerade verfolgten Ziele gehören dazu.

2. Zu Episoden sind immer die damals angeregten *emotionalen Qualitäten* mit abrufbar – mindestens in der „einfachen" Gefühlsdimension angenehm / unangenehm. Z.B. entsteht beim Betrachten einer Person sehr schnell der Eindruck, ob man sie schon einmal getroffen hat (Gedächtnisabruf: Wiedererkennen). Wenn dies der Fall ist, kann man – auch wenn man sich nicht erinnern kann, wann oder wo man ihr schon begegnet ist – doch schnell sagen, ob es eine angenehme oder unangenehme Begegnung gewesen ist. Das könnte dann ein guter Startpunkt für weitere Rekonstruktionsversuche sein.

3. Die Ablage von Episoden erfolgt auf einem *virtuellen Zeitstrahl* („Sekundärzeit"), der zumindest ein Davor und Danach von Ereignissen bestimmen lässt. Neben einer Einordnung in der Zeit erfolgt auch eine Speicherung und damit Abrufbarkeit des *Ortes*.

Exkurs 7.3: Retrograde Amnesie

Es gibt Störungen des Erinnerns, die als Amnesien bezeichnet werden (griech.: a mnesis = ohne Erinnerung). Eine solche kann durch ein kritisches Ereignis entstehen, wie z.B. nach einem Autounfall mit schwerer Gehirnerschütterung oder durch einen Schlaganfall. Bei einer sog. *retrograden Amnesie* liegt ein besonderes Krankheitsbild vor, das dadurch gekennzeichnet ist, dass die betroffene Person bei vollständiger Verfügbarkeit ihrer Sprache sich weder an ihren Namen, ihr Alter, Familienstand, Beruf und andere Lebensereignisse erinnern kann. Wohl aber sind ihre beruflichen Kenntnisse, ihre Allgemeinbildung und die gelernten Fremdsprachen abrufbar.

Es liegt also eine Störung des Abrufs aus dem episodischen Gedächtnis vor – bei gleichzeitiger Verfügbarkeit von Inhalten aus dem semantischen Gedächtnis. Beide Funktionssysteme des Langzeitgedächtnisses können damit unter bestimmten Bedingungen vollständig gegeneinander „abgeschottet" sein. Das kann belegen, dass der Zugriff unabhängig voneinander möglich ist, wobei der eine gänzlich verschlossen sein kann – wie bei einer retrograden Amnesie.

Im Hollywood-Streifen „The Bourne Identity" stellt dieses Phänomen den thematischen Rahmen der Handlung dar.

Es gibt also überzeugende Gründe, innerhalb des deklarativen Langzeitgedächtnisses zwei eigenständige Teilsysteme zu unterscheiden. Dies kann man auch bei achtsamer Selbstbeobachtung am Abrufvorgang folgender zwei Gedächtnisfragen schnell feststellen. Was geht Ihnen durch den Kopf, wenn Sie folgende Frage zu beantworten versuchen:

- Frage 1: Was haben Sie beim Jahreswechsel 2009/2010 gemacht, und wie waren Sie angezogen?

Wenn Sie sich ein paar Notizen dazu gemacht haben, kommen wir zur zweiten Frage. Sie lautet:

- Frage 2: Was unterscheidet Hunde von Katzen?

Wenn Sie sich Notizen gemacht haben, vergleichen Sie diese. Sie werden feststellen, dass auf dem Weg zur Beantwortung von Frage 1 zunächst irgendwie abgeklärt werden muss, auf welchem Punkt Ihres individuellen Lebenszeitstrahls das Ereignis stattfand: Mit wem war ich befreundet? Wie alt war ich damals? Wo habe ich gewohnt? Wo wurde gefeiert? ... Dabei werden sicherlich Gefühle geweckt, und irgendwann entsteht dann die mehr oder weniger erfolgreiche Rekonstruktion der Silvesternacht. Bei Frage 2 spielen die gerade noch so nützlichen Abrufhilfen keine Rolle mehr, sondern es findet sofort ein zeit- und ortsunabhängiges Suchen in den eigenen Wissensvorräten statt, das eher als gefühlsarm und emotionslos zu charakterisieren ist.

7.6 Nichts zu deklarieren – Tatsächlich?

Schon bei der Wahrnehmung der Welt findet der erste – allerdings unbemerkte – Gedächtnisabruf statt, da in jedem Wahrnehmungsvorgang implizit ein Abgleich zwischen den sensorischen Eingangsdaten mit schon gespeicherten Informationen stattfindet, als Zusammenspiel von Bottom-up- und Top-down-Prozessen (*Abschnitt 4.3*). Etwas wahrnehmen bedeutet etwas erkennen, was dann eigentlich ein *Wiedererkennen* ist. Jede spontane schnelle Reaktion auf einen Wechsel in der Umwelt schöpft aus den Erfahrungen mit ähnlichen Situationen – auch hier findet natürlich ein impliziter Gedächtnisabruf statt. Das Fahren auf einem Fahrrad, das Eintippen von Wörtern auf einer Tastatur oder das Ausschalten des Weckers gelingt nur durch die unbemerkbare Hilfe des nicht-deklarativen Gedächtnisses. Bei näherer Analyse gilt das genauso für das scheinbar so unkomplizierte zentrale Mittel menschlicher Kommunikation: das Sprechen, was aufgrund des Tempos der Ausführung vielleicht verwundern mag.

All diesen beschriebenen Vorgängen, die von der Wahrnehmung bis zur komplexen Bewegungssteuerung reichen, ist gemeinsam, dass wir die dabei auftretenden Gedächtnisabrufe nicht beschreiben können, weil wir sie nicht als solche erleben. Ein Grund dafür ist nicht zuletzt die Geschwindigkeit des Abrufs und dessen Umsetzung, denn diesem Tempo und der dabei auftretenden Informationsmenge ist unser Bewusstsein nicht gewachsen – es ist viel zu eng und zu träge dazu (vgl. *Tabelle 3.5*). Ein weiterer Grund mag sein, dass diese komplexen und aufeinander fein abgestimmten Vorgänge dem Bewusstsein verschlossen bleiben müssen, da sie auf keinen Fall gestört oder kontrolliert werden dürfen, sonst würde mit Sicherheit ein Chaos entstehen und Wahrnehmung und Verhalten würden aus den Fugen geraten.

Man versuche nur einmal, alle Vorgänge beim Autofahren bewusst auszuführen, wie dies – vielleicht noch gut erinnerbar – in der ersten Fahrstunde der Fall war. Aber bitte nur auf einem Übungsgelände! Man wird dann feststellen, dass ein Zurücksetzen auf den Anfängerstatus bei überlernten Verhaltensweisen und Routinen nur phasenweise und bei höchster Konzentration gelingt. Hier finden wir, dass auch beim Menschen die Lernerfahrungen aus klassischen und operanten Konditionierungen immer auf ihrem letzten, dem aktuellen Stand abrufbar sind. Ihre Geschichte ist nicht abrufbar.

7.6.1 Schnelle Bewertungen und Reaktionen – das Assoziations-Gedächtnis

Die Tatsache, dass wir sehr schnell dazu in der Lage sind, die Bewertung über ein Bild, einen Gegenstand oder eine Person vorzunehmen, ist nicht weiter auffällig, da es offenkundig alle Menschen tun – wie schon dargestellt, „sehen“ wir diese Bewertungen ja (*Abbildung 4.17*). Dass hierbei jedoch verschiedenartige gespeicherte Informationen aufgerufen und zu einer Art Bilanz zusammengeführt werden müssen, wird erst bei näherem Nachdenken über die Aktualgenese einer Bewertung deutlich. Warum ist ein Geruch angenehm, eine Farbe zu schrill, ein Gesicht hübsch oder eine Jacke hässlich? Um solche und ähnliche Bewertungen – zumal mit hoher innerer Sicherheit und Überzeugung – in weniger als einer Sekunde abgeben zu können, wäre es nötig, die eigene Lerngeschichte zu vergegenwärtigen. Es handelt sich allerdings um Erfahrungen, die aus *klassischen Konditionierungen* entstanden sind, und deren jeweils eigene Geschichte vermögen wir nicht zu rekonstruieren. Diese übernehmen in vielen Situationen sehr wirksam die Steuerung unseres Verhaltens, denn sie geben uns selbstverständlich vor, was wir anstreben oder vermeiden wollen. Allgemeiner gesagt: Sie spielen also bei dem, was uns motiviert, eine zentrale Rolle (=> *Kapitel 10 Motivation*).

Exkurs 7.4: Claparède und die Reißzwecke

Eine Geschichte, die der Schweizer Psychologe Édouard Claparède 1911 erwähnte, vermag dies zu illustrieren. Eine Patientin mit einer anterograden Amnesie[9] konnte sich selbst an Begegnungen mit ihm, die vor wenigen Minuten stattgefunden hatten, nicht erinnern – und natürlich auch nicht an alle die, die davor lagen. Jedes Mal musste Claparède sich ihr aufs Neue vorstellen, sie begrüßen und ihr erklären, wo sie sich befindet. Eines Tages legte er vor der Begrüßung eine Reißzwecke in seine Hand, und beim Händedruck mit der Patientin wurde sie gestochen. Beim nächsten Wiedersehen – für die Patientin war es ja jedes Mal eine Erstbegegnung – wollte sie Claparède partout nicht die Hand geben. Sie wand sich mit den abstrusesten Ausreden davor weg, obwohl sie ihm aus ihrer Perspektive zum ersten Mal begegnete.

Damals noch nicht erklärbar, wissen wir heute, dass bei der Patientin zwar der explizite Zugriff zum deklarativen episodischen Gedächtnis unterbrochen, jedoch der implizite Zugriff auf das nicht-deklarative Gedächtnis noch voll funktionsfähig und wirksam war. Claparède war für sie zu einem konditionierten Reiz mit negativem Vorzeichen geworden, der ein diffuses Unbehagen und Ablehnung auslöste, wofür sie verzweifelt nach einer plausiblen Erklärung suchte (vgl. hierzu Tabelle 8.3).

Gleiches gilt ebenfalls für verhaltensnahe emotionsgesteuerte Reaktionen, wie z.B. das Erröten und den unsicheren Gesichtsausdruck beim Gewahrwerden der Zornesfalten im Gesicht des Gegenübers, das Wegdrehen beim Geruch von Löwensenf oder die Vermeidungsreaktion auf das Summen einer Wespe, nicht aber auf das Summen einer Fliege. Entsprechende Reaktionsmuster entstehen für alle angeregten Emotionen natürlich ebenfalls ohne Absicht, unwillkürlich und in den allermeisten Fällen ohne Kenntnis der dafür verantwortlichen Erfahrungen – in diesem Fall sind es *operante Konditionierungen* aus der eigenen Lebensgeschichte.

9 Im Gegensatz zur retrograden Amnesie (*Exkurs 7.3*) betrifft das Krankheitsbild der anterograden Amnesie die Gedächtnisleistungen *nach* einem krankheitskritischen Einschnitt, und Ereignisse, die danach stattfinden, können nicht mehr explizit erinnert werden.

7.6.2 Automatisches Handeln – das prozedurale Gedächtnis

Neben den assoziativen, schnellen Bewertungen und Reaktionen stellen auch eingeübte Bewegungsabläufe Abrufe aus dem nicht-deklarativen Gedächtnis dar, weshalb man hierfür die Bezeichnung *prozedurales Gedächtnis* gewählt hat. Dazu gehören, beginnend bei einfachen Gewohnheitshandlungen, praktisch alle durch Lernen erworbenen Fähigkeiten wie Fahrrad-, Skateboard- oder Autofahren, Klavier- oder Tennisspielen und auch das Haustüraufschließen sowie letztlich auch das Lesen und Sprechen. All diesen gespeicherten Prozeduren ist gemeinsam, dass sie in hohem Maße automatisch ausgeführt werden können, d.h. ohne eine bewusste Steuerung auskommen – ein bewusstes Eingreifen ist in den meisten Fällen sogar eher störend.

Das einfache „Ablaufenlassen" von eingeübten Fähigkeiten kann bis zum Aufgehen in der Tätigkeit führen, was als „Flusserleben" dann den idealen Motivationszustand ausmacht, der bei vielen Tätigkeiten auftreten kann – wie z.B. Free-Climbing, Motorradfahren oder Computerspielen (vgl. *Abschnitt 10.7*).

In ▶Tabelle 7.3 sind die verschiedenen beschriebenen Speicher noch einmal im Vergleich miteinander dargestellt. Wie man sehen kann, setzt sich unser Gedächtnis aus einem umfangreichen Arsenal an hoch spezialisierten Möglichkeiten zusammen, die vom kurzzeitigen Behalten von Bildern bis zur Aufbewahrung der im Laufe eines Lebens gesammelten Erfahrungen reicht.

	Sensorisches Register	Kurzzeit-Gedächtnis	Langzeit-Gedächtnis	
			Deklarativ	Nicht-deklarativ
Erleben	gar nicht	flüchtig	beständig	gar nicht
Haltezeit	0,5 sec	10 sec (+/- 7)	lang	
Kapazität	sehr groß	7 +/- 2 (3 +/- 1)	sehr groß	
Zeitdruck der Reproduktion	–	groß	klein	
Organisation	visuelle Merkmale	insb. akustisch	insb. semantisch	Assoziationen Prozeduren

Tabelle 7.3: Die Speicher im Vergleich

7.7 Bilder oder Wörter

Neben der bisher beschriebenen Organisation des menschlichen Gedächtnisses in vier Departments (Tabelle 7.3) lässt sich noch ein weiterer bedeutsamer Effekt hinzufügen. Dieser betrifft das Format (Kodierung) der mentalen Repräsentationen[10]. Auf der einen Seite haben wir immer wieder sehen können, dass die mehr oder weniger abstrakte *Bedeutung* innerhalb der vorhandenen Wissensstruktur beim Abruf eine wichtige Rolle spielt. Hierfür wird das semantische Gedächtnis als „Ort" angenommen. Die Bedeutungen der Wörter einer Sprache bilden hier sozusagen das Netzwerk und stellen die Träger für die Informationen dar, und der Abruf aus dem deklarativen Gedächtnis – egal ob vom semantischen oder vom episodischen – ist in der Regel sprachbasiert.

Auf der anderen Seite gibt es im Alltag häufig Gedächtnisabrufe, die ohne Sprache auskommen – wie dies z.B. beim Wiederkennen eines Gesichts, einer Melodie, eines Geruchs, eines Geschmacks oder einer Berührung der Fall ist. Hier merkt man schnell, dass die sprachliche Beschreibung auch nicht annähernd die Erinnerung abzubilden vermag. Es ist deshalb notwendig, neben der an Sprache gebundenen, *semantischen Repräsentation* eine davon unabhängige *sensorische Repräsentation* für die aufgenommenen Sinneseindrücke anzunehmen. Allerdings ist es nicht so einfach, dies unter kontrollierten Laborbedingungen zu untersuchen, und für akustische, olfaktorische, gustatorische und haptische Reize ist dies weniger gut erforscht. Bilder lassen sich dagegen einfacher experimentell präsentieren und variieren, weshalb die meisten Erkenntnisse zu nicht-sprachlichen Gedächtnisleistungen auf visuellen Repräsentationen und deren Abrufbarkeit basieren.

Eine ganze Reihe von Experimenten, in denen Bilder und Wörter in verschiedenen Gedächtnisaufgaben eingesetzt wurden, können belegen, dass als Wörter und als Bilder aufgenommene Informationen in separaten Systemen abgelegt werden, weshalb Allan Urho Paivio von einer „dualen Kodierung" spricht (▶Abbildung 7.8).

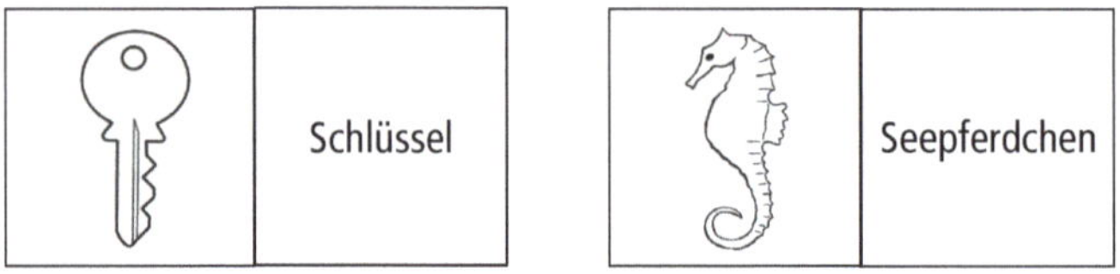

Abbildung 7.8: Bilder und Wörter in Experimenten zur dualen Kodierung

10 Mentale Repräsentationen stellen eine übergeordnete Bezeichnung aller Abbildungsarten von Objekten und Vorgängen – sowohl von einfachen wie auch von komplexen – dar. Wenn sie zeitüberdauernd sind, konstituieren sie die individuelle Wissensstruktur.

Insgesamt zeigte sich ein sog. „Bildvorteil", d.h. Bilder können besser erinnert werden als Wörter. Zudem kann man nachweisen, dass die sprachliche und bildliche Repräsentation zum Austausch miteinander in der Lage sind. So können semantisch kodierte Wörter („Logogene") gemeinsam mit den dazu gehörenden visuell kodierten Bildern von Objekten („Imagene") aktiviert werden, was dann die Erinnerungsleistung deutlich verbessert (z.B. für Banane oder Kamin). Das gilt übrigens auch für *vorgestellte* Bilder, die z.B. beim Auswendiglernen von Vokabeln hilfreich sein können[11]. Bei abstrakten Begriffen (z.B. Ewigkeit oder Ängstlichkeit) ist das Vorstellen mangels Objekten nicht möglich, was eine Erklärung dafür darstellt, dass Wörter dieser Wortklasse nicht so gut erinnert werden können wie Wörter, die konkrete Dinge bezeichnen.

Wir können trotz des gegenwärtig noch vergleichsweise dünnen Wissensstandes annehmen, dass es für alle Sinnesorgane modalitätsspezifische Gedächtnisspuren und -schemata gibt, die bei Passung mit aktuellen Reizen aktiviert werden, und dass dann dieses Ergebnis als *Gefühl der Bekanntheit* (schon einmal gesehen, gehört, gerochen, geschmeckt oder gespürt) ins Bewusstsein tritt.

7.8 Der dritte Schritt – Abrufen und Erinnern

Da weder der Vorgang des Einprägens noch die Art und Weise der Speicherung von Information direkt beobachtbar und messbar sind, können alle Rückschlüsse darauf letztendlich nur anhand der Abrufleistungen unter verschiedenen Bedingungen gezogen werden. Dies gelingt – wie bisher gesehen – durch ausgeklügelte Experimente überzeugend und gut nachvollziehbar. Mithin ist das der Grund dafür, dass in den vorigen Abschnitten schon häufig auf Erinnerungs*leistungen* zurückgegriffen wurde, und so geht es im gegenwärtigen vornehmlich darum, die bisher eher verstreut erwähnten Abrufarten noch einmal systematisch darzulegen.

Als Konsequenz aus der schon beschriebenen Einteilung des Gedächtnisses in einen deklarativen und einen nicht-deklarativen Teil (vgl. Abbildung 7.7) ist es sinnvoll und folgerichtig, auch zwischen einem *expliziten* und einem *impliziten* Abrufmodus zu unterscheiden.

11 Es konnte zudem belegt werden, dass neben dem Vorstellen des zu erinnernden Objektes auch das Ausführen einer typischen Bewegung mit diesem Objekt zu deutlich besseren Gedächtnisleistungen führte (z.B. bei Hammer hämmern oder bei Kamm kämmen) – was neben der sensorischen Repräsentation auch eine sensomotorische nahe legt (Engelkamp & Zimmer, 1994).

7.8.1 Der erlebte Gedächtnisabruf – explizit

Den *expliziten* Abruf erleben wir deutlich als solchen, da hierbei eine Absicht – manchmal auch nur in rudimentärer Ausprägung – vorhanden ist, etwas Abgelegtes zu erinnern. Die Fragen „Wie programmiert man den Rekorder?" oder „Wann bist du heute Morgen aufgestanden?" scheinen bei uns einen Zugriff in ein inneres Archiv zu bewirken. Zwar bleibt uns der *Ort* und der *Vorgang der Suche* darin verschleiert, aber immerhin: Wir bekommen meist nach kurzer Zeit das Ergebnis der nicht bewussten Ermittlungsarbeit zugespielt. Diese so häufig erlebbaren expliziten Frage-Antwort-Sequenzen werden als Zugriffe auf das deklarative Gedächtnis angesehen, das wiederum in die beiden fiktiven Departments semantisch und episodisch aufteilbar ist (vgl. *Exkurs 7.1*).

Die beiden häufigsten expliziten Abrufarten sind die *freie Erinnerung* („free recall") und das *Wiedererkennen* („recognition"). Bei ersterer sind die Hinweisreize nur durch die Frage selbst vorgegeben, und der Suchprozess ist dann in gewisser Weise ein kreativer, da hier Lösungsvorschläge entstehen, diese überprüft und auch gegebenenfalls wieder verworfen werden können. Insofern gleicht dieser Vorgang in wesentlichen Aspekten dem des Problemlösens. Beim Wiedererkennen entfällt die erste Phase der freien Erinnerung, nämlich die probeweise Produktion von Lösungsvorschlägen, und es muss nur noch geprüft und verifiziert werden. Diese Erklärung macht plausibel, dass die Gedächtnisleistungen beim Wiedererkennen sehr viel besser sind als bei freier Erinnerung – unabhängig davon, ob es einen Abruf aus dem semantischen oder dem episodischen Gedächtnis betrifft. In ▶Tabelle 7.4 sind einige Beispiele zum Erinnern, der dabei angesprochene Gedächtnistyp und die Abrufart aufgelistet.

	Beispiel	Gedächtnistyp	Abrufart
1.	Wo wart ihr eigentlich vor zwei Jahren in Urlaub?	episodisch	freie Erinnerung
2.	Was ist der Satz des Pythagoras?	semantisch	freie Erinnerung
3.	Von welchem der Sender heißt die Nachrichtensendung Tagesschau? RTL ARD ZDF Arte BR	semantisch	Wiedererkennen
4.	Wer von den 7 Personen war der Täter? 1 2 3 4 5 6 7	episodisch / visuell – nicht-sprachlich	Wiedererkennen
5.	Welcher von den vier Blumengerüchen stammt von einer Rose? 1 2 3 4	semantisch olfaktorisch – nicht-sprachlich	Wiedererkennen
6.	Wie lautet der Vorname des Schauspielers CLOONEY?	semantisch	Gebundener Abruf

Tabelle 7.4: Verschiedene Arten des expliziten Gedächtnisabrufs

Dabei ist das sechste Beispiel ein Mittelding zwischen freier Erinnerung und Wiedererkennen, denn bei der gebundenen Erinnerung wird ein Teil der Lösung vorgegeben. So wird praktisch schon eine richtige Erinnerungsspur aktiviert, und nur noch der damit eng assoziierte, fehlende Teil muss rekonstruiert und geprüft werden. Die gebundene Erinnerung tritt im täglichen Leben allerdings deutlich häufiger in Form von Assoziationen und Ergänzungen, d.h. als impliziter Gedächtnisabruf, auf.

7.8.2 Der nicht erlebte Gedächtnisabruf – implizit

Im Gegensatz zum expliziten bleibt der *implizite* Gedächtnisabruf unbemerkt – ihn erleben wir nicht als solchen. Das liegt – wie schon beschrieben – auch an dem hohen Tempo des Abrufs und der Komplexität des Abgerufenen. Es sind schnelle Assoziationen und Bewertungen sowie prozedurale Abläufe und dynamische Bewegungsprogramme, die dabei situationsbezogen aktiviert werden. Ihre weitreichenden und tiefen Vernetzungen machen eine bewusste Steuerung oder eine sprachliche Beschreibung praktisch unmöglich. Wer kann schon präzise beschreiben, *wie genau* man Fahrrad fährt oder Tennis spielt – nicht umsonst fehlt genau das in den Gebrauchsanweisungen beim Kauf der entsprechenden Sportgeräte. Deutlich wird das implizite Abrufen von Bewegungsmustern z.B. auch beim Umgang mit der Computertastatur. Wer häufig damit umgeht, wird kaum sagen (d.h. explizit deklarieren) können, wie die einzelnen Tastenkurzbefehle gehen. Stattdessen ist man gezwungen die Tastenkombinationen mittels Fingersimulation auszuführen (d.h. implizit abzurufen), um erst *danach* – anhand der beobachteten eigenen Bewegungen – eine Antwort geben zu können.

Neben *Assoziationen* und *Prozeduren* kann eine weitere Form des impliziten Abrufs beobachtet werden. Es handelt sich um das sogenannte *Priming*, was in diesem Kontext so viel wie Voraktivierung oder Bahnung bedeutet. Hierbei handelt es sich um die Nachwirkung dessen, womit man sich kurz zuvor beschäftigt hat. Wird z.B. vor einer Wortergänzungsaufgabe (siehe Beispiel 9 in ▶Tabelle 7.5) das Wort „Auto" präsentiert, dann wird in der nachfolgenden Ergänzungsaufgabe „ . e . k r . d " das Lösungswort deutlich schneller gefunden als bei der gleich schwierigen Aufgabe „ . e . s i . b ". Die Erklärung dafür ist, dass durch die vorherige Darbietung des Wortes „Auto" auch dessen Bedeutungsumfeld aktiviert wird – zu diesem gehören „Handbremse", „Blinklicht" oder „Lenkrad", nicht aber „Gardine", „Badewanne" oder „Teesieb". In Tabelle 7.5 sind Beispiele zum impliziten Gedächtnisabruf mit entsprechenden Zuordnungen aufgeführt.

	Beispiel	Gedächtnistyp	Abrufart
7.	Der Herd war zu heiß eingestellt, und man riecht verbrennendes Öl.	assoziativ	affektive Reaktion, spontane Gedanken
8.	Man fährt mit dem Auto zur Arbeit.	prozedural	dynamische Bewegungssteuerung auf mehreren Ebenen
9.	Vor der Frage hat man gemeinsam gefrühstückt. Es folgt ein Lückentest: Welches Wort ist hier gesucht? .r.ta.f.t..c.[12]	semantisches Priming	Einfall einer Lösung

Tabelle 7.5: Verschiedene Arten des impliziten Gedächtnisabrufs

Die Wirkung des Primings ist ebenso alltäglich und unbemerkt wie die anderen impliziten Gedächtnisabrufe. Allerdings führte es zu der erstaunlichen Entdeckung, dass bei einer ganzen Reihe von kranken Personen mit der Diagnose „anterograde Amnesie“ (vgl. *Exkurs 7.4*) doch noch ein Gedächtnisabruf – allerdings ein ausschließlich impliziter – möglich ist. Man kann nämlich nachweisen, dass Prime-Wörter bei diesen Patienten dieselben Leistungsverbesserungen bei den nachfolgenden Wortergänzungsaufgaben bewirken wie bei Gesunden. Dies findet allerdings statt, ohne dass jene sich daran erinnern können, was sie vorher gemacht haben – und schon gar nicht an die Prime-Wörter. Das heißt, trotz des Ausfalls der expliziten Erinnerung an die Primes zeigten diese noch ihre Wirkung, allerdings nur im impliziten Abrufmodus bei der Wortergänzungsaufgabe. Ob man, wie einige Kollegen das tun, beim semantischen Priming schon von einer Gedächtnisspur sprechen kann, sei dahingestellt; zunächst ist es auf jeden Fall die Aktivierung von eingrenzbaren, im Langzeitgedächtnis abgelegten Informationsnetzen.

Zur Übersicht sind in ▶Abbildung 7.9 die verschiedenen Formen und Arten des Einprägens und Abrufens von Informationen aus dem Gedächtnis noch einmal gemeinsam dargestellt.

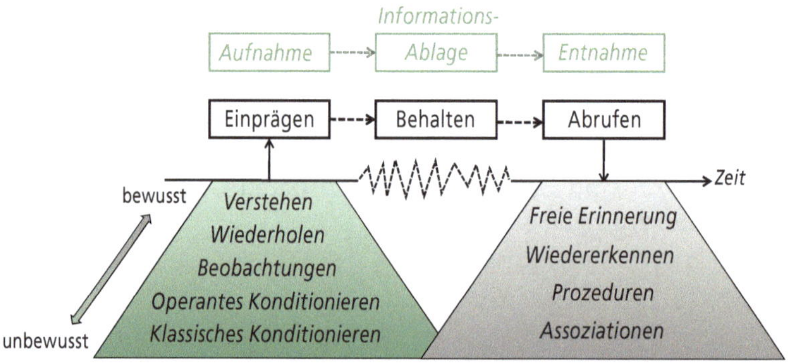

Abbildung 7.9: Verschiedene Arten des Einprägens und Abrufens von Gedächtnisinhalten

12 „Brotaufstrich“

7.9 Erleichterung und Hilfe beim Erinnern

Die förderliche Wirkung des *Primings* kann bildlich als Nachhallen des zuvor Dagewesenen vorgestellt werden. Jeder Reiz, der tief verarbeitet wird, bewirkt durch die stattfindende Bedeutungsanalyse eine unbemerkte selektive *Voraktivierung* der zugehörigen semantischen, episodischen, assoziativen oder prozeduralen Repräsentationsfelder. Damit wird eine sinnvolle Vorbereitung oder Einstimmung auf mögliche nun folgende Aufgaben und Anforderungen geleistet, die ohne bewusstes Zutun erfolgt. Die Priming-Wirkung hält jedoch nur eine begrenzte Zeit an. Mit dem nächsten stattfindenden Aufgabenwechsel wird die alte Voraktivierung durch eine neue, situationsangemessene ersetzt und bleibt bis zum nächsten Wechsel wirksam, um dann wiederum abgelöst zu werden.

Eine weitere Erleichterung beim Wissens- und Erfahrungsabruf stellt der *situative Kontext* des Abrufs dar: Je ähnlicher sich die Situationen des Abrufs und die des Einprägens sind, umso präziser ist die Erinnerungsleistung. Nicht umsonst führt der Besuch von Orten aus der Kindheit zu „neuen" Erinnerungsschätzen, und beim Besuch einer Kirche fällt jemandem, der sich schon vor langer Zeit vom Glauben abgewandt hat, eine längst vergessene Zeile aus dem Vaterunser ein. Andererseits erkennt man seinen Zahnarzt auf dem Wochenmarkt nicht sofort wieder. Offenkundig werden immer auch Merkmale der Situation, in der sich etwas eingeprägt hat, mit gespeichert, und diese stellen dann beim Abrufen Gedächtnisstützen dar – oder auch Hemmnisse.

Gleichermaßen wie die äußere Situation stellt auch der *innere Zustand* eine Erinnerungsbrücke her. Das, was man im Zustand des Verliebtseins erlebt hat, kann man am besten in einem ähnlichen Emotionszustand abrufen – aber auf gar keinen Fall im Zustand der Eifersucht. Gleiches gilt auch für Freude und Trauer, genauso wie für Angst und Entspannung. Dieses Phänomen der *Zustandsabhängigkeit* („state dependency") beim Gedächtnisabruf wird in Prüfungen besonders deutlich, denn in der Vorbereitung prägt man sich die Inhalte meist doch in eher entspanntem Zustand ein. Der Abruf findet aber unter Anspannung und Prüfungsangst statt. Dass es hier gelegentlich zu Ausfällen kommt, ist naheliegend. Die beiden daraus abzuleitenden Konsequenzen – entweder unter Angst zu lernen oder in einer Prüfung entspannt zu sein – lassen sich nicht in die Realität umsetzen. So bleibt das einzige nach wie vor wirksame Mittel, mit der Angst umzugehen und sie zu bewältigen.

Eine weitere Möglichkeit, das Erinnern zu erleichtern, bietet das vorwegnehmende Einstimmen auf die Abrufsituation – also der Aufbau von *Erwartungen*. Hier handelt es sich eigentlich um ein Hineinversetzen in die zukünftigen Umstände und Aufgaben und deren Antizipation. Durch einen Erwartungsaufbau findet eine ähnliche Voraktivierung ausgewählter Gedächtnisinhalte wie beim Priming statt, nur dass dabei selbst generierte Vorstellungen und nicht Außenreize die Ursache sind. Z.B. werde ich ein Hinweisschild eher wiedererkennen, wenn ich damit rechne, und einen Bekannten schneller identifizieren, wenn ich mit ihm verabredet bin, als wenn ich ihn zufällig irgendwo treffe. In ▶Tabelle 7.6 sind die vier „Erinnerungshilfen" noch einmal hinsichtlich ihrer zeitlichen und örtlichen Herkunft aufgeführt.

	von innen	von außen
gleichzeitig	angeregte Emotion	Kontext
vorher	Erwartung	Priming

Tabelle 7.6: Erinnerungshilfen

Erinnerbar ist hoffentlich eine in *Kapitel 4 Wahrnehmung* angelegte Gedächtnisspur, denn beim Erinnern haben genau dieselben Faktoren eine erleichternde oder verbessernde Wirkung wie beim Wahrnehmen. Wahrnehmen, Erkennen und Wiedererkennen sind eng miteinander verwoben. Wie eng und effektiv deren unbemerkte Zusammenarbeit ist, wird beim Sprachverstehen am Telefon trotz schlechter Verbindung deutlich.

7.10 „Glücklich ist, wer vergisst ..." ?

Jedem Menschen ist es schon passiert, dass ein vermeintlich sicherer Abruf aus dem deklarativen Gedächtnis nicht funktioniert hat. Manchmal ist z.B. am Bankautomaten bei der Abfrage die PIN-Nummer, die man schon einige dutzend oder hundert Male ohne Zögern eingegeben hatte, im Moment nicht präsent. Man wundert sich dann über die klaffende Leerstelle, und die Frage steht unbeantwortet im Raum, wieso man die simple Zahlenkombination „vergessen" hat. Auch tauchen gelegentlich – nicht nur bei mir selbst – die skurrilsten Unsicherheiten bei der Rechtschreibung auf, und man rätselt eine Zeit lang darüber, ob „überraschend" nun mit einem oder mit zwei „r" geschrieben wird, oder gar „Brot" mit „d" endet.

Wie schon dargestellt, kommt uns das eigene Gedächtnis erst durch das Aufmerken und den Zweifel beim Versagen in den Sinn. Die mögliche Ursache für ein gescheitertes Erinnern kann in jeder der drei aufeinander aufbauenden Phasen von Gedächtnisvorgängen liegen:

1. Beim *Einprägen*, wenn mangels Aufmerksamkeit die Information nicht oder nur fragmentarisch aufgenommen wird.
2. Bei der *Ablage*, wenn der „Neuzugang" nicht oder nur lose vernetzt in die schon vorhandene Gedächtnisstruktur einbezogen wird.
3. Beim *Abruf*, wenn der aktuelle Zustand oder die Situation den Zugriff erschwert oder unmöglich macht.

Nur wenn der erstmalige Abrufversuch misslingt, kommen die Informationsaufnahme und die -ablage als mögliche Ursachen infrage. Wenn jedoch zuvor schon (mindestens) ein Mal erfolgreich – wichtig: über die Haltezeit des Kurzzeitgedächtnisses hinaus – erinnert wurde, sind die Ursachen des Scheiterns nur in den äußeren oder inneren Bedingungen zu suchen. Das gilt aber nur unter der zentralen Voraussetzung, dass sich im Speicher selbst *nichts verändert* hat. Genau an diesem Punkt setzen die bekanntesten Theorien zum

Vergessen an, denn sie gehen davon aus, dass die Ursache des Problems darin begründet ist, dass die Ablage der Information Veränderungseinflüssen unterliegt und dass diese Veränderungen den wesentlichen Grund für das Vergessen darstellen.

Zunächst gilt ganz allgemein, dass beim Vergessen die verstrichene Zeit seit dem Zeitpunkt der ersten Einspeicherung eine wesentliche Rolle spielt – je länger die verstrichene Zeit, desto mehr wird vergessen. Schon Ebbinghaus stellte drei auch heute noch plausible Vermutungen über die Art der Veränderungen an. Als Erstes kam für ihn die allmähliche *Überlagerung* der älteren durch die neueren Inhalte in Betracht. Als Zweites nannte er eine langsame *Verwitterung der Inhalte* bis zur Unkenntlichkeit am Ende, und als Drittes den *Zerfall in immer mehr einzelne Teile* und den Verlust einzelner Segmente.

Auch in der Gegenwart hat sich da nicht viel geändert, und die beiden heute gängigsten Erklärungen, Vergessen auf *Interferenzen* (Überlagerung) mit anderen abgelegten Informationen oder auf *Spurenzerfall* der abgelegten Informationen zurückzuführen, stehen in der Tradition von Ebbinghaus. Dabei ist die Spurenzerfalls-Theorie die populärere der beiden – vielleicht weil das Bild der Erosion und des Verfalls eine hohe lebensnahe Prägnanz besitzt. Viele der beobachtbaren Erinnerungsprobleme aus dem Lebensalltag lassen sich plausibel auf die eine oder andere Art erklären, denn manchmal gehen Details verloren und manchmal vermischen sich Erinnerungen (▶Abbildung 7.10 oben und mittig).

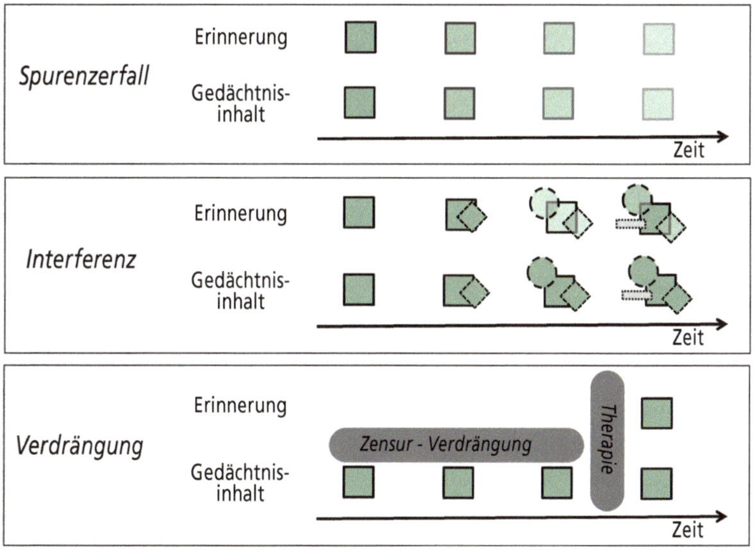

Abbildung 7.10: Drei Modelle das Vergessen zu erklären: Spurenzerfall, Interferenz und Verdrängung

Hier ist man in der Gedächtnisforschung an einer Grenzlinie, denn eine exakte experimentelle Überprüfung der beiden Theorien ist nicht möglich, da die Speicherinhalte selbst nicht direkt erfasst werden können. Sie sind nur über die Abrufleistung messbar, und diese hängt noch von einer Reihe weiterer Faktoren ab – neben der hohen Individualität der Verankerung im Gedächtnis nicht zuletzt von der Abrufsituation selbst. Zudem sind die notwendigen Experimente über eine so große Zeitspanne zwischen Einprägen und Abrufen – und es geht dabei um Jahre und nicht um Stunden oder Tage – nicht zuverlässig durchzuführen, denn man kann nicht verhindern, dass die Versuchsteilnehmer absichtlich oder unabsichtlich Teile des Materials davon oder gar alles unkontrolliert wiederholen.

Um die literarische Anspielung in der Überschrift dieses Abschnitts nun noch aufzunehmen, sei noch auf eine weitere, aus Freuds Modell der Psyche entlehnte Möglichkeit des Vergessens oder Nicht-Erinnerns hingewiesen: die *Verdrängung*. Seinen Einsichten gemäß gibt es episodische Gedächtnisinhalte, die aufgrund ihrer Verbindung mit äußerst unangenehmen, nicht verarbeiteten Emotionen von einer inneren Zensur davon abgehalten werden, ins Bewusstsein zu treten. Vergessen ist dann eine Form der Abwehr gegen den mit dem Erlebnis assoziierten affektgeladenen Zustand. Es handelt sich dabei um einen besonderen Umgang mit „traumatischen" Situationen, bei dem der Gedächtnisinhalt nicht durch Interferenz überlagert oder durch Spurenzerfall unkenntlich wird, sondern nur der Abruf der Episode nicht freigegeben wird. Der psychoanalytischen Theorie zufolge kann in der Therapie durch die systematische „Arbeit" von Patient und Therapeut ein Zustand vorbereitet und hergestellt werden, bei dem der Abruf wieder gelingt – was auch das zentrale Ziel der psychoanalytischen Behandlung ist (Abbildung 7.9 unten).

Exkurs 7.5: Nichts geht verloren?

Wenn man in die gängigen Lehrbücher zum Gedächtnis sieht, findet man zum Vergessen jeweils einen eigenen, mehr oder weniger umfangreichen Abschnitt. Dass sich Gedächtnisspuren permanent und irreversibel bis zur Unkenntlichkeit verändern oder durch neue bis zu ebensolcher überlagert werden können, steht dabei als Erklärung außer Frage, und man geht dann schnell zu den Belegen und Erklärungen über – Spurenzerfall und Interferenz sind die Topthemen. Die andere durchaus nicht mit Sicherheit auszuschließende Möglichkeit, dass nämlich nur der Abruf verweigert wird (wie bei der Verdrängung), findet kaum Erwähnung – vielleicht weil hier eine ideologische Nähe zur Tiefenpsychologie befürchtet wird. Kognitive Psychologie hält traditionell einen gewissen Sicherheitsabstand zur psychoanalytischen Terminologie, und Vorgänge, die unbewusst ablaufen, werden nicht so bezeichnet, sondern als automatisch, obligatorisch, passiv, unbeabsichtigt usw. beschrieben.

Allerdings lässt das Ergebnis einer Befragung, die Elizabeth Loftus 1980 auf dem Kongress der APA (American Psychological Association) mit den ausschließlich aus dem wissenschaftlichen Forschungsbetrieb stammenden Teilnehmern durchführte, aufmerken.

Das Ergebnis war verblüffend und genau konträr zu den in den psychologischen Lehrbüchern dargelegten Erklärungen von Vergessen. Denn 84 % der befragten Experten gaben an, an ein permanentes Behalten zu *glauben*, obwohl man das experimentell niemals mit Sicherheit nachweisen können wird, da Messungen des vollständigen Gedächtnisinhaltes zu einem bestimmten Zeitpunkt niemals möglich sein werden.

Wie kommen die vielen ernsthaften Fachleute zu solch einem Glauben? Es sind einzelne Beobachtungen an Patienten, die diese Überzeugung schüren. Z.B. berichtete der Neurochirurg Wilder Penfield, dass durch die elektrische Reizung in einem bestimmten Gehirnbereich beim Patienten, der bei vollem Bewusstsein war, eine längst vergangene Kindheitserinnerung ins Bewusstsein trat, und er einen Raum darin bis ins Detail genau beschreiben konnte. Die nachträgliche Prüfung dieser über Jahrzehnte erhaltenen Erinnerung ergab, dass sie korrekt war.

Ein weiterer Beleg für die Unvergänglichkeit der gespeicherten Inhalte könnte die Fähigkeit tief hypnotisierter Personen sein, sich in diesem Zustand an Situationen zu erinnern, die für sie im „normalen" Zustand auch bei aller Konzentration nicht zugänglich sind. Das ist z.B. bei Schmerztherapien gegen Migräneanfälle wichtig, denn in den Begleitumständen des erstmaligen Auftretens eines solchen Anfalls können wichtige Hinweise für die Therapie liegen, und viele Patienten können sich eben im normalen Zustand nicht an dieses erste Mal erinnern.

Anders sieht es bei einer wenig auffälligen Person aus, die sich nur in einem winzigen Punkt von allen anderen unterscheidet – sie kann sich an alles erinnern, was ihr seit ihrem 15. Lebensjahr passiert ist. Die Amerikanerin Jill Price ist aus diesem Grund schon vielfach in psychologischen Labors untersucht worden, ohne dass bei ihr eine Besonderheit – bis auf die genannte – entdeckt wurde. Die Bilder und Abläufe prägen sich ohne Absicht ein, und sie beschreibt dies selbst folgendermaßen: „Die Bilder kann man sich wie einen vielfach unterteilten Fernsehschirm vorstellen. Dort laufen in einer Endlosschleife Filme parallel ab. Als hätten Kameras Episoden meines Lebens aufgenommen, die nun zugleich abgespielt werden." Allerdings kann Jill Price diese Multi-Film-Projektion nicht abstellen – sie kann nur die Aufmerksamkeit davon abziehen. Wenn sie eine der Episoden jedoch beachtet, wird mit dem Abruf auch die jeweilige Stimmung exakt reaktiviert. Diese phänomenale Erinnerungsleistung betrifft allerdings nur das episodische Gedächtnis – inklusive der wichtigsten Nachrichten des jeweiligen Tages.

Die bekannten, überprüfbaren Beobachtungen von außergewöhnlichen Erinnerungsphänomenen stellen die Grundlage des „geheimen" Glaubens von 84 % der Wissenschaftler an ein permanentes Gedächtnis dar. Dieses selbst jedoch wird wahrscheinlich niemals belegt oder widerlegt werden können.

Zwei weitere interessante Phänomene zur Abrufbarkeit von aufgenommener Information sollen am Ende noch Erwähnung finden, die als *proaktive* und *retroaktive Hemmung* bezeichnet werden. Es handelt sich dabei um die Wirkung der Aktivitäten, die direkt vor oder nach der Einprägephase stattfinden. Die proaktive Hemmung bezieht sich auf die Wirkung der Aufgaben, die *vor* der eigentlichen Gedächtnisaufgabe bearbeitet wurden, und bei der retroaktiven Hemmung geht der Einfluss von der *nachfolgenden* Aufgabe aus. Insgesamt gilt die Regel: Je ähnlicher die Tätigkeiten vor oder nach denjenigen der Gedächtnisaufgabe sind, umso größer ist deren Wirkung auf das Behalten. Dabei scheint die Erklärung sehr plausibel, dass die Störung des Abspeicherns durch Interferenz entsteht, da jede Aufgabe einen semantischen „Nachhall" hat und diesen wahrscheinlich für die Langzeitkonsolidierung benötigt – die Aufgabe vorher klingt bei der proaktiven Hemmung noch nach, und die Aufgabe nachher stört als retroaktive Hemmung den noch nicht beendeten Verfestigungsvorgang.

Die Wirkungen der pro- und retroaktiven Hemmung auf das langfristige Einprägen von Informationen sind schon seit dem Beginn des 20. Jahrhunderts bekannt. Das Phänomen wurde damals als *Ähnlichkeitshemmung* bezeichnet und hat schon in viele praktische Felder, wie z.B. bei der Erstellung von Stundenplänen in Schulen, Einzug gehalten. Beispielsweise in Form von geplanten großen Pausen zwischen ähnlichen Fächern und Vermeidung des Aufeinanderfolgens dieser Fächer oder – während des Unterrichts – durch den geplanten systematischen Wechsel von Unterrichtseinheiten mit unterschiedlichen Anforderungen und geringen Interferenzen.

7.11 Falsche Erinnerungen – nicht nur ein Problem von Zeugenaussagen

Es ist schon lange Zeit bekannt, dass die Aussagen von Zeugen vor Gericht ganz entscheidend durch die Art der Fragen selbst beeinflusst werden. Aus diesem Grund sind auch „suggestive" Fragen bei Vernehmungen verboten. Allerdings kann man sie erst im Nachhinein verbieten, und da sie noch wie das Priming eine gewisse Zeit nachwirken, ist es eine zwar nicht erlaubte, jedoch gelegentlich taktisch eingesetzte Technik in Verhören, um bestimmte Wirkungen zu erzeugen. Diese und ähnliche Alltagsbeobachtungen kann man auch unter experimentellen Bedingungen gut untersuchen, wie dies Elizabeth Loftus – eine Pionierin in diesem Forschungsfeld – gezeigt hat: Zunächst wird ein Film, in dem ein Autounfall geschieht, vorgeführt. Im Anschluss daran werden verschiedene Fragen zu dem Ereignis gestellt. Dabei sind für die Versuchspersonen alle Fragen gleich, bis auf eine, die das Tempo der Autos betrifft. Hier wurde in den Satz „Mit welchem Tempo .... die Autos ...?" entweder „berührten sich", „trafen aufeinander", „kollidierten" oder „krachten zusammen" eingefügt. Es ist leicht nachzuvollziehen, dass abhängig von der Dynamik des Verbs die Tempoangaben variierten – von 50 bis 65 km/h. Auch nach einer Woche ist der Effekt des gewählten Verbs noch nachzuweisen, denn eine Gruppe der Versuchspersonen war sich sicher und „bezeugte", dass an den Autos Glas bei dem Unfall zersplitterte. Es waren diejenigen, bei denen in der Frage nach dem Tempo die Autos „zusammenkrachten". Im Film gab es – wie man vielleicht schon vermutet – allerdings keinen Glasschaden.

In einem anderen Experiment wurde ein Film gezeigt, in dem ein Fußgänger angefahren wurde, und ein *grünes* Auto fuhr unmittelbar darauf an der Unfallstelle vorbei. Auch hier folgten der Filmvorführung standardisierte Fragen zum Vorfall. Eine der 12 Fragen, die zehnte nämlich, bezog sich auf ein *blaues* Auto, das zu sehen war. Wenn man nun 20 Minuten verstreichen ließ und dann nochmals Fragen zum Geschehen im Film stellte, erinnerte sich eine ganze Reihe von Versuchspersonen – und dieses Mal ohne suggestive Beeinflussung – aus freien Stücken an ein blaues Auto und blieb auch später bei dieser Aussage.

Nicht nur, dass die quantitative Ausprägung einer Erinnerung (z.B. bezogen auf Menge, Tempo, Größe, Gewicht) oder die Farbe durch die Abfragesituation beeinflussbar ist, auch die Tatsachen selbst stehen zur Disposition. Sie können – und das ist der Normalfall – vergessen werden, oder es können nicht vorhandene zusätzlich eingeflochten werden. Dies gelingt auch in Experimenten, wenn in der Nachbefragung neue Tatsachen wie selbstverständlich eingeführt wurden – z.B. ein Stall in einer Tierdokumentation oder beim Film zu einer Hochzeitsfeier das (tatsächlich nicht vorgekommene) Verschütten eines roten Getränks auf das weiße Kleid der Braut. Diejenigen, bei denen die falsche Episode erfolgreich „implantiert" wurde, blieben dann auch nachfolgend bei dieser Version. Man muss allerdings hinzufügen, dass das nachträgliche Einpflanzen fremder Bestandteile – umgangssprachlich als „Einreden" bezeichnet – nur bei einem Teil der Personen gelingt. Abhängig davon, wie gut das „Implantat" in das Situationsschema passt, gelingt das immerhin bei 20 bis 40 %.

Bisher ging es nur um Implantate, die sich auf in Filmen Beobachtetes bezogen und zudem nicht besonders wichtig waren. Für ihr wohl bekanntestes Experiment sammelte Loftus zuvor von Bekannten und Verwandten tatsächliche Ereignisse aus dem Leben der Versuchspersonen. Davon wurden jeweils drei prägnante ausgewählt. Den drei individuellen echten Episoden wurde eine vierte, allerdings frei erfundene hinzugefügt. Diese war für alle gleich und hatte das Thema „lost in the mall". Darin wurde beschrieben, wie man im Alter von fünf oder sechs Jahren in einem Einkaufszentrum verloren ging, dort nach längerer Zeit von einer älteren Person gefunden wurde, um am Ende dann wieder mit der Familie vereinigt zu werden. Jede der vier Episoden, die als kurze Beschreibungen vorlagen, sollten die Versuchspersonen durch persönliche Erinnerungen ergänzen. Bei den echten gelang das in 68 % der Fälle, aber etwa 25 % der Versuchspersonen nahmen den Faden von „lost in the mall" auf und fügten diesem nicht stattgefundenen Ereignis immer mehr neue detaillierte „Erinnerungen" hinzu. Das ging bei einigen sogar so weit, dass sie, nachdem sie vom Versuchsleiter über den Sinn des Experiments und die Täuschung aufgeklärt wurden, vehement bestritten, dass es *nicht* passiert ist, da sie sich doch genau an die Ereignisse und ihre Gefühle erinnern konnten!

Exkurs 7.6: Erinnerungen aus der Kindheit und ihre Folgen

Es ist in bestimmten Fällen durchaus sinnvoll, persönliche Probleme von Erwachsenen mit Symptomen wie Konzentrationsmangel, Beziehungsproblemen, Schlafstörungen oder Angstsymptomen auf Erfahrungen in der frühen Kindheit zurückzuführen. Gegen Ende des letzten Jahrhunderts geschah dies mit besonderer Sensibilisierung für sexuellen Missbrauch im Kindesalter. Das hatte Konsequenzen. In den USA gab es schnell, aufgrund der hohen Entschädigungs- und Schmerzensgelder, die vor Gericht erstreitbar waren, zwei Interessengruppen, die daran verdienten – zum einen die Therapeuten und zum anderen die Rechtsanwälte. Den emotional hoch aufgeladenen Anklagen wurde häufig gefolgt, und dies in vielen Fällen sicherlich zu Recht. Allerdings wurde im Zweifelsfall häufig *gegen* den – meist männlichen – Angeklagten entschieden, und so blieben beim Verfolgen der Gerichtsverhandlungen nicht selten Bedenken an der Korrektheit der Zeugenaussagen, insbesondere wenn die Betroffenen selbst im Zeugenstand waren.

Diese Grundhaltung änderte sich, als eine 70-jährige ihren 90-jährigen Vater des frühkindlichen sexuellen Missbrauchs bezichtigte und auf eine hohe Summe verklagte, denn bei genauer Analyse der Vorgeschichte stellte sich heraus, dass ihr Vater sie kurz zuvor enterbt hatte. Finanzielle Interessen und vielleicht Gekränktheit wurden für die Anklage auf Schmerzensgeld in diesem Fall als Beweggründe deutlich prägnant.

Eine Konsequenz war, dass der Richter Elizabeth Loftus als renommierte Gedächtnisexpertin bat, über die Grenzen und die Zuverlässigkeit von solchen Gedächtnisabrufen zu informieren. Ihre Ausführungen ließen starke Zweifel an der generellen Fähigkeit, so weit in der Kindheit zurückliegende Ereignisse präzise zu erinnern, aufkommen. Zudem stellte sich in einigen der Verfahren im Nachhinein heraus, dass die Angeklagten zu Unrecht verurteilt worden waren. Dies führte zu einer deutlich kritischeren Beurteilung der Glaubwürdigkeit von Erinnerungen aus der frühen Kindheit – nicht nur von zurückblickenden Erwachsenen, sondern auch von Kindern selbst.

Heute empfiehlt es sich nachdrücklich, bei folgenschweren Zeugenaussagen von Kindern nur psychologisch gut ausgebildete Personen mit viel Erfahrung unmittelbar hinzuzuziehen. Das Erinnern von erlebten Episoden ist erst ab dem vierten bis fünften Lebensjahr einigermaßen zuverlässig und ähnlich gut – aber genauso täuschbar – wie bei Erwachsenen möglich. Im Alter davor können Kinder Phantasie und Realität noch kaum sicher unterscheiden.

Hier drängt sich fast von allein die Frage auf, welche unserer Kindheitserinnerungen echt sind und welche „implantiert", z.B. durch die Erzählungen von Verwandten. Bei den Erinnerungen an Erlebnisse aus dem Erwachsenenalter ist uns gelegentlich schon bewusst, dass sie durch Beschönigung, Überhöhung oder durch Weglassen das gewünschte Format bekommen, jedoch wann kann man sich sicher sein?

Wir konnten sehen, wie weit Erinnerungen mit anderen psychischen Vorgängen wie Wahrnehmung und Aufmerksamkeit, aber auch mit Problemlösen, Emotion und Motivation verwoben sind. Das werden auch die nächsten Kapitel zeigen. Gedächtnisabrufe – und dies betrifft insbesondere die expliziten und hier die aus dem episodischen Department – sind *immer* Rekonstruktion und für Interpretationen, Ziele und z.T. auch Erfindungen empfänglich. Richter, die ein und denselben Zeugen zum zweiten Mal befragen, können „ein Lied davon singen“ – generell gilt die erste Zeugenaussage als die präziseste.

Anregungen zum Ausprobieren, Anwenden und Nachdenken

1. Um das episodische Gedächtnis zu verbessern, kann man abends vor dem Einschlafen im Bett folgende kleine Übung durchführen: Lassen Sie Ihren Tag an sich Revue passieren, aber vom Zeitpunkt des zu Bett gehen an *rückwärts*! Sie werden sehen, dass dies nach kleinen Anfangsschwierigkeiten gelingt und am Ende den angenehmen Zustand vor dem Aufstehen am Morgen anklingen lässt.
   Übrigens: Wenn man jemanden eine Geschichte rückwärts erzählen lässt, kann man fast sicher feststellen, ob die Dinge auch so passiert sind – bei Lügen kommt die Beschreibung dann schnell ins Stocken, weil dann nachgedacht werden muss, ob es auch so stimmen kann.
2. Wenn Ihnen der Name einer Person oder eines Ortes nicht sofort einfällt, probieren Sie einfach das Alphabet der Reihe nach durch: Fragen Sie sich: Fängt das gesuchte Wort mit A an? Wenn nicht, ist B dann der gesuchte Anfangsbuchstabe? Versuchen Sie es dann mit C usw. Wenn Sie den richtigen Anfangsbuchstaben gefunden haben, gehen Sie zum zweiten über usw. Meistens kommt man auf diese Weise auf die Lösung.
3. Machen Sie einen Selbsttest. Lernen Sie folgende beiden Wörter-Sets an zwei Tagen! Das erste Set lernen Sie zwei Stunden vor dem Schlafengehen, bis Sie es einmal auswendig wiedergeben können. Überprüfen Sie am Morgen des nächsten Tages, wie viele Wörter Sie noch wissen. Das nächste Set lernen Sie direkt vor dem Einschlafen, auch bis Sie es einmal korrekt können. Überprüfen Sie auch dieses Set morgens am nächsten Tag. Welches Set konnten sie besser wiedergeben? Woran könnte das wohl liegen?

Set 1

üsma	-	Dostu
labi	-	Jawab
kena	-	Pardes
safed	-	Stika
angal	-	Auda

Set 2

lenge	-	Nahin
suni	-	Egzit
entri	-	Mehe
kaise	-	Kitna
larka	-	Alag

4. Versuchen Sie herauszufinden, auf welche Art Sie neue Worte am besten im Gedächtnis abspeichern. Nehmen Sie Worte, die Sie lernen wollen, und bilden drei gleich große Teile (z.B. Namen oder Vokabeln einer Fremdsprache – wahlweise auch 9 unbekannte Fremdworte). Nehmen Sie sich für jeden Teil jeweils 5 Minuten Zeit. Einmal wiederholen Sie laut sprechend, einmal wiederholen Sie nur im Kopf und einmal schreiben Sie die Inhalte immer wieder (handschriftlich) auf. Dann kommt der Abruf. Mit welcher Methode gelingt Ihnen dies am leichtesten?
5. Entspannen Sie sich einen Moment und versuchen Sie dann, in Ihren Erinnerungen an Ihr Leben so weit wie möglich zurückzugehen. Was ist die erste Episode, an die Sie sich erinnern können? Es geht dabei nicht um ein Bild oder eine Situation, sondern um eine *kleine Geschichte* mit Anfang, Verlauf und Ende. Wie können Sie sicherstellen, dass sie aus Ihrem Erleben und nicht aus Erzählungen anderer Personen stammt?

Weiterführende Literatur

Markowitsch, H.J. (2009). *Dem Gedächtnis auf der Spur: Vom Erinnern und Vergessen* (3. Aufl.). Darmstadt: Wissenschaftliche Buchgesellschaft.

Problemlösen

8

ÜBERBLICK

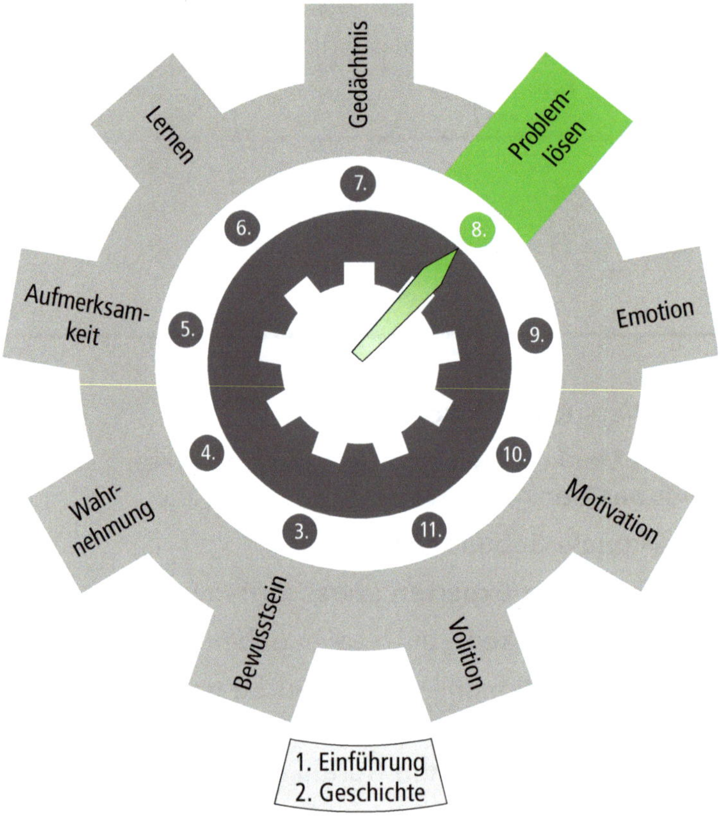

„Man kann sich nichts dabei denken, denn Malen ist eine andere Form des Denkens."

(Der Künstler Gerhard Richter in einem Interview)

Newton sieht einen Apfel fallen, vor Galilei pendelt ein Kronleuchter und Einstein fährt in einem Fahrstuhl. Bei jedem der drei entstand im entsprechenden Augenblick eine entscheidende, unsere Welt verändernde Einsicht. Dass aus solchen alltäglichen Beobachtungen Erkenntnisse von allerhöchstem Rang entstehen können, verlangt nach einer Erklärung. Kann die psychologische Forschung dazu etwas beitragen?

Wir werden in eine Welt geboren, in der die von Menschen über viele Generationen erdachten und geschaffenen Errungenschaften die Natur an vielen Orten überdecken. In den letzten zwei Jahrhunderten haben wir die Umwelt so weit verändert, dass sie derjenigen, in der die ersten Homines sapientes vor etwa 100.000 Jahren das Licht der Welt erblickten, nicht mehr ähnelt. Von den ersten Erfindungen – Werkzeugen, die den Überlebenskampf erleichterten, und der Beherrschung des Feuers – über die rasante technisch-industrielle Revolution des 19. Jahrhunderts bis hin zur noch rasanteren digitalen Revolution, die gegenwärtig noch andauert, hat jede Generation der nachfolgenden ihre Errungenschaften übergeben. Diese haben in ihrer Summierung das Gesicht unseres blauen Planeten immer weiter „kultiviert“ und überlagert. Ob damit die Natur beherrschbarer wurde, ist schwer einzuschätzen und könnte angesichts der Natur- und Technikkatastrophen und ihren Auswirkungen angezweifelt werden.

Als Erklärung auf den ersten Blick werden dafür die höheren geistigen Fähigkeiten des Menschen – Denken und Phantasie – genannt. Allerdings greift dies zu kurz, denn andere allgemeinpsychische Funktionen, die schon in den Kapiteln zuvor behandelt wurden, gehen damit Hand in Hand. Zuvorderst sind es sicherlich das *deklarative Gedächtnis* und das leicht übersehbare – weil so naheliegende und selbstverständliche – *Bewusstsein*. Des Weiteren ist es die Fähigkeit, *Triebaufschub* oder gar *Triebverzicht* selbstgesteuert zu bewerkstelligen (=> *Kapitel 11 Volition*), und – nicht zu vergessen – die schon im Kindesalter beobachtbare, schier unersättliche menschliche *Neugier*. Neben den psychischen Funktionen gehört selbstverständlich die physische Grundausstattung auch dazu: der aufrechte Gang gleichermaßen wie die Möglichkeit, die Bewegungen der eigenen Hände beobachten zu können, wie auch der besondere Kehlkopf und die anderen Sprechwerkzeuge – um nur einige Beispiele zu nennen.

Im Zusammenspiel dieser geistigen und körperlichen Grundausstattung entstehen die verblüffendsten und verrücktesten Leistungen – man schaue nur ins Guinness-Buch der Rekorde. Die Erfindungen und Erfahrungen Einzelner – gute wie schlechte – können den nachfolgenden Generationen weitergegeben werden. Voraussetzung dafür ist eine komplexe *Sprache*, die über das Jetzt und Hier hinaus Inhalte vermitteln kann, und darauf aufbauend die Möglichkeit, diese auch mittels Schrift aufzuzeichnen. Die menschliche Sprache und Schrift sind die offenkundig größten beobachtbaren Unterschiede zu allen anderen Organismen dieses Planeten.

Denken ist also bei näherer Betrachtung ein Schnittpunkt und Zusammenspiel vieler psychischer Teilsysteme und Voraussetzungen. Eine einfache Erklärung dafür, was es ist und wie es funktioniert, ist also nicht zu erwarten. Da hier die psychologische Perspektive darauf im Zentrum steht, wird im Folgenden nicht – wie in den meisten Lehrbüchern zum Thema – auf das „logische Denken“ mittels des induktiven und deduktiven Schließens eingegangen werden. Hier kann nur auf die entsprechende Fachliteratur verwiesen werden. Die Gesetze der Logik und deren Anwendung als logische Operationen, wie z.B. beim Programmieren von Computern, sind schließlich selbst das *Resultat* menschlichen Denkens. Die Entwicklung der Logik ist eine unserer vielen geistigen Erfindungen, die den Aufbau unserer Zivilisation möglich gemacht hat. Es ist eine *Methode*, in fest definierten Grenzen und mit ebensolchen Mitteln Lösungen zu finden, wie z.B. in der Mathematik. Rationales Denken ist in den meisten Fällen logisch, jedoch denken Menschen häufig eben nicht rational – und hier beginnt die psychologische Betrachtung.

8.1 Erste Versuche – Assoziationen

Schon in der Antike beschäftigten sich Philosophen mit Erklärungen von Denkvorgängen. Ein erster Zugang, die Abläufe und Folgen von Gedanken zu untersuchen, besteht in der Technik der freien Assoziation. Auf ein Reizwort, wie z.B. „Sonne“ oder „Tür“, wird dabei das erste Wort, das einem in den Sinn kommt, genannt. Wenn man in Experimenten den Versuchspersonen der Reihe nach verschiedene Wörter vorgibt und die Ergebnisse auswertet, stellt man fest, dass der größte Teil aller Assoziationen in vier Klassen eingeordnet werden kann, die schon Aristoteles als Verbindungsprinzipien beschrieben hatte. Später als *primäre Assoziationsgesetze* bezeichnet, sind es:

1. *räumliche Nähe* (z.B. Kühlschrank – Eis, Strumpf – Schuh)
2. *zeitliche Nähe* (z.B. Blitz – Donner, Trauer – Träne)
3. *Ähnlichkeit* (z.B. Vase – Krug, Haus – Hütte)
4. *Kontrast / Gegensätzlichkeit* (z.B. Flut – Ebbe, Frau – Mann)

Zu Beginn des 19. Jahrhunderts beschäftigten sich insbesondere die englischen Empiristen – wie Locke, Hume oder Brown – mit der Assoziationstätigkeit des Menschen, und es wurden noch weitere, als *sekundäre Assoziationsgesetze* bezeichnete, hinzugefügt:

5. *Intensität / Lebhaftigkeit des Ereignisses* (z.B. Atombombe – Hiroshima, Aktie – Börsencrash)
6. *Wiederholung* (z.B. Obama – yes we can, Nachrichten – Wetterkarte)
7. *Neuheit, Frische des Eindrucks* (Beispiele sind der Tagespresse zu entnehmen)

Weiter wurden damals schon die *Wirkung der Dauer* des ursprünglichen Eindrucks sowie das *Fehlen konkurrierender Eindrücke* auf die Assoziationsstärke bemerkt. Auch beobachtete man Unterschiede zwischen Personen – auf die *Konstitution* und *Lebensgewohnheiten* bezogen – und Schwankungen bei ein und derselben Person, durch die Gemütslage und den momentanen *körperlichen Zustand* des Eindrucksempfängers bedingt. Dabei handelt es sich geradezu um visionäre Einsichten, die in der modernen Psychologie wieder entdeckt wurden und Bestätigung fanden (=> *Kapitel 9 Emotion* und *Kapitel 10 Motivation*).

Exkurs 8.1: Kinderassoziationen

Die Frage nach der Entwicklung der Assoziationstätigkeit interessierte Anfang des 20. Jahrhunderts die amerikanischen Psychologen Woodrow und Lowell. Zu diesem Zweck gaben sie dieselben Reizwörter jeweils 1000 Kindern und Erwachsenen vor. Die Auswertung der Antworten ist in ▶Tabelle 8.1 dargestellt – jeweils für die zwei, in den beiden Gruppen insgesamt am häufigsten genannten Wörter.

Reizwort	Reaktion	Pro 1000 Kinder	Pro 1000 Einwohner
Tisch	Essen	358	63
	Stuhl	24	274
Dunkel	Nacht	421	221
	Hell	38	427
Mann	Arbeit	168	17
	Frau	8	394
Tief	Loch	257	32
	Flach	6	180
Weich	Kissen	138	53
	Hart	27	365
Berg	Hoch	390	246
	Hügel	91	184

Tabelle 8.1: Assoziationen von Kindern und Erwachsenen im Vergleich (aus den Daten von Woodrow und Lowell, 1916)

Zu erkennen sind deutliche Unterschiede zwischen Kindern im ersten Schuljahr und Erwachsenen. Die Assoziationen letzterer folgen den Prinzipien räumliche Nähe (Tisch – Stuhl), Ähnlichkeit (Berg – Hügel) und Kontrast (Dunkel – Hell, Mann – Frau, Tief – Flach, Weich – Hart), also ganz im Sinne der primären Assoziationsgesetze. Den Kindern fallen dagegen eher sinnliche Merkmale (Weich – Kissen), was man damit tut (Tisch – Essen) oder Beobachtungen von Eigenschaften (Dunkel – Nacht, Mann – Arbeit, Tief – Loch, Berg – Hoch) ein. Ihre Assoziationen sind im Gegensatz zu denen der Erwachsenen allgemein gesagt: *funktional* und *pragmatisch*.

8.2 Lautes Denken – Was können die Gedanken über das Denken verraten?

Als Jean Piaget, der bekannte Schweizer Entwicklungspsychologe, Anfang des letzten Jahrhunderts Kinder des ersten Schuljahrs fragte: „Weißt du, was das ist, Denken?“, fanden die meisten das gar nicht schwer. Die Antworten auf die Folgefrage „Und wie denkst du?“ kamen schnell: mit dem Mund, mit den Ohren, eine Stimme ist im Kopf oder es spricht eine Stimme im Kopf mit meinem Mund vorne. Im ersten Moment erscheinen Erwachsenen die Antworten sehr naiv, jedoch eröffnen sie bei näherer Betrachtung eine unverstellte Anschauung dessen, was wir beim Nachdenken erleben: Es ertönen leise Stimmen im Kopf, und wir können uns quasi beim Denken zuhören. Die Stimmen erfahren Kinder allerdings als etwas Fremdes, noch nicht ganz eigenes, wogegen Erwachsene sie zweifelsfrei als inneres Sprechen, eben als eigene Gedanken, identifizieren. Wenn das dennoch geschieht und eine Stimme im Kopf als fremd und von „außen“ stammend wahrgenommen wird, handelt es sich um ein Symptom schwerer psychischer Erkrankung, der Schizophrenie. Bei sechsjährigen Kindern ist dieses Stimmenhören allerdings völlig normal – sie denken mit dem Mund oder mit den Ohren, da sie sich beim lauten Denken zuhören, und erst später wird daraus leises Denken, das nicht mehr ausgesprochen wird und als innere Stimme wahrgenommen wird.

Im Grunde genommen entspricht die erste Methode, mit der das Denken von Erwachsenen wissenschaftlich Ende des 19. Jahrhunderts untersucht wurde, dem, was Kinder an sich erleben. Der theoretische Hintergrund lag im Menschenbild des einflussreichen Philosophen René Descartes (1596–1650), dessen Wirkungen sich noch bis in die heutige Zeit finden lassen: „Ich denke, also bin ich.“ Zum einen vertrat er eine strikte Trennung von Körper und Geist, wobei der Körper den Naturgesetzen gehorche, der Geist anderen bisher noch unbekannten. Des Weiteren nahm er an, dass sämtliche geistigen Aktivitäten bewusst sind, also auch das Denken durch Selbstbeobachtung komplett erschließbar sei.

Darauf baute der damalige Forschungsoptimismus auf. Um das innere Sprechen, das angesichts eines Problems bis zu dessen Lösung auftritt, aufzeichnen zu können, wurden die Versuchspersonen darin trainiert, wieder laut zu denken, d.h. alles, was ihnen an Gedanken durch den Kopf geht, auszusprechen. Es erfordert schon ein wenig Übung, um das in der Kindheit perfekt beherrschte, unzensierte, spontane *laute Denken* wieder zu aktivieren – gelegentlich sollen ja auch Erwachsene dies tun, was allerdings eher geschieht, wenn man sicher ist, dass auch niemand anwesend ist und zuhört.

Die Probleme, mit denen die Versuchspersonen konfrontiert wurden, waren z.B. Konstruktionsaufgaben, Puzzles oder kreative Aufgaben, und die während der Zeit geäußerten Gedanken wurden akribisch protokolliert. Die Auswertung hunderter von Protokollen führte zu zwei wichtigen Erkenntnissen: zum einen, dass die Lösungssuche zu ein und demselben Problem *individuell sehr verschieden* ist, d.h. man konnte keine verallgemeinerbaren Denkabläufe finden. Die andere bestand darin, dass die entscheidenden Lösungsschritte nicht in den Gedanken und damit im lauten Denken auftauchen und *dem Bewusstsein nicht* zugänglich sind. In den Protokollen finden sich viele Probeideen und – wenn man erkennt, dass es so nicht funktioniert – ebenso viele Verwerfungen. Aber irgendwann kommt dann plötzlich und unangekündigt der kurze Augenblick des Durchbruchs mit dem Gewahrwerden der *Einsicht in die Lösung* des Problems – begleitet von dem ebenso benannten lustbetonten *Lösungsgefühl* (=> *Kapitel 3 Bewusstsein*). Zwischen*ergebnisse*, Teil*ergebnisse* und das Lösungs*ergebnis* finden also gedanklichen Niederschlag, nicht aber die *Vorgänge* selbst, die dazu führen. Die ohne Frage irgendwo und irgendwie stattfindenden Problemlösevorgänge bleiben also hinter einem dichten, undurchdringlichen Schleier vor der Selbstbeobachtung verborgen. Das ist auch der einfache Grund dafür, warum wir anderen nicht erklären können, wie wir denken.

Zudem fand man, dass bei Aufgaben in Symbol- oder Bildform (z.B. Puzzles) das Formulieren und Aussprechen der auftretenden Gedanken zu einer deutlichen Verlängerung der Lösungszeit führt. Das laute Denken ist dann nicht mehr nur eine „Abbildung" der sowieso ablaufenden Gedanken, sondern es verzögert, beeinflusst oder stört sogar den unbewussten Problemlösevorgang selbst. Damit waren die Grenzen dieser zunächst vielversprechenden Technik aufgezeigt.

Exkurs 8.2: Das Aha-Erlebnis – die Erleuchtung von innen und außen

Die Forschergruppe um Karl Bühler (1879–1963) an der Universität Würzburg widmete ihr Interesse gerade diesen außerhalb der sprachlichen Abbildung im lauten Denken stattfindenden, erlebbaren Vorgängen. Aus den mittels Introspektion (Selbstbeobachtung) gewonnenen Ergebnissen – wozu auch die auftretenden Gefühlsverläufe gehören – kommt er zu dem Schluss, dass die Denkverläufe *unanschaulich* vonstattengehen und am Ende im *Aha-Erlebnis* gipfeln. „Mir ist ein Licht aufgegangen." oder auch die religiösen „Erleuchtungserlebnisse" beschreiben dieses Phänomen umgangssprachlich. Bemerkenswert jedoch ist die Beobachtung, dass das Aha-Erlebnis – eine Kombination aus Gewissheit und Lösungsgefühl – dem Lösungsgedanken immer *voraus* läuft. Anders gesagt: Noch bevor man die Lösung gedanklich klar vor Augen hat, erlebt man, dass man diese gleich haben wird. Es ist in etwa vergleichbar mit dem Gefühl, das man hat, wenn einem ein Wort „auf der Zunge" liegt – man spürt, dass man es weiß, aber man hat es noch nicht präsent, was gelegentlich ein paar Sekunden oder auch länger dauern kann.

Der akademische Lehrer von Bühler, Wilhelm Wundt, übte aus Leipzig heftige Kritik an der Art der Introspektion, die er als „Ausfragemethode" bezeichnete. Er hielt dieses Vorgehen für wissenschaftlich unseriös und spekulativ. Hinzu kam die Tatsache, dass Denkabläufe schon unmittelbar nach Beginn des Problemlösens höchst individuelle Wege nehmen, und so erklärte Wundt diese „höheren Geistestätigkeiten" für empirisch nicht erforschbar, da sie sich der experimentellen Kontrolle, die für wissenschaftliches Vorgehen wesentlich ist, entziehen.

Fast genau 100 Jahre später wurde in einer rezenten Studie von Slepian und Ambadi der eigentlich im inneren Erleben verortete Geistesblitz – das Aha-Erlebnis – experimentell zu kontrollieren versucht. Die etwas kurios anmutende Frage war: Kann ein Aha-Erlebnis auch von außen bewirkt werden? Dazu wurden die Versuchspersonen in ein Labor gebeten, um verschiedene Aufgaben zu bearbeiten. Eine Aufgabe bestand darin, 9 Punkte durch 4 gerade Linien miteinander zu verbinden, ohne dabei den Stift abzusetzen – eine von den klassischen Aufgaben, wie sie in psychologischen Denkexperimenten eingesetzt werden (▶Abbildung 8.1).

Abbildung 8.1: Verbinden Sie alle 9 Punkte mit 4 Linien, ohne den Stift abzusetzen[1]!

Bei einer anderen Aufgabe sollte ein Wort gefunden werden, das vor folgende drei Wörter passt[2]:

-MÜHLE -ZAHN -MEHL

Während die Versuchspersonen über die Lösung nachdenken, sagt der Versuchsleiter: „Mir fällt gerade auf, dass es hier ein bisschen dunkel ist, ich mache mal das Licht an." Er tut es dann auch. Es gibt drei verschiedene Lichtbedingungen: (1) eine Lampe mit einer 25-Watt-Glühbirne im Sichtfeld der VP, (2) eine Neonlampe an der Decke, (3) eine 25-Watt-Glühbirne hinter einem Sichtschirm, die diffuses Licht wirft.

Die künstliche Erleuchtung (1) führt doppelt so oft zu Lösungseinfällen (bei 44 %) wie die beiden anderen Bedingungen (2) und (3) – egal ob bei der geometrischen oder der sprachlichen Aufgabe. Die Erhellung des Lichts führt allerdings nur bei kreativen Aufgaben, die man „angebrütet" hat, zu schnelleren Lösungseinfällen – leider nicht bei Rechenaufgaben.

8.3 Funktionale Gebundenheit

War die Introspektion noch zu Beginn der psychologischen Forschung die Methode der Wahl, so wurden insbesondere bei der Erforschung des Denkens die Grenzen deutlich sichtbar – ein neuer methodischer Zugang war gefragt. Hier gab der Berliner Gestaltpsychologe Karl Duncker (1903–1940) die ersten wichtigen Impulse und gilt deshalb als einer der Pioniere der modernen experimentellen Denkforschung. Er vollzog die entscheidende Wende dadurch,

1 Die Lösung ist am Ende dieses Kapitels.

2 Eine Lösung ist „SÄGE-" – vielleicht gibt es noch weitere.

dass er sich nicht mehr auf den Prozess des Problemlösens selbst konzentrierte – wie wir gesehen haben, ein wenig erfolgreiches Unterfangen –, sondern die *Auswirkungen der Rahmenbedingungen* auf das Denken untersuchte.

Eine der wohl berühmtesten Denkaufgaben, die er in seinen Experimenten vorgab, ist das „Kerzenproblem". Dabei besteht die Aufgabe darin, mit dem vorhandenen Material eine Kerze an einer Tür zu befestigen – angeblich in Zusammenhang mit einem anderen Experiment. Zu diesem Zweck standen auf einem Tisch folgende Gegenstände zur Verfügung: Pappschachteln, Kerzen, Reißnägel und Streichhölzer. Diese wurden allerdings in zwei verschiedenen Anordnungen präsentiert, wobei der Unterschied nur sehr gering erscheint: In Anordnung 1 waren die drei Schachteln mit den Gegenständen gefüllt und in Anordnung 2 lagen sie neben den anderen Gegenständen auf dem Tisch (▶Abbildung 8.2). Wie vielleicht zu erahnen, wird in Anordnung 2 zwei die Lösung deutlich schneller gefunden als in Anordnung 1[3].

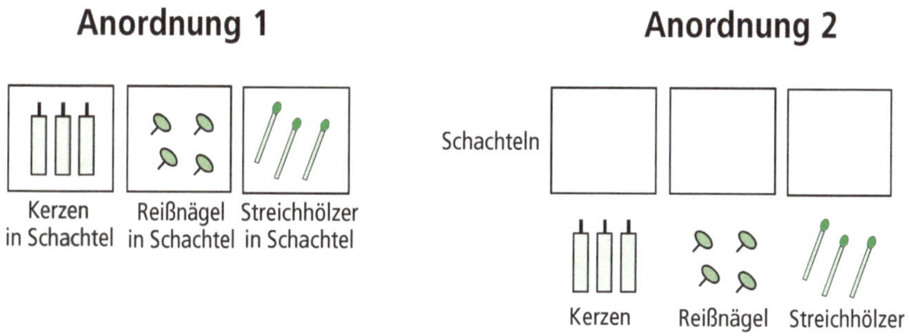

Abbildung 8.2: Das Kerzenproblem unter zwei verschiedenen Versuchsbedingungen

Die Erklärung für den Vorteil der zweiten Anordnung besteht darin, dass die zur Problemlösung notwendigen Schachteln genauso wie die anderen Gegenstände *ohne* Funktion auf dem Tisch liegen. In der ersten Präsentationsart wird diese dagegen mitgeliefert. Diese *funktionale Gebundenheit* – im Fall des Kerzenproblems ist es dann in etwa die Bedeutung „Schachteln sind Materialbehälter" – bewirkt, dass der kreative Spielraum auf dieses Bedeutungsumfeld eingeengt ist, und man benötigt etwas Zeit dazu, sich davon wieder zu lösen und für neue, kreative Einsatzmöglichkeiten von Schachteln zu öffnen. Die Ablösezeit von der funktionalen Gebundenheit entspricht dann der Differenz zwischen den Lösungszeiten der beiden Versuchsanordnungen. Hier finden wir die in *Kapitel 7* zum Gedächtnis schon als Priming beschriebene Wirkung von Vorinformationen oder Erwartungen, die abhängig von der Aufgabe förderlich wie hinderlich sein kann – in diesem Fall, beim Kerzenproblem in Anordnung 1, ist es eine hemmende.

3 Die richtige Lösung besteht darin, eine Schachtel mit Reißzwecken an der Tür zu befestigen und in diesen „Kerzenhalter" dann eine Kerze zu stellen.

Exkurs 8.3: Kreativität – Was sind Voraussetzungen dafür?

Probleme entstehen meist dadurch, dass man mit den eigenen Erfahrungen in ähnlichen Situationen nicht das angestrebte Ziel erreichen kann. Es geht also darum, ein persönliches Neuland zu betreten. Man muss die gewohnten Bahnen verlassen – mit anderen Worten, es geht darum, kreativ zu werden.

Das nun notwendige „Querdenken" besteht im Wesentlichen darin, die funktionale Gebundenheit der zur Problemlösung verfügbaren Mittel aufzuheben – ein Ansinnen, das gar nicht so einfach umzusetzen ist, da mit jedem Blick auf die Dinge ihre Bedeutung aktiviert wird. Der Vorgang der funktionalen Ablösung kann mittels der Frage „Was kann man mit einem ... alles machen?" recht gut im Labor simuliert werden. Man setze einfach der Reihe nach folgende Dinge ein: Bleistift, Hammer, Kniestrumpf und Stuhl. Deutlich wird beim Nachdenken, dass zu Beginn des Nachdenkens stets die typische Funktion des Gegenstandes (das Priming, s.o.) den kreativen Vorgang behindert, und dann – mit der immer besseren Ablösung davon – treten fortlaufend neue, bisher noch nicht bekannte Möglichkeiten ins Bewusstsein.

Kindern fällt diese Art von Aufgaben leichter, da ihre Erfahrungen und ihr Wissen um die Dinge noch nicht so stark gewohnheitsmäßig wie bei Erwachsenen gebahnt sind. Sie haben eben die „verrückteren" Einfälle als Erwachsene.

Gelegentlich wird auch am Arbeitsplatz Kreativität benötigt – die Mitarbeiter werden dann zum „Brainstorming" zusammengerufen. Geraume Zeit galt es als selbstverständlich, dass gemeinsam in der Gruppe mehr und bessere Einfälle zustande kommen, da die Einfälle der Einen wiederum kreative Anstöße für die Anderen geben sollen. Zudem wurde ein weiteres kreatives Potential in dem – zumindest bei einigen der Anwesenden angeregten – Wettkampfcharakter, den die Situation in sich trägt, gesehen. Allerdings konnte in vielen Untersuchungen zu diesem Thema festgestellt werden, dass das Gegenteil der Fall ist. Die Anzahl der neuen Ideen aus einer Gruppensitzung ist deutlich geringer als die Summe der Einfälle, die dieselben Personen in der gleichen Zeit zustande bringen, wenn sie alleine nachdenken. Ein wichtiger Hemmschuh in der Gruppe ist die *Konformität*, da man sich nicht alles, was einem durch den Kopf geht, zu sagen traut; das andere Hemmnis besteht darin, dass die Ideen der anderen Personen eine *Unterbrechung der eigenen Ideenentfaltung* bewirken, und man verliert dann den gerade angesponnenen Faden wieder – das gilt übrigens auch schon für Zweiergruppen. Als Konsequenz empfiehlt sich daraus: In der ersten Phase sollte jeder alleine für sich ein kreatives Brainstorming betreiben, um dann danach erst in der zweiten Phase die Ergebnisse in der Gruppe vorzustellen.

Neben dem Gruppendruck kommt noch ein weiterer Faktor ins Spiel: die momentane *Emotionslage*. Wenn man in guter, fröhlicher Stimmung ist, fällt das Ablösen aus den gewohnten Denkbahnen leichter, und man hat dann häufig neue Ideen und verrückte Einfälle – im bekannten „Übermut" führt dies dann gelegentlich sogar zu riskanten und gefährlichen Situationen. In trauriger oder ängstlicher Emotionslage dagegen gelingt das deutlich schlechter, da bei Trauer der Denkstil rational und realistisch abwägend ist, und unter Angst ist er eng fokussiert und auf der Lösungssuche im Arsenal der erfolgreichen Gewohnheiten (=> *Kapitel 9 Emotion*). Deshalb empfiehlt es sich also, vor der kreativen Phase für gute Stimmung zu sorgen.

8.4 Kann man von Experten etwas lernen?

Aus einer ganz anderen Richtung stammt ein Ansatz aus den 1960er Jahren, um Problemlösen und Denken zu erforschen. Der Ausgangspunkt war die geradezu triviale Feststellung, dass es beachtliche Unterschiede der Leistungen zwischen Anfängern und Experten in den verschiedensten Problemfeldern gibt[4]. Allerdings waren die Gründe für deren Überlegenheit kaum erforscht und reichten über Vermutungen kaum hinaus. Es läge am guten Blick, an der Erfahrung, am großen Wissen oder an der natürlichen Begabung, lauteten die Allgemeinplätze, die keine zufriedenstellende Erklärung geben können. Das Ziel der Forschung war es festzustellen, worin genau die Unterschiede zwischen Anfängern und Experten beim Problemlösen bestehen. Nicht zuletzt für die Ausbildung und Lehrpläne in den entsprechenden Berufen sollten die Erkenntnisse von hohem Nutzen sein.

Welche von den vielen verschiedenen Expertengruppen kamen in Frage? Die extrem schnellen, dynamischen Steuerungsvorgänge von Bewegungsexperten wie Hochleistungssportlern oder Chirurgen würde auf Anhieb niemand als Denken oder Problemlösen bezeichnen, obwohl hier nur die hohe Geschwindigkeit den Unterschied zu anderen Entscheidungen ausmacht. Bei den langsameren Vorgängen der „höheren, geistigen Tätigkeiten" scheint dies dagegen auf Anhieb zuzutreffen, wie z.B. bei Programmierern, Physikern, Technikern oder Schachspielern.

Letztere fanden das besondere Interesse der Experimentalpsychologen, und so wurden Schach-Großmeister als Experten und Hobby-Schachspieler als vorgebildete Laien miteinander verglichen. Die erste Erkenntnis bei der Analyse der mittels lautem Denken aufgezeichneten Überlegungen während einer Schachpartie war überraschend, denn es gab *keine* Unterschiede hinsichtlich der Anzahl vorgedachter Züge und ebenso nicht bei der Tiefe der Analyse. Der einzige, allerdings nur sehr geringe Unterschied betraf die etwas kürzere Zugdauer der Experten und die laut Expertenurteil „besseren" Züge in der Schlussphase.

Wenn man den beiden Gruppen ein Schachbrett mit dem Zwischenstand einer fremden Partie für fünf Sekunden zeigte und sie danach bat, diese aus dem Gedächtnis nachzustellen, gelingt dies zu über 90 % den Experten, aber nur zu 40 % den Laien. Interessant ist, dass bei zufällig auf dem Brett verteilten Schachfiguren beide Gruppen gleich schlecht abschneiden – d.h., nur aus einer sinnvollen Figurenlandschaft können Experten einen Gedächtnisvorteil ziehen. In einer anderen Studie konnte dies noch weiter präzisiert werden, indem man die notwendigen Blicke beim Nachstellen eines vorgegebenen Spielstandes auf einem zweiten Brett erfasste. Man fand, dass die Experten seltener nachschauen mussten und zudem waren die Blicke auf die Vorlage deutlich kürzer als bei den Laien. Somit wird die relevante Information erstens *in größerer Menge* und sinnvoll organisiert im Kurzzeitgedächtnis aufgenommen und dies geschieht zweitens auch *schneller.*

4 Nicht zuletzt ist das auch der Grund, weshalb einige von ihnen hohe Summen für ihre Leistungen erhalten.

Als Ursache für diesen Expertenvorteil wird im Wesentlichen das durch die vielen Spielerfahrungen hinweg gesammelte semantische und episodische Wissen angesehen. Geschätzte Hochrechnungen für Großmeister im Schach kommen auf zwischen 10.000 und 100.000 abgelegte Spielverläufe im Langzeitgedächtnis. Wenn man solche Experten mit einem ihnen unbekannten Spiel konfrontiert, kommt es allerdings zu einer den Leser inzwischen sicherlich nicht mehr sonderlich verwundernden Reaktion: Nach kurzem Betrachten der Figuren auf dem Schachbrett ist das erste Urteil ein eher vages und summarisches, wie z.B. „Der Springer dort steht schlecht." In der Selbstbeobachtung der Schachexperten stellt die Grundlage dieses Urteils ein „Heraustreten der Figur" und ein summarisches ungutes Spannungsgefühl dabei dar, und erst die darauf folgende zeitaufwendige Analyse kann dann im Nachhinein eine sachliche Begründung dafür liefern.

Ähnliche Ergebnisse kamen auch aus Untersuchungen mit Physikern oder Programmierern heraus, dass nämlich von den Experten die wesentlichen Informationen in den vorgegebenen Problemen schneller und effektiver erkannt werden – allerdings immer von ständigen Rückmeldungen aus dem Gefühlserleben begleitet. Dies kennen wir auch von Kommissaren, Juristen oder Ärzten. Sprichwörtlich entsteht ein erster, noch vager Gesamteindruck der zu beurteilenden Situation mit dem noch stark gefühlsgeleiteten „komischen Gefühl" und dem Eindruck „Irgendetwas stimmt hier nicht.", der dann im nächsten Schritt zu einem gezielten Nachforschen führt und mit einer gut begründeten Analyse endet[5].

Zusammengefasst sind die Merkmale hoher Expertise allgemein folgende:

1. Auf den ersten Blick werden in der Wahrnehmung schon große Mengen bedeutungsvoller Information aufgenommen.
2. Die nachfolgenden Analysen sind sehr zielgerichtet.
3. Am Ende kommt es zum fehlerfreien und schnellen Ausführen der notwendigen Tätigkeiten.

Zudem spiegelt sich der Stand des Problems im Bewusstsein in Gefühlen (Lösung – Spannung, Lust – Unlust) wider, die z.T. auch ästhetische Qualitäten besitzen können – „Das sieht doch schon einmal gut aus." oder „Das passt schon."

Wenn das Problemfeld der Aufgaben gut und eingrenzbar definiert ist, sind die Leistungen der erfahrenen Experten sicher vorhersagbar und deutlich besser als von denjenigen, die – wie Hochschulabsolventen – zwar theoretisches Wissen, aber wenig Erfahrungen haben. Dies ist z.B. bei Programmierern, Ärzten, Physikern oder Schachspielern der Fall. Wenn allerdings der Lösungsbereich wenig konturiert und nur schwer definierbar ist – wie in der Betriebswirtschaft oder der Psychologie – unterscheiden sich Berufsanfänger und erfahrene Praktiker nicht mehr so deutlich.

5 Wir kennen dieses diffuse Aufmerken vom Anspringen des Pertinenzfilters im Rahmen der unwillkürlichen Aufmerksamkeitslenkung bei Regelbrüchen (vgl. *Abschnitt 5.6.4*).

Exkurs 8.4: Wenn ein Problem mein Problem wird

Jeder, der um sich oder in sich schaut, findet eine nicht bestimmbare Menge ungelöster Probleme und Aufgaben: Noch rechtzeitig von A nach B kommen, die Möbel der Wohnung umstellen, sich mit dem Partner besser verstehen oder den eigenen Egoismus dämpfen. Die Nachrichten sind so voll damit, dass man den Eindruck gewinnt, die Welt bestehe nur daraus. Näher an uns sind es all die Situationen, in denen man Neues lernen muss oder möchte, und hier greifen die wahrgenommenen Probleme geradezu ineinander. Wie es genau dazu kommt, dass man sich nicht mit allen Problemen beschäftigt, sondern immer nur mit einem gewissen Teil, kann bisher nur ansatzweise geklärt werden.

Hierbei kann ein Phasenmodell weiterhelfen, in dem vier aufeinanderfolge Stufen des Lösungsprozesses aufgeführt werden (▶Abbildung 8.3).

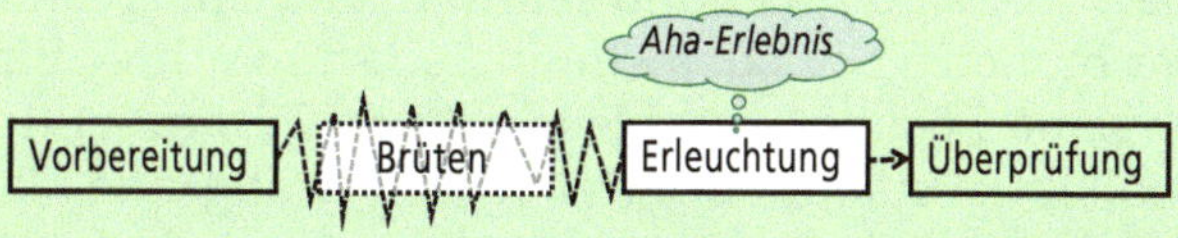

Abbildung 8.3: Die vier Phasen des kreativen Problemlösens (nach Wallas, 1926)

In der ersten Phase, der Vorbereitung („preparation"), wird das Problem ausformuliert und erste Lösungsversuche werden unternommen. Wenn das auf Anhieb nicht gelingt, was häufig der Fall ist, wird das Problem an die Seite geschoben und andere Aufgaben treten ins Bewusstsein – die Phase des nicht bewussten Brütens („incubation") beginnt. Nach einer nicht vorher bestimmbaren Zeit tritt dann eine Lösungsidee plötzlich als eine Art Erleuchtung („illumination") ins Bewusstsein, was Bühler als *Aha-Erlebnis* beschrieben hat (s.o.). Danach folgt die Überprüfung („verification") des Einfalls auf Richtigkeit oder Passung.

Der erste und entscheidende Schritt ist der Übergang von der Vorbereitung zum Bebrüten, denn dies ist der Schritt, bei dem aus einem x-beliebigen Problem mein *persönliches* wird. Das innere Brüten beginnt, wenn eine psychische Bindung daran stattfindet – es bekommt damit den Status eines Quasibedürfnisses (=> *Kapitel 10 Motivation*). Wenn diese Bindung an eine Aufgabe (engl. commitment) einmal entstanden ist, dann kann man das Problem ruhig vergessen (gemeint ist damit, es aus dem Bewusstsein zu entlassen), da es unbewusst wie ein echtes Bedürfnis weiter in einem arbeitet[6].

Zum erleuchtenden Aha-Erlebnis kommt es dann häufig völlig unerwartet. Es kann bei der Betrachtung der Welt durch das kreative Wahrnehmen einer Analogie geschehen, wie dies bei den großen Entdeckungen von Newton, Galilei oder Einstein der Fall war. Es kann einen aber auch in entspannten Augenblicken beim Dösen überkommen – die Engländer haben für besondere Orte des coming-out von Ideen die drei geflügelten „B" für „bed", „bath" und „bus stop".

6 Gute Redner zeichnen sich gerade dadurch aus, dass sie ihren Beitrag mit Fragen eröffnen und für diese das Interesse der Zuhörer wecken. Es ist nichts anderes, als ihnen ein neues Problem schmackhaft zu machen, damit eine Zielbindung daran entsteht, und das innere Bebrüten beginnt. Ob das gelingt, entscheidet sich häufig schon in den ersten Minuten des Vortrags.

8.5 Jeder kann denken – auch Laien haben Theorien

Auch Experten, die in ihrem Spezialgebiet einen hohen Kenntnisstand und zudem viele Erfahrungen besitzen, stehen im täglichen Leben vor Aufgaben, bei denen sie dann in der Rolle von Anfängern stecken. Auch ohne oder mit nur dürftigem Fachwissen wird dann nach Erklärungen gesucht, und es werden Lösungen erdacht. Solche *naiven Theorien* finden sich wie auf einer Perlenkette aufgereiht in der Geschichte der Wissenschaften, und sie beginnen mit den Schöpfungsgeschichten und den Naturerklärungen der älteren Kulturen, die wir heute vielleicht belächeln mögen.

Diese kritische Distanz zu den ersten Gedanken der erwachenden Menschheit sollte eigentlich auch in der Gegenwart zu gewisser Demut führen, wenn ungenügendes Vorwissen bei Problemen vorliegt. Dem ist jedoch nicht so – ganz im Gegenteil! Viele Politiker und selbst- oder fremdernannte „Experten" breiten auf einer bunten Themenpalette in Talkshows ihre „Einsichten" und „Erkenntnisse" samt Lösungsvorschlägen ohne Zögern und Selbstzweifel aus[7]. Das ist insofern verständlich, als sich das bestätigende Lösungsgefühl ja immer nur auf die Stimmigkeit mit dem *eigenen* vorhandenen Wissen einstellen kann. Das fehlende Wissen können nur *tatsächliche* Experten bemerken, die jedoch an solchen Sendungen nur selten teilnehmen wollen – meist wegen schlechter Erfahrungen mit dem Konformitätsdruck in solchen Runden. Ein Grund dafür ist der allgemein verbreitete Wunsch nach einer einfachen Welt mit einfachen Wahrheiten – und es ist typisch menschlich, die Ursachensuche schon nach dem ersten plausiblen Grund für ein Problem abzubrechen. Dies ist für echte Experten ein Gräuel, denn die Welt ist kompliziert. Jedoch ist aus evolutionärer Perspektive gerade diese Verkürzung sinnvoll, da nun das Probehandeln sofort beginnen kann. Politiker machen ausgiebig Gebrauch davon – mit weitreichenden und z.T. kostspieligen Konsequenzen. Bei mehreren, möglicherweise noch ineinander verzahnten Ursachen ist die Ableitung von angemessenen Maßnahmen deutlich schwieriger, und Experten können uns die komplizierte Welt leider nicht einfach machen.

Offenkundig neigen Menschen dazu, die dünnen Stellen ihres Denkfundaments geflissentlich zu übersehen und – vielleicht auch vor sich selbst – zu überspielen. Dies gilt natürlich nicht nur im Fernsehen, sondern auch dafür, wenn im Wohnzimmer nach Erklärungen für die alltäglichen Probleme in den unterschiedlichen Lebensbereichen gesucht wird. Es kann die eigenen Schlafstörungen gleichermaßen betreffen wie den hohen Benzinverbrauch des Neuwagens, die Ursachen des letzten Computerabsturzes oder den grußlosen Abschied der Tochter.

7 In der Kommunikationswissenschaft bezeichnet man treffenderweise als Experte jemanden, der von anderen als solcher anerkannt wird.

Interessant sind diese naiven Theorien aus psychologischer Perspektive insbesondere deshalb, weil sie häufig den Ausgangspunkt des *Alltagshandelns* mit allen daran hängenden Konsequenzen darstellen[8]. Gelegentlich wird das Problem dann noch schlimmer und der Gesamtschaden durch die laienhafte Reparatur noch größer, häufig ändert sich einfach nichts, aber manchmal resultiert aus falschen Überlegungen dennoch ein erfolgreiches Handeln.

Mit großem Aufwand wurden naive Theorien gesammelt und analysiert, um die besonderen Merkmale und Eigenschaften dieser gedanklichen Konstruktionen zu finden. Diese als *mentale Modelle* bezeichneten naiven Erklärungen der Welt besitzen folgende Gemeinsamkeiten:

1. Sie stellen die Grundlage des persönlichen Verständnisses von physikalischen oder psychischen Systemen dar und dienen dem *Verständnis* des Beobachtbaren und der *Vorhersage* zukünftiger Ereignisse.
2. Sie können *unvollständig* und auch *unstabil* sein.
3. Sie dienen der *gedanklichen Simulation* von Zusammenhängen und Ereignissen.
4. Sie sind *wissenschaftsresistent*, d.h. trotz besseren Wissens werden überflüssige, „abergläubische“ Verhaltensweisen, die in dem mentalen Modell vorkommen, beibehalten.

Exkurs 8.5: Ein falsches Modell und seine positiven Folgen

In einer breit angelegten Studie untersuchte Kempton den Umgang der Hausbewohner mit den Temperaturreglern an den Heizkörpern von Zentralheizungssystemen. Nach den beiden Ölkrisen kurz zuvor war dies ein relevantes Unterfangen, um Maßnahmen zum Energiesparen daraus abzuleiten. Aus den Interviews mit allen Teilnehmern an der Studie konnten im Wesentlichen zwei recht unterschiedliche mentale Modelle über die Funktionsweise von Zentralheizungssystemen gefunden werden. Das eine bezeichnete er als „Feedback-Modell“ und das andere als „Ventil-Modell“.

Mentales Modell 1: Gemäß dem *Feedback-Modell* schaltet der Thermostat in den Zimmern den Brennofen an oder aus, abhängig von der gemessenen Raumtemperatur. Wann dies geschieht, hängt von der vorwählbaren Raumtemperatur ab, die von Hand eingestellt werden kann. Der Brennofen bleibt so lange eingeschaltet, bis der Thermostat feststellt, dass die Ist-Temperatur die Soll-Temperatur im Zimmer erreicht hat. Mit anderen Worten, die Raumtemperatur wird durch die *Brenndauer der Feuerung* reguliert. Das geschieht dann länger, wenn die Soll-Temperatur auf einen höheren Wert eingestellt wird und umgekehrt.

8 Z.B. glaubten die Azteken, dass nur durch Menschenopfer der Lauf der Sonne stabilisiert und der Fortbestand der Welt gesichert werden kann.

Mentales Modell 2: Der wesentliche Unterschied zum Modell 1 besteht beim *Ventil-Modell* in der Annahme, dass die Feuerung mehr oder weniger intensiv beheizt wird – abhängig von der gemessenen Ist-Soll-Differenz der Temperatur im Zimmer. Mit anderen Worten besteht hier die Annahme, dass die Voreinstellung der Raumtemperatur Einfluss auf die *Hitze in der Brennkammer* hat. Im Hintergrund dieses Modells steht der Umgang mit einem Kamin oder einem Ofen, bei dem man auch die Hitze durch Zuluft oder Nachbestückung regulieren kann – etwa analog zu einem Wasserhahn: Je mehr man ihn aufdreht, umso mehr Wasser kommt heraus.

Das zweite Modell ist in seiner Grundannahme falsch, wogegen das erste richtig ist. Interessant wird nun die praktische Konsequenz der beiden Modelle: Wer das Feedback-Modell im Hinterkopf hat, wählt einmal die gewünschte Temperatur vor und damit hat es sich. Dagegen regulieren diejenigen mit dem Ventil-Modell häufiger nach – beim Verlassen des Raums oder der Wohnung mit Herunterstellen der Soll-Temperatur und beim Eintreten dann mit entsprechendem Hochstellen usf.

Die Energiebilanzen der beiden Modelle sind überraschend verschieden, denn diejenigen mit dem falschen mentalen Modell – dem Ventil-Modell – sparen im Durchschnitt deutlich mehr Brennstoff als diejenigen mit dem richtigen. Die Gründe dafür liegen auf der Hand: Durch die festen Temperaturvorwahlen gemäß des Feedback-Modells wird Energie durch das Beheizen von Zimmern in nicht genutzten Zeiten verschwendet. Das geschieht durch das häufige Nachregulieren gemäß dem Ventil-Modell deutlich seltener.

Naive mentale Modelle lassen sich natürlich nicht nur zur Erklärung technischer oder physikalischer Vorgänge finden. Gerade dann, wenn für relevante Phänomene die Ursachen nicht offenkundig sind, kommen die seltsamsten Ideen darüber zustande. Ärzte, Psychologen und Pädagogen können in den Beratungsgesprächen viele Geschichten dazu beitragen – sei es über die Wirkung tricolorer Katzenfelle bei Rückenbeschwerden, die soziale Isolation als Strafe oder das Vokabelheft unter dem Kopfkissen. Fehlende Verbindungsstücke in den naiven Erklärungen werden durch überbrückende abergläubische Verhaltensweisen unterlegt und verbunden. Diese können von einfachen Bewegungen und Ritualen bis hin zu komplex verschlungenen Zeremonien reichen – wer besondere Illustrationen dazu mag, findet sie in den Zauberformeln und -ritualen von Hexen und Magiern. Für die Annahme solch einfacher ritualisierter Handanweisungen sind nicht nur Kinder sehr anfällig.

8.6 Kausalattributionen – auf der Suche nach den Ursachen des Handelns

Wenden wir uns nun einem besonderen Ausschnitt des naiven Denkens zu, der seinen Ausgangspunkt in der Frage nach dem Warum hat. Die Ergebnisse dieser vorwissenschaftlichen Suche nach Ursachen werden als *Kausalattributionen* bezeichnet und dienen Menschen im Alltag dazu, sich das eigene Verhalten wie auch das Verhalten anderer Personen zu erklären. Solche Ursachenzuschreibungen werden dann häufig gesucht, wenn ein erwünschtes Handlungsergebnis nicht eintritt oder etwas Erwartungswidriges im sozialen Umfeld geschieht. Schon im Kindesalter beginnt das Interesse daran, zu verstehen, warum es zu einem beobachtbaren Ereignis gekommen ist oder warum jemand etwas getan oder eben nicht getan hat, und gelegentlich hilft den überforderten Erwachsenen nur ein „weil das so ist", da sie es selbst nicht wissen oder erklären können.

Die erkannten *wahrgenommenen* Ursachen werden im Nachhinein – post hoc – rekonstruiert und müssen mit den *tatsächlichen* Ursachen nichts zu tun haben. Auch hierbei finden wir die „natürliche" Monokausalität unseres Denkens wieder, denn häufig brechen wir die Suche nach dem Auffinden der ersten plausiblen Ursache ab.

Nehmen wir ein Beispiel aus dem sozialen Leben und versetzen wir uns als Beobachter in folgende Szene: Ein Erwachsener stößt in einer Einkaufsstraße im Vorbeigehen ein Kind an. Das Kind stürzt darauf hin und der Inhalt seiner Schultasche fällt heraus. Der Erwachsene geht weiter. Nun stellt sich die Frage, warum der Erwachsene dem Kind nicht geholfen hat. Folgende Gründe könnten von einem Beobachter der Szene genannt werden:

1. Er hatte einen dringenden Termin.
2. Er hatte schlechte Laune.
3. Er ist ein egoistischer Mensch.
4. Er tut so, als ob er nichts bemerkt hätte, weil es ihm peinlich war.
5. Er will anderen grundsätzlich nicht helfen.
6. Das Kind war ungeschickt.
7. Das Kind kann sich auch selber helfen.
8. Das Kind macht nicht deutlich genug, dass es Hilfe braucht.

Vielleicht gibt es noch weitere Erklärungsversuche, aber man sieht schon auf den ersten Blick, wie vielfältig diese sein können. Um zumindest eine gewisse Ordnung zu schaffen, bietet sich folgende Klassifizierung an: Man kann die genannten Gründe in eher *stabile* (3, 5, 7) und eher *variable* (1, 2, 4, 6, 8) aufteilen. Des Weiteren kann man innere (*internale*) Ursachen, die in dem Erwachsenen begründet sind (2, 3, 4, 5), und solche finden, die außerhalb seiner Person (*external*) – hier am Kind – liegen (1, 6, 7, 8). Abhängig von der Art der Ursache dienen sie der Entschuldigung des Erwachsenen (external und variabel) oder sie lassen ihn in einem schlechten Licht erscheinen (internal und stabil) – insbesondere dann, wenn sie zudem als absichtlich oder kontrollierbar angesehen werden.

Alle kennen die plausiblen externalen Entschuldigungen, um eine Verspätung zu erklären („Der Wecker klingelte nicht." oder „Der Bus kam zu spät."). Denn man ist, um des lieben Friedens willen, gut beraten, dabei nicht auf internale Ursachen zurückzugreifen („Ich war so müde." oder gar „Es war mir egal."), obwohl sie vielleicht eher der Wahrheit entsprächen. Gleiches gilt auch für Entschuldigungen, um das von einem lästigen Werber gewünschte Treffen – egal ob im privaten oder im geschäftlichen Bereich – abzuwimmeln, denn wenn man die Person nicht vor den Kopf stoßen will, wird man auf den ausgebuchten Terminkalender und ein „irgendwann später", d.h. auf externale Ursachen, verweisen. Wir können schon sehen: Bei Kausalattributionen geht es nicht primär um die „wahren" Gründe, sondern um „passende".

Der bei Sympathie für den Anderen und bei frisch Verliebten besonders ausgeprägte entschuldigende Zuschreibungsstil mit externalen und variablen Ursachen kann sich beim gleichen Verhalten über die Zeit mit dem Abklingen der Emotionen füreinander ändern. Aus variabel wird dann stabil, kenntlich durch das gehäufte Auftreten des „immer" oder „nie" in den Ursachenerklärungen, wie z.B. „Er will immer recht haben." oder „Nie räumt sie den Tisch ab." Dabei schwingt auch der Wandel von external zu internal mit, denn damit werden schon fast Eigenschaften konstatiert – hier rechthaberisch und unordentlich. Spätestens jetzt gilt es, vorsichtig zu sein und sich dessen bewusst zu werden.

Genauso wie im sozialen Miteinander spielen die beiden Dimensionen *Stabilität* und *Ort der Kontrolle* auch für das Leistungshandeln bei den Ursachenerklärungen eine wichtige Rolle. Wie dies in ▶Tabelle 8.2 dargestellt ist, entstehen daraus vier verschiedene Kombinationsmöglichkeiten. Wenn ein Erfolg begründet werden soll, kann dies an der vorhandenen (hohen) Fähigkeit oder Begabung liegen, an der investierten Anstrengung in der Vorbereitung, an der niedrigen Schwierigkeit der Aufgabe oder am Glück, das man dabei hatte. Analoge Ursachen eines Misserfolges wären dann mangelnde Fähigkeit oder Begabung, zu geringe Anstrengung bei der Vorbereitung, eine zu hohe Aufgabenschwierigkeit oder eben Pech.

		ORT DER KONTROLLE	
		internal	external
STABILITÄT	stabil	Fähigkeit	Schwierigkeit
	variabel	Anstrengung	Zufall

Tabelle 8.2: Die Ursachen von Erfolg und Misserfolg in Leistungssituationen

Neben der einfachen Klassifizierung und gewonnenen Übersichtlichkeit leistet die Kenntnis der individuellen Ursachenzuschreibung jedoch noch mehr, denn sie erlaubt Prognosen auf zukünftiges Handeln. Mangelnde Anstrengung als Ursache eines Misserfolges führt nämlich individuell zu anderen Konsequenzen als die Erklärung durch mangelnde Fähigkeit. Im ersten Fall werden sich wahrscheinlich die Anstrengungen und Investitionen eher erhöhen, wogegen sich im zweiten Fall vielmehr Resignation breitmachen wird. Ähnlich den schon beschriebenen naiven *mentalen Modellen* – sie dienen ja der Erklärung und der Vorhersage gleichermaßen – haben auch die subjektiv wahrgenommenen Ursachen Auswirkungen auf das zukünftige Handeln.

Allerdings wurde die Möglichkeit, mittels der Kenntnis von Kausalattributionen Verhalten besser vorhersagen zu können, insgesamt deutlich überschätzt.

Hier kann man auch den Forschern die allzu menschliche Naivität, den eigenen Ursachenzuschreibungen zu trauen, nicht absprechen. Wie wir an den Beispielen oben gesehen haben, müssen die Erklärungen zunächst einmal *Plausibilität* besitzen, d.h., sie müssen glaubhaft sein und den sozialen Modellen und Normen entsprechen. Des Weiteren tragen sie im Zwischenmenschlichen dazu bei, die *Kränkung anderer* zu vermeiden. Aber auch im Innerpsychischen erfüllen sie eine harmonisierende und hygienische Funktion, indem sie der *Aufrechterhaltung des Selbstwertes* dienen. Sie helfen uns dabei, ein gutes Bild von uns selbst zu zeichnen. Zudem ist bekannt, dass Ursachenzuschreibungen bei der Entstehung und insbesondere bei der *Emotions-Kontrolle* und *-Regulierung* eine wichtige Rolle spielen. Ob man annimmt, jemand habe etwas absichtlich oder unabsichtlich getan, entscheidet z.B. darüber, ob man wütend wird oder nicht (=> *Kapitel 9 Emotion*).

Kausalattributionen sind ein Teil des sozialen und kulturellen Weltbildes, in dem die Menschen leben, und helfen dabei, das soziale Miteinander zu regulieren. In dieser Funktion stellen sie *Kompromisse* zwischen erfassten Tatsachen, Selbstwerterhaltung und Pflege der sozialen Beziehungen dar. Doch inwieweit können wir überhaupt die Ursachen unseres eigenen Verhaltens einsehen, wenn soziale und individuelle Erwünschtheit nicht berücksichtigt werden müssen? Erzählen wir auch dann mehr als wir wissen?

In ihrer 1977 erschienenen Arbeit mit dem Titel „Telling more than we can know“ haben Nisbett und Wilson die Erkenntnisse aus experimentellen Studien gesammelt, in denen die Versuchspersonen die *tatsächlichen* Einflüsse auf ihre Entscheidungen und ihr Verhalten *nicht bemerkt* haben und bei der Begründung dann nachfolgend falsche, aber scheinbar plausible Ursachen angaben (▶Tabelle 8.3).

Ursache	Beispiel
Zeitlicher Abstand zwischen Ursache und Ereignis	Der Bösewicht in einem Film vor zwei Tagen hatte eine Goldrandbrille auf – heute finde ich sie beim Optiker schrecklich.
Mechanische Urteilseffekte	Produkte, die exponiert, einzeln ganz außen liegen werden häufiger gekauft.
Unbeachtete Kontextfaktoren	Man regt sich über eine Ungerechtigkeit auf, weil andere um einen herum das auch tun.
Das Fehlen bestimmter Reize	Man findet einen Arzt inkompetent, weil er keinen weißen Kittel trägt.
Die Wirkung nonverbalen Verhaltens	Man kauft die Tasche, die der Verkäufer am liebevollsten behandelt hat.
Intensitätsunterschiede zwischen Reiz und Reaktion	Man findet eine Person unsympathisch, weil sie Mundgeruch hat.

Tabelle 8.3: Gründe für Fehler bei der Ursachenzuschreibung. Die in den Beispielen genannten Ursachen werden auf die Frage „warum?" nicht erkannt, sondern es werden andere, plausible Gründe genannt.

Viele der unbemerkten Einflüsse auf unsere Entscheidungen werden schon geraume Zeit von Verkaufsstrategen und in der Werbung eingesetzt – unser Verhalten wird, ohne dass wir dies bemerken, von außen gekonnt und professionell beeinflusst. Wenn man die Kunden anschließend befragt, warum sie sich denn für das gewählte Produkt entschieden haben, werden häufig rationale und sachliche Begründungen – also abgerufenes Wissen – genannt, jedoch nicht die subtilen tatsächlichen Ursachen, die experimentell gut kontrolliert und erforscht werden können.

8.7 Von den Gedanken zum Gefühl – Intuition

Etwa zehn Jahre später, zu Beginn der 1990er Jahre, kam es in der Erforschung des Problemlösens zu einer weiteren Wende – auch die Themen der Psychologie sind epochalen Einflüssen unterworfen. Die bis dahin eher vereinzelten und kaum beachteten Mitteilungen über Experimente, in denen unbewusste Vorgänge bei Entscheidungsprozessen eine wichtige Rolle spielen[9], wurden unter dem Sammelbegriff *Intuition* neu gefasst. Es begann eine stetig wachsende Forschungstätigkeit zum nun salonfähigen „modernen Unbewussten" und auch die jenseits aller Rationalität und Logik ablaufenden Vorgänge beim Problemlösen fanden immer größere Beachtung.

Unter *Intuition* wird sowohl der Vorgang als auch das Ergebnis unbewussten Wissens- und Erfahrungsabrufs verstanden, der ohne rationales oder logisches Denken auskommt und diesem gelegentlich sogar konträr verläuft. Bei den daran beteiligten, extrem schnellen und stark vernetzten Vorgängen werden Muster, Formen und Zusammenhänge identifiziert, die auch aufgrund ihrer Komplexität dem Bewusstsein nicht zugänglich sind. Am auffälligsten wird dies bei kreativen Tätigkeiten in der bildenden Kunst oder Musik. Künstler haben schon immer den Augenblick, in dem sie „die Muse küsst", sehnsüchtig erwartet, und der für die entsprechenden Eingebungen verantwortliche Vorgang ist jenseits allen rationalen Kalküls und unbeschreiblich. Hier bleiben alle Nachfragen interessierter Bewunderer dazu stets unbeantwortet.

Weniger auffällig – aber prinzipiell auf dieselbe Weise – kommen auch unzählige Entscheidungen im täglichen Leben zustande. Dabei sind einige der intuitiven Entscheidungen noch in ihrer Entstehung nachvollziehbar – wie z.B. mit dem Freund zusammenzuziehen, jetzt doch lieber langsamer zu fahren oder dem neuen Arbeitskollegen zu vertrauen. Weniger deutlich oder gar nicht bewusst wird dies bei den Entscheidungen der nicht zählbaren automatischen Bewegungsabläufe, die durch Abrufe aus dem prozeduralen Gedächtnis zustande kommen und jeweils aus einer Reihe von alternativen Möglichkeiten die optimalen ausführen[10].

9 Wir haben einige davon schon bei der Analyse von Expertenentscheidungen beim Schachspiel kennengelernt.

10 Man schätzt, dass im Laufe eines Tages etwa 20.000 Entscheidungen getroffen werden müssen – also in der Stunde etwa 1200 oder in der Minute etwa 20!

Davor müssen immerhin noch die ebenso wenig zählbaren ständig aufgenommenen Sinnesreize verarbeitet werden, die den Lichteinfall, den Geruch in der Wohnung, das Geräusch des Kühlschrankes, die Erschöpfungssignale des Körpers, die Bedürfnisreize nach Ruhe oder Trinken usw. betreffen. Aus dieser Reizflut werden Gestalten, Formen und bestimmte Kombinationen und Aufeinanderfolgen extrahiert, die am Ende summarische Entscheidungen nahelegen, und nur einige wenige davon treten dann gefühlsunterlegt und unbegründet – eben als Intuition – ins Bewusstsein.

Dieses Vorgehen hat sich über eine lange stammesgeschichtliche Entwicklung immer weiter verfeinert und bewährt und ist im Tierreich in entsprechenden Vorläuferfunktionen weit verbreitet. Nicht zuletzt ist dies der Grund, warum wir mit unserem analytischen Denken das Verhalten von Tieren gelegentlich nicht verstehen und nachvollziehen können. Aus Ermangelung einer Begründung wird dann schnell ein „sechster Sinn“ vermutet. Diesen zu postulieren, ist – wie das häufig z.B. zur Erklärung von Erdbeben- oder Unwetterahnungen bei Tieren geschieht – gar nicht nötig. Es sind mit großer Sicherheit die durch normale Sinnesleistungen der entsprechenden Arten aufgenommenen Reize, die dann zu Mustern und Gestalten zusammengefügt werden und zu dem auffälligen Verhalten führen. Nur weil die Wahrnehmungsleistungen der Tiere z.T. außerhalb des menschlichen Mesokosmos liegen, erscheinen sie uns unerklärlich (vgl. *Abschnitt 4.1*). Wie wir gesehen haben, gibt uns ja selbst die eigene Intuition noch viele Rätsel auf.

Exkurs 8.6: Problemlösen bei der Bewegungssteuerung

Wir sollten nicht die unbemerkten Probleme und deren Lösungen übersehen, mit denen wir bei der Bewältigung des Alltags ständig konfrontiert sind: beim Einparken des Autos, beim Beschneiden der Hecke oder beim Treppenabstieg mit einem großen Paket auf den Armen.

Genauso wie Probleme, die sich deutlich in unserem Bewusstsein und der Phantasietätigkeit niederschlagen, finden im alltäglichen Leben ständig Vorgänge statt, denen man einen ähnlichen Status geben kann – allerdings sind sie kaum beobachtbar und weniger spektakulär. Schon bei kurzen „einfachen" Bewegungen, wie dem Impuls des Fußes beim Treten gegen einen Ball, ist ein sehr komplexes Zusammenspiel unterschiedlichster Informationen erforderlich. Der höchst präzise Bewegungsimpuls ist das Resultat von Antworten auf Fragen wie: Wohin läuft mein Mitspieler? Wann ist er an welcher Stelle? Wie stehe ich? Wo ist der Ball? Wie muss ich ihn treten, damit er mit welchem Tempo noch den Mitspieler erreicht?

All dies geschieht in einem kurzen Moment des Aufblickens und findet dann in einem genialen Pass seinen Niederschlag. Ähnliches gilt natürlich für alle Ballspiele und viele interaktive Sportarten (z.B. Free-Climbing) oder sportliche Partnerwettkämpfe (z.B. Boxen). Voraussetzung für all diese menschlichen Höchstleistungen von Spitzensportlern ist das hoch geübte Zusammenspiel von Wahrnehmungs- und Bewegungssteuerung, und die Fähigkeit, mittels der aufgenommenen Informationen dann situationsangemessen die richtigen, Erfolg versprechenden Entscheidungen zu treffen.

In einer Untersuchung wurden 85 erfahrenen Handballspielern Filme mit Spielszenen vorgeführt und dann an festgelegten Stellen unterbrochen. Zum einen sollten sie spontan Auskunft geben, was sie jetzt tun würden, und zum anderen wurde ihnen Zeit gegeben, um sich in Ruhe zu überlegen, was der beste Spielzug sei. Später beurteilten Experten (Nationaltrainer) dann die Lösungen. Es zeigte sich, dass die spontanen intuitiven Entscheidungen insgesamt die höhere Qualität besaßen.

Jede dieser Entscheidungen kann als ein Miniatur-Problem betrachtet werden – zum Glück werden uns diese Probleme in der Kürze der Entscheidungszeit nicht bewusst. So ist es eigentlich nicht überraschend, dass die sportlichen Heroen in den Interviews nach den Ereignissen keine Auskünfte über ihre Entscheidungen in einzelnen Spielsituationen geben können – und das ist keinesfalls ein Zeichen von mangelndem Reflexionsvermögen, sondern schlichtweg ein Ding der Unmöglichkeit. Alle Antworten, die man dann hört, geben keine Einsichten in die Problemsituation und Lösungsvorgänge, sondern sie stellen eine rationale Rekonstruktion dar, die eigentlich jeder bei etwas Nachdenken ebenso geben könnte. Aber wir hören es nun einmal gerne aus dem Mund der neuen Helden, obwohl die Erklärungen und Beschreibungen des Hergangs immer banal klingen und auf viele andere Situationen gleichermaßen zutreffen.

Rätselhafte intuitive Entscheidungen finden insbesondere dann, wenn dadurch Menschleben gerettet werden, auch mediale Aufmerksamkeit. So rief ein Feuerwehrmann seinen Kameraden – einer spontanen Eingebung folgend – zu, sofort das Haus zu verlassen, in dem sie gerade auf der Suche nach dem Brandherd waren. Wie durch ein Wunder geschah dies kurz bevor das Haus in sich zusammenstürzte. Erst nach langem, intensivem Nachfragen konnte der Feuerwehrmann die Gründe für seine spontane Entscheidung vermuten, denn es schien ihm, dass das gewohnte Geräusch des Feuers gefehlt habe und ihm die Temperatur zugleich ungewöhnlich heiß vorgekommen sei. Beides passte ihm „irgendwie" nicht zusammen, und er habe dabei ein sehr ungutes Gefühl gespürt. Anders betrachtet meldete sich der Pertinenzfilter des Feuerwehrmanns mit einem kleinen inneren Alarm – nämlich durch Aufmerken und diffuses Unbehagen. Zum Glück für alle Beteiligten folgte er seiner Intuition und forderte die anderen auf, das Haus zu räumen.

Nicht nur bei Experten wie bei Schachspielern – wir hatten sie schon oben kennengelernt – sind die intuitiven kurzen Entscheidungen ebenso gut wie langes rationales Nachdenken, sondern dies gilt gleichermaßen für alle anderen Personen mit fundiertem Fachwissen und viel Erfahrung. Auch bei Börsenmaklern und bei Managern findet sich ein Primat der Intuition vor der analytischen Rationalität. Sogar in kontrollierten Experimenten lassen sich bei direkt oder auch beiläufig mit Informationen versorgten Versuchspersonen dieselben Vorteile der Entscheidungen „aus dem Bauch heraus" finden, und sie werden nicht nur schneller getroffen, sondern sie sind häufig auch qualitativ besser – wiederum ohne, dass sie selbst genau begründbar wären.

Generell ist es dann empfohlen, auf die eigene Intuition zu „hören", wenn man über persönliche Erfahrungen in dem Problemfeld verfügt. Im Bedarfsfall werden dann mithilfe des großen zur Verfügung stehenden Erfahrungsschatzes aus den eingehenden Reizen Muster extrahiert und Zusammenhänge gestiftet, um dann so gebündelt als spontane Ideen, Entscheidungsvorschläge oder Bewertungen ins Bewusstsein zu treten. Dabei scheinen Erfahrungen im Alltag wie auch beim professionellen Expertentum den Blick für das Wesentliche zu schärfen, d.h. für das Herausfiltern und Weglassen unwichtiger Informationen. Hier kann wahrlich nur Übung den Meister machen, das Wissen allein reicht dazu nicht aus.

Einschränkend sollte am Ende noch erwähnt werden, dass diese Neubeurteilung von Problemlösevorgängen nicht zu dem Schluss führen darf, die Rationalität und das Nachdenken über Bord zu werfen. Niemand wäre damit zufrieden, einen Richterspruch, eine Lehrerempfehlung oder eine ärztliche Diagnose ohne eine ausreichende nachvollziehbare Begründung zu übernehmen. Erst die, wenngleich häufig der Intuition nachfolgende, „vernünftige" Erklärung kann uns helfen, das Ergebnis zu verstehen, und letztendlich überzeugen, dieses auch zu befolgen. Intuition ist von den individuellen Erfahrungen abhängig und bleibt als solche eine nicht vermittelbare Privatsache, dagegen ist rationales und systematisches Denken anderen in Wort wie in Schrift kommunizierbar. Nur so konnte über tausende von Jahren das Wissen der Menschheit gesammelt werden.

Intuition und Rationalität, Bilder und Worte, Verstand und Gefühl – diese scheinbaren Gegensätze stehen in einem ständigen fruchtbaren Dialog in uns. Diese „zwei Seelen" sind nicht wie in Goethes Faust „in meiner Brust" zu lokalisieren, sondern im Gehirn selbst. Inzwischen haben sich die Belege dafür gehäuft, dass die linke Gehirnhälfte auf das analytische Denken spezialisiert ist und die rechte auf Synthese und ganzheitliche Verarbeitung. Beide Hemisphären stehen aber über das verbindende Corpus callosum[11] in regem Austausch miteinander und müssen sich trotz ihrer unterschiedlichen Vorgehensweisen am Ende immer einigen – schließlich steht beiden ja nur ein Körper zur Verfügung.

Genauso widerständig und unsichtbar wie noch vor 100 Jahren bleiben auch in der gegenwärtigen Intuitionsforschung die unbewussten Vorgänge, die zu Problemlösungen führen – egal ob die Untersuchungsmethode wie damals im lauten Denken oder heutzutage im Vergleich von rationalen mit intuitiven Entscheidungen besteht.

8.8 Zusammenarbeit beim Denken – das Arbeitsgedächtnis

Dem Abschnitt zum Problemlösen soll noch ein weiterer Ansatz hinzugefügt werden, der im gemeinsamen Schnittfeld mit Aufmerksamkeit und Gedächtnis anzusiedeln ist – es geht um das *Arbeitsgedächtnis* („working memory"). Der Ausgangspunkt für diese Konzeption ist in der Tatsache und Notwendigkeit zu

11 Das Corpus callosum verbindet die beiden Hirnhälften des Großhirns. Es besteht aus etwa 250 Millionen Nervenfasern.

sehen, dass bei zielgerichteten Tätigkeiten – und Problemlösen gehört ohne Zweifel dazu – sowohl Informationen aus der aktuellen Situation als auch ausgewählte Gedächtnisinhalte zusammengeführt werden müssen. Egal ob man diesen „Kochtopf" als besonderen Ort oder als speziellen Zustand versteht, werden in dieser *zentralen Exekutive* die notwendigen Pläne und Entscheidungen generiert. Hier werden Wahrnehmungen sowie Inhalte aus dem Kurzzeit- und Langzeitgedächtnis miteinander verknüpft, um ein angestrebtes Ziel zu erreichen. Bei der Betrachtung der Bestandteile dieser Zusammenarbeit im Arbeitsgedächtnis wird deutlich, dass es viele Gemeinsamkeiten mit dem Zustand und der Funktion von fokussierter Aufmerksamkeit gibt. In *Abschnitt 5.7* wurden *Selektion* und *Integration* als zwei ihrer drei Funktionen schon beschrieben.

Das wesentliche Mehr im Vergleich zur Aufmerksamkeit ist in der Konzeption des Arbeitsgedächtnisses die Berücksichtigung von besonderen Zwischenregistern, die Informationen für das gerade anstehende Problem bereithalten (▶Abbildung 8.4). Schon bei der Darstellung der Gedächtnisfunktionen wurde an vielen Stellen deutlich, dass eine strikte Abgrenzung vom Problemlösen nicht möglich und eher künstlich ist.

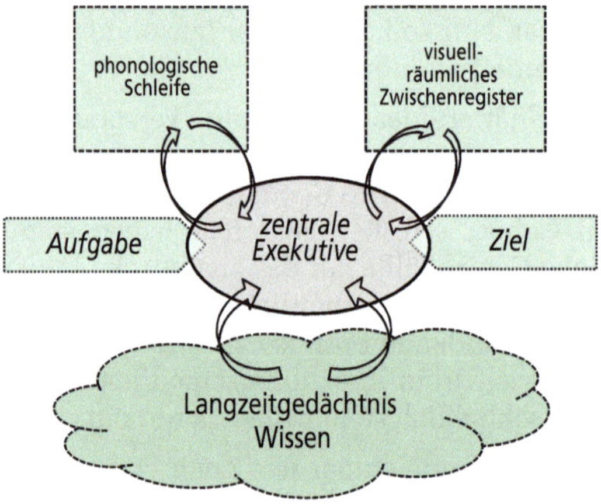

Abbildung 8.4: Das Modell des Arbeitsgedächtnisses (nach Baddeley, 1986)

In den Schmelztiegel des Arbeitsgedächtnisses, der *zentralen Exekutive*, geht zunächst eine Aufgabe ein, die vom Erkennen eines Problems zur Übernahme eines entsprechenden Zieles führt. Schon hier werden aus dem Langzeitgedächtnis relevante Vorerfahrungen und vorhandenes Wissen zur Verfügung gestellt. Aus der aktuellen Situation werden laufend Informationen aufgenommen, die in zwei ständig zur Verfügung stehenden kurzen Zwischenspeichern abgelegt werden.

In der *phonologischen Schleife* („phonological loop") wird eine Art Minikopie der akustisch aufgenommenen Information – sei es ein Geräusch, eine Melodie, eine Tierstimme oder eine menschliche Stimme – für etwa 2 bis 3 Sekunden abgelegt. Sie verliert sich dann schnell wieder und wird durch die inzwischen neu eingetroffene Information desselben Sinneskanals überschrieben. Der Vorteil dieser Konstruktion liegt darin, dass ein im Augenblick der Aufnahme unbeachteter akustischer Reiz kurz danach noch einmal vor dem inneren Ohr wie von einem Tonband abgespielt werden kann. So kann ein Geräusch wie ein, allerdings inneres, Echo noch einmal abgehört werden, genauso wie das Knacken eines Astes oder Knistern in der Ecke. Erst jetzt, und nun als „Erinnerung" im Fokus der Aufmerksamkeit stehend, kann der Reiz dann tiefer verarbeitet und genauer identifiziert und bewertet werden. Dieser Vorgang ist bei genauer Selbstbeobachtung zumindest schematisch erlebbar (*Exkurs 8.7*). Etwas klarer wird dieser Vorgang bei der Sprachwahrnehmung und insbesondere beim Sprach*verstehen* – hierbei hat diese kurze Wiederholungsschleife natürlich besonderen Wert.

Exkurs 8.7: Gehört oder verstanden

Am Beispiel der folgenden Situation kann dies deutlich gemacht werden: Eine in die Zeitungslektüre vertiefte Person hört aus dem Nebenzimmer die Frage „Wo hast du vorhin die Zuckerdose hingestellt?" – subjektiv hört der Zeitungsleser dies allerdings nur als „Blah blah murmel murmel blah blah". Dennoch kommt es aber zum unwillkürlichen Aufmerksamkeitswechsel hin zur bekannten Stimme, allerdings etwas zu träge und zu spät, denn die Frage ist schon ausgesprochen, wenn sie die volle Aufmerksamkeit bekommt. So hebt der gerade noch Lesende zur Nachfrage an „Kannst du die Frage bitte wiederholen, ich ... sie steht rechts unten im Schrank."

Wie kann man diesen zerfahrenen Satz, der aus zwei unzusammenhängenden Teilen besteht, erklären? Mithilfe der phonologischen Schleife gelingt dies recht gut, denn während der Nachfrage kann das Echo der Ausgangsfrage nach der Zuckerdose noch einmal anklingen und dieses Mal auch *verstanden* werden. Deshalb wird der zweite Teil der Nachfrage („... habe dich akustisch nicht verstanden.") durch die Antwort ersetzt. Ein akustisches Nachbild war also doch noch da, allerdings war es beim ersten Hören nicht tief genug, d.h. semantisch, verarbeitet worden. Eine Bedeutungsanalyse fand erst beim inneren Hören des Echos statt – jetzt wurde die Frage nicht nur gehört, sondern auch tatsächlich verstanden (vgl. *Abschnitt 7.3*).

Neben der phonologischen Schleife steht der zentralen Exekutive noch ein weiteres Hilfssystem zur Verfügung – das *visuell-räumliche Zwischenregister* („visuo-spatial scratch pad"[12]). Hierin wird – wiederum für wenige Sekunden – ein *räumliches Situationsmodell* zur Verfügung bereitgehalten, sodass auch bei Wegfall der Außenreize – sei es durch plötzliche Dunkelheit oder durch Wegdrehen von der Handlungsrichtung – noch sehr gezielte Bewegungen möglich sind. Auch das Wirken und die Wichtigkeit dieses „kleinen Helfers" ist kaum bemerkbar, weil ebenso selbstverständlich. Wie oft müssen wir zugreifen und uns im Raum bewegen, ohne dass wir dabei hingucken oder überhaupt etwas sehen können? Die Fütterung des visuell-räumlichen Zwischenregisters mit visuellen Informationen ist experimentell gut belegt, jedoch gibt es Hinweise,

12 Später wurde „scratch pad" durch „sketchpad" ersetzt, was dann zum Wechsel der Bezeichnung als „Notizblock" im Deutschen führte – m.E. trifft es jedoch die erste besser.

dass auch die anderen Sinne ihren Beitrag zum ständigen Aktualisieren des Situationsmodells in diesem Register leisten. So kommen taktile Informationen hinzu, die nicht nur die eigene Körperhaltung und -position weitergeben, sondern auch über Kontakte mit der Umwelt die Position der Gegenstände im Raum (z.B. Stuhllehne oder Tischplatte) rückmelden. Zudem dienen auch akustische Reize der Überprüfung und Bestätigung des Situationsmodells (z.B. die Richtung und Entfernung zum Radio oder zur sprechenden Person). Der letzte gespeicherte Inhalt des visuell-räumlichen Zwischenregisters liefert im Notfall, nämlich dem Komplettausfall aller Sinneseingänge, noch für kurze Zeit genügende Informationen, um relativ sichere zielgerichtete Bewegungen zustande zu bringen. Wenn z.B. die Beleuchtung plötzlich ausfällt, können Bewegungen im Dunkeln nach 2 Sekunden fast fehlerfrei und ohne anzustoßen ausgeführt werden. Danach verliert sich das Situationsmodell binnen kurzer Zeit, und man muss dann die Positionen der Gegenstände und Objekte im Raum durch neue Informationsaufnahme – nun mit Händen und Füßen tastend – bestimmen.

Das Problemlösen beginnt also schon bei den kleinen Dingen des Alltags, und hierbei sind die beiden Register im Arbeitsgedächtnis offenbar ständig aktive, aber unsichtbare Helfer bei der Bewältigung der Aufgaben. Es ist nun auch zu verstehen, wie kleinste Unstimmigkeiten darin zu spürbaren Störungen beim Sprachverständnis und bei der Bewegungssteuerung führen können.

Zudem werden in ein und derselben Situation abhängig von dem verfolgten Ziel aus dem Fundus des Langzeitgedächtnisses die jeweils passenden Gedächtnisinhalte in der zentralen Exekutive bereitgestellt. Z.B. werden beim Blick auf den Esstisch – abhängig davon, ob man frühstücken oder aufräumen will – sehr verschiedene Aspekte prägnant. Trotz der äußerlich *identischen* Situationsreize („Bottom-up-Prozesse") entstehen dann *zwei sehr verschiedene* Bilder, die durch die beiden unterschiedlichen Motivationslagen und die damit aktivierten Gedächtnisinhalte („Top-down-Prozesse") bestimmt sind (vgl. *Abschnitt 10.4*).

8.9 Das Problem mit dem Denken

Wir haben gesehen, dass Problemlösevorgänge in einer großen Bandbreite auftreten: Sie reichen von den unzähligen „einfachen" Bewegungsentscheidungen, die automatisch und wie von allein vonstattengehen, bis hin zu den bewussten Problemen, auf die wir dann mit (Nach-)Denken reagieren. Jedoch auch bei den viel klarer erscheinenden „höheren Geistestätigkeiten" bleiben uns die eigentlichen Vorgänge selbst verschlossen. Egal ob simple oder komplizierte Probleme, an allen sind viele verschiedene psychische Grundprozesse beteiligt, von denen wir nur einen Teil erschließen können.

Am faszinierendsten sind dabei sicherlich die durch Intuition zustande gekommenen Entscheidungen, die von hochkarätigen Experten in komplexen Situationen schnell und sicher getroffen werden – seien es Sportler, Künstler, Ärzte, Kommissare usw. Wir kennen aber auch im Alltag viele Probleme, die „aus dem Bauch" heraus gelöst werden, und auch hier gibt es Intuition, die sich in den spontanen Ideen und Bewertungen findet, und wir folgen diesen nicht selten, ohne dass wir sie rational begründen könnten. Nicht ohne Erfolg, denn über viele Generationen hat sich das in der Geschichte der Menschheit trefflich bewährt.

Jedoch sollte am Ende des Kapitels auch die „dunkle Seite" dieses auf der Welt einmaligen Potentials Erwähnung finden. Durch die menschliche Erfindungsgabe wurde über hunderte Generationen Wissen geschaffen und weitergegeben, das vom Bau eines Speers bis hin zum Kernkraftwerk geführt hat. Inzwischen ist der Punkt erreicht, an dem das dem Menschen schon in der Bibel mitgegebene Anliegen, sich die Natur untertan zu machen, zu folgenschweren Eingriffen in diese führt, die zum Teil unumkehrbar sind. Die Ursachen dafür liegen im menschlichen Pragmatismus, der auf kurzfristigen Nutzen ausgelegt ist. Folgende drei Merkmale des menschlichen Denkens sind die Grundlage dieser Hybris[13]:

1. Wir tendieren stark zum *monokausalen Denken*. Wenn *ein* plausibler Grund für ein Problem erkannt wird, neigen wir zum Abbruch der Suche.

2. Das Denken bleibt im kurzen *Zeitfenster des Gegenwärtigen*. Nur das Jetzt erleben wir als real und nur dieses wird damit motivational wirksam – betrachten wir nur das eigene Gesundheitsverhalten. Die Wenn-Dann-Überlegungen können zwar weiter in die Zukunft reichen, allerdings sind die möglichen Mahner nicht willkommen und werden schnell als Pessimisten abgetan. Die Hoffnung stirbt eben zuletzt.

3. Das Denken ist *egoistisch*, d.h. es findet mehr oder weniger deutlich aus der Ich-Perspektive statt. Dabei sind persönlicher Lustgewinn und Unlustvermeidung wichtige Bestandteile der Ziele, die verfolgt werden. Die kurzfristige Lust wird der langfristigen Zufriedenheit vorgezogen.

Zusammenfassend können Menschen – zugestandenermaßen etwas überspitzt – als egoistische, monokausale Denkmaschinen mit fatalem Kurzzeitdenken charakterisiert werden. Damit waren wir über tausende von Jahren bestens vorbereitet auf den Wettlauf und das Überleben im jeweiligen Jetzt. In den letzten 100 Jahren unserer Geschichte haben sich die Dinge allerdings geändert, da die Konsequenzen unseres Tuns schwerwiegend sind. Doch leider finden die Mahnungen an die weiter reichenden Folgen unseres Handelns in den Entscheidungen und Planungen keinen Niederschlag – sie haben nur die Rolle von schweigenden Statisten im Hintergrund[14].

---

13 „Die Hybris, die uns versuchen lässt, das Himmelreich auf Erden zu verwirklichen, verführt uns dazu, unsere gute Erde in eine Hölle zu verwandeln." Karl Popper

14 Es betrifft z.B. den ökologischen Raubbau, der ohne Gedanken an das Nachwachsen der natürlichen Ressourcen vonstattengeht. Einer durchaus seriösen Analyse zu Folge wären 2,7 Planeten Erde in der Zeit von 1980 bis 2000 für die Entnahme und den Verbrauch der Menschen nötig gewesen. Die Hochrechnung kommt bei Fortsetzung des Trends für das Jahr 2050 auf einen Bedarf von 27 Erden. Dies betrifft u.a. die Überfischung der Weltmeere oder die Baumflächen für den Holzverbrauch. Gleiches gilt natürlich auch für die Bereitschaft des Staates – genauer: der Regierungsparteien – sich zu überschulden. Auch hier ist das Jetzt und Hier in Form der Wahlversprechungen wichtiger als die langfristige Perspektive einer ausgeglichenen Volkswirtschaft.

Fundierten Prognosen Gehör zu verschaffen und dann mit der rationalen Einsicht vernünftiges Handeln abzuleiten, ist die eine Sache – die neue Modevokabel dazu ist: Nachhaltigkeit des Handelns. Die andere – mindestens genauso wichtige – ist, es auch tatsächlich umzusetzen. Jedoch kann das, was getan werden muss, meist nur durch Verzicht und Mühe erreicht werden, und dazu fehlt uns zunächst einmal natürlicherweise die Motivation. Der Wille ist dann gefragt und es gilt das Motto Erich Kästners: „Es gibt nichts Gutes, außer man tut es!"

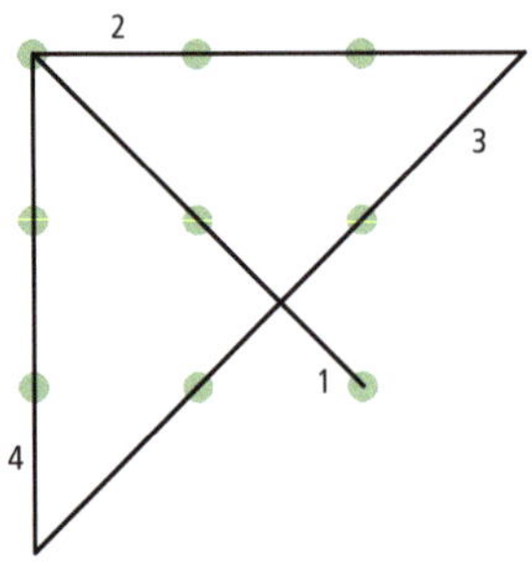

Abbildung 8.5: Die Lösung für die Denksportaufgabe aus Abbildung 8.1.

Anregungen zum Ausprobieren, Anwenden und Nachdenken

1. Setzen Sie sich in einen Raum ohne Außenlichteinfall mit nur einer leicht ein- und ausschaltbaren Lichtquelle an einen Tisch, auf dem sich verschiedene Gegenstände befinden – das kann z.B. der gedeckte Frühstücks- oder Abendbrot-Tisch sein. Ein „Versuchsleiter" kann zu einem von ihm bestimmbaren Zeitpunkt das Licht abschalten. Es können natürlich auch mehrere Personen daran teilnehmen. Nachdem das Licht von ihm zu unvorhersehbaren Zeitpunkten ausgeknipst wurde, nennt Ihnen der Versuchsleiter einen der Gegenstände, den Sie nun im Dunkeln – ohne die anderen Gegenstände dabei zu berühren – ergreifen und wieder ablegen sollen. Die Zeit zwischen dem Lichtausschalten und der Benennung des zu greifenden Gegenstandes wird über mehrere Durchgänge in zufälliger Reihenfolge variiert – von 1 bis 7 Sekunden mit allen Zwischenstufen. Sie werden am Ende feststellen, dass ein Zeitabstand von bis zu 2 bis 3 Sekunden noch zu relativ gezielten, schnellen Bewegungen führt, um danach dann immer fehlerhafter und langsamer zu werden. Am Ende müssen Sie nach dem Gegenstand tasten. Das Gleiche gilt übrigens auch für Fluchtwege aus einem unbekannten Raum – wer es ausprobieren mag, bitte mit Vorsicht!
2. Stellen Sie sich zunächst einen Rundgang durch einen Baumarkt vor. Nehmen Sie sich ruhig ein paar Minuten Zeit! Jetzt versuchen Sie 1 Minute lang kreativ zu sein: Was kann man alles mit einem Hammer machen? Schreiben Sie die Ideen auf! Nun stellen Sie sich einen Rundgang durch einen Lebensmittelmarkt vor. Nehmen Sie sich auch hier ein paar Minuten Zeit, und versuchen Sie anschließend erneut 1 Minute lang kreativ zu sein: Was kann man alles mit einem Hammer machen? Schreiben Sie die Ideen auf. Am Ende vergleichen Sie die beiden Ergebnisse.

3. Überlegen Sie, in welchen Situationen Sie intuitiv und in welchen Sie überlegt, rational entschieden haben. Was unterscheidet die Situationen, in denen Sie *intuitiv* entscheiden, von denen, in denen dies *rational und überlegt* geschieht?
4. Sie benötigen ein kleines Holzbrett, in welches Sie einen Nagel schlagen (am besten eignen sich etwas größere Nägel). Danach müssen Sie weitere 12 Nägel der gleichen Größe auf dem Kopf des in das Holzbrett geschlagenen Nagels stabil platzieren – ohne, dass einer von ihnen den Boden berührt. Hilfsmittel jeglicher Art sind nicht erlaubt. Fangen Sie an und beobachten Sie, wie Sie dabei vorgehen. Probieren Sie verschiedene Lösungswege, auch auf die Gefahr hin, sich bei einigen zu irren. Gibt es *Strategien*, die Ihnen helfen könnten? Versuchen Sie auch mal unkonventionelle Wege und seien Sie kreativ!

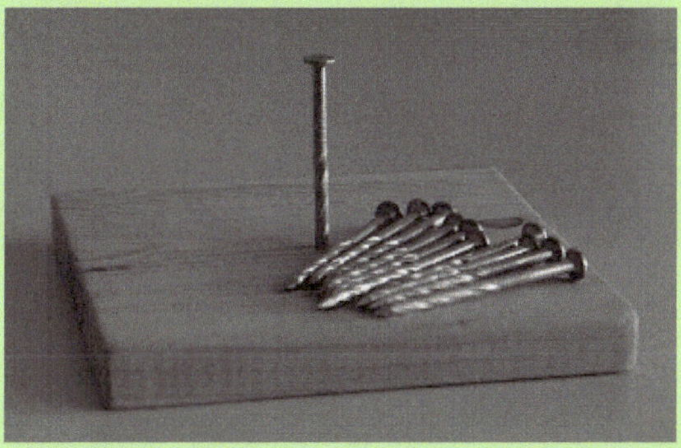

5. Sie haben sicherlich in der nächsten Zeit eine wichtige Entscheidung zu treffen. Versetzen Sie sich ein Jahr in die Zukunft, und blicken Sie auf das Jetzt zurück. Stellen Sie sich vor, Sie erkennen in der Zukunft, dass Ihre Entscheidungen falsch gewesen sind. Überlegen Sie und suchen Sie nach den Gründen für die vermeintliche Fehlentscheidung. Alles ist natürlich nur rein fiktiv – aber solch eine Simulation hilft in den meisten Fällen, die beste Entscheidung zu treffen.

Weiterführende Literatur

Dörner, D. (1989). *Die Logik des Misslingens*. Reinbek: Rowohlt.

Gigerenzer, G. (2007). *Bauchentscheidungen: Die Intelligenz des Unbewussten und die Macht der Intuition*. München: Goldmann.

Emotion

9

ÜBERBLICK

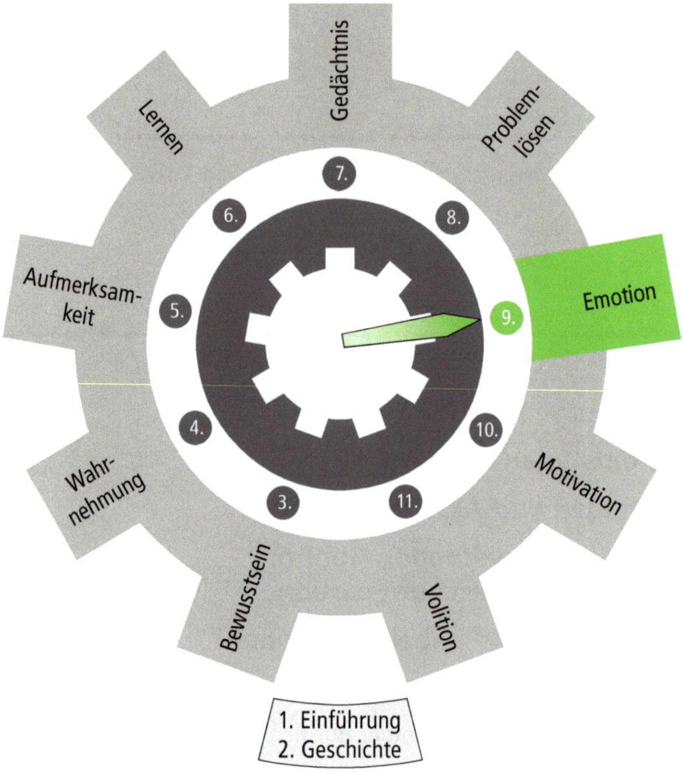

„Das Gehirn des Menschen ist eine ganz wunderbare Sache. Es hilft und leitet uns von der Geburt bis zu dem Moment, wo wir aufstehen, um eine öffentliche Rede zu halten."

(Mark Twain)

„Es ist einfach, wütend zu sein, aber es ist schwer, im richtigen Moment auf die richtige Person wütend zu sein."

(Odysseus in Homers Ilias)

In der Umgangssprache werden bei der Beschreibung eines emotionalen Zustandes häufig gleichzeitig eine *Erklärung* und vielleicht sogar eine *Entschuldigung* für das eigene Tun mitgeliefert. Aussagen wie „Er hat ihn im Affekt niedergeschlagen.", „Sie hat einfach nur ihre Emotionen ausgelebt." oder „Heute bin ich in schlechter Stimmung." hat jeder in der ein oder anderen Form schon gehört oder selbst gemacht. Verwiesen wird dabei immer auf eine besondere Verfassung, in der man sich befand, und die das Denken und Handeln stark beeinflusst hat. Anders gesagt: In ausgeglichener Lage würde man so nicht reagieren.

Von Emotionen sagt man, sie können „ausbrechen" oder „blind machen". Dies verweist auf die ursprünglich im 16. Jahrhundert in England verwendete Ausdrucksweise „public emotions“, die damals einen *kollektiven* Aufruhr oder Tumult bezeichnete. Erst drei Jahrhunderte später begann man „emotion“, auch zur Beschreibung eines *individuellen Zustandes* zu nutzen. Aus dieser Herkunft wird deutlich, dass damit der Verlust oder die Störung eines inneren Gleichgewichts bezeichnet wird – eben nicht der „Normalzustand“. Nicht umsonst gilt dann der Tipp, die Dinge doch emotionslos zu betrachten, da man „mit kühlem Kopf“ besser und realistischer abwägen und entscheiden kann.

Zur Beschreibung des großen Spektrums unterschiedlicher emotionaler Zustände steht in den meisten Sprachen eine große Zahl – meistens mehrere hundert – von Adjektiven zur Verfügung. Allerdings ist das tatsächlich verfügbare und eingesetzte Repertoire niedriger und von Person zu Person wiederum unterschiedlich. Es gibt Personen, die fast 200 Emotionsadjektive verwenden und wiederum andere, die mit weniger als 10 auskommen.

Emotionale Zustände und Reaktionen sind feste Bestandteile und Begleiter unseres täglichen Lebens. Sie können in höchster Intensität auftreten, sodass sie unser bewusstes Erleben völlig einnehmen und entsprechendes Verhalten geradezu erzwingen (bei Wut z.B.), sie können aber auch sehr schwach sein und einen nur kaum merklichen Einfluss auf uns haben, wie man dies z.B. von leichten „Verstimmungen“ kennt. Die deutsche Sprache bietet mit den schon zu Anfang des Kapitels aufgeführten Bezeichnungen *Affekt*, *Emotion* und *Stimmung* drei Klassen emotionaler Zustände, und es ist sinnvoll, sie voneinander abzugrenzen[1]. In ▶Tabelle 9.1 sind sie gegenübergestellt und hinsichtlich der fünf Kriterien gemäß der folgenden Fragen beschrieben:

1. Ist die *Ursache* erkennbar?
2. Treten *Kognitionen* auf, d.h. Gedanken, die Analysen und Bewertungen des momentanen Zustands, möglicher Konsequenzen oder Verhaltensweisen thematisieren?
3. Wie *intensiv* ist der emotionale Zustand?
4. Wie *lange* hält der emotionale Zustand an?
5. Wie *zwingend* fordert der emotionale Zustand Verhalten?

	Affekt	Emotion	Stimmung
Ursache	erkennbar	erkennbar	nicht erkennbar
Kognitionen	nicht notwendig	notwendig	nicht notwendig
Intensität	hoch	mittel	schwach
Dauer	kurz	mittel	lang
Verhalten	zwingend	drängend	kaum fordernd

Tabelle 9.1: Unterscheidung von Affekt, Emotion und Stimmung

1 In der englischen Sprache wird nicht klar zwischen „affect“, „emotion“, „mood“ und „feeling“ unterschieden. Die Begriffe werden dort auch in der Psychologie praktisch synonym verwandt.

Ein *Affekt* ist der intensivste, kürzeste und am schlechtesten zu kontrollierende emotionale Zustand. Das beobachtbare Verhalten ist eine unmittelbare, intensive Reaktion auf die auslösende Ursache, die ohne nachzudenken und aus der subjektiven Perspektive „wie automatisch“ abläuft. Damit bleibt auch in der Erinnerung kaum etwas von dem Hergang bewahrt. Hierin ist der Grund zu sehen, dass für Straftaten, die nachweislich im Affekt begangen werden, gemäß § 21 StGB eine verminderte Schuldfähigkeit zugesprochen werden kann – wie z.B. dem Affekthandeln bei extremer Eifersucht.

Auf der anderen Seite ist bei einer *Stimmung* die Ursache kaum auszumachen – manchmal reicht schon das freundliche Lächeln einer unbekannten Person aus, um sie aufzuhellen. Die Stimmung bildet gleichsam wie die Wetterlage einen kaum spürbaren Hintergrund der psychischen Aktivitäten, und gelegentlich muss man sogar von anderen darauf hingewiesen werden, dass man schlecht gelaunt ist, weil man es selbst nicht erkennt. Erst das Hineinhorchen in die eigene allgemeine Gefühlslage kann dann Auskunft geben, ob die Stimmung „gut“ oder „schlecht“, „hell“ oder „düster“ oder eher „ausgeglichen“ ist – sie bewegt sich wie Musik im Raum zwischen Dur- und Moll-Akkorden.

Zwischen den beiden hinsichtlich Dauer und Intensität extremen Zuständen von Affekt und Stimmung liegen die *Emotionen*. Sie stellen die buntesten und prägnantesten emotionalen Erlebnisse dar, da hier die begleitenden, darauf bezogenen Gedanken und Vorstellungen in ihrer gesamten Bandbreite mit dazugehören. Egal ob verliebt oder eifersüchtig, wütend oder enttäuscht, traurig oder fröhlich, erst die Vielfalt der Phantasien, Bewertungen, und Erwartungen macht sie zum „Elixier des Lebens“. Viele Schriftsteller und Dichter haben versucht, die passenden Worte für diese sehr persönlichen Erfahrungen zu finden, und gerade diese Darstellungen ziehen Leser in ihren Bann. Die großen Tragödien und Schicksalsromane lassen uns diese emotionalen Zustände nachvollziehen und mit durchleiden.

9.1 Was ist eine Emotion?

„Jeder weiß, was eine Emotion ist – bis zum Zeitpunkt, an dem man nach einer Definition gefragt wird.“ war vor 30 Jahren das Resümee eines psychologischen Kongresses zum Thema. Und in der Tat, die Wissenschaft tut sich bis heute schwer mit einer allgemein verbindlichen begrifflichen Definition. Beginnen wir mit einer strukturellen Annäherung und versuchen, die Zusammensetzung zu entschlüsseln und die Komponenten zu bestimmen, aus denen eine Emotion besteht. Nehmen wir als Beispiel eine der am besten erforschten, die Prüfungsangst.

Alle Menschen haben solch eine Situation schon irgendwann im Leben – und sicherlich nicht nur ein Mal – erfahren. Man stelle sich vor, es ist kurz vor einer wichtigen Prüfung. Man befindet sich wenige Schritte vor der Tür, jeden Augenblick kann sie sich öffnen und man kann herein gebeten werden.

Ohne Frage ist der emotionale Zustand in dieser Situation ein besonderer. Einige würden sehr deutliche Symptome spüren und bei anderen werden sie nur schwach, aber dennoch bemerkbar ausgeprägt sein. Welche sind es, die erkennen lassen, dass es sich um angeregte Prüfungsangst handelt?

(1) *Kognitive Komponente*: Da ist zunächst das, was einem durch den Kopf geht:

- Fragen, deren Antworten man vergessen hat,
- der Gedächtniszugriff scheint verschlechtert,
- Erleben von gedanklicher Hohlheit und Leere,
- Zweifel an den eigenen Fähigkeiten oder Hadern mit der doch zu kurzen Vorbereitung,
- Phantasien des Versagens und dessen Konsequenzen.

(2) *Physiologische Komponente*: Im und am Körper bemerkt man vielleicht folgendes:

- Ansteigen der Herzfrequenz,
- Verringerung der Durchblutung,
- Atmung wird schneller und flacher,
- leichte Übelkeit kommt auf,
- der Mund wird trocken,
- Schweißperlen treten auf die Stirn und Oberlippe.

(3) *Behaviorale Komponente*: Das Verhalten wird schreckhafter – man reagiert leichter, heftiger und mit schnelleren Bewegungen und irgendwie weg von der „Gefahr".

(4) *Expressive Komponente*: Im Gesicht sind die Augenbrauen hoch und nach innen gezogen. Die Augen sind weit geöffnet. Der Mund ist bei gespannten Lippen leicht auseinander gezogen. Die Stimme wirkt gepresst und ist schwächer, zittriger und höher als sonst. Die Körperhaltung ist in sich zusammengezogen.

(5) *Subjektive Komponente*: Das Gefühlserleben ist durch hohe Erregung und Spannung gekennzeichnet, und interessanterweise halten sich Lust und Unlust ungefähr die Waage (vgl. *Abbildung 3.1*).

Alle beschriebenen Symptome treten natürlich nicht immer gemeinsam und in deutlicher Ausprägung auf, aber bei genauer Selbstbeobachtung wird man doch an einigen Stellen Übereinstimmungen mit sich selbst finden. Die systematische Auflistung in fünf Bereiche entspricht den mess- und beobachtbaren *Emotions-Komponenten* (▶Abbildung 9.1).

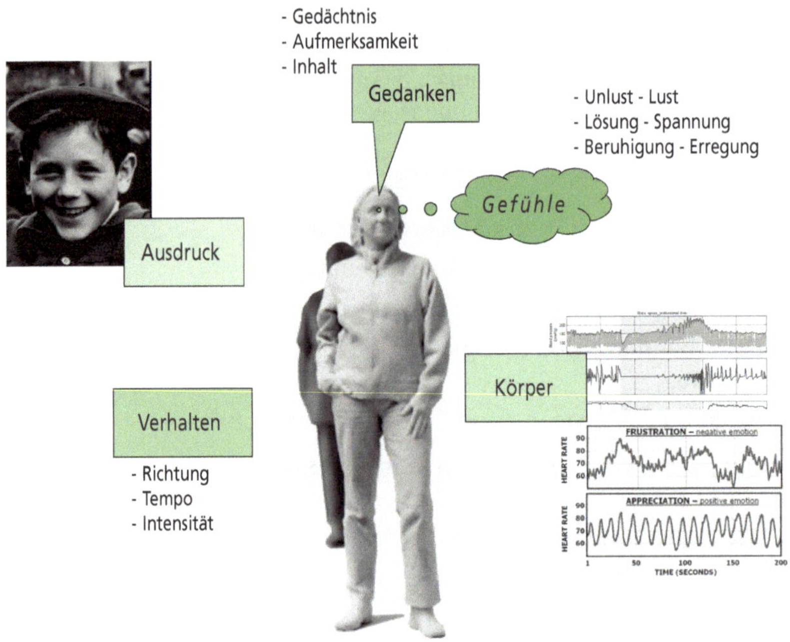

Abbildung 9.1: Die fünf Emotions-Komponenten

Die *kognitive Komponente* umfasst Veränderungen im gesamten Spektrum der informationsaufnehmenden und -verarbeitenden Vorgänge. Wahrnehmung und Aufmerksamkeit werden immer weiter eingeengt und fokussiert und dies führt im Extrem zum sog. „Tunnelblick“. Im Vorfeld der bedrohlichen Situation ist die Reizschwelle der beiden unwillkürlichen Aufmerksamkeitsfilter herabgesetzt und diese „Feinnervigkeit“ führt zu erhöhter Ablenkbarkeit – z.B. durch unerwartete Geräusche. Beginnt die Konfrontation mit der Gefahr, kommt es zur engen Fokussierung auf den bedrohlichen Reiz. Dies erklärt die auffällige Gedächtnislücke der mit einer Pistole bedrohten Opfer von Überfällen, die sich zwar an die Waffe, nicht aber an das im Blickfeld liegende Gesicht des Täters erinnern können. In der Situation selbst ist der Gedächtniszugriff verändert und wird gelegentlich als geradezu abgeschnürt erlebt. Die Lockerheit, die man noch am Vortag beim Abrufen erfahren hatte, ist verschwunden und beim Nachdenken erlebt man Ähnliches, denn die gewohnte Klarheit und Leichtigkeit sind einer empfundenen Lähmung und Benebelung gewichen. Wie schon in *Kapitel 7* zum Gedächtnis und *Kapitel 8* zum Problemlösen dargestellt, sind die kognitiven Leistungen von der angeregten Emotion – natürlich abhängig von ihrer Intensität – moderiert. Das Erinnern gelingt am besten, wenn der Abruf in der gleichen Emotion erfolgt, und unter Angst ist kreatives Denken fast unmöglich. Emotionale Zustände können als eine Art Tuning der kognitiven Normalausstattung verstanden werden, wobei einige Eigenschaften und Leistungen verfeinert werden – allerdings auf Kosten anderer.

Die *physiologische Komponente* ist sowohl in objektiven Messungen als auch in subjektiv spürbaren Körperempfindungen nachzuweisen. Spürbare Veränderungen betreffen u.a. die Atmung, das Temperaturempfinden und gelegentlich auch ein deutliches Herzpochen. In Labors mit entsprechenden Aufzeichnungsmöglichkeiten können verschiedene periphere Messungen wie Herzschlag, Blutdruck, Atemvolumen und -frequenz oder der elektrische Hautleitwert aufgezeichnet werden. Auch kann die Pupillendilatation als Indikator für einen Wechsel des emotionalen Zustandes eingesetzt werden. Sind von diesen messbaren körperlichen Veränderungen noch einige spürbar, so gelingt dies natürlich bei der eigenen Gehirnaktivität nicht. Diese kann mittels Elektroenzephalografie (EEG) oder bildgebenden Verfahren wie Positronen-Emissions-Tomographie (PET) oder Magnetresonanztomographie (MRT) aufgezeichnet werden.

Die *behaviorale Komponente* hängt eng mit der physiologischen Aktivierung zusammen. Die Auswirkungen sind in der Erhöhung von Intensität und Tempo der Verhaltensausführung zu beobachten. Auch aus größerer Entfernung, d.h. ohne dass man die Mimik und Haltung wahrnehmen kann, lässt sich anhand des Bewegungsmusters erkennen, ob jemand fröhlich oder traurig ist – zum Beispiel bei den Fans der Sieger- und der Verlierermannschaft im Stadion. Auch lässt sich aus der Richtung des Verhaltens – entweder auf eine Person zu oder von ihr weg – sehen, ob Sympathie oder Antipathie, aber auch Wut oder Angst dahinter stehen. Schon in den feinsten Bewegungen der Finger geübter Virtuosen liegen beim Musizieren mit Klavier, Geige oder Cello die Ursachen, dass beim Hörer die entsprechenden Emotionen anklingen. Dies hat Manfred Clynes unter Laborbedingungen mittels eines „Sentographen“ untersucht, der feinste Bewegungsänderungen bei einem Tastendruck – ähnlich einem Schreibmaschinenanschlag – aufzeichnen kann. Er fand schon bei diesen einfachen, willkürlich nicht beeinflussbaren Verhaltensimpulsen deutliche Unterschiede zwischen Wut, Liebe, Freude oder Trauer hinsichtlich der horizontalen und vertikalen Druckverläufe.

Die *expressive Komponente* ist die am deutlichsten nach außen, auf die Artgenossen gerichtete Seite von Emotionen. Schon Darwin sah hierin eine in der Stammesgeschichte über viele Spezies vorbereitete Möglichkeit, miteinander zu kommunizieren. Dazu gehören, neben dem für uns Menschen besonders auffälligen Gesichtsausdruck, auch die Stimmführung und die Körperhaltung. Am bekanntesten ist das über viele Jahre immer weiter verbesserte „facial action coding system“ (FACS) von Ekman und Friesen. Ausgangspunkt und Grundlage des FACS stellt die Vielzahl möglicher Muskelaktivitäten im menschlichen Gesicht dar. Die Auswertung besteht darin, anhand von Filmaufzeichnungen des infrage kommenden Zeitraums zu markieren, welche der 44 Aktionseinheiten wann und wie lange sichtbar aktiv sind. 12 davon entfallen auf die obere und 32 davon auf die untere Gesichtshälfte[2]. Man kann sich die Auswertung am Ende wie eine Orchesterpartitur vorstellen, in der die Aktionseinheiten die Instrumente und die Muskelaktivierung die Pausenzeichen ersetzen. Experten können aus den entstehenden Mustern schnell erkennen, welche

2 Von den insgesamt 10.000 mimischen Darstellungen können etwa 3.000 emotional gedeutet werden, d.h. 7.000 nehmen wir einfach nur als Fratzen war.

Emotion gerade im Gesicht ausgedrückt wird – inzwischen können dies Computeranalysen genauso gut leisten.

Exkurs 9.1: Wie gut kann man Emotionen im Gesicht anderer erkennen?

Im Auslesen der Ausdruckskombinationen von Mimik, Lauten und Haltung und des daraus resultierenden „Gesamtbildes" sind Hunde-, Pferde- oder Katzenkenner in der Lage, deren Emotions- und Antriebszustand genau zu identifizieren. Dieses Expertentum in der Beobachtung bei den „Tierflüsterern" ist auf das Auslesen menschlicher Emotionen nicht einfach übertragbar. Der Grund liegt nicht etwa in der besonderen Komplexität der menschlichen Ausdrucksformen, sondern in der Möglichkeit, diese zu kontrollieren[3].

Etwa ab dem vierten Lebensjahr können Kinder das Emotionserleben und dessen Ausdruck entkoppeln und ihn abschwächen, unterdrücken oder sogar durch einen anderen ersetzen. Im Rahmen der Sozialisation werden für die entsprechenden Situationen Darstellungsregeln vermittelt und erworben – „Das darf man." und „Das darf man nicht." bezieht sich nicht nur auf das Tun, sondern auch auf den Ausdruck von Emotionen. Dies dient nicht nur der Beschwichtigung und der Höflichkeit im sozialen Miteinander, sondern es ist auch die Voraussetzung für das Irreführen, Beschwindeln und Belügen der Artgenossen.

Das „falsche Lächeln" ist ein häufig eingesetztes Darstellungssignal im Umgang mit anderen Menschen. Im Rahmen des gesellschaftlichen Umgangs werden keine echten Gefühle erwartet, und insofern findet das kurzzeitig gestellte Lächeln keine weitere Beachtung, es wird vielleicht sogar als nette Bemühung positiv bewertet. Bei einigen Sportarten wird jedoch von den Akteuren erwartet, auch während der hoch anstrengenden Tätigkeit das künstliche Lächeln aufzusetzen, z.B beim Profitanzen, beim Wasserballett oder beim Eiskunstlaufen. Hier soll das „say cheese"-Gesicht die Leichtigkeit und Eleganz des Vortrags betonen, allerdings wird dies mit der steigenden Erschöpfung immer deutlicher zur Fratze – bei Nahaufnahmen mit der Kamera manchmal geradezu erschreckend und grotesk.

Der Unterschied zwischen dem echten und dem falschen Lächeln ist vor allen Dingen in der Augenpartie zu erkennen, denn die Augenringmuskulatur ist willkürlich nur schwer zu kontrollieren. Wie gut können Menschen echtes von künstlichem Lächeln unterscheiden? In einer Studie von Ekman und Mitarbeitern wurde dies genauer untersucht, und man fand, dass – im Gegensatz zu ihrer eigenen Überzeugung, dies sicher zu können – die Versuchspersonen mit ihren Zuordnungen kaum über dem Zufall lagen. Die objektive Auswertung mittels des FACS von Ekman (s.o.) war dagegen deutlich präziser.

Diese Möglichkeit, echte und gespielte Emotionen anhand der Ausdrucksanalyse zu identifizieren, wird laut Insiderinformationen auch von Nachrichtendiensten und in der militärischen Aufklärung genutzt. Denn aus den Fernsehauftritten mit z.T. hoch emotionalisierten Feindbeschimpfungen und Selbstdarstellungen lässt sich durch genaue Analysen der Gesichtsmimik relativ leicht feststellen, an welchen Stellen der Ausführungen gelogen, die Wahrheit gesagt oder Angst überspielt wird (z.B. von Saddam Hussein in den Golfkriegen). Daraus ergeben sich wichtige Informationen für die Militärtaktiker der Gegenseite.

---

3 Wölfe z.B. haben deutlich feinere und differenziertere Ausdrucksmöglichkeiten als Menschen und als unsere Haushunde.

Die *subjektive Komponente* betrifft den erlebbaren Gefühlszustand, der eine summarische Gesamtbilanz des momentanen Befindens liefert. Wie schon in *Abschnitt 3.1.1* dargelegt, lässt sich aufgrund der genauen Introspektionsversuche Wundts jedes Totalgefühl als ein Gemisch aus den drei Grunddimensionen Lust (Unlust – Lust), Spannung (Lösung – Spannung) und Erregung (Beruhigung – Erregung) mit jeweils spezifischen Ausprägungen verstehen. Emotionen unterscheiden sich in diesem Raum hinsichtlich der gefühlten Lust (z.B. Freude vs. Trauer), Spannung (z.B. Angst vs. Zufriedenheit) und Erregung (z.B. Wut vs. Selbstsicherheit). Von außen, d.h. objektiv, ist diese Komponente allerdings nicht messbar. Nur durch Befragung der Person, wie sie sich gerade fühlt, kann man an diese Information kommen – mit allen bekannten Schwächen (z.B. Verfälschbarkeit) dieser Vorgehensweise.

Beim Vergleich aller Komponenten zeigt sich, dass über die kognitive und die expressive Komponente die genaueste Bestimmung einer *echten* Emotion – im Unterschied zu einer nur „*gespielten*" – möglich ist. Gedanken und Vorstellungen auf der einen und Mimik und Tonfall auf der anderen Seite sind in hohem Maße emotionstypisch. Am wenigsten spezifisch lassen sich einzelne Emotionen aufgrund der messbaren Veränderungen in der physiologischen und der behavioralen Komponente identifizieren. Allgemeine körperliche Aktivierung und Erhöhung des Bewegungstempos sind die gemeinsamen Merkmale verschiedener Emotionen – sie sind eher Indikatoren für Intensität, als für Spezifität. Auch im Gefühl, d.h. in der subjektiven Komponente, entsteht eher ein grober und vager Eindruck der Emotion, und erst zusammen mit den auftretenden Vorstellungsinhalten entsteht mehr Klarheit darüber. Dies zusammen macht verständlich, warum es manchmal sogar bei der Identifikation der eigenen Emotion zu Fehlern kommen kann: Gelegentlich nimmt man fälschlicherweise an, dass *gar keine* angeregt ist – obwohl für andere offenkundig (z.B. Wut). Und manchmal kommt es sogar zu *falschen* Benennungen (z.B. bei Eifersucht, Traurigkeit oder Neid).

9.2 Wie entstehen Emotionen?

Schon lange vor der wissenschaftlichen Forschung entstanden zum Teil sehr präzise Beschreibungen von Äußerungen und Niederschlägen angeregter Emotionen – wie zum Beispiel in den Werken Shakespeares. Allerdings geschah dies eher episodisch und unsystematisch, und erst mittels systematischen Experimentierens konnten sie im Einzelnen auch genauer untersucht, gemessen und beschrieben werden. Neben der gerade behandelten Frage, woraus Emotionen bestehen, gilt es eine andere wichtige zu klären, nämlich danach, wie sie überhaupt entstehen.

Eine weitläufig verbreitete Ansicht ist, Emotionen als *Reaktionen* auf kognitive Einschätzungen und Bewertungen zu sehen. Nach dem Motto: Ich nehme etwas wahr, erkenne und bewerte es und nun entsteht, abhängig von der Einschätzung, die Emotion mit all ihren Niederschlägen in Körper, Verhalten und Bewusstsein (▶Abbildung 9.2). Da das Anspringen einer Emotion sehr schnell geschieht, und die einzelnen daran beteiligten Schritte im Bewusstsein miteinander verschmelzen, kann die Selbstbeobachtung hierbei nicht zuverlässig Auskunft geben. Zudem entstehen einige Emotionen sofort, und andere brauchen etwas länger.

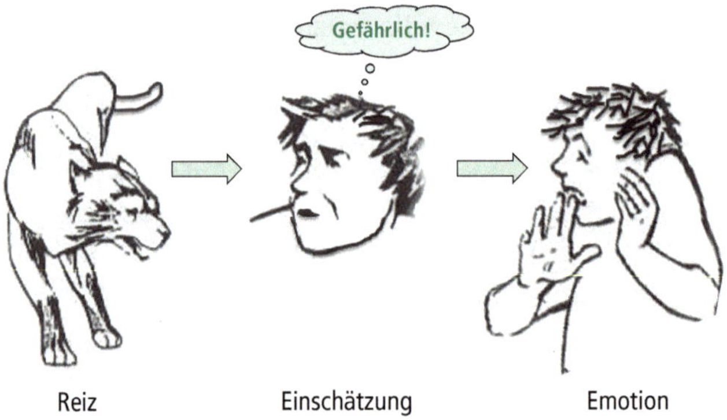

Abbildung 9.2: Entstehung einer Emotion aufgrund der Einschätzung einer Situation

Da das Modell plausibel scheint und zudem mit den eigenen Gedanken am Anfang auch die *Kontrollierbarkeit der Emotionen* gleich mitbeschert, erfreut es sich auch gegenwärtig weiter Verbreitung. Allerdings kam William James schon 1890 aufgrund seiner Beobachtungen zu einer anderen Vorstellung, mit der er die gewohnte Erklärungsreihenfolge auf den Kopf stellte. Seine Schlussfolgerung war, dass noch *vor der bewussten Einschätzung* unbewusste Bewertungsvorgänge ablaufen, die sehr schnell zu körperlichen Reaktionen und Verhaltensänderungen führen. Erst wenn man diese Veränderungen an sich bemerkt, dann wird eine Emotion erlebt (▶Abbildung 9.3). James sieht in der emotionstypischen Reaktion also die *Ursache* des Emotionserlebens und nicht dessen *Folge*. Auch diese Sichtweise hat eine gewisse Überzeugungskraft. Denn wie soll man sonst erkennen, dass man verliebt, wütend, ängstlich oder traurig ist – ohne die spürbar veränderten Körperempfindungen? Kann man verliebt sein ohne die berühmten „Schmetterlinge im Bauch"?

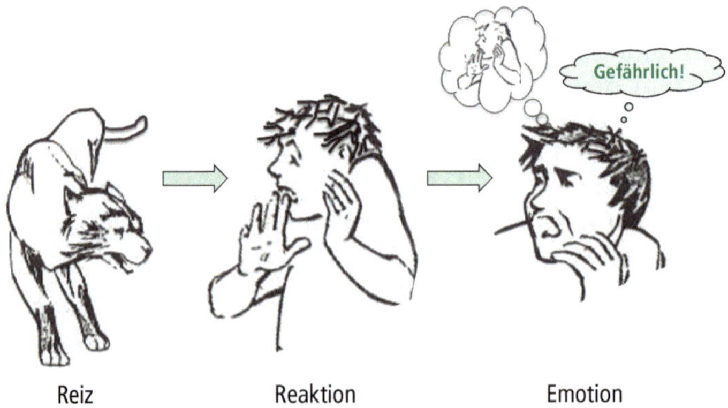

Abbildung 9.3: Entstehung einer Emotion aufgrund der eigenen unwillkürlichen Reaktion (nach James)

Ob nun kognitive Einschätzungen die *Ursachen* oder die *Folgen* von Emotionen sind, konnte damals noch nicht entschieden werden, und das Ganze sah zunächst nach einem reinen Gelehrtenstreit ohne praktische Konsequenzen aus[4]. Die beiden simplen Modelle – Einschätzung zuerst versus Reaktion zuerst – lieferten jedoch den Anstoßpunkt für die systematische wissenschaftliche Emotionsforschung, die erst nach 1890 begann. Um es vorwegzunehmen: Dem aktuellen Forschungsstand gemäß gelingt es, sowohl in psychologischen Experimenten als auch mittels neurophysiologischer Messungen im Gehirn *zwei Wege der Emotionsentstehung* nachzuweisen. Erst beide Modelle zusammen können die Vielfalt der Emotionsphänomene des Menschen erklären. In *Abschnitt 9.4* gehen wir näher darauf ein.

9.3 Emotionen und Aktivierung

Nach der Theorie von James sollten die unwillkürlichen Reaktionsmuster jeweils so spezifisch ausfallen, dass die betroffene Person aufgrund dieser an sich wahrgenommenen Veränderung eine angeregte Emotion unverzüglich erkennen und benennen kann. Im subjektiven Erleben treten zwar unterschiedliche Empfindungen wie Pochen, Stiche, Druck, Hitze oder Enge im Körpererleben auf, allerdings lassen sich die Emotionen untereinander aufgrund dieser Empfindungen nicht sicher unterscheiden. Zudem entstehen solche Empfindungen ebenfalls bei Erschöpfungs- oder Krankheitszuständen, und diese – wie z.B. Fieber – verwechselt man normalerweise nicht mit einer Emotion. Ein weiteres Gegenargument lieferte ein Versuch, bei dem den Teilnehmern *Adrenalin* injiziert wurde – auch in den 1930er Jahren wurde schon mit Drogen experimentiert. Das im Nebennierenmark produzierte Hormon, auch als Epinephrin bezeichnet, wird natürlicherweise in Stresssituationen ausgeschüttet und führt zu Erhöhung des Blutdrucks, Steigerung der Herzfrequenz und Verbesserung der Sauerstoffaufnahme – allgemein ausgedrückt dient es zur Bereitstellung von Energiereserven. Erlebbar wird dies in Form von Schwitzen, schnellerer Atmung, Herzrasen und Händezittern, d.h. in Veränderungen, die auch bei Emotionen auftreten *können*. Jedoch: Trotz der deutlichen Symptome berichtet keine der Versuchspersonen, eine Emotion zu erleben.

Nachdem man in den 1950er Jahren ein allgemeines zentralnervöses Aktivierungssystem[5] identifiziert hatte, das im Anregungsfall praktisch das gesamte Großhirn in einen höheren Aktivierungszustand versetzt, ebbte die Suche nach jeweils eigenen emotionstypischen Veränderungsmustern ab. Die Erregungserhöhung – offenkundig Bestandteil jeder Emotion – allein jedoch kann die *Spezifität* des Emotionserlebens nicht erklären. Deshalb griff der Sozial-

4 Zudem wurden damals die Begriffe „emotion", „affect" und „feeling" nach eigenem Gutdünken verwandt, und so diskutierte man nicht selten aneinander vorbei. In englischsprachigen Kontroversen ist das auch heute gelegentlich noch der Fall.

5 das „aufsteigende retikuläre Aktivierungssystem" (ARAS)

psychologe Stanley Schachter in einen zweiten „Topf" und fügte die beiden Komponenten in der *Zwei-Faktoren-Theorie* der Emotionen zusammen. Aus der physiologischen Forschung wurde die unspezifische *physiologische Erregung* entnommen und aus der kognitionspsychologischen die *Ursachenerklärung*, d.h. das menschliche Bestreben, die Welt um sich herum zu verstehen (vgl. *Abschnitt 8.6*).

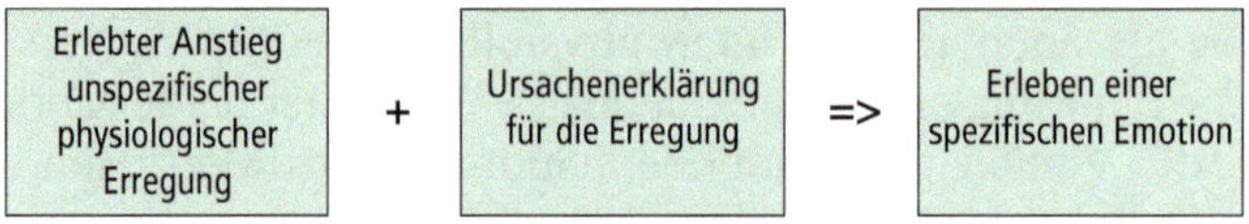

Abbildung 9.4: Vereinfachtes Schema der Zwei-Faktoren-Theorie

In seinem Modell folgte er dabei im ersten Schritt dem Vorschlag von James, nämlich dass die schnelle unbewusste Bewertung einer Situation physiologische Reaktionen auslöst. Diese sind für Schachter jedoch – und hier trennt er sich von James – *unspezifisch*. Wenn keine einfache Erklärung für solch eine Erregungssteigerung auf der Hand liegt – z.B. „Ich habe Fieber." oder „Ich habe ein Aufputschmittel genommen." – dann beginnt die Suche nach *plausiblen* Ursachen. Sieht man aber die Ursache in einem Umstand, der als emotionsauslösend interpretiert werden kann, dann kommt es zum Erleben einer Emotion – mit allen ihren dazugehörenden Komponenten, einschließlich des Gefühls (▶Abbildung 9.4).

Etwas pointiert kann man die Implikationen dieses Modells wie folgt illustrieren: In einer Menschenmenge bemerkt man einen erhöhten körperlichen Erregungszustand in sich. Eine einfache Erklärung dafür ist nicht bei der Hand, also begibt man sich mit schweifendem Blick auf die Suche nach der möglichen Ursache. Sieht man in der sympathischen Person gegenüber die Ursache, interpretiert man den Zustand als einen Vorboten von Verliebtsein; wenn man die vier dreist grinsenden Rüpel neben sich entdeckt, wird man vielleicht ängstlich; sieht man das Erbrochene vor sich auf dem Boden, dann fühlt man Ekel; entdeckt man einen feigen Angriff auf einen Schwächeren, wird man wütend; sieht man zwei herumalbernde Personen, erlebt man Freude usw. Ganz so zufällig wie dargestellt ist es im normalen Leben natürlich nicht, aber in neuen, unübersichtlichen Lebenssituationen können natürlich leicht Fehler in der Zuschreibung auftreten.

In einem berühmten, häufig zitierten Experiment von Schachter und Singer sollte dieses Modell empirisch geprüft werden. Der Versuch wurde in der Universität als eine „Studie zum Einfluss von Vitaminen auf die Wahrnehmung" angekündigt. Zu Beginn bekamen die Versuchspersonen allerdings anstatt eines Vitamincocktails – ohne dies zu wissen – Adrenalin injiziert. Die aktivierende Wirkung davon ist oben schon beschrieben worden. Für den Anstieg der unspezifischen Erregung war also gesorgt. In den drei Experimentalgruppen gab es jeweils unterschiedliche Erläuterungen zu „Nebenwirkungen“ der Injektionslösung: Entweder wurden sie *korrekt*, *falsch* oder *gar nicht* darüber informiert (▶Tabelle 9.2).

Injektion	Adrenalin			Kochsalz
Erregung	hoch			niedrig
Information	korrekt	falsch	ohne	korrekt
Emotion	nein	ja	ja	nein

Tabelle 9.2: Versuchsaufbau des Experiments von Schachter und Singer (1962)

In der Kontrollgruppe wurde eine einfache wirkungslose Kochsalzlösung verabreicht. Der nächste Teil des Versuchs fand in einem Warteraum statt, in dem eine weitere Versuchsperson – in Wirklichkeit ein Schauspieler – schon mit der Beantwortung von Fragebögen begonnen hatte. Alles war zeitlich so abgestimmt, dass nun das Adrenalin mit allen Symptomen zu wirken begann. Von den drei Gruppen hatte nur die *korrekt* informierte eine einfache Erklärung für den unerwarteten Erregungsstoß, nämlich die Nebenwirkung der Injektion. Dagegen mussten die *falsch* und die *gar nicht* Informierten nach einer plausiblen Erklärung dafür suchen. Diese wurde ihnen durch das besondere Betragen des anderen „Versuchsteilnehmers“ angeboten, denn der benahm sich – mittels der vorher genau einstudierten Verhaltens- und Ausdrucksweisen – entweder *euphorisch-ausgelassen* oder *wütend-aggressiv*.

Der Zwei-Faktoren-Theorie gemäß sollten nur die beiden Gruppen mit unerwartetem Erregungsanstieg nach einer Erklärung suchen, diese im auffälligen Benehmen der anderen anwesenden Person finden und sich dann auch dementsprechend freudig respektive wütend erleben und verhalten („ja“ in Tabelle 9.2) – sie sollten sozusagen davon „angesteckt“ werden. Bei den korrekt Informierten und in der Kontrollgruppe sollten diese Emotionen nicht auftreten. Die Ergebnisse des Experiments konnten dies auch in wesentlichen Zügen bestätigen.

Obwohl in der Folgezeit Wiederholungen des Versuchs oft scheiterten, blieb die Zwei-Faktoren-Theorie über Jahrzehnte hinweg bis heute populär, und vielleicht gerade wegen ihrer Schlichtheit und Klarheit wurde daraus ein Klassiker der Emotionspsychologie. Sie ist eben so schön, dass sie wahr sein muss – auch die Wissenschaft ist davon nicht frei. Zudem liefert das Modell neben der Begründung für die spezifische *Qualität* der Emotionen auch eine Erklärung für die erlebte *Intensität*, denn diese ist von der Höhe der physiologischen Erregung abhängig.

Insbesondere dieser Zusammenhang von Erregungshöhe und Intensität des Emotionserlebens hat zu einer Vielzahl weiterführender Forschungsfragen geführt. Und hier erwies die Zwei-Faktoren-Theorie trotz aller Schwächen ihre Fruchtbarkeit für die Wissenschaft. Drei auch für die Anwendungspraxis relevante Zusammenhänge konnten abgeleitet und überprüft werden:

1. Die Dämpfung der physiologischen Erregung führt zu einer Verringerung des Emotionserlebens.
2. Die Zuschreibung eines Teils der aktuellen Erregung auf eine „neutrale" Ursache führt zu einer Verminderung des Emotionserlebens.
3. Eine noch vorhandene Resterregung aus einer beendeten Situation A führt in einer nachfolgenden Situation B zu einer Verstärkung des Emotionserlebens.

Die erste Annahme stieß bei den Medizinern und hier insbesondere bei den Psychiatern auf großes Interesse, da für intensive Angstzustände und Phobien schon lange nach einfachen Behandlungsmethoden gesucht wurde. Von *Betablockern* ist bekannt, dass sie die Wirkung von Adrenalin hemmen, weshalb sie als Medikament erfolgreich gegen Bluthochdruck eingesetzt werden. Also gab man Patienten mit Angststörungen kurz vor der Konfrontation mit dem kritischen Reiz Betablocker – allerdings ohne den erwünschten Erfolg. Zwar fühlten sich die Patienten körperlich weniger gespannt und erregt, jedoch verringerte sich die erlebte Angst nicht.

Die zweite Annahme konnte ebenso wenig bestätigt werden, denn auch wenn man z.B. bei großer Wut oder Freude rückwirkend eine plausible Erklärung für die hohe Emotionsstärke hat (z.B. man hat im Vorfeld deutlich mehr Kaffee als gewöhnlich getrunken), kommt es nicht zu einer Verminderung der erlebten Emotionsintensität um diesen „neutralen" Betrag.

Einzig die dritte Annahme fand – allerdings vielfache – Bestätigung. Auch im Alltag kann man davon ausgehen, dass es nach Ende einer anregenden Situation A (z.B. nach einer sportlichen Aktivität oder nach einem spannenden Film) eine gewisse Zeit braucht, bis die Erregung gänzlich abgeklungen ist. Wenn noch während dieser Abklingphase eine neue Emotionsepisode B beginnt, fällt das Emotionserleben in Phase B intensiver aus als ohne den Erregungsrest von A. Das ist nicht nur bei der schon sprichwörtlich bekannten „aufgestauten Wut" der Fall, bei der ein nur geringer frustrierender Reiz zum Wutausbruch führen kann. Auch wenn die nachfolgende Emotionsepisode gänzlich anderer Natur ist, kann es zum *Erregungstransfer* kommen. Wichtig ist dabei die Zeit zwischen Ende der ersten und Beginn der zweiten Situation. Kurz danach ist der Erregungsrest zwar intensiv, wird aber als solcher bemerkt. Wenn jedoch der Abstand zu groß ist, dürfte die Erregung schon abgeklungen und damit ohne Transferwirkung sein. Am besten funktioniert der Transfer, wenn ein wirksamer Erregungsrest zwar noch vorhanden ist, aber als solcher nicht mehr bemerkt wird.

Ein Beispiel zur Illustration: Stellen wir uns vor, dass eine Frau im Vorbeigehen neben sich auf dem Rasen ihres Gartens eine Schlange bemerkt. Sofort wird ein Alarmzustand aktiviert. Sie wird schnell zurückspringen, wahrscheinlich aufschreien, ihr Herz beginnt zu rasen und ihr Gesicht verändert den Ausdruck. Sie wird bemerken, dass sie zittert und dass sie hochgradig erregt ist. Ausgehend von dieser ersten Reaktion wird sie ihre Reaktion als Furcht oder Panik erkennen. Die Aufmerksamkeit bleibt eng auf das längliche Objekt „Schlange“ gerichtet. Die genauere Analyse wird es allerdings als eine Gummischlange identifizieren, die von einem dünnen Faden bewegt wird. Ihr nachforschender Blick findet den breit grinsenden Sohn hinter der Hecke, der die Szene inszeniert hat, um sie zu erschrecken, und sie die ganze Zeit beobachtet. Die Frau wird nun ihre Furcht als grundlos erkennen und eine neue Interpretation ihrer noch deutlich vorhandenen Erregung vornehmen; sie wird vielleicht annehmen, dass ihr Sohn sie in Angst versetzen wollte, und nun wütend werden. Vielleicht wird sie nun entschlossen und mit geballten Fäusten auf ihren Sohn zugehen, nach ein paar Schritten auch diese Situation neu bewerten, ihre Wutreaktion als unangemessen einschätzen und mit ihrem Sohn gemeinsam über die Situation erleichtert lachen. Die ursprüngliche Erregung, aus der ersten Furchtreaktion entstanden, wird sowohl auf die Intensität ihrer Wutreaktion wie auch auf die Intensität ihrer Erheiterung Auswirkungen haben. Wenn dieser Emotionsverlauf bei der Wut stehen geblieben wäre, hätte dies zu einer heftigen Reaktion – einer Affekthandlung – geführt, und der Sohn hätte vielleicht eine Ohrfeige bekommen.

Exkurs 9.2: Das kleine Geheimnis des Erregungstransfers

Der amerikanische Psychologe Dolf Zillmann hat das Phänomen des Erregungstransfers in vielen Facetten erforscht und die Ergebnisse gesammelt. Die vielfältigen Belege über die Wirkung des Erregungstransfers betreffen sowohl die Erlebnisseite der Emotionen (subjektive Komponente) als auch die Verhaltensauswirkungen (behaviorale Komponente) – allerdings sind vor allem die sogenannten aktiven Emotionen, d.h. diejenigen mit einer erhöhten Verhaltensbereitschaft, davon betroffen. So führen Erregungsreste aus sexueller Erregung in nachfolgenden Situationen zu intensiverer Wut und aggressiverem Verhalten, aber – im entsprechenden Rahmen – auch zu mehr altruistischen Gefühlen und Hilfehandlungen als in Kontrollgruppen. Erregungsreste aus sexueller Erregung wie auch aus Ekel erhöhen in nachfolgenden Situationen so unterschiedliche emotionale Erlebnisse wie Freude an Musik oder Spaß an Witzen, aber auch die Traurigkeit über einen Verlust. Erregungsreste aus Frustration können sowohl die erlebte Freude als auch Wutgefühle erhöhen. Sogar durch sportliche Aktivitäten erzeugte „unemotionale" Aktivierungszustände können im Transfer Wutgefühle und aggressives Verhalten, sexuelle Erregung und eingeschätzte sexuelle Attraktivität, Hilfehandlungen oder Gefühle der Freude verstärken und erhöhen.

Anwendung findet der Erregungstransfer u.a. bei der Auswahl von Szenenfolgen in der Filmproduktion. Dabei werden die emotional aufwühlenden Szenen – egal ob Liebe, Hass, Ekel oder Trauer entsteht – zeitlich so nacheinander platziert, dass die nachfolgende Emotion von dem noch vorhandenen Erregungsrest aus der vorigen profitieren kann. Eine Emotion ist zwar schnell angeregt, es braucht aber doch einige Zeit, um die angestoßene Erregung wieder komplett abzubauen – was z.B. beim Erschrecken sehr deutlich zu spüren ist.

Diesen Sachverhalt findet man auch im vorwissenschaftlichen Repertoire erfolgreicher Verführer wieder. So empfiehlt es sich für den Kavalier, den ersten Annäherungsversuch bis kurz *nach* einem spannenden Kinofilm, einem Tanzvergnügen oder einer gemeinsamen rasanten Motorradfahrt aufzuschieben. Die noch vorhandene Resterregung kann dann das möglicherweise noch zu schwache echte Gefühl der Umworbenen über die Zweifelsschwelle heben – und so zum Einvernehmen mit der Annäherung. Dieser kleine „Betrug" wird dann unbemerkt bleiben, aber – wie so oft – ist auch hier der Erfolg eine Frage des optimalen Timings.

9.4 Neues vom arbeitenden Gehirn: Zwei Wege führen zur Emotion

Die Zwei-Faktoren-Theorie legte bei der Emotionsentstehung neben der wahrgenommenen Aktivierungserhöhung das zweite Gewicht auf die nun folgenden Kognitionen. In der Folgezeit wuchsen immer neue kognitive Einschätzungstheorien (engl. appraisal theories) wie Pilze aus dem Boden, in denen Erwartungen, Bewertungen, Bewältigungsmöglichkeiten, soziale und individuelle Erwünschtheit, Ereignisfokus, Ursachenzuschreibungen usw. in immer komplexeren Modellen zusammengefügt wurden. Mit anderen Worten: Die Emotionsentstehung wurde *rational rekonstruiert*. Zur empirischen Überprüfung dieser mentalen Modelle (vgl. *Abschnitt 8.5* und *Abschnitt 8.6*) wurden den Versuchspersonen kleine Geschichten mit entsprechenden Szenen zur Beurteilung vorgelegt. Allerdings sind damit auch die Grenzen dieser Vorgehensweise vorgezeichnet, denn ein Erkenntnisgewinn über Alltagswissen und gesunden Menschenverstand hinaus ist mit diesem Vorgehen nicht möglich – es kann damit nur bestätigt werden. Was aber als Gewinn der Forschung zu den kognitiven Einschätzungstheorien deutlich wurde, war, dass bewusste Vorgänge modulierend auf den *Emotionsverlauf* wirken und für eine *Emotionsbewältigung* dienlich sein können.

Der eigentlich wichtigere Schritt davor, der für die Auslösung der unspezifischen Erregung verantwortlich ist, konnte nicht weiter beleuchtet werden. Da dieser Vorgang sehr schnell und unbewusst abläuft, ist dabei ein bewusstes Eingreifen unmöglich. Dies wird immer dann besonders deutlich, wenn Menschen unter ihren emotionalen Reaktionen leiden, wie z.B. bei unbeherrschbarer Wut, starker Eifersucht oder panischer Angst. Durch den Einsatz der „richtigen" Gedanken kann im Ernstfall die Entstehung der unerwünschten emotionalen Reaktion leider (vielleicht auch zum Glück?) nicht verhindert werden. Erst danach – wenn die Tatsache geschaffen ist – kann man versuchen, das Ergebnis der ersten unbewussten Bewertung abzuschwächen.

Hier helfen dann Neubewertungen („Es ist doch nicht so gefährlich."), Ursachenzuschreibungen („Es war unabsichtlich.") oder Versuche, die körperlichen Symptome zu kontrollieren („Erst einmal tief durchatmen!"). Wir sehen also ein Wechselspiel zwischen den *wahrnehmbaren Symptomen* und den *eigenen*

Gedanken, die emotionale Zustände interpretieren, bewerten und kontrollieren. Dabei können die bewussten Vorstellungen sowohl eine abschwächende als auch eine verstärkende Wirkung haben – sie können die Emotion bewältigen, aber auch intensivieren.

Wenn man die Emotionsentstehung näher unter die Lupe nimmt, wird also deutlich, dass eine Emotion nicht als statisches Gebilde zu verstehen ist, sondern einen *dynamischen Verlaufscharakter* besitzt. Dieser Verlauf entsteht durch einen Dialog zwischen unbewussten und bewussten Vorgängen, wobei erstere nur über nonverbale und letztere nur über verbale Kommunikationsmöglichkeiten verfügen. Es handelt sich also um Wechselwirkungen, die auf verschiedenen Ebenen – den fünf Emotions-Komponenten – zu beobachten sind. Man kann hierin einen vielschichtigen Verständigungsversuch in uns selbst sehen, der zwischen aktiv und passiv sowie Kontrolle und Ausgeliefertsein hin- und herpendelt.

Die entscheidenden empirischen Belege für dieses „Zwei Herzen wohnen, ach, in meiner Brust." kamen aus der neurophysiologischen Emotionsforschung. Um 1990 wurden durch Messungen im aktiven Gehirn Erkenntnisse zu Tage gefördert, die in der Psychologie zu einem Wechsel der Betrachtungsperspektive führten. Denn nun konnten *während* bestimmter psychischer Vorgänge die dabei auftretenden Veränderungen der Gehirnaktivitäten aufgezeichnet werden – mittels der sog. „bildgebenden Verfahren". Als der Neurowissenschaftler Joseph LeDoux zum ersten Mal seine Erkenntnisse zur Emotionsentstehung der Öffentlichkeit vorstellte, wurde er noch kritisch beäugt. Heute gehören sie zum wesentlichen Fundament der Emotionspsychologie.

Schon geraume Zeit vor den Veröffentlichungen von LeDoux gab es die Annahme, dass im limbischen System wichtige Schaltzentralen für Emotionen beheimatet sind. Das limbische System besteht aus verschiedenen, stammesgeschichtlich älteren Kernen, die kronenförmig dem Stammhirn aufsitzen und direkt unter dem Neocortex liegen. Dazu gehört unter anderem auch die Amygdala („Mandelkern") – die beiden Amygdalae liegen paarweise rechts- und linkshemisphärisch.

Für die Entstehung von Furcht lassen sich jetzt *zwei parallele* Wege der Emotionsentstehung nachweisen, und dabei spielt die Amygdala eine wichtige Rolle. Die Verarbeitungsstufen sind dabei wie folgt: Die Reize aus der Umwelt werden als sensorische Information in den *Thalamus* geleitet. Von dort gelangen sie auf einem *kurzen, schnellen* Weg direkt zur *Amygdala*, und parallel über einen *längeren, langsamen* Projektionsweg erreichen sie später die entsprechenden *Assoziationsfelder des Kortex*. LeDoux bezeichnet die erste, d.h. kürzere Verbindung als „low road" und die zweite, d.h. längere als „high road" (▶Abbildung 9.5). Bei dem kurzen Weg zur Amygdala handelt es sich um das stammesgeschichtlich ältere Bewertungssystem, über das Säugetiere verfügen. Alle eingehenden Reizmuster erhalten darin eine erste, noch recht grobe und hastige Bewertung, und – bei Identifikation eines Gefahrensignals – wird ohne bewusste Beteiligung „Alarm" gegeben und eine emotionale Reaktion ausgelöst. Diese zeigt sich in den unwillkürlichen physiologischen, behavioralen und expressiven Veränderungen – wie im Beispiel „Frau und Schlange" aus dem vorherigen Abschnitt. Das Großhirn erreichen die sensorischen Informationen später, und erst hier findet dann eine genaue Analyse des Reizes, seine Identifikation, Einschätzung usw. statt. Unschwer ist dabei zu erkennen, dass es sich beim kurzen und beim langen Weg der Emotionsentstehung um Abrufe aus dem nicht-deklarativen und dem deklarativen Gedächtnis handelt (vgl. *Abschnitt 7.6*).

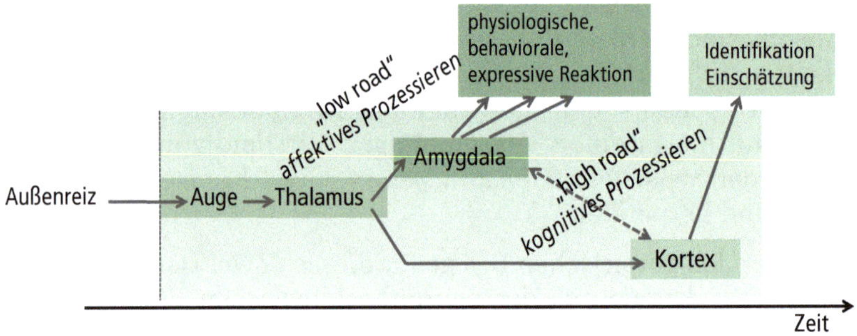

Abbildung 9.5: Die zwei Wege „low road" (oben) und „high road" (unten) der Entstehung von Furcht

Den schnellen aber groben Bewertungsvorgang bezeichnete LeDoux als *affektives Prozessieren*, den langsamen, aber präziseren als *kognitives Prozessieren*. Das affektive Prozessieren kann wie ein „scharf" eingestelltes Sicherheitssystem verstanden werden, das auf bestimmte Merkmale und Konfigurationen unmittelbar mit Vorsichtsmaßnahmen antwortet – das Ergebnis der genauen Analyse wird gar nicht erst abgewartet. Dabei kann es natürlich zu einem falschen Alarm kommen und die bereitgestellten Reaktionen müssen dann wieder heruntergefahren werden. Ein Vorgang, der schon einige Zeit dauert. Jeder Autofahrer hat vermutlich schon einmal die Schrecksekunde erlebt, wenn während des eigenen Überholvorgangs plötzlich ein Lkw vor einem auszuscheren scheint, was sich dann allerdings sofort danach als Täuschung herausstellt. Die über die Amygdala angeregte erste unwillkürliche Reaktion ist körperlich, im Verhalten, im Ausdruck, in den Vorstellungen und im Gefühl sofort bemerkbar. Nach der Entwarnung vom Großhirn dauert es jedoch 10 Sekunden und mehr, um sich zumindest einigermaßen wieder zu beruhigen. Aber Achtung, denn ein Erregungsrest dürfte noch für die nächste Episode bereitstehen!

Dieser Doppelweg ist für die Entstehung von Furcht inzwischen gut belegt. Bei anderen Basisemotionen wie Freude oder Wut gibt es erste Belege für jeweils ähnlich funktionierende, spezifische neurophysiologische Schaltkreise, die in der stammesgeschichtlichen Entwicklung entstanden sind. Hier befindet sich die sehr aufwendige Forschung allerdings noch am Anfang.

Wie wir gesehen haben, lassen sich die bisher vorgestellten Modelle der Emotionsentstehung – das naive Modell, die Theorie von James und die Zwei-Faktoren-Theorie – allesamt ineinander überführen. Die unterschiedlichen Reaktionsmuster der Basisemotionen können durch unbewusste, schnelle und grobe

Beurteilungsvorgänge angeregt werden. Dazu gehört in den meisten Fällen auch eine unspezifische Aktivierungserhöhung. Diese erlebbaren Veränderungen werden dann bemerkt und es erfolgt eine bewusste, verstandesgeleitete Erklärung, Einschätzung und Bewältigung. Andersherum können bewusste Vorstellungen und Phantasien jedoch, wenn sie eindringlich genug sind, auch wie Außenreize wirken und so selbst zur Ursache einer Emotionsanregung werden. Beide Wege sind in unserem Gehirn angelegt.

9.5 Welche Funktion haben Emotionen?

Bisher sind wir in diesem Kapitel den beiden Fragen nachgegangen, woraus Emotionen bestehen und wie sie angeregt werden. Nun soll der Frage nachgegangen werden, wozu sie eigentlich gut sind. Diese Frage drängte sich in den vorangegangenen Kapiteln nicht so deutlich auf, da der Nutzen der kognitiven Leistungen – vom Bewusstsein bis hin zum Problemlösen reichend – außer Frage steht und trotz gewisser Schwächen auch offenkundig ist. Anders sieht dies bei emotionalen Zuständen aus, insbesondere dann, wenn Angst, Neid, Eifersucht oder Trauer im Übermaß entstehen und wenn nicht zuletzt auch wir selbst darunter leiden. Das Denken ist beeinträchtigt, die Gedanken drehen sich nur um das Eine und sind kaum unter Kontrolle zu bringen. Für die Bewältigung der anstehenden wichtigen Lebensaufgaben fühlt man sich dann kaum mehr gewappnet, und eine Rückkehr in den Normalzustand wird ersehnt. Die Emotionen stören und erscheinen überflüssig und unpassend, da durch sie das psychische Gleichgewicht gestört erscheint. Bei den angenehmen Emotionen stellt sich diese Frage natürlich nicht. Wäre es nicht besser, wenn die unangenehmen einfach wegfielen? Die Suche nach den Funktionen kann hier Antwort geben.

Wenn man die Frage nach der Funktion von Emotionen stellt, geht es darum, ihren Anpassungswert und ihre Aufgaben für das Überleben näher zu beleuchten. Dabei lassen die bisherigen Erkenntnisse zu ihrer Struktur und ihrer Anregung die wesentlichen Funktionen, die sie erfüllen, schon erahnen. Die Funktionen, die im Folgenden der Reihe nach behandelt werden, sind de facto eng ineinander verwoben und voneinander abhängig.

9.5.1 Bewertung

Große Einigkeit besteht darin, dass Emotionen *Bewertungen* der kontinuierlich eingehenden Umweltdaten darstellen. Der Geschwindigkeit und Unwillkürlichkeit dieses Vorgangs wegen wird er in Abgrenzung zu den langsameren kognitiven Einschätzungsvorgängen als affektives Prozessieren auf der „low road" bezeichnet (Abbildung 9.5). Den Überlebensvorteil schafft das *Tempo* der Bewertung, was allerdings auf Kosten der Genauigkeit geht. Denn die Bewertungsvorlagen sind relativ grobe und schematische Merkmalsmuster, wie sie im Assoziations-Gedächtnis bereitgestellt werden. Ohne nachdenken zu müssen und zu können findet eine erste Einordnung der Situation statt, die unmittelbar in der emotionalen Reaktion ausgedrückt wird. Dies ist z.B. für die Wirkung von unterhalb der Wahrnehmungsschwelle dargebotenen freundlichen oder ängstlichen Gesichtern gut belegt. Dabei tritt nicht nur die Qualität des Ereignisses in der Art der Emotion zutage, sondern auch in ihrer Intensität dessen Wichtigkeit und Dringlichkeit.

Welche und wie viele unterschiedliche Bewertungssysteme sich an einzelnen Emotionen festmachen lassen, ist bisher nicht genau klärbar. Für Angst, Ekel, Glück, Traurigkeit und Wut gibt es einen gewissen Konsens, dass sie ohne bewusste Einschätzungen zustande kommen können (▶Tabelle 9.3).

Funktion	Emotionen
Bewertung - kommen ohne bewusste Einschätzung zustande	Angst, Ekel, Glück, Traurigkeit, Wut (5)
Verhaltensvorbereitung - unterscheidbare Handlungsbereitschaften	Begehren, Furcht, Hass, Hoffnung, Liebe, Mut, Niedergeschlagenheit, Traurigkeit, Verzweiflung, Wut, Widerwille (11)
Kommunikation - universelle Gesichtsausdrücke	Ekel, Freude, Furcht, Traurigkeit, Überraschung, Wut (6)

Tabelle 9.3: Unterscheidbare Funktionen verschiedener Emotionen (in Klammern die Anzahl)

9.5.2 Verhaltensvorbereitung

Der unbewussten Bewertung folgt die unwillkürliche Anregung des emotionalen Zustandes. Die Niederschläge in den kognitiven, physiologischen und behavioralen Komponenten weisen direkt auf die weitere Funktion, die *Vorbereitung einer angemessenen Reaktion*. Dies beginnt mit der Einstellung der kognitiven Komponente – die Aufmerksamkeit wird auf den signifikanten Reiz fokussiert, der Gedächtniszugriff wird selektiv und das Denken wird darauf eingestimmt. Auf der physiologischen Seite wird der Organismus auf einen höheren Energieverbrauch vorbereitet, und dies geschieht schnell auf verschiedenen Ebenen. Daneben kommt es zur Auswahl und Bereitstellung einiger weniger Verhaltensprogramme aus dem nicht-deklarativen Gedächtnis, die sich in der Vergangenheit bewährt haben.

Bei diesen Symptomen – was vielleicht auf den ersten Blick nahe liegt – schon von einer motivationalen Funktion der Emotion zu sprechen, scheint noch etwas verfrüht. Zunächst geht es darum, *mögliches Verhalten* in Bereitschaft zu halten, und erst wenn ein bestimmter Zielzustand entworfen und avisiert wird, dann kann man auch von Motivation sprechen. Bildlich gesprochen, wird hier der Motor schon einmal angeworfen und auf Touren gebracht, aber man weiß noch nicht, wohin es gehen soll.

Die Funktionen, relevante Veränderungen in der Umwelt zu identifizieren, diese schnell zu bewerten und sofort unwillkürliche Reaktionen einzuleiten, verlangt einen ständigen Bereitschaftsdienst – es gibt keine Warte- oder Ruhe-Phasen für emotionale Reaktionen während des Wachseins. Man übersieht dabei leicht, dass diese Bereitschaft auch während zielgerichteten – vielleicht sogar hoch motivierten – Verhaltens verlangt wird. In diesem Fall muss noch vor dem Hochfahren der emotionalen Reaktion die aktuelle Motivationslage abgewürgt und das fortlaufende Verhaltensprogramm – praktisch wie mit einem „Notaus"-Knopf – unterbrochen werden. Man muss trotz riesengroßen Hungers aufhören zu essen, wenn ein Einbrecher am Fenster zu hören ist.

Es gibt eine Reihe von Versuchen, Emotionen gemäß ihrer verhaltensvorbereitenden Funktionen voneinander zu unterscheiden. Jede Emotion soll dabei ein individuelles Profil besitzen und sich von allen anderen abgrenzen lassen. Jedoch ist eine gewisse Willkür der Vorschläge mit Anlehnungen an heilige Zahlen, gute Gestalten und Symmetrien dabei nicht zu übersehen. Als Beispiel dafür soll hier ein älterer Vorschlag von Magda Arnold aus den 1960er Jahren dienen, in dem sie elf emotionale Zustände mit unterschiedlichen Handlungsbereitschaften auflistet. Es sind: Begehren, Furcht, Hass, Hoffnung, Liebe, Mut, Niedergeschlagenheit, Traurigkeit, Verzweiflung, Wut und Widerwille (Tabelle 9.3). Auch die nachfolgenden neueren Vorschläge hinterlassen viele Fragezeichen, und man hat manchmal den Eindruck, dass weniger die genaue Analyse der beobachtbaren Phänomene als die Plausibilität das entscheidende Kriterium für die Klassifizierungsversuche sind. Zweifellos jedoch ist, dass wesentliche Bestandteile von angeregten Emotionen der Verhaltensvorbereitung dienen, und bei Affekten wird deren Ausführung nicht mehr nur als drängend, sondern als zwingend erlebt.

9.5.3 Kommunikation – nicht nur nach außen

Schon Darwin sah, dass sich im Gesichtsausdruck und in der Stimmführung wichtige Nachrichten an die Artgenossen übermitteln lassen. Auch im Ausland, d.h. ohne die Landessprache zu verstehen, lässt sich so relativ sicher feststellen, ob eine Person wütend, ängstlich, freundlich oder traurig ist. Schon weit vor den Menschenaffen lässt sich in der Stammesgeschichte nonverbale Kommunikation mittels des Emotionsausdrucks finden. Diese stellt das wichtigste Instrument der Verständigung von in Gruppen lebenden Säugetieren dar und ist notwendig zur Koordination und Abstimmung der gemeinsamen Aktivitäten. Dabei kann man viele der Ausdruckssignale als „eingefrorene" Fragmente von Antriebshandlungen rekonstruieren. Das Zähnefletschen z.B. als Signal für „Achtung – komm nicht näher!" ist Teil der Antriebshandlung des Zubeißens[6]. Der Emotionsausdruck deutet gewissermaßen die Intention der Antriebslage an, ohne dass sie zur Ausführung kommt, denn das Ausagieren wäre dem Zusammen- und Überleben von Gruppen absolut unzuträglich.

6 So weist das menschliche Lachen, bei dem ja deutlich die Zähne gebleckt werden, auf seine ursprünglich aggressive Bedeutung hin.

Auf dieser evolutionären Basis ist auch das bei Menschen beobachtbare Mienenspiel zu verstehen – es dient der Kommunikation mit den Artgenossen. Vielleicht sind wir deshalb beim Auslesen von Emotionsausdrücken bei Tieren schnell dazu geneigt, diesen dann auch menschliche Emotionen und Gefühle zu unterlegen. Wir kennen die kommentierenden Bemerkungen von Katzen-, Hunde- oder Meerschweinchenbesitzern: „Jetzt ist Mizzi beleidigt.“, „Bello schämt sich jetzt.“ oder „Fridolin ist schnell eifersüchtig.“ Erfahrene Tierkenner lassen sich dazu nicht mehr verleiten.

Der mimische Ausdruck von Emotionen ist in vielen Facetten schon im angeborenen Repertoire des Menschen zu finden. So ist schon direkt nach der Geburt bei Säuglingen durch das Betropfen der Lippen mit saurer Flüssigkeit eindeutig der Ausdruck von Ekel in der Mimik zu identifizieren, bei süßer Flüssigkeit dagegen sind Zufriedenheit und Wohlbefinden darin zu erkennen. Einen – allerdings traurigen – Beleg für die biologische Vorbereitung von Emotionsausdrücken liefern blind und taub geborene Kinder, denn sie zeigen ohne die Möglichkeit der Beobachtung und Imitation anderer Personen in entsprechenden Situationen die passenden emotionalen Gesichtsausdrücke. Ansonsten wäre eine Kommunikation mit ihnen schier unmöglich.

Der schon erwähnte Paul Ekman ging folgenden Weg, um hierzu Erkenntnisse zu gewinnen: Er ließ Personen aus den unterschiedlichsten Kulturkreisen – einschließlich sogenannter „primitiver“ Kulturen, die noch keinen Zugang zu den modernen Medien besitzen – Emotionen in der Gesichtsmimik ausdrücken und fotografierte diese dann. Danach reiste er um die Welt und präsentierte jeweils die in den anderen Kontinenten aufgenommenen Gesichter und ließ sie zuordnen. Bei sechs Emotionen waren die Ausdrücke international und unabhängig vom kulturellen Hintergrund verständlich und fast fehlerfrei zu identifizieren: Diese sind Ekel, Freude, Furcht, Traurigkeit, Überraschung und Wut (▶Abbildung 9.6). Sie werden deshalb auch als *universelle Emotionen* bezeichnet. Wir können also nachvollziehen, wie sich seit Urzeiten Menschen auch ohne eine gemeinsame Sprache gut miteinander über die lebenswichtigen Dinge verständigen können. Im Zusammenspiel von universellen Gesichtsausdrücken und den auf die ebenso universellen Grundbedürfnisse bezogenen Hand- und Körpergesten gelingt dies auch in der Gegenwart dann, wenn im Ausland keine gemeinsame Sprache zur Verfügung steht.

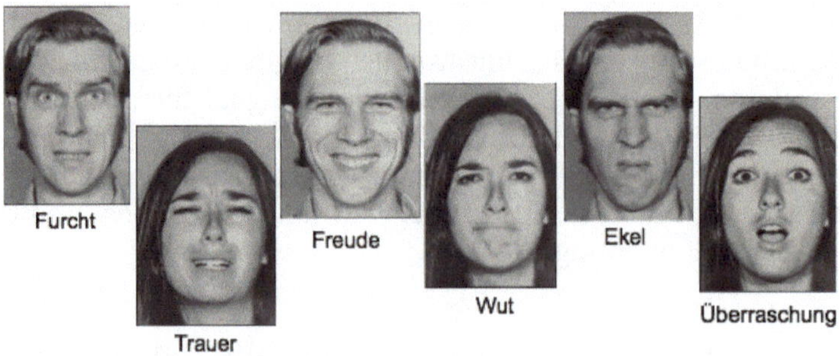

Abbildung 9.6: Die sechs im Ausdruck universellen Emotionen

Natürlich kann es bei der nonverbalen Kommunikation zu Missverständnissen kommen. Das kann einerseits an der Ausdrucksfähigkeit selbst liegen – es gibt eben gute und schlechte *Sender*. Aber auch die Gesichtsform und dessen Beweglichkeit können dafür verantwortlich sein, denn es gibt Gesichter, die auch im neutralen Zustand sehr freundlich aussehen, und solche, die immer schlecht gelaunt *wirken*. Andererseits gibt es auch gute und schlechte *Leser* dargestellter Emotionsausdrücke. Generell können Frauen dies besser als Männer.

Nicht nur nach außen zu den Artgenossen spielt die emotionale Kommunikation eine Rolle, sondern auch *nach innen* mit sich selbst. Wie eingangs dieses Kapitels und ausführlicher in *Kapitel 3* zum Bewusstsein schon erwähnt, sind es die *Gefühle*, die uns mitteilen, wie es uns gerade geht – ob eher gut oder schlecht, eher gespannt oder eher gelöst, eher erregt oder eher ruhig. Ohne die Information durch die Gefühle wäre die Bewertung des eigenen Zustands, wie z.B. der momentanen Stimmung, unmöglich. Sie liefern die unersetzlichen summarischen Zwischenbilanzen der wechselnden Großwetterlagen der Psyche.

Sogar beim Identifizieren des *eigenen* Emotionszustands finden sich Unterschiede zwischen Menschen. Es gibt Personen, die ihre eigenen emotionalen Zustände nicht gut erkennen und benennen können und somit Fehler bei der Benennung machen. Anderen fällt die Innenschau leicht. Auch hierin sind Frauen im Durchschnitt besser als Männer. Zudem unterscheiden sich Menschen bei der Beschreibung des eigenen Emotionserlebens in der Anzahl der verwendeten Emotionswörter. D.h., es gibt solche, die dabei „sparsam“ sind und nur auf wenige Wörter zurückgreifen; es gibt aber auch solche, die sprachlich fein differenzieren und dabei auf ein beträchtliches Wortrepertoire zugreifen. Jede Sprache verfügt hierfür über einen enormen Schatz, der allerdings meist nur von den großen Schriftstellern auch aktiv und virtuos eingesetzt wird, um auch feine Nuancen im fiktiven Erleben der Figuren darzustellen. Allerdings hat diese Fähigkeit auch im realen Leben eine große Bedeutung, denn eine akkurate Beschreibung der eigenen Emotion stellt die Voraussetzung zur erfolgreichen *Emotions-Kontrolle* und *-regulation* dar.

9.6 Von der Differenzierung zur Emotions-Kontrolle

Mit diesen drei Funktionen – schnelle Bewertung, Verhaltensvorbereitung und Kommunikation – haben sich Emotionen auch schon im Tierreich als unverzichtbar bei der Bewältigung der Überlebensaufgaben erwiesen. Es sind die bei uns Menschen unbewusst und unwillkürlich ablaufenden Vorgänge, die wir mit den Tieren bei der Entstehung von Emotionen gemeinsam haben, und bei den einzelnen Emotions-Komponenten lassen sich eher graduelle als qualitative Unterschiede zwischen den Spezies finden. Der wesentliche Unterschied dürfte dort zu beobachten sein, wo das Bewusstsein mit ins Spiel kommt. Neben den *Gedanken und Vorstellungen* in der kognitiven Komponente sind es die erlebten *Gefühle* in der subjektiven Komponente. Zunächst treten sie als Inhalte ins Bewusstsein, werden dann als Emotion erkannt und stehen so zur Disposition. Wenn man sie nicht für angemessen hält, kann man versuchen, sie dann aktiv zu verändern. Tiere dagegen sind gezwungen, ihnen bedingungslos zu folgen – sie haben diese Option nicht[7].

Die Möglichkeit, eine angeregte Emotion zu kontrollieren, beginnt bei den kurz nach der Emotionsanregung auftretenden bewussten Gedanken, denen Einschätzungs- und Erklärungsversuche folgen. Abhängig von diesen können sich die erlebten Emotionen verfeinern oder gar verändern. So entstehen als unmittelbare Reaktion auf die Mitteilung eines mit Spannung erwarteten Ergebnisses „Bestanden!" zunächst spontane *Erleichterung* und *Freude*. Wenn man dies nach kurzer Überlegung auf die investierte Anstrengung in der Vorbereitung – also internal – zurückführen kann, veredelt es sich zu *Stolz* über die eigene Tüchtigkeit. Kommt dann am Ende noch die eigene Begabung als stabile Ursache hinzu, stellt sich der länger anhaltende feine innere Glanz des *Selbstvertrauens* ein. Anders verhält es sich im schon beschriebenen Beispiel „Frau und Schlange" zum Erregungstransfer: Aus der ersten *panischen Angst* wird durch Umdeutung der Situation dann *Wut* und am Ende aufgrund weiterer Gedanken werden daraus dann *Erleichterung* und *Ausgelassenheit*.

Bewusste Einschätzungen können also deutlichen Einfluss auf die erlebten Emotionen nehmen. Aber auch ohne dass ein Ereignis vorweg laufen muss, kann durch reine Phantasie eine Emotion wie aus dem Nichts angeregt werden. Man kann sich an ein schönes Erlebnis erinnern und den damaligen Emotionszustand der Freude noch einmal anklingen lassen, oder man malt sich in der Vorstellung mögliche negative Folgen der gegenwärtigen Situation aus, die einen vielleicht in Angst und Schrecken versetzen und damit zum Handeln motivieren. Zudem kann man in der Phantasie endlich einmal so handeln, wie man es sich in der Realität nicht getraut hat, und auf diese Weise seine Frustration bewältigen – auch durch solche Träumereien wird man mit Emotionszuständen belohnt.

9.7 Emotionen auf dem Prüfstand

Aus diesen alltäglichen Erfahrungen im Umgang mit Emotionen wurde ein Teil der Techniken entlehnt, die in psychologischen Experimenten zum Einsatz kommen, um Versuchspersonen kontrolliert in solche Zustände zu versetzen. Erst wenn das im Labor gelingt, kann man genau erfassen, welche Auswirkungen angeregte Emotionen haben – auf die Kognitionen, den Körper, das Verhalten und das Gefühl. Dieses Unterfangen hat allerdings mit einem schwierigen Problem zu kämpfen, denn die kontrollierte Herstellung („Induktion") von Emotionslagen im Labor muss zwei scheinbar unvereinbare Ziele vereinen.

7 „Ein Wolf spricht mit seinem ganzen Körper. Mehr noch, wir können ihn verstehen. Aber er ist nicht in der Lage zu lügen. Und deshalb haben Wölfe keinen Platz in einer zivilisierten Gesellschaft." (Mark Rowlands in „Der Philosoph und der Wolf")

Zum einen soll die angeregte Emotion im Rahmen des moralisch und ethisch Verantwortbaren *möglichst intensiv* und „echt“ sein. Dabei sollte andererseits genau dies *unbemerkt* bleiben, da sonst unvorhersehbare Reaktionen und damit Verfälschungen entstehen können – z.B. durch das Mitmachen und Übertreiben wohlmeinender kooperativer Versuchspersonen oder gerade das Gegenteil davon. Bei den in ▶Tabelle 9.4 aufgeführten Techniken der Emotionsinduktion gelingt immer nur eher das eine oder das andere. Nur im echten Leben findet man intensive Emotionszustände, die nicht bemerkt werden – dann kann man sie nur leider nicht untersuchen.

durch...	Methode
Situationsreize	Darbietung von Filmen, Musik, Märchen oder Witzen, Geschenkgaben, emotionalisierte Interaktionspartner, Gerüche
Kognitionen und Erleben	Erinnerung an erlebte emotionale Situationen, Velten-Technik
Physiologie (körperliche Aktivierung)	Gabe von Psychopharmaka (Epinephrin, Chlorpromazin), Erregungstransfer
Ausdruck	Nachstellen von Mimik, Sprachausdruck und Körperhaltung

Tabelle 9.4: Wie stellt man im Labor unterschiedliche Emotionslagen her?

Jede der aufgeführten Methoden hat ihre Besonderheiten, und immer wird es eine große Bandbreite an individuellen Reaktionen darauf geben. Bei einigen Versuchspersonen wird das Ziel erreicht, bei anderen fallen die Emotionen zu schwach aus, es entstehen *Emotionsgemische* oder gar nicht beabsichtigte Emotionen. Die einfachste Technik besteht darin, dass den Versuchspersonen etwas widerfährt. Sie sind passiv, wenn sie einen Film sehen, Musik oder eine Geschichte hören, etwas riechen oder einen schauspielernden Interaktionspartner vor sich haben. Abhängig von den persönlichen Erfahrungen und Vorlieben fallen die Reaktionen auf Witze, Filme oder Musik jedoch sehr speziell aus[8]. Sie sind zwar auch passiv, wenn sie Aufputsch- oder Beruhigungsmittel bekommen, aber heutzutage werden Experimente wie das geschilderte von Schachter aus ethischen Gründen nicht mehr durchgeführt. Stattdessen kann über den Erregungstransfer die Intensität der Emotion erhöht werden, was allerdings deutlich komplizierter ist.

Weitere Techniken sind auf die *Mithilfe* der Versuchspersonen angewiesen, was aus anderen Gründen problematisch ist. Sie sollen sich dann eine Situation vorstellen, in der sie die gewünschte Emotion intensiv erlebt haben – mit allen Symptomen, die sie dabei empfunden haben. Eine weitere, etablierte Methode geht von den Symptomen aus: die *Velten-Technik* zur Induktion von Traurigkeit. Sie besteht aus 50 Aussagen von depressiven Personen über sich selbst. Diese werden dann der Reihe nach vorgelesen – mit der Instruktion, sich in die Beschreibungen hineinzuversetzen und mitzuerleben. Man

8 Z.B. führt Vivaldis „Frühling“ aus den „Vier Jahreszeiten“ gelegentlich nicht zur intendierten guten Stimmung, sondern zu Gereiztheit und Wut.

kann die Versuchspersonen auch auffordern, ihre Gesichtsmimik, die Sprache und Haltung der entsprechenden Emotion *nachzustellen*. Da dieses Vorgehen sehr offenkundig den Versuchszweck verrät, kam man auf eine sehr subtile Idee, dies nebenbei zu bewirken: Im Rahmen einer Coverstory sollte während des Experiments ein Bleistift quer entweder mit den Lippen oder mit den Vorderzähnen festgehalten werden. Wenn man das an sich ausprobiert, stellt man fest, dass dabei beim „Lippengriff" die Mundwinkel wie beim Trauerausdruck heruntergezogen werden, wogegen sie beim „Zahngriff" wie beim Freudegesicht nach oben weisen. So entstand zwar keine intensive, jedoch eine nachweisbare Wirkung der jeweils angeregten Stimmung auf die Beurteilung von Witzen.

Die dargestellten Techniken, um Versuchspersonen in bestimmte Stimmungen oder Emotionslagen zu versetzen, finden auch im Alltag ihre Anwendung. Emotionen lassen sich auf vielerlei Art außerhalb der Lebensrealität des Jetzt und Hier beeinflussen und künstlich herstellen: mittels eigener Erinnerungen und Phantasien oder gelenkt durch Musik, die Lektüre eines Romans oder den Gang ins Kino. Hier stoßen wir auf das Phänomen, dass durch die Teilhabe an den Lebensereignissen anderer Menschen und den wahrgenommenen Emotionen eine „Ansteckung" auch auf uns erfolgt. Es kommt zu einer Art Simulation der Gefühle uns unbekannter Personen und wir durchleben dann deren Leid und Freud, allerdings ohne die Konsequenzen tragen zu müssen und mit der angenehmen Möglichkeit, zu jeder Zeit auszusteigen.

9.8 Gefühlsansteckung – Empathie – Perspektivenübernahme

Anders ist es beim Leid uns nahestehender Menschen. Ein Entweichen aus der Realität des Betroffenen ist hier nicht möglich und man leidet mit. Offenbar geschieht hier etwas Anderes als bei den Emotionen, die wir mit den Protagonisten im Film erleben. Um den Unterschied zu erklären, ist es nützlich, zwischen drei psychischen Vorgängen, die mit Emotionen im sozialen Miteinander zu tun haben, zu unterscheiden: *Gefühlsansteckung*, *Empathie* und *Perspektivenübernahme* (▶Abbildung 9.7).

Bei der *Gefühlsansteckung* handelt es sich um ein schon im Tierreich bekanntes Phänomen, das auch als *Stimmungsübertragung* bezeichnet wird. Durch unwillkürliche Nachahmung der Mimik und Übernahme des Verhaltens können sich höhere Säugetiere in eine gemeinsame Stimmung versetzen – wie dies z.B. bei Schimpansen geschieht, wenn sie sich in Jagdstimmung bringen. Auch bei Säuglingen ist diese Ansteckung bekannt, weshalb Säuglingsschwestern sich schnell darum bemühen, ein einzelnes quengelndes Kind im Gruppenzimmer zu beruhigen. Zu beobachten ist dies ebenfalls bei Erwachsenen in den unterschiedlichsten Situationen, wobei die kollektiven Gefühlsausbrüche in Fußballstadien oder bei anderen Massenveranstaltungen die eindringlichsten Beispiele sind – manchmal stehen dann an der Spitze sog. „Stimmungsmacher" oder „Einpeitscher", die den Zustand überzeugend vorspielen. Dabei entsteht am Ende in allen Beteiligten die gleiche Emotionslage – sei es Wut, Trauer, Angst oder Freude. Man ist eben angesteckt und fühlt sich am Ende wie ein großer Organismus.

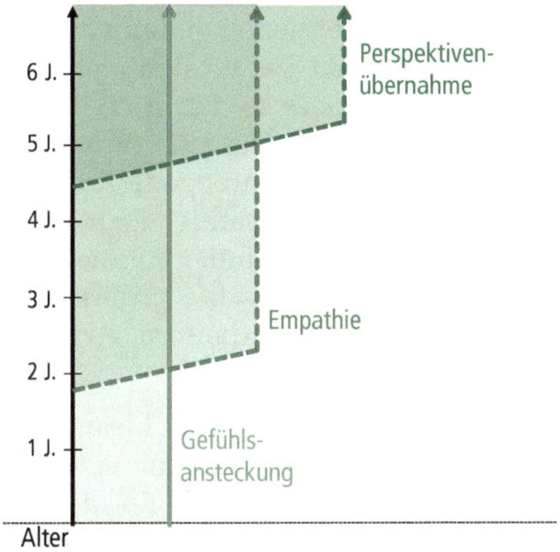

Abbildung 9.7: Entwicklung von Gefühlsansteckung, Empathie und Perspektivenübernahme

Erst später entwickelt sich *Empathie*. Dieses Ein- oder Mitfühlen ist erst möglich, wenn das psychische „Ich" schon Konturen gewonnen hat und ein Unterscheiden von den Anderen möglich ist. Das Kind kann sich dann im Spiegel erkennen und mithilfe des eigenen Spiegelbildes gezielte Bewegungen an sich selbst durchführen – z.B. einen Farbtupfer auf der Stirn erkennen und abwischen. Das gelingt Menschenkindern etwa am Ende des zweiten Lebensjahrs. Wenn ein Kind auf dieser Entwicklungsstufe das Missgeschick eines anderen Kindes (z.B. der Teddybär geht kaputt) und dessen Reaktion darauf beobachtet, kommt es zu einer Identifikation mit ihm und die Notlage des anderen wird miterlebbar. Sie *erscheint* dann im Erleben, überlagert aber den eigenen Erlebnisraum nicht vollständig und distanzlos. Empathie ist dadurch gekennzeichnet, dass eine emotionale Reaktion entsteht, die durch die Wahrnehmung der Emotionen einer anderen Person entsteht und die dieser gleicht. Aus diesem *Mitfühlen* können dann Reaktionen wie Umarmen und Trost spenden entstehen – im Rahmen des Vermögens von Zweijährigen natürlich. Im Unterschied zur Gefühlsansteckung wird hierbei nicht einfach das Gefühl des anderen übernommen, sondern beim Mitfühlen wird die emotionale Lage des anderen durch „Hineinfühlen" zum Anklingen gebracht – als eine emotionale Gestalt auf dem Hintergrund der eigenen Gefühlsrealität. Wie Doris Bischof-Köhler dies nachweisen konnte, sind insbesondere Kinder mit starker Bindungssicherheit dazu in der Lage.

Wenn die kognitive Entwicklung so weit fortgeschritten ist, dass ein und dieselbe Situation wahlweise mit den eignen Augen oder aus denen der Anderen betrachtet werden kann, ist eine *Perspektivenübernahme* möglich. Der bis dahin wirksame kindliche Egozentrismus in der Wahrnehmung und Erinnerung wird dann abgelegt. Das gelingt ansatzweise schon etwa ab dem vierten Lebensjahr. Im fünften Lebensjahr erst können Kinder auch Geschichten aus der Dritte-Person-Perspektive erzählen, und zwar so, dass unterschiedliche Sichtweisen und Handlungsstränge zu einem nachvollziehbaren Ganzen miteinander verbunden werden. Sie können sich dann auch in den Zuhörer hineinversetzen und dessen Vorwissen berücksichtigen. Die Situation, in der sich eine andere Person befindet, kann so durch „Hineindenken“ verstanden und sachlich eingeschätzt werden – sozusagen völlig unemotional. Nicht das *Miterleben* der Emotion spielt dabei die tragende Rolle, sondern das *Mitwissen* um diesen Zustand. Wenn bei Empathie noch das Trösten im Vordergrund steht, so ist es bei der Perspektivenübernahme das pragmatische Beraten, Unterstützen und Eingreifen, wie es bei professionellen Helfern – z.B. Rechtsanwälten, Polizeibeamten, Sozialarbeitern, Ärzten oder Psychologen – der Fall ist.

In diesem Raum, der von der distanzlosen Gefühlsansteckung über Empathie bis zur kognitiven Perspektivenübernahme reicht, spielt sich der Umgang mit den Emotionen anderer Menschen ab. Alle drei Formen bestehen nebeneinander und kommen in den entsprechenden Situationen zur Anwendung. Gelegentlich treten sie auch in kurzer Abfolge nacheinander auf.

9.9 Elixiere des Lebens

Seit der Entstehung des limbischen Systems in Säugetieren vor etwa 250 Millionen Jahren haben sich Emotionen in der Stammesgeschichte bis zum modernen Menschen hin entwickelt. Ihnen liegt ein schnelles und lernfähiges *Bewertungssystem* im limbischen System zugrunde. Der Fortschritt und Überlebensvorteil besteht darin, dass durch die Emotionsanregung zwar eine auf die Situationsbewertung bezogene *Verhaltensbereitschaft* entsteht, die Verhaltensausführung jedoch blockiert ist. Die emotionale Reaktion schafft so auch die Grundlage für die *Kommunikation* in der Gruppe – sowohl zur Mitteilung als auch zur Gefühlsansteckung und Ausrichtung des gemeinsamen Verhaltens. Beim Menschen regen Emotionszustände zudem dazu an, nach den Ursachen zu suchen und die aktuelle Situation zu bedenken, und so entsteht die Möglichkeit, mittels des Bewusstseins auf die Emotion selbst Einfluss zu nehmen.

Emotionen sind die vitalsten Äußerungen der menschlichen Psyche, und sie scheinen aus dem tiefen echten Lebensgrund zu stammen. Wir nehmen sie ernst und trauen und folgen ihnen – zumindest meistens. Gelegentlich jedoch erscheinen sie uns überflüssig, ja sogar störend. Dann kann man versuchen, sie „in den Griff“ zu bekommen, um die angeregten Niederschläge – seien es kognitive, körperliche, verhaltensfordernde oder gefühlte – zu dämpfen. Schnell sind dann Ratschläge bei der Hand wie „einfach nicht daran denken“ oder „tief durchatmen und entspannen“. Aber wie jeder weiß, ist es einfacher gesagt als getan. Zudem kommt man in den kritischen Situationen gar nicht erst auf den Gedanken, die Emotionen zu kontrollieren – man steckt zu tief in der eigenen emotionalen Welt, um sich selbst aus höherer Warte zu betrachten. Je intensiver die Emotion angeregt ist, umso deutlicher wird dies – bis zum Extrem des Affekts. Erst im Nachhinein – wenn man sich die eigenen Gedanken später in Ruhe noch einmal vor Augen führt – stellt man fest, wie verzerrt und unangemessen die Einschätzungen waren.

Emotionale Zustände stellen Reaktionen auf die jeweilige Bewertung der *gegenwärtigen* Situation dar. Wenn zudem noch die Vorstellung eines *zukünftigen* Emotionszustandes – ob ein anzustrebender oder ein zu vermeidender – angeregt und wirksam wird, betreten wir das nächste Kapitel: Motivation.

Anregungen zum Ausprobieren, Anwenden und Nachdenken

1. Wenn eine Emotion stark ausgeprägt ist, geschieht es, dass die spontan auftretenden Gedankeninhalte auf die *Ursache* und die *Folgen* bezogen sind. Dieses gedankliche Hin- und Herpendeln führt zu immer weiterer Intensivierung der Emotion. Wie kann ein Heraustreten aussehen? Dies ist verblüffend einfach und scheinbar paradox: Es funktioniert durch die gezielte Fokussierung auf das Hier und Jetzt – also auf die *Symptome* der Emotion. Insbesondere die deutlichen Veränderungen am eigenen körperlichen Befinden bieten hier einen Ansatzpunkt. Versuchen Sie, diesen besonderen Zustand bewusst zu betrachten und in Worte zu fassen. Beim Zustand Angst könnte das Bewusstmachen folgendermaßen aussehen: „Meine Hände fühlen sich kalt an und zittern.", „Mir ist ein wenig übel." oder „Die Atmung ist kurz und flach." Auch unwillkürliche Gedankeninhalte und Gefühle sind beschreibbar. Wenn man so ein in Worte gefasstes, genaues „Bild" der Emotion hat und die Aufmerksamkeit auf diese Symptome lenkt, sie also beobachtet, wird man merken, dass die erlebte Emotion sich abschwächt.
2. Stellen Sie sich vor einen Spiegel, schließen Sie nun die Augen und versuchen Sie dann die Emotion *Furcht* in Ihrem Gesicht darzustellen. Öffnen Sie die Augen! Erkennen Sie den Ausdruck von Furcht deutlich? Verändern Sie gegebenenfalls einzelne Partien, bis es die erwünschte Eindeutigkeit hat. Danach verfahren Sie mit den anderen universellen Emotionen – *Trauer*, *Freude*, *Wut*, *Ekel* und *Überraschung* – in gleicher Weise. Versuchen Sie es auch mit anderen Emotionen, wie z.B. Liebe, Eifersucht, Hochmut, Neid oder Scham. Besonders interessant wird es natürlich, wenn man dies mit mehreren Personen macht.
3. Besonders intensive Emotionserlebnisse entstehen durch den sogenannten *affektiven Kontrast*. Danach ist nicht nur die *aktuelle* Situation für die Entstehung einer Emotion entscheidend, sondern auch das, was unmittelbar *davor* geschehen ist – genauer, in welchem emotionalen Zustand man sich zuvor befunden hat. Beispielsweise wird die Freude über einen Sieg im Fußballspiel geradezu zur Euphorie, wenn man noch bis kurz vor dem Spielende zurücklag. Gerade erlebte man noch Resignation und durch die unerwartete Wende des Spiels wird daraus nicht nur Freude, sondern man gerät geradezu in Ekstase. Wie kann man das erklären? Reicht hier der Erregungstransfer aus?

Weiterführende Literatur

Ekman, P. (2004). *Gefühle lesen – Wie Sie Emotionen erkennen und richtig interpretieren.* München: Spektrum Akademischer Verlag.

LeDoux, J. (2004). *Das Netz der Gefühle – Wie Emotionen entstehen.* München: DTV

Motivation

10

ÜBERBLICK

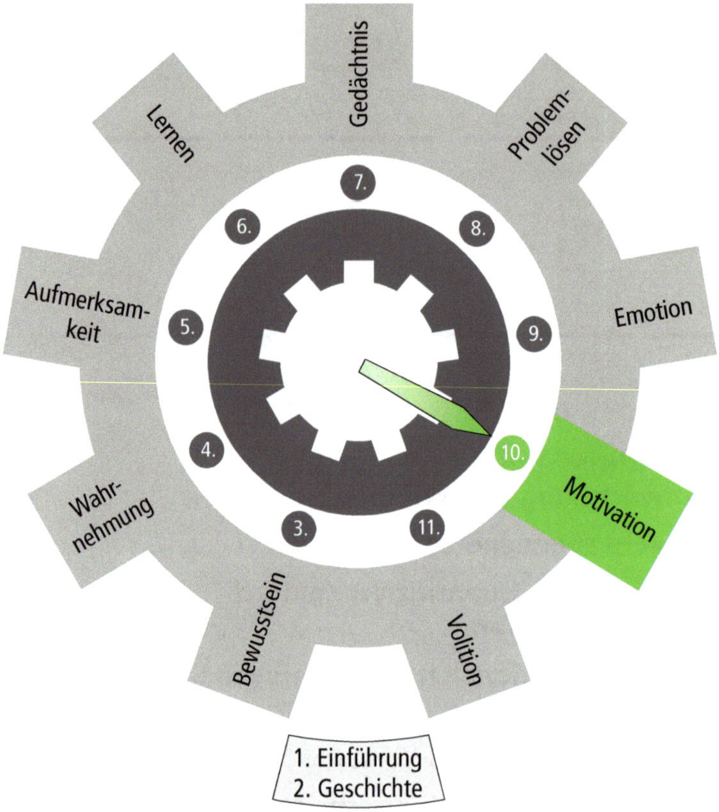

„Somit lehrt die Erfahrung selbst nicht minder deutlich als die Vernunft, dass die Menschen nur darum glauben, sie wären frei, weil sie sich ihrer Handlungen bewusst, der Ursachen aber, von denen sie bestimmt werden, unkundig sind. Und außerdem lehrt sie, dass die Entschlüsse des Geistes nichts anderes sind als die Begierden selbst."

(Baruch de Spinoza)

Für Motivation gilt Ähnliches wie für Emotion: Jeder beobachtet und erlebt schließlich, was damit gemeint ist, aber beide psychischen Konzepte erweisen sich Definitionsversuchen gegenüber als widerspenstig. Motivation als *milde Form der Besessenheit* zu bezeichnen, ist zwar anschaulich, fördert aber nichts Neues und noch weniger Greifbares zu Tage. Ein zusätzliches Problem besteht darin, dass mit dem Erfolg der Motivationspsychologie in den 1960er Jahren die Bezeichnung – damals als exklusiver Fachterminus in der wissenschaftlichen Psychologie eingeführt – von der Umgangssprache übernommen wurde. Das durchaus ehrenwerte Schicksal hat aber den bitteren Nachteil, dass der Begriff damit immer weiter verwässert wird. Wie bei allen anderen Funktionen gilt auch hier: Auffällig wird Motivation erst dann, wenn es an ihr mangelt oder wenn sie zu stark ist. So bieten sich inzwischen „Motivationsexperten" in allen Lebensbereichen an: für Organisationen und Betriebe, Schulen und Universitäten, Training und Sport, für Gesundheit und Soziales und selbst in der Freizeit – man denke nur an die Animateure in Feriencamps. Es ist teilweise erschreckend, welch naive Konzepte und Grundlagen hinter den angepriesenen „Motivationstrainings" stehen.

Motivation ist einer der am häufigsten benutzten psychologischen Begriffe. Wie wir schon in den bisherigen Kapiteln gesehen haben, greift der aktuelle motivationale Zustand wie selbstverständlich in alle anderen psychischen Funktionen ein und nimmt Einfluss – auf Wahrnehmung, Aufmerksamkeit, Lernen, Gedächtnis oder Problemlösen. Der Grund ist schnell gefunden, denn der Ausgangspunkt von Motivation ist die *Frage nach dem Warum*, und diese kann auf jeden Vorgang bezogen werden – warum man gerade dorthin blickt, an etwas interessiert ist, so stark reagiert, gerade daran denkt oder sich erinnert, etwas macht usw. Um Motivation zu erklären, beginnt man also mit der Frage nach dem Warum des Tuns. Die Frage nach dem Wie tritt hier zunächst an die zweite Stelle.

Wenn man Personen nach dem Grund ihres Handelns fragt, kann man verschiedene Antworten erhalten. Z.B. können mögliche Antworten auf die Frage, warum man an einer Imbissbude eine Portion Pommes frites mit Mayonnaise isst, sein:

1. „weil ich Hunger habe",
2. „weil es beim Vorbeigehen so lecker gerochen hat" oder
3. „Ich gehe auf eine Party – dort wird es nichts zu essen geben."

Der erste Grund weist auf ein zugrunde liegendes *Motiv* (hier Bedürfnis) – nämlich Hunger. Der zweite auf einen *Anreiz* aus der Umwelt, dem man nicht widerstehen konnte. Diese beiden Gründe weisen auf das zeitliche Davor. Die dritte Antwort weist auf ein *Ziel* in der Zukunft, und die Nahrungsaufnahme ist gewissermaßen präventiv und hat den Zweck, einem möglichen Hunger vorzubeugen (▶Abbildung 10.1). Für die Entstehung von Motivation werden also gleichwohl *kausale* als auch *finale* Verursachungen angenommen.

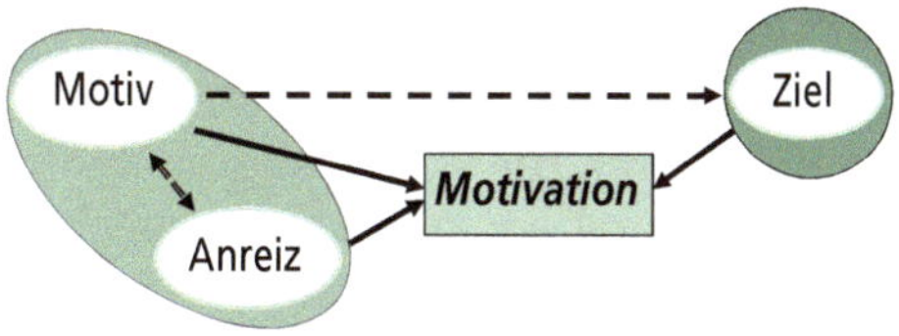

Abbildung 10.1: Ursachen der aktuellen Motivation: Motiv, Anreiz und Ziel

Trotz des recht simplen Beispiels werden hier schon die wichtigsten wissenschaftlichen Konzepte zur Erklärung der Motivation eines beobachtbaren Verhaltens deutlich. Zwei Ursachen bewirken unmittelbar Reaktionen – das *Motiv* der Person oder der *Anreiz* mit starkem Aufforderungscharakter, der dann zum Handeln „verführt". Wir werden demnächst noch sehen, dass der verführerische Anreiz nur in der naiven Sichtweise außerhalb der Person gesehen wird, tatsächlich entsteht er jedoch in ihr selbst. Die dritte Verursachung geht von einem *Ziel* aus, das die Person verfolgt, und bezieht sich auf einen Zustand, den sie erreichen oder vermeiden will. Auch bei weitaus komplexeren Handlungen im täglichen Leben wird man diese drei Arten von Begründungen wiederfinden – nicht zuletzt haben Richter die Aufgabe, die Motivation begangener Straftaten festzustellen. Alle drei Erklärungskonzepte sind schon geraume Zeit in der motivationspsychologischen Forschung etabliert und gut untersucht – darauf gehen wir später der Reihe nach ein.

10.1 Instinkt – Bedürfnis – Trieb – Motiv

Um im Nachfolgenden einer Begriffsverwirrung vorzubeugen, sollen hier zunächst die häufig synonym verwandten Bezeichnungen „Bedürfnis", „Trieb" und „Motiv" genauer bestimmt werden und zudem der in Zusammenhang mit Motivation häufig erwähnte „Instinkt". Beginnen wir mit diesem.

Instinkt ist ein artspezifisch angeborener Mechanismus, der auf bestimmte Reize – sowohl innere als auch äußere – anspricht und sie mit koordinierten, der Lebens- und Arterhaltung dienenden Verhaltensweisen beantwortet. Sie stellen genetische Niederschläge von *stammesgeschichtlicher* Erfahrung dar. Die in der umgangssprachlichen Verwendung sehr schillernde und damit missverständliche Bezeichnung „Instinkt" kann durch den eindeutigen Begriff *angeborener Auslösemechanismus* (AAM) ersetzt werden. Eine vorherige Lernerfahrung ist zu dessen Ausführung nicht notwendig, wie dies z.B. bei neugeborenen Menschenkindern in den sehr spezifischen Reaktionen auf süße oder saure Flüssigkeiten der Fall ist – ihr Verhalten ist dann Zuwendung oder Ablehnung. Im Tierreich lassen sich AAMs bei praktisch allen Tierarten in großer Anzahl finden, die zu Verhaltensweisen wie Flucht, Annäherung, Angriff oder Orientierung führen.

Bedürfnisse sind das Resultat von Mangelzuständen – es besteht ein Bedarf an etwas. Man kann hier zwischen primären und sekundären Bedürfnissen unterscheiden. Primäre Bedürfnisse sind universell verankert – wie die Bedürfnisse nach Nahrung, Flüssigkeit und Schlaf, aber auch in den ersten Entwicklungsphasen nach Zuwendung und Schutz. Die sekundären sind durch die jeweilige Gesellschaft vorgelebte und durch die Sozialisation geformte Bedürfnisse, wie nach Status oder Reichtum. Primäre werden auch als obligatorisch, sekundäre dagegen als optional bezeichnet.

Triebe bewirken einen energetisierenden und verhaltensfordernden Spannungszustand, der nach Handlungen drängt, die sie befrieden. Die *spontane* Verhaltensbereitschaft entsteht im Inneren des Organismus durch Stauung. Kommt noch die Wirkung von äußeren, auf den Trieb bezogenen Anreizen in der Situation hinzu, dann entsteht durch sog. doppelte Quantifizierung eine *effektive* Verhaltensbereitschaft (vgl. Abbildung 10.5).

Exkurs 10.1: Freud und die Triebe

Die wichtigsten Impulse auf die gegenwärtige Motivationspsychologie stammen nach wie vor von den Ideen, die Sigmund Freud über Triebe und ihr Schicksal vorstellte. Seine grundsätzlichen Überlegungen führten zu folgenden scheinbar subtilen, aber dennoch bedenkenswerten Erkenntnissen. Danach sind Triebe durch folgende Merkmale zu kennzeichnen:

- Herkunft aus inneren Reizquellen
- Auftreten als konstante Kraft
- man kann sich nicht durch Flucht entziehen
- sind dem Lust-Prinzip unterworfen

Die Auflistung gerade dieser Merkmale wird durch Freuds genaue Beobachtung kindlichen Verhaltens, dessen Grundprinzipien er dann auch bei Erwachsenen zugrunde legte, verständlich. Schon früh im Leben ist es eine zentrale Erfahrung jedes Menschen, dass es gespannte, erregte Zustände der Unlust gibt, die offenbar aus dem eigenen Inneren stammen und denen man sich nicht einfach durch Ortsveränderung entziehen kann. Die Regulationsrichtung ist immer hedonistisch, d.h. entweder die Vermeidung resp. Beseitigung von Unlust oder das Aufsuchen resp. Herstellen von Lust. Bei Erwachsenen zwar weniger deutlich sichtbar, verhält es sich aber im Prinzip gleich. Ausgangspunkt ist auch hier der aus dem Inneren stammende Zustand des gespannten Unwohlseins. Zum einen kann man dies durch Einflussnahme auf *das Erleben selbst* bewältigen – Drogen und Alkohol sollen dann helfen. Zum anderen kann dies durch Aufsuchen *starker Außenreize und Ablenkungen* geschehen – wie z.B. sexuelle Experimente oder Computerspiele. In beiden Fällen wird zwar von „Realitätsflucht" gesprochen, aber da die eigentliche Ursache eine konstant wirkende Kraft von inneren Reizquellen ist, und man sozusagen an sich selbst leidet, kann man sich nicht durch Flucht entziehen – man bewirkt nur einen Aufschub.

Neben diesen allgemeinen Merkmalen lassen sich vier spezielle Aspekte an Trieben finden, hinter denen sich die entsprechenden Fragen verbergen:

- Trieb-Quelle (Woher?)
- Trieb-Drang (Wie intensiv?)
- Trieb-Ziel (Wozu?)
- Trieb-Objekt (Womit?)

Die Quelle bezieht sich auf die Herkunft, die in einem spezifischen Defizit, d.h. aus einem unbefriedigten Zustand, begründet ist. Der Drang bezieht sich darauf, dass Triebe unterschiedlich intensiv auftreten können – von schwach bis stark. Das Ziel jedes Triebes ist seine Befriedigung, d.h. die Beseitigung des Mangel- oder Spannungszustandes. Zu diesem Zwecke werden abhängig von der Art des Triebes Objekte notwendig, die dann Anreiz- und Aufforderungswert besitzen. Am Beispiel des sexuellen Fetischismus, den Freud unter anderem auch erklären wollte, kann dies verdeutlicht werden: Ein aus dem Inneren sich aufbauender Sexualtrieb (Quelle) mit bestimmter erlebbarer Intensität (Drang) strebt nach Befriedigung – einem Orgasmus (Ziel). Abhängig von der sexuellen Ausrichtung und Präferenz gelingt dies nur mit entsprechenden Partnern oder – bei Fetischisten – Gegenständen (Objekten). Dabei wird deutlich, dass die ersten drei wesentlichen Triebaspekte bei allen Menschen praktisch gleich sind – nur die Objektwahlen unterscheiden sie.

Um das Spezifische am menschlichen Antriebssystem, das ohne Frage auf dem tierlichen aufbaut, auch begrifflich davon abzugrenzen, wurde die Bezeichnung *Motiv* eingeführt. Vieles von dem, was angeborene Triebe und Bedürfnisse ausmacht, gilt natürlich auch für Motive, und im Folgenden werden Beispiele angeführt, die für das eine wie das andere gelten. Der wesentliche Unterschied zur Trieb- wie zur Bedürfniskonzeption liegt beim Motivbegriff darin, dass damit auch bewussten Vorgängen Raum in den Modellen gegeben werden kann. Aus diesem Grund wird zwischen bewussten *expliziten* und unbewussten *impliziten* Motiven unterschieden, deren Merkmale und Unterschiede man inzwischen recht genau bestimmen kann (▶Tabelle 10.1).

	Implizite Motive	Explizite Motive
	-> unbewusst	-> bewusst
Messung	projektive Verfahren	Fragebögen
Entwicklung	genetisch vorbereitet	durch die Kultur bedingt
	entstehen in der frühen Kindheit	sind Teil des Selbstbildes
Anregung	durch Wünsche	durch Pflichten
	spontan	(re)aktiv
	kontextspezifisch	allgemeine Prinzipien
	schnell aktiviert	langsame Aktivierung
	bildbetont	sprachbetont
Äußerung	intuitiv	analytisch, rational
	anstrengungslos	anstrengend
Ziel	befriedigende Emotionszustände	Selbstbild-Erhalt
	Tätigkeitsanreize, Ergebnisse	Folgen des Tuns

Tabelle 10.1: Unterschiede zwischen impliziten und expliziten Motiven

Implizite Motive bauen auf dem stammesgeschichtlichen Erbe des Menschen auf und werden dann durch die frühkindlichen Lernerfahrungen konturiert. Dagegen entstehen explizite Motive durch die Übernahme von kulturellen Werten und deren Verinnerlichung, wozu auch die Vorstellung von der eigenen Persönlichkeit – das Selbstbild also – gehört. Die Anregung erfolgt auf unterschiedliche Weise: Erfolgt sie bei impliziten Motiven spontan und schnell durch wahrgenommene Situationsreize oder erwachte Wünsche, so handelt es sich bei expliziten Motiven um einen eher langsamen Vorgang, der durch das Abwägen von Pflichten, Prinzipien und Zielen – sowie Vor- und Nachteilen – bewusst erfolgt. Es entsteht dann eher ein kontrollierter, rationaler Handlungsvollzug, der schon *während* der Ausführung als anstrengend erlebt wird. Bei angeregten impliziten Motiven läuft alles ohne langes Nachdenken und Grübeln, d.h. eher intuitiv, ab und man bemerkt an sich erst *hinterher* aufgrund der Erschöpfung, wie beanspruchend eine Tätigkeit war (vgl. *Abschnitt 10.7*). Der Grund dafür ist, dass es der Tätigkeitsvollzug und das unmittelbare Ergebnis selbst sind, was man anstrebt, und die damit verbundenen Emotionszustände – wogegen im expliziten Motivmodus die Handlung nur wegen der Folgen interessant ist, wozu auch die Bestätigung und Aufrechterhaltung des Selbstbildes gehört (vgl. Abbildung 10.8).

Das hat auch Auswirkung auf die Messung: Explizite Motive können relativ simpel durch einen Fragebogen erfasst werden, da das Wissen darüber aus dem *deklarativen Gedächtnis* – und zwar aus dem Teil, der das Selbstbild enthält – abgerufen werden kann (z.B. „Gehen Sie gerne Risiken ein?" oder „Sind Sie ein geselliger Mensch?"). Bei den impliziten Motiven geht das per definitionem nicht – unbewusste Sachverhalte sind nur indirekt, durch *projektive Verfahren* zu erfassen[1]. Bei dieser Vorgehensweise werden mehrdeutige Bilder vorgelegt und zu jeder dieser „Miniatur-Lebenssituationen" soll eine Geschichte *erfunden* werden. Die so erhaltenen persönlichen Wahrnehmungen, Deutungen und Interpretationen können dann inhaltlich – unter Bezug auf die darin geäußerten Wünsche und Befürchtungen – ausgewertet werden, um die impliziten Motive zu bestimmen. Erste Hinweise auf die impliziten Motive einer Person liegen in den Antworten auf die Frage: „Was würdest du am Sonntag tun, wenn du völlig frei über die Zeit verfügen könntest?" Denn wenn keinerlei Verpflichtungen vorliegen und auch keine Rollen vor anderen Menschen aufrecht erhalten werden müssen, sollten sich die unbewussten Motive in der Wahl von Freizeitaktivitäten abbilden.

Dieses Vorgehen ist nahe an der realen Anregung eines Motivs, denn als Erstes zeigt sich dessen Wirkung in dem, was man in einer Situation wahrnimmt und wie man sie interpretiert und bewertet. Motive filtern sozusagen die persönlich bedeutsamen Umweltausschnitte heraus und lassen sie prägnanter erscheinen. „Ein Motiv ist eine spezifisch eingefärbte Brille, die bestimmte Aspekte von Situationen auffällig macht und als wichtig hervorhebt.", so Falko Rheinberg. Zudem lassen Motive auch mögliche Ausgänge anklingen – sie *antizipieren* Zielzustände. Diese wiederum können in zwei Klassen aufgeteilt werden: Zielzustände, die angenehm und wünschenswert sind, und Zielzustände, die unangenehm sind und die man vermeiden möchte. Im ersten Fall entsteht eine aufsuchende Motivation und im zweiten Fall eine meidende. Sie werden als *Hoffnung* oder *Furcht* erlebt.

Trotz gleichlautender Funktionen – Bewertung von Situationen und Verhaltensvorbereitung – wird hier ein wesentlicher Unterschied von Emotion und Motivation deutlich: Emotionen beziehen sich in der Bewertung immer auf die *aktuelle* Situation. Motivation geht darüber hinaus, denn sie entsteht durch Einbeziehung und Bewertung einer *zukünftigen* Situation. Nach der Verhaltens*vorbereitung* durch eine Emotion, ist für die Verhaltens*ausführung* die Motivation zuständig – im Idealfall bis zur Erreichung des Zielzustandes.

1 Das bekannteste projektive Verfahren ist der Thematische Auffassungstest (TAT).

10.2 Natürliche Anreize – Kontakt, Abwechslung und Wirkung

Wenn man das Verhalten kleiner Kinder im Lebensalltag beobachtet, kann man es trotz der scheinbaren Vielfalt aufgrund der erkennbaren *Anreize* des Verhaltens in drei große Klassen einordnen. Durch diese Anreize wird das Verhalten energetisiert und ausgerichtet, und es spricht einiges für eine angeborene Basis, da sie auch im Tierreich wirksam sind (▶Abbildung 10.2).

Die erste Klasse der natürlichen Anreize stellt der *Kontakt* mit den Bezugspersonen dar – bei größeren Kindern kann es der Sicht- oder Hörkontakt sein, bei kleineren ist es die Berührung. Dies gilt insbesondere dann, wenn eine Situation als unsicher oder gar gefährlich erlebt wird. Das Verhalten hat dann das Ziel, der Bezugsperson möglichst nah zu sein, und erst die Herstellung des Kontaktes befriedigt dann das Bedürfnis nach Sicherheit und Nähe. Natürlich besitzt der Körperkontakt mit den Bezugspersonen auch für sich einen hohen Anreizwert – nicht nur für Kinder.

Die zweite Klasse der natürlichen Anreize – *Abwechslung* – bilden *ungewohnte oder unbekannte Objekte und Personen*, die geradezu magisch die Aufmerksamkeit der Kinder auf sich ziehen. Wenn diese neuen Reize nicht zu fremd sind, kommt es zu aufsuchendem Verhalten mit dem Ziel, diese zu berühren und mit ihnen umzugehen. Leichte Abweichungen vom Gewohnten oder ein wenig Neues in bekannter Umgebung führen am sichersten dazu – wie z.B. das Verstellen der Stimme, das Verkleiden oder neue Objekte neben bekannten auf dem Tisch. Einmal ins Auge gefasst, bleiben sie bis zur Erkundung im Fokus, und trotz Verbots der Eltern behalten diese Anreize ihre Verführungsqualitäten. Sie erregen Neugier, die dann durch Erkundung befriedigt wird. Allerdings geht es hier um dosierte Abwechslung, denn wenn das Neue zu stark vom Bekannten abweicht, entsteht Furcht davor und der schon erwähnte Kontakt-Anreiz, d.h. die Suche nach Nähe zur „Sicherheitsbasis" wird wirksam.

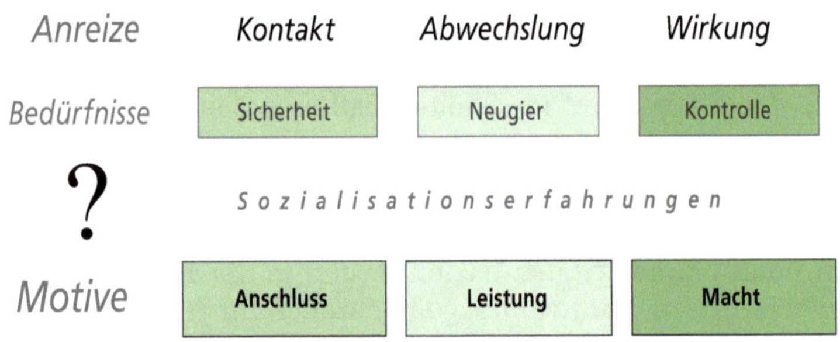

Abbildung 10.2: Natürliche angeborene Anreize des Verhaltens, die damit befriedigten Bedürfnisse und die nach der Sozialisation entstehenden Motive

Die dritte Klasse der natürlichen Anreize ist nicht auf Anhieb und so eindeutig zu identifizieren, da das Objekt nicht unmittelbar sichtbar ist. Es geht um das Verhalten der Personen in der Umgebung, genauer: um die *Wirkung*, die man darauf haben kann – es geht also um *Beeinflussung* oder *Kontrolle*. Schon bei kleinen Kindern lässt sich beobachten, dass sie Dinge tun, die scheinbar unsinnig sind – z.B. das endlos wiederholte Öffnen und lautstarke Schließen einer Schranktür. Weder das Sicherheits- noch das Neugierbedürfnis scheinen hier die Quelle zu sein, und Spaß scheint es ihnen selbst auch nicht zu machen, wenn man ihren Gesichtsausdruck dabei betrachtet. Ja, sogar das Ausschimpfen der Eltern beendet den Krach nicht. Offenbar ist der Anreiz stark, da er auch gegen die unangenehmen Widerstände wirksam bleibt. Als Erklärung bietet sich an, dass es auf die *Reaktion* der anderen abzielt. Kinder tun nicht alles um der Dinge selbst willen, sondern wegen des Effektes, den das Verhalten auf die Umwelt hat. Dieses zunächst noch recht primitive Einflussnehmen wird mit der zunehmenden kognitiven Differenziertheit immer komplexer – und damit auch die Möglichkeit, das Verhalten der Anderen zu kontrollieren.

Diese drei Anreizklassen können natürlich nicht aus sich heraus Verhalten motivieren, sondern sie benötigen jeweils ein Bedürfnis als Gegenstück. Anreize sind immer die sichtbaren Niederschläge von Bedürfnissen, und ohne ein entsprechendes Bedürfnis ist kein Anreiz wirksam. Die beschriebenen drei – Kontakt / Sicherheit, Abwechslung / Neugier und Wirkung / Kontrolle – gehören zur angeborenen Grundausstattung des Menschen[2]. Im Laufe der Entwicklung und Sozialisation werden daraus in jeweils individuellen Lerngeschichten bei Erwachsenen die drei Motive nach Anschluss, Leistung und Macht (vgl. Abbildung 10.10). Die dabei wirksamen und auch aktiv aufgesuchten Anreize können sich in hohem Maße individuell unterscheiden. Zudem können nicht nur Situationen, Personen und Objekte Anreizcharakter besitzen, sondern auch Tätigkeiten selbst – wobei der Startpunkt in der Entwicklung bei allen Menschen sehr ähnlich ist, genauso wie die Vorgänge bei der Entstehung einer Motivation.

10.3 Es wird spannend

Die erste spürbare Veränderung, die auf das „Anspringen" eines Motivs – und damit auf Motivation – hinweist, zeigt sich im *Spannungserleben*. Diese Spannung entsteht aus dem Vergleich des aktuellen Zustandes mit einem möglichen zukünftigen und richtet den Organismus darauf aus. Technisch ausgedrückt entsteht ein *Ist-Soll-Gefälle* zwischen der *aktuellen* Emotionslage und einer *zukünftigen* (Ea und Ez in ▶Abbildung 10.3). Ausgelöst werden kann dies durch die Wahrnehmung eines Umweltreizes – z.B. einer Person, von der man vor Zeiten einmal beleidigt wurde, oder eines Objektes wie einer tollen Tasche im Schaufenster. Von den unzähligen Reizen, die auf uns ständig einströmen, werden von den Motiven einige als bedeutsam „erkannt"

2 Im Englischen werden diese drei Klassen der „natural incentives" als „contact", „variety" und „impact" bezeichnet.

und treten dann als positive oder negative Anreize in den Fokus der Aufmerksamkeit – es entsteht ein gespannter Zustand, d.h. Motivation mit allen ihren Wirkungen. Auch Erinnerungen und hier insbesondere die schon erwähnten *Vorsätze* können eine Spannung spontan aufbauen, wie z.B. das plötzliche Bewusstwerden eines versäumten Telefonanrufs.

Triebe und Bedürfnisse sind natürlich auch noch im Organismus anwesend, wenn sie nicht unter Spannung stehen – sie sind dann „nur“ befriedigt oder mangels entsprechender Reize eben nicht angeregt. Das Gleiche gilt auch für Motive, die man deshalb auch als latente, unbewusste *Bewertungsvoreingenommenheiten* bezeichnen kann. Sie lauern wie ständige Beobachter und Auswerter aller eingehenden Sinnesdaten unbemerkbar im Hintergrund des psychischen Geschehens, und erst bei ihrem „Anspringen“ auf passende Gelegenheiten oder Reizen werden sie in Form von wahrgenommenen *Anreizen* bemerkbar und es entsteht Motivation. Dieser Zustand hat über die erlebbare Spannung hinaus weitere Auswirkungen.

Einmal kommt es zur *Energetisierung*, die sowohl die physische Seite als auch die psychische Aktivierung betrifft. Zudem wird die *Verhaltenssteuerung* übernommen: Dazu werden diejenigen Verhaltensweisen, die schon bei der Verfolgung ähnlicher Ziele erfolgreich waren, bereitgestellt und zur Ausführung gebracht. Weiter bewirkt die Motivation eine *selektive Informationsverarbeitung*, die sich in der Lenkung der Aufmerksamkeit und in der Auswahl relevanter Gedächtnisinhalte und Problemlösevorgänge bemerkbar macht.

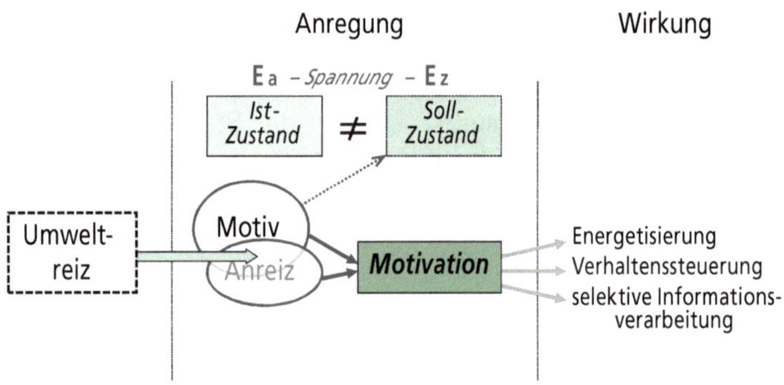

Abbildung 10.3: Anregung eines Motivs und seine Wirkung (Ea = Emotionszustand aktuell, Ez = Emotionszustand zukünftig; Erläuterungen im Text)

Wenn Motivation einmal entstanden ist, ergeben sich daraus einige direkt beobachtbare Merkmale. Am offenkundigsten sind dabei die *Intensität* und die *Ausdauer* auf dem Weg zum Ziel – dies betrifft gleichermaßen physische Vorgänge, wie sie im Verhalten sichtbar werden, als auch psychische, wie z.B. die Konzentration. Zu bemerken ist auch eine *geringe Ablenkbarkeit* durch Außenreize, die daraus resultiert, dass die Aufmerksamkeit unwillkürlich vom *Signifikanzfilter* gesteuert aufrechterhalten wird. Wenn aufgrund anderer bedeutsamer Reize das motivierte Tun gestoppt werden muss, kommt es nach Ende der Unterbrechung zur *spontanen Wiederaufnahme* der Tätigkeit. Das kann man auch in Experimenten beobachten, wenn man den Versuchspersonen mehrere Aufgaben nacheinander vorgibt und diese immer kurz vor der Fertigstellung wegen angeblicher „Überschreitung der Zeit“ vom Versuchsleiter abbrechen lässt. Nicht wenige der Teilnehmer versuchen dann zwischendurch und sogar nach der offiziellen Verabschiedung noch einmal – teils unter Vorgabe fandenscheiniger Gründe – zu den Aufgaben zu gelangen, um diese noch hastig zu komplettieren. Offenkundig waren sie hoch motiviert bei der Sache.

10.4 Die doppelte Quantifizierung durch Motiv und Anreiz

Wie wir gesehen haben, spielen das Motiv und der Anreiz die entscheidenden Rollen bei der Entstehung von Motivation. Jedoch können Motiv und Anreiz nicht als unabhängig voneinander angesehen werden – Umweltreize werden erst durch das Auge des Betrachters und seine Bewertung zu Anreizen (▶Abbildung 10.4). Alle Umgebungsreize haben, rein physikalisch und objektiv betrachtet, zunächst keinen Wert und sind sozusagen „neutral“. Sie bekommen erst in dem Augenblick Wert, in dem sie von Tieren und Menschen wahrgenommen werden, und finden erst dann Beachtung, wenn sie zu einem vorhandenen Bedürfnis oder Motiv passen – erst jetzt werden sie zu *Anreizen*. Es handelt sich dabei um das unwillkürliche Anspringen des schon erwähnten *Signifikanzfilters* (vgl. *Abschnitte 5.5.2* und *5.6.2*).

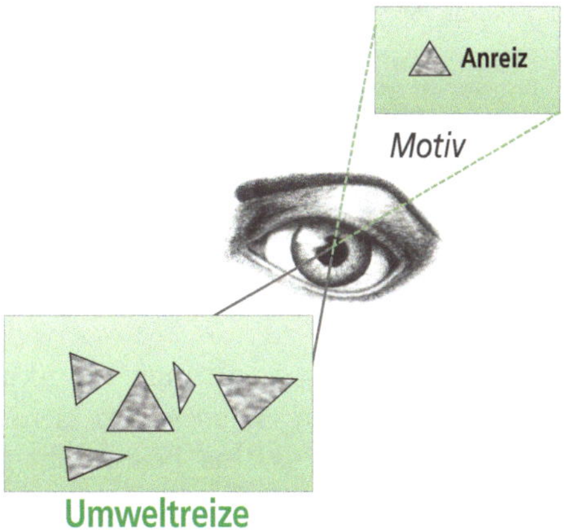

Abbildung 10.4: Reize aus der Umwelt und Anreiz als Spiegelung eines Motivs

Wie schnell sich die Anreizqualität eines Objekts selbst innerhalb einer kurzen Zeitspanne verändern kann, ist leicht zu illustrieren: Wenn man – kurz bevor es eröffnet wird – hungrig vor einem Buffet mit belegten Brötchen steht, wird man diese mit großem Interesse und hoch motiviert fixieren. Jedoch 15 Minuten später, wenn das Bedürfnis durch Nahrungsaufnahme gestillt ist, finden die noch vorhandenen Reize kein Interesse mehr, da nun die Motivation gesunken ist. *Dieselben Reize* können also einmal zu Anreizen werden und einmal nicht – immer abhängig von der Stärke des Bedürfnisses oder Motivs. Anders gesagt: Bei starkem Hunger stellen die Brötchen Anreize dar, wenn man dagegen satt ist, verlieren sie ihren Anreiz und man übersieht sie.

Nun gibt es aber Unterschiede in den Anreiz*qualitäten* von Objekten, die zur Befriedigung von Bedürfnissen oder zur Erreichung von Motivzielen dienen können. Für jedes Bedürfnis oder Motiv gibt es Anreize mit hohem, mit mittlerem und solche mit geringem Wert. Das gilt für alle Bedürfnisse und Motive, und zu jedem gibt es eine Reihenfolge der individuellen Präferenzen. Jede Auswahl konfrontiert uns damit – nicht zuletzt die Vorlage der Speise- oder Getränkekarte in einem Lokal.

Kommen wir noch einmal auf das Brötchenbuffet zurück: Stellen wir uns vor, dass nachdem alle gesättigt sind, weitere Platten – allerdings dieses Mal mit ausgewählten Feinschmecker-Kanapees – aufgetischt würden. Ohne dass man es erwarten sollte, entstünde auf einmal wieder eine vergleichbare Motivation in Richtung des Essbaren. Und das, obwohl kaum jemand noch *Hunger* verspürt. Da jedoch die Kanapees eine hohe Attraktivität besitzen, werden sie zu neuen Anreizen, und das Verhalten, das wir schon mit den Brötchen beobachten konnten, wird sich nun mit den Leckereien wiederholen. Hier begegnen wir dem, was in der Motivationspsychologie als *doppelte Quantifizierung* bezeichnet wird (▶Abbildung 10.5).

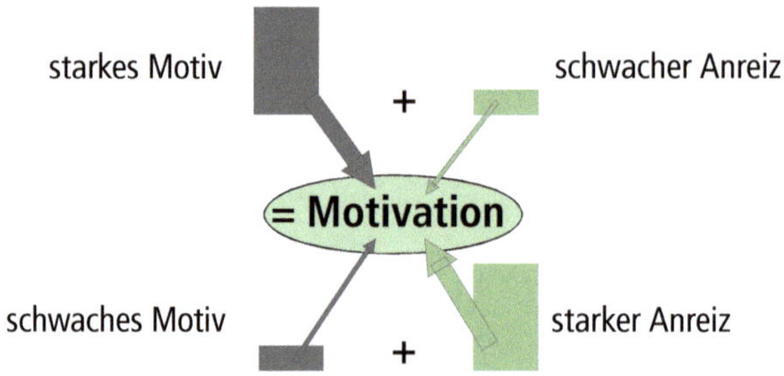

Abbildung 10.5: Doppelte Quantifizierung der Motivation durch Motiv und Anreiz

Es scheint absurd, aber auch gesättigt kann man offenkundig noch Nahrung zu sich nehmen. Wir nennen es dann *Appetit*, der ja nur dem Geschmackserleben dient, aber da genau das, was uns besonders gut schmeckt, meist auch einen hohen Brennwert – sprich viele Kalorien – hat, trägt es gewiss nicht zur gesunden Ernährung bei. Die Lebensmittelindustrie versucht sehr erfolgreich durch Werbung und Geschmacksverstärker ihre Konsumenten zum Essen zu verführen, auch wenn diese keinen Hunger haben. Dies gelingt so gut, weil in unserem biologischen Erbe ein geradezu unstillbares Verlangen nach Süßem und Fettigem verankert ist, das für unsere Vorfahren sinnvoll war, weil es schlicht und einfach wenig davon gab. Wenn es – wie in

Industrieländern – stets verfügbar ist, führt dies leider zu dem weit verbreiteten Problem mit dem Übergewicht, und ca. 20 % der Bevölkerung leidet unter Adipositas.

Das Zusammenwirken eines *starken Motivs* mit einem *schwachen Anreiz* kann also zu einer vergleichbaren Motivation führen wie das gemeinsame Auftreten eines *schwachen Motivs* und eines *starken Anreizes*. Aber auch hier gilt, dass Anreize erst durch die individuelle Bewertung dazu werden – „Was dem einen seine Eule ist dem andern seine Nachtigall." Unbestreitbar ist allerdings auch, dass beim Menschen eine ganze Reihe von Anreizen nicht beliebig geformt und überformt werden können. Viele werden von dem Großteil der Weltbevölkerung geteilt – unabhängig von der Kultur, die sie umgibt. Dazu gehören neben den Vorlieben für kalorienhaltige Nahrung u.a. die Merkmale, die Männer an Frauen als attraktiv beurteilen, wie z.B. Symmetrie des Köpers, Haarglanz, Hautglätte oder das Verhältnis von Hüfte und Taille[3].

Obwohl die Wahrnehmung der Welt uns die wertvollen Dinge als Anreize so überzeugend und tatsächlich erscheinen lässt, sind sie dennoch „nur" Projektionen eigener Bedürfnisse oder Wünsche – Wahrnehmung ist immer auch gleichzeitig Bewertung und Gedächtnisabruf (=> *Kapitel 4 Wahrnehmung*). Die Verführung entsteht nicht durch das Objekt, sondern durch Verführer in uns selbst. Noch im Mittelalter wurde die Einflüsterung des Teufels dafür verantwortlich gemacht, oder gar ein inneres eigenes Teufelchen. Beide Sichtweisen sind für die Psychohygiene zuträglich, denn die eigenen dunklen Seiten zerrt niemand gerne aus dem Schatten. Diese Erkenntnis ist zwar scheinbar trivial, aber dennoch findet man sie an allen möglichen Orten im sozialen Miteinander auch gegenwärtig noch wieder. Dies gilt für die Ursachenzuschreibung krimineller Taten, wie z.B. wenn der Täter seinen sexuellen Übergriff mit der aufreizenden Kleidung des Opfers begründet. Man findet es genauso bei der harmlosen Leidenschaft von Luis Trenker im Freizeitbereich, wenn ihn „der Berg ruft". Auf Anhieb scheinbar plausibel und irgendwie nachvollziehbar, wird jedoch bei kurzem Nachdenken deutlich, dass beide Erklärungen die Motivationsursachen für das eigene Handeln in den *Anreizen* und deren uns auffordernde und verführende Eigenschaften sehen. Die *Motive*, die diese erst dazu machen, bleiben zumindest in der subjektiven Wahrnehmung verborgen. Sie bleiben unsichtbar ein Teil des eigenen unbewussten psychischen Hintergrundgeschehens – bemerkt werden nur Objekte und Gestalten, die uns anziehen oder abstoßen.

3 Das Verhältnis der Taille zur Hüfte (THV = Taille-Hüft-Verhältnis, engl. WHR = „waist-hip ratio") an Frauen von etwa 0,7 wird Kultur übergreifend von Männern als besonders anziehend empfunden. Das THV ist unabhängig vom Körpergewicht und vom Umfang des Busens, die Attraktivitätsschätzungen dieser beiden Körpermerkmale scheinen epochalen Wandeln unterworfen zu sein.

10.5 Von der emotionalen zur kognitiven Seite der Motivation

Die Entstehung von Motivation wurde bisher durch unbewusste Bewertungs- und Antizipationsvorgänge erklärt, und dabei spielten die Emotionen eine zentrale Rolle – zum einen als *treibende* Kräfte von den Bedürfnissen ausgehend, zum andern als *lockende* Kräfte von den möglichen zukünftigen Zielzuständen. Diese können, abhängig von der Bewertungsrichtung, erhofft oder befürchtet werden, je nachdem welches Motiv gerade angeregt wurde. Solche Hoffnungen und Fürchte sind *Erwartungsemotionen*, da sie sich auf einen möglichen Ausgang der Situation beziehen.

In den 1970er Jahren fand auch in der Motivationspsychologie eine „kognitive Wende“ statt, und diese führte dazu – neben den schon erwähnten naiven Ursachenzuschreibungen – *Erwartungen* im Motivationsgeschehen genauer zu untersuchen. Schon in der frühen lernpsychologischen Forschung wurde deutlich, dass Reize und Verhalten in vielen Fällen nicht rein mechanisch reflexartig miteinander verbunden werden (vgl. *Exkurs 6.4*). Es wurde notwendig, auch Gedächtnisvorgänge und kognitive Zwischenprozesse zur Erklärung von Verhalten zu berücksichtigen. Häufig kann man nicht das konkrete Verhalten, sondern „nur“ Verhaltenstendenzen vorhersagen. Wie wir gesehen haben, ist die eleganteste Beschreibung der Wirkung von Verstärkung und Bestrafung das Erhöhen respektive Absenken von Auftretenswahrscheinlichkeiten (*Abschnitte 6.7* und *6.8*). Der äußeren Wahrscheinlichkeit entspricht subjektiv die Erwartung, und das Erwartungskonzept fand zur Beschreibung und Erklärung lern- und motivationspsychologischer Phänomene Einzug in die Psychologie.

Der Grundgedanke ist, dass bei allen Lernvorgängen die antizipierten Folgen oder Konsequenzen eine wichtige Rolle spielen – ähnlich den Anreizen bei der Motivation. So kann man das *klassische Konditionieren* als Veränderung von Situations-Folge-Erwartungen interpretieren und das *operante Konditionieren* als Veränderung von Handlungs-Folge-Erwartungen. Da das *Ergebnis* einer Handlung und dessen *Folge* auch unabhängig voneinander sein können (z.B. ein Problem lösen und berühmt werden), ist es sinnvoll, hier einen dritten Erwartungstyp zu konzipieren und die Bezeichnungen der beiden erstgenannten zu ändern. In dem Motivationsmodell der Erwartungsdifferenzierung können also drei Erwartungstypen unterschieden werden (▶Abbildung 10.6):

1. Situations-Ergebnis-Erwartungen – Wie wahrscheinlich ist ein Ergebnis, wenn ich nichts tue?
2. Handlungs-Ergebnis-Erwartungen – Wie wahrscheinlich ist ein Ergebnis, wenn ich handle?
3. Ergebnis-Folge-Erwartungen – Wie wahrscheinlich führt das Ergebnis zu den (erwünschten oder unerwünschten) Folgen?

Die Folgen repräsentieren dabei die Konsequenzen, die ein Ergebnis – egal ob es mit oder ohne eigenes Zutun zustande kommt – hat. Auch hierfür kann man natürlich wieder Wahrscheinlichkeiten annehmen, die sich zudem noch über die zeitliche Distanz von Ergebnis und Folge meistens verringern.

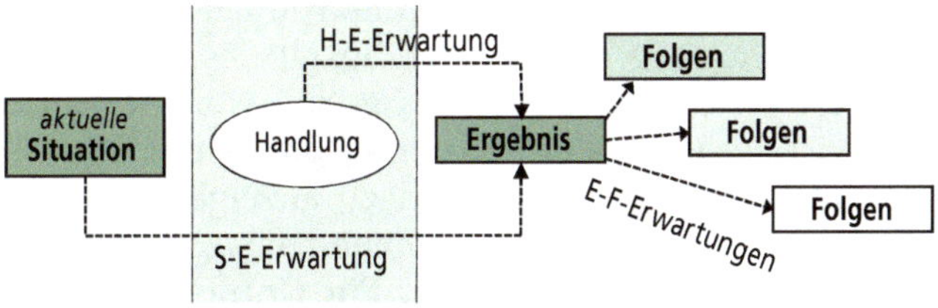

Abbildung 10.6: Für Motivationsvorgänge relevante Erwartungstypen (S-E = Situations-Ergebnis-Erwartungen, H-E = Handlungs-Ergebnis-Erwartungen, E-F = Ergebnis-Folge-Erwartungen)

Dieses allgemeine Modell – es gehört in die Klasse der sog. „Erwartung-mal-Wert-Modelle" – hat einen großen Nutzen bei rationalen Analysen von Motivationsvorgängen, und dies nicht nur im individuellen, sondern bei den meisten Entscheidungen im öffentlichen Leben und bei kaufmännischen Entscheidungen. Es können für praktisch jeden Lebensbereich die verschiedenen Handlungsoptionen miteinander verglichen werden, indem Wahrscheinlichkeiten in alle Erwartungstypen eingesetzt werden und dann ermittelt wird, wie hoch die resultierende Erwartung ist, eine erwünschte Folge zu erreichen. Für jede Folge kann neben der *Wahrscheinlichkeit* ihres Eintretens auch der jeweilige *Wert* eingeschätzt werden – daher der Name der Modelle. Das Anwendungsspektrum reicht in alle gesellschaftlichen Bereiche: von Versicherungsunternehmen über Banken bis hin zur Gesundheitsvorsorge, von den kleinsten bis zu den größten Unternehmen – ja, sogar Kriegseinsätze werden darauf aufbauend entschieden.

Dabei ist die Grundannahme immer dieselbe: Je höher die Wahrscheinlichkeit, durch das eigene Handeln ein Ergebnis zu erreichen, und je größer die Wahrscheinlichkeit, dass das Ergebnis auch wertvolle Folgen nach sich zieht, umso stärker ist die Motivation – unter der Voraussetzung, dass das Ergebnis nicht auch von alleine eintritt oder durch andere zustande gebracht wird. Z.B. wenn ich das für mich sehr wertvolle Ziel habe, gesund zu bleiben, dann kann dies mit einer selbst geschätzten Wahrscheinlichkeit (z.B. 60 %) auch eintreten, ohne dass ich mein Verhalten ändere (S-E). Ich kann nun die einzelnen bekannten Verhaltensweisen durchgehen, die die Wahrscheinlichkeit erhöhen, gesund zu bleiben – regelmäßiger Sport (E-F = plus 5 %), geregelte Schlafzeiten (E-F = plus 5 %), nicht mehr rauchen (E-F = plus 5 %) oder gesunde Ernährung (E-F = plus 5 %). Nun muss ich noch für jede der Handlungsmöglichkeiten überlegen, wie hoch meine Erwartung ist, sie auch tatsächlich über einen längeren Zeitraum durchzuführen (H-E). Falls diese bei allen sehr hoch wäre, sollte sich dann die Wahrscheinlichkeit, gesund zu bleiben, um 20 % erhöhen. Aber möglicherweise hätte das Ganze dann auch einen Preis, wie z.B. seltener Freunde treffen, höhere Selbst-Kontrolle usw.

Diese negativen Folgen müssten dann auch wiederum in Wahrscheinlichkeiten gefasst und mit berücksichtigt werden. Vielleicht kommen jedoch neue positive Folgen hinzu und ich lerne dabei interessante Personen kennen – aber mit welcher Wahrscheinlichkeit?

Dieses rationale Spiel mit Erwartungen und Folgen hat seine Grenzen schlicht darin, dass mit der Erhöhung der Vollständigkeit des Modells durch immer mehr Optionen die *Unwägbarkeiten* immer größer werden. Am Ende können dann aus dem Gewirr der rationalen Pros und Kontras nur die Gefühle heraushelfen, die Wert und Wichtigkeit summarisch anzeigen und auf die Lösung weisen. Das Gleiche geschieht, wie wir gesehen haben, auch bei den Entscheidungen im Rahmen von Problemlösungen. Für Gruppenentscheidungen und -motivierungen ist das Modell sicherlich ein nützliches Hilfsmittel, um gemeinsam ein Ziel und einen Weg dorthin zu finden. Jedoch, wann geht man so akribisch und rational bei eigenen Zielfindungen vor, und – wenn man es so ausführlich macht – wann hält man sich auch daran? Für eine individuelle Motivierung fehlt den Ergebnissen rationaler Erwartungen und Bewertungen noch die Kraft der persönlichen Motive. Das ist ein Grund, warum rational kalkulierte, vernünftige Handlungen nur zum Teil umgesetzt werden. Auf die Wirkung von Zielen, die man durch ein paar Kunstgriffe optimieren kann, gehen wir im Folgenden näher ein.

Exkurs 10.2: Die Entscheidung – das Überschreiten des Rubikons

Wenn man die Gedanken aufzeichnet, die Menschen in der Zeit *vor dem Handeln* durch den Kopf gehen, kann man feststellen, dass es zwei recht deutlich voneinander zu unterscheidende Phasen gibt. In der ersten, frühen Phase ist das Denken noch frei und es entstehen Wünsche und Visionen in munterer Reihenfolge und werden gegeneinander abgewogen. Es präparieren sich dann einige davon immer klarer aufgrund ihrer Erreichbarkeit und Wünschbarkeit heraus. Am Ende wird dann einer der Wünsche konkreter – aufgrund der schon erwähnten höchsten Erwartungen (H-E) und der Bewertung der Folgen (E-F).

Wenn es zu diesem Zeitpunkt dann zur *Entscheidung* und danach zum *Entschluss* kommt, diesen Wunsch auch zu realisieren, geschieht ein qualitativer Umbruch, denn aus dem unverbindlichen Wunsch wird durch die Wahlentscheidung eine verbindliche *Zielintention.* Der Wechsel von der ersten zur zweiten Phase wurde von Heinz Heckhausen als „Rubikonübertritt“[4] bezeichnet, denn die Folgen davon sind in den Gedankeninhalten deutlich nachzuweisen. Nun beschäftigen sie sich mit der Planung, möglichen Hindernissen und Lösungen, diese zu bewältigen. Es wird entschieden, wann, wo und was getan werden soll, um dem Ziel näher zu kommen (▶ Abbildung 10.7).

4 Der Entschluss Cäsars, mit seinen Truppen das Flüsschen Rubikon am 10. Januar 49 v. Chr. zu überschreiten und Richtung Rom zu ziehen, war gleichbedeutend mit einer Kriegserklärung an den römischen Senat. Es gab nun kein Zurück mehr und das berühmte geflügelte Wort „alea iacta est“ („Der Würfel ist geworfen worden.“) soll hier gefallen sein.

Abwägen	*Rubikon*	Planen
von verschiedenen Wünschen nach -Erreichbarkeit -Nützlichkeit	***Entscheidung*** ↘ ***Entschluss***	wann, wo und wie was getan werden soll
realistische Selbstbeurteilung -Kompetenz -Kontrollierbarkeit		illusorischer Optimismus
Offenheit für neue Informationen		Abschirmung kritischer Information

Abbildung 10.7: Der Rubikonübertritt – vom Abwägen zum Planen

Aus dem noch für viele Informationen offenen Suchen und Vergleichen der ersten Phase ist nun ein fokussiertes – man könnte fast sagen engstirniges – Organisieren und Planen geworden. Das zeigt sich auch in der Offenheit für neue Informationen, denn solche, die das angestrebte Ziel infrage stellen, werden kaum beachtet und abgewertet, wogegen bestätigende geradezu aufgesogen werden. Diese Veränderung von einer *abwägenden* zu einer *planenden* Bewusstseinslage kennt jeder vor einer Kaufentscheidung oder einem Umzug. Hat man in der ersten Phase der Überlegungen noch eine große Offenheit für Alternativen und bewertet die Machbarkeit und den Wert noch realistisch, so ist nach der Entscheidung eine deutliche Abschirmung zu sehen gegen alles, was diese infrage stellt, und man überschätzt die eigene Wahl – gleichermaßen wie die eigenen Kompetenzen durch „illusorischen Optimismus" (Abbildung 10.7).

Allerdings ist inzwischen auch in Experimenten nachgewiesen, dass der bewussten Entscheidung „Ich wähle das." häufig schon eine unbewusste vorausgegangen ist. Es lässt sich nämlich auch an beobachtbaren Verhaltensänderungen sehen, *wann* eine Entscheidung getroffen wurde, und diese offenbaren Außenstehenden manchmal schon 10 Sekunden vor dem bewussten Entschluss, wofür sich jemand entscheidet – erfahrene Verkäufer sehen das ihren Kunden an. Inzwischen kann man auch anhand spezifischer Muster in der Gehirnaktivität, die bewussten Entscheidungen vorauslaufen, ähnliche Vorhersagen machen.

10.6 Ziele, Absichten und Vorsätze

Am Anfang des Kapitels waren neben Motiven und Anreizen auch *Ziele*, die man erreichen möchte, als mögliche Ursachen motivierten Handelns genannt worden. Die Wirkung von Zielen wurde in der kognitiven Motivationspsychologie im Rahmen der *Ziel- oder Zielsetzungstheorien* untersucht. Unter Zielen versteht man bewusste Vornahmen, die sich auf ein angestrebtes zukünftiges Handlungsresultat beziehen. Dieses kann frei gewählt oder auch von außen vorgegeben sein, und es kann zudem eine individuelle Person betreffen oder eine Gruppe von Personen oder sogar eine ganze Organisation.

In einer ganzen Reihe von Untersuchungen zur Wirkung von Zielsetzungen lässt sich finden, dass mit Erhöhung der *Schwierigkeit* der vorgegebenen Ziele sowohl die Leistungsgüte wie auch die Menge der auszuführenden Tätigkeiten ansteigen. Das gilt gleichermaßen in Labor- wie in Feldstudien und ebenso für Einzelpersonen wie auch für Gruppen. Allerdings kann das natürlich nur bis zum Plateau der höchsten Leistungsfähigkeit der Teilnehmer ansteigen. Günstige Einflüsse gehen zudem von der Höhe des *Selbstvertrauens* und der Stärke der *Zielbindung* aus. Zielbindung hängt von dem Wert / der Wichtigkeit wie auch der Wahrscheinlichkeit der Zielerreichung ab[5], und sie äußert sich in der Bereitschaft, Anstrengung zu investieren, Ausdauer zu zeigen und auch bei Widerständen die Zielverfolgung nicht aufzugeben – es ist also nichts anderes als die schon oben beschriebene Motivation.

Weiter haben Rückmeldungen über den (Zwischen-)Ergebnisstand eine starke Wirkung auf die Leistung. Gerade bei komplexen Aufgaben verbessert sich die Leistung durch angemessene Rückmeldungen über den Zwischenstand besonders deutlich, da hier vielerlei Irrwege möglich sind – im Gegensatz zu einfachen Aufgaben, bei denen die Rückmeldungen schon in der Tätigkeit selbst liegen. Erst durch die genaue Kenntnis des Fortschritts auf dem Weg zu einem Ziel entstehen die motivierenden Anstöße für den Spannungs- und Anstrengungserhalt, die ohne ein Feedback fehlen würden.

Ein weiteres Merkmal für erfolgreiche Zielsetzung wurde bisher noch nicht näher erläutert: die *Spezifität* der Zielvorgabe. Dies kann das folgende Beispiel gut illustrieren: Wenn eine Partei, die bisher 10 % erhielt, sich das Ziel setzt, „20 % plus“ der Wählerstimmen zu erhalten, dann ist das von Seiten der Schwierigkeit her ein hohes Ziel – also vom Papier her motivierend. Jedoch ist dessen Erreichen von einer ganzen Reihe kaum kontrollierbarer Faktoren abhängig – der Weg dorthin ist sehr komplex und die dazu notwendigen Handlungen sind nur vage formuliert. Es ist so, als ob ein Wunsch strahlend in den Raum gestellt wird, in dem alle Selbstvertrauen tanken und für einen Augenblick glänzen können. Wirkungsvoller und deshalb richtig wäre es gewesen, wenn man diese unspezifische Zielvorgabe in immer spezifischere Teilziele „heruntergebrochen“ hätte, um am Ende für jedes Parteimitglied Einzelziele zu formulieren. Denn: Je spezifischer – auch hohe – Ziele formuliert werden, umso stärker die Zielbindung und umso größer das Engagement, sie zu erreichen. Wenn dann noch präzise Rückmeldungen hinzugekommen wären, wer weiß, was dann das Ergebnis gewesen wäre.

In vielen Lebensbereichen – z.B. im Sport, in der Politik, in Schulen und in Betrieben – kommen Zielsetzungen, um sich selbst und andere zu motivieren, mittlerweile zur Anwendung. In ▶Tabelle 10.2 sind die wichtigsten Erkenntnisse noch einmal zusammengefasst. Neben den schon erwähnten förderlichen Wirkungen von Rückmeldungen und von Schwierigkeit, Wichtigkeit und Spezifität bei der Zielformulierung werden *Nahziele* eher umgesetzt als Fernziele.

---

5 Handlungs-Ergebnis- und Ergebnis-Folge-Erwartungen im Modell der Erwartungsdifferenzierung (vgl. Abbildung 10.6).

Bei der Formulierung sollte zudem auf den *Fokus* geachtet werden, denn ein positiver Fokus („Heute wollen wir das Spiel gewinnen.") wirkt sich günstiger aus als ein negativer Fokus („Heute wollen wir das Spiel nicht verlieren.").

	eher förderlich		weniger förderlich
Schwierigkeit	anspruchsvoll		zu niedrig / zu hoch
Wichtigkeit	wichtig		unwichtig
Spezifität	spezifisch		vage
Zeitl. Entfernung	proximal (Nahziel)		distal (Fernziel)
Rückmeldung	häufig		keine
Ergebnisfokus	positiv		negativ
Wahl	selbst gewählt	vereinbart	zugewiesen
Einzel / Gruppe	individuelles Ziel		Gruppenziel
mit der Persönlichkeit	kompatibel		nicht kompatibel
Intention	als Vorsatz		als Absicht

Tabelle 10.2: Förderliche und hinderliche Merkmale von Zielen und der Zielsetzung

Zu Anfang wurde beschrieben, dass eine hohe Zielsetzung generell auf die Leistungsmotivation wirksam ist – egal ob die Zielvorgabe selbst- oder fremdbestimmt ist oder sich auf eine Gruppe oder eine einzelne Person bezieht. Das stimmt so auch, aber dennoch gibt es leichte Vorteile dann, wenn Ziele, ob individuell oder von der Gruppe, *selbst gewählt* sind. Zudem sollten, wie im Beispiel oben beschrieben, auch in der Gruppe für jeden Teilnehmer einzeln Ziele spezifisch gefasst werden, denn Gruppenziele können letztendlich nur durch das Zusammenspiel der Leistungen Einzelner erreicht werden. Weiter sollte man gerade bei der Auswahl und Formulierung individueller Ziele darauf achten, die vorhandenen oder fehlenden *Persönlichkeitsmerkmale* zu berücksichtigen. Wenn jemand nie Freude an körperlicher Betätigung hatte, wird ein darauf aufbauendes Ziel ihm Schwierigkeiten bereiten. Genauso wird bei einer Person, die gerne allein ist und vielleicht auch schüchtern, wenig Motivation entstehen, wenn das Ziel auf den Umgang mit fremden Personen bezogen ist. Hier kommen wir schon in das Einzugsfeld der individuellen Motive, das später in diesem Kapitel noch Thema ist.

In der letzten Zeile der Tabelle 10.2 tauchen zwei scheinbar gleichbedeutende Bezeichnungen – „Absicht" und „Vorsatz" – auf, die auf die Art der Intention Bezug nehmen. Wie erinnerlich kommt es mit dem Rubikonübertritt zu einem Wechsel der Bewusstseinslagen vom Abwägen zum Planen. Die erste Phase endet ja bekanntlich mit der Entscheidung, ein bestimmtes Ziel zu verfolgen, mit einer *Intention* also. Diese bezeichnet man auch als *Absicht* etwas zu tun, wie z.B. mehr Sport zu treiben oder morgens pünktlich aufzustehen. In der zweiten Phase, der des Planens also, wird aus der Absicht ein *Vorsatz* – aus der Zielintention wird eine Durchführungsintention. Vorsätze sind durch einen anschaulichen Wenn-dann-Plan charakterisiert. Auf oben erwähnte Absicht, mehr Sport zu treiben, könnte der Vorsatz folgendermaßen aussehen: „Wenn ich dienstags und donnerstags nach Hause komme, dann ziehe ich meine Sportsachen an und jogge." Bezogen auf die zweite Absicht könnte der Vorsatz heißen: „Wenn der Wecker klingelt, stehe ich sofort auf." In den beiden Beispielen ist jeweils eindeutig die Gelegenheit bestimmt sowie die Tätigkeit, die es dann auszuführen gilt.

Die Konsequenz von Vorsätzen ist, dass es bei diesem spezifischen Format einer Intention in vielen Fällen fast wie automatisch zur Ausführung der Handlung kommt – ähnlich wie bei Gewohnheitshandlungen. Die scheinbar so simplen und an mechanische Selbstprogrammierung erinnernden Vorsätze haben sich in vielen Lebensbereichen bewährt – z.B. bei der Gewichtsabnahme, bei sportlichen Betätigungen oder beim Ordnung halten. Auch bei Personen, die Probleme mit erhöhter Ablenkbarkeit haben, sind auf die jeweils spezifische Situation abgestimmte einfache Vorsätze hilfreich und effektiv.

Ein erstaunlicher und dem psychologischen Laienwissen widersprechender Effekt entsteht durch das Anhängen einer *Begründung* an den Vorsatz. Hier könnte man vermuten, dass dies eine verstärkende Wirkung hat. Man kann z.B. den oben auf das Joggen gerichteten Vorsatz erweitern um die sinnvolle Begründung des Tuns: „weil das meiner Gesundheit und dem Wohlbefinden dient". Wenn das geschieht, dann wird der Vorsatzeffekt wieder *abgeschwächt*. Es scheint so, als ob die „klare Order" des Vorsatzes durch die Begründung noch einmal hinterfragt wird und man wieder *vor* den Rubikon zurückgeworfen wird und wieder anfängt abzuwägen und darüber nachzudenken. Die gut gemeinte Begründung für wünschenswertes Verhalten kann auf der einen Seite deren Wert deutlich machen und erhöhen, aber andererseits schwächt sie die Wirkung der Wenn-dann-Regel, also des Vorsatzes, wieder ab. Ein Dilemma, das insbesondere in der Erziehungspraxis nachdenklich machen kann, denn viele der Begründungen für das gewünschte „vernünftige" Tun können Kinder noch gar nicht verstehen – im Zweifelsfall sollte man sie vielleicht doch besser weglassen und bei einfachen Regeln ohne weitere Erklärung und Begründung bleiben.

Exkurs 10.3: Zeigarnik-Effekt

Bevor Kurt Lewin (1890–1947) vor den Nazis floh und 1933 in die USA emigrierte, war er einer der wichtigen Vertreter der Berliner gestaltpsychologischen Schule. Er publizierte 1926 seine einflussreiche und heute noch immer lesenswerte Schrift „Vorsatz, Wille und Bedürfnis". In dieser Veröffentlichung sind eine ganze Reihe der von ihm angeleiteten experimentellen Studien zu Auswirkungen von *Vorsätzen* und *echten Bedürfnissen* dargelegt, und zwei davon sind mit den Namen der Doktorandinnen verbunden, die diese Untersuchungen durchführten – Maria Ovsiankina und Bljuma Zeigarnik.

Der Ausgangspunkt der Studien waren die feldtheoretischen Grundannahmen Lewins, die dem Spannungsbegriff eine zentrale Bedeutung im Motivationsvorgang zumaßen. In den entstehenden inneren Spannungen sind sich echte Bedürfnisse und Quasibedürfnisse, wie sie bei Vorsätzen zugrunde gelegt sind, sehr ähnlich. Vorsätze stellen dabei Zielhandlungen dar, die mangels momentaner Gelegenheit nicht ausführbar sind. Das kann man experimentell relativ einfach dadurch herstellen, dass man die Tätigkeit der Versuchsperson unterbricht. Zeigarnik gab sehr verschiedenartige Aufgaben vor, wie Rechenaufgaben, Wegepläne, Formaufgaben mit Knetgummi, Puzzles usw. Die Hälfte der Aufgaben konnte zu Ende geführt werden und die andere Hälfte wurde kurz vor dem Erreichen des Ziels abgebrochen.

Wenn man später die Personen nach den Aufgaben fragte, konnten sie sich deutlich besser an die abgebrochenen erinnern als an die abgeschlossenen. Die Erklärung aus der Feldtheorie lautete, dass die motivationale Spannung sich mit dem Erreichen eines Ziels löst, jedoch bei unerledigten Aufgaben aufrechterhalten bleibt. Dieser Effekt entsteht allerdings nur, wenn die Personen ausgeruht und frisch sind, nicht aber, wenn sie müde und erschöpft sind. Zudem betrifft es nur Tätigkeiten, die ein anschauliches Ergebnis besitzen, nicht aber solche, die aus repetitiven Bewegungen oder fortlaufenden Aufgaben bestehen, wie Perlen aufreihen oder Seiten nummerieren.

Die Wirkungen von Vorsätzen auf die Erinnerungsleistungen kann man selbstverständlich auch im täglichen Leben beobachten. So zeigen Kellner, die 30 Minuten nach der Aufnahme der Bestellung eines Gasttisches nach dem genauen Verzehr der Gruppe gefragt werden, deutlich bessere Gedächtnisleistungen, wenn *noch nicht gezahlt* worden war – im Vergleich zu der Gruppe, bei der schon abgerechnet wurde, obwohl der Bezahlvorgang mit einer nochmaligen Wiederholung einhergeht. Der Erinnerungsvorteil, den unerledigte Aufgaben oder Vorsätze besitzen, ist in die Literatur als *Zeigarnik-Effekt* eingegangen. Der sog. *Ovsiankina-Effekt* bezieht sich auf die starke Tendenz, unerledigte Aufgaben spontan wieder aufzunehmen.

Die noch subtilere Wirkung eines Vorsatzes ist wahrscheinlich jedem schon einmal passiert: Man steht an der Kasse eines Supermarkts und spürt trotz der ansehnlichen Zahl ausgewählter Artikel eine deutliche, eher unangenehme Restspannung in sich, die signalisiert, dass noch etwas fehlt, was man kaufen wollte.

Man erfährt so aus dem eigenen Inneren nur, *dass* etwas fehlt, aber leider nicht, *was* es ist. Man könnte nun noch einmal „zurück auf Start" und langsam an allen Regalen vorbei gehen – in der Hoffnung, dass sich das Fehlende im Moment des Gewahrwerdens durch seinen hohen Aufforderungscharakter und das erleichternde Lösungsgefühl zu erkennen gibt. Allerdings kann es in dieser Situation auch leicht zu Ersatzkäufen kommen, die zwar das richtige Handlungsschema verwenden, aber am falschen Objekt. Jedoch wird dabei die Restspannung – glücklicherweise – solange nicht verschwinden, bis man das Richtige gefunden hat.

10.7 Flusserleben und intrinsische Motivation

Als ein Forscher mit dem schier unaussprechlichen Namen Mihalyi Csikszentmihalyi[6] in den 1970er Jahren seine ersten Publikationen zum „flow" – zu Deutsch *Flusserleben* – vorstellte, schien dies vielen der Motivationspsychologen doch zunächst wenig seriös. Allerdings war eine genaue Betrachtung des Phänomens lohnenswert. Denn schon geraume Zeit hatte man zwischen Handeln, das von innen motiviert ist, von solchem, das von außen motiviert ist, unterschieden – zwischen *intrinsischer* und *extrinsischer* Motivation. Mit dieser Unterscheidung soll auf die Art der Anreize hingewiesen werden, die mit dem Motiv zusammen eine Motivation erzeugen (▶Abbildung 10.8). Es gibt motiviertes Verhalten, bei dem die Anreize *in der Ausführung der Tätigkeit* selbst liegen – wie z.B. beim Ski-, Skateboard- oder Motorradfahren, bei denen offenkundig nicht das Ziel (irgendwo anzukommen) im Anreizfokus steht, sondern das Erleben auf dem Weg dorthin. Diese Tätigkeiten bieten in der Regel unmittelbare Rückmeldungen („Feedback") über ihr Gelingen. Bei anderen ebenfalls motivierten Handlungen sind es das *Ergebnis* und dessen *Folgen*, die ihren Anreiz ausmachen – z.B. das Lernen für eine Prüfung.

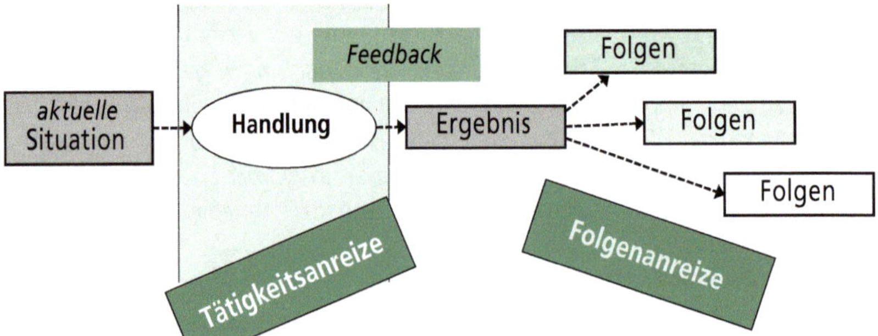

Abbildung 10.8: Tätigkeits- und Folgenanreize motivierten Handelns

6 ['miha:j 'ti:ksentmiha:ji]

Da aber am Verhalten und dessen Ausführung selbst nicht eindeutig erkannt werden kann, ob es um der Tätigkeitsanreize oder der Folgenanreize willen ausgeführt wird, waren die Beschreibungen des Flusserlebens sehr aufschlussreich.

Auf den Zustand war Csikszentmihalyi aufmerksam geworden, als er über mehrere Monate den Zustand von Künstlern beobachtete, in den sie während der kreativen Schaffensphasen verfielen. Es entstand nämlich eine solch enge Fokussierung auf die Tätigkeit, dass sie sich selbst und die Welt um sie herum zu vergessen schienen – hier träfe dann die Umschreibung als „milde Form der Besessenheit“ am ehesten zu. Das Ich-Erleben verschwindet aus dem Bewusstsein und die Gedanken betreffen ausschließlich Inhalte, die der Aufgabenbewältigung dienen. Dies führt bis hin zum *Verlust des Zeitgefühls* und nicht selten ist am Ende zu hören: „Wie – so spät ist es schon?“ Die nachfolgenden Untersuchungen von Felskletterern, Schachspielern, Computerspielern und Tänzern förderten ähnliche Beobachtungen und Beschreibungen zutage – ja sogar Chirurgen beschreiben analoges Erleben, während sie in eine Operation vertieft sind. Folgende Merkmale sind typisch für den Zustand des Flusserlebens:

- das Aufgehen und Einswerden mit der Tätigkeit
- die Konzentration entsteht wie von selbst
- man erlebt einen glatten Handlungsverlauf
- man ist frei von störenden Gedanken und Selbstreflexionen
- man verliert das Zeitgefühl
- man hat dabei ein geringes Anstrengungs-Erleben – trotz vielleicht hoher tatsächlicher mentaler oder körperlicher Beanspruchung

Weitere Analysen und Experimente konnten helfen, den Rahmen abzustecken, in dem sich der Zustand des Flusserlebens am ehesten einstellt: Bei der Tätigkeit sollten die *eigene Fähigkeit* und die *Anforderung* (d.h. die Aufgabenschwierigkeit) in einem ausgewogenen Verhältnis zueinander stehen (▶Abbildung 10.9). Allgemein kann man sagen, dass die Aufgabe eine *persönliche Herausforderung* darstellen sollte. Wenn sie für den Handelnden zu einfach ist, dann entsteht Langeweile, wenn sie dagegen zu schwierig ist, entstehen Stress, Angst und Unlust. In dem Bereich dazwischen, bei einer Passung zwischen Fähigkeit und Anforderung also, *kann* es dann zum Flusserleben kommen – vorausgesetzt, es ist die nötige Motivation vorhanden.

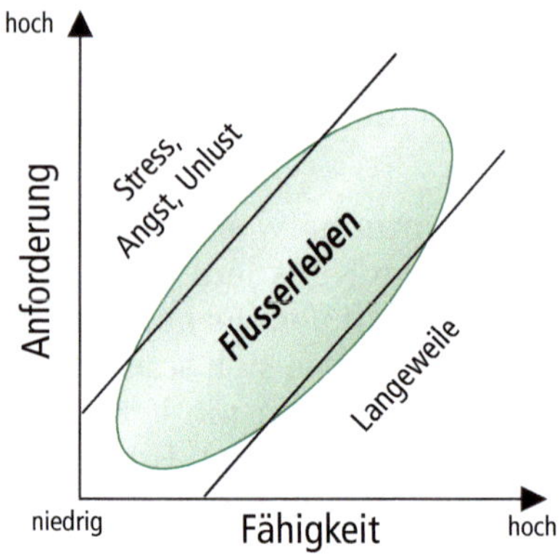

Abbildung 10.9: Flusserleben zwischen Langeweile und Stress

Zwei weitere Merkmale sollte die Tätigkeit zudem besitzen: Zum einen sollte ein *klares Handlungsziel* vorhanden sein, und zum anderen sollten *eindeutige und unmittelbare Rückmeldungen* den Stand des Vollzuges abbilden. Man kann natürlich auch bei einfachen und Routinetätigkeiten „abschalten" und sich selbst vergessen, aber dieser Zustand ist nicht mit dem aktiven Aufgehen in einem Tätigkeitsvollzug und der unwillkürlich gesteuerten hohen Konzentration vergleichbar. Obwohl die intrinsisch motivierten Tätigkeiten eine hohe mentale oder körperliche Beanspruchung darstellen, tritt die *tatsächliche* Anstrengung allerdings nicht in den Vordergrund – wenn man im Flusserleben steht, *erlebt* man sie nicht. Der tatsächliche Einsatz wird erst im Nachhinein spürbar – an der nun bemerkbaren Erschöpfung.

Als ein weiteres Merkmal des Flusserlebens wird gelegentlich auch das Emotionserleben genannt: das „freudige Aufgehen in der Tätigkeit", was gelegentlich sogar zum „Spaß an der Tätigkeit" und zur dabei erlebten „Hochstimmung" wurde. Der Grund dafür ist naiv-psychologisch gut nachzuvollziehen und geradezu ein Lehrstück zum Verhältnis naiver und wissenschaftlicher Psychologie. Denn wenn man Personen nach Beendigung der Tätigkeit mit Flusserleben (z.B. einem Motorradfahrer) die Frage stellt, ob er es noch einmal machen würde, bekommt man schnell ein „Ja" als Antwort. Und auf die nächste Frage nach dem Warum wird die Auskunft – allerdings nach kurzem Zögern – sein: „Weil es Spaß gemacht hat." Hier begegnen wir einem naiven mentalen Modell, das besagt, wenn ich etwas noch einmal machen möchte, muss es beim ersten Mal Spaß gemacht haben.

Dem muss man als Wissenschaftler mit großer Vorsicht begegnen. Der bekannte Motivationspsychologe David McClelland sagte einmal genau zu diesem Thema: „A scientist cannot believe, what people say about their motives." Denn empirische Studien, bei denen man vor, *während* und nach der Tätigkeit die Akteure befragte, zeigen folgendes Bild: Während der eigentlichen Tätigkeit – z.B. Felsklettern – entsteht vor allem eine starke positiv aktivierende Motivation, die durch hohe Spannung, Wachheit, Konzentration und Energie gekennzeichnet ist – aber auch durch Vorsicht in kritischen Situationen. Das Glückserleben und die Hochstimmung entstehen erst *nach* Beendigung der Aktion, und im Rückblick kommt es zur falschen Erinnerung mit Verklärung des zuvor Erlebten.

Übrigens: Eine genaue Beobachtung hätte hier sehr schnell Klarheit schaffen können. Denn wenn man bei Computer- oder Schachspielern, Tänzern oder Musikern während des Flusserlebens das Gesicht betrachtet, wird man im Ausdruck nur Konzentration und Anspannung sehen, aber kaum Anzeichen von Spaß oder gar Hochstimmung. Das gilt natürlich auch für Kinder während des Spielens – wenn sie die Tätigkeit herausfordert. Dann ist Spielen für sie eine ernste Angelegenheit.

Es würde zudem gegen jede Vernunft verstoßen, Spaß und Freude oder gar Glücksgefühle während Tätigkeiten zu suchen, bei denen Fehler bittere Folgen haben. Diejenigen, die sie z.B. beim Motorradfahren, Skifahren oder Bergsteigen anstreben, würden sich in große Gefahr begeben. Wer möchte schon von einem Chirurgen operiert werden, der während des Eingriffs Spaß, Freude oder gar Glücksgefühle erlebt?

Motivation – und im Idealfall Flusserleben – ist zunächst vor allem Spannung, Aktivierung und Konzentration, aber nicht Spaß, Lust und Freude.

10.8 Welche Grundmotive gibt es?

Wenn man Motivation an sich selbst oder im Verhalten Anderer beobachten kann, ist dieser Zustand immer durch das Anspringen eines Motivs auf einen wahrgenommenen Anreiz hin entstanden. Dies wurde als doppelte Quantifizierung schon näher beschrieben. Die Anreize des Handelnden sind häufig gut erkennbar, weil sie nicht selten auch für den außenstehenden Betrachter ins Auge springen. Aber welches Motiv dabei angeregt wurde, ist manchmal nicht so einfach zu bestimmen, da es sich selbst der agierenden Person nicht notwendig offenbart. Gerade implizite Motive können nur anhand sorgfältiger Analyse erschlossen werden, nicht aber direkt erfragt und gemessen werden (vgl. *Abschnitt 10.1*). Der Anregungsvorgang von Motiven wird erst im Wirken von Anreizen erkennbar, aber auch diese weisen nicht eindeutig auf jene zurück.

Dies gilt auch für das beobachtbare Verhalten, denn das *gleiche* Verhalten im Umgang mit anderen Menschen kann auf die Anregung sehr *unterschiedlicher* Motive zurückgehen. Es gibt also auch zwischen dem Verhalten und dem angeregten Motiv nicht notwendig eine eindeutige Beziehung. Wenn ich z.B. eine Person beobachte, die sehr engagiert Vorbereitungen für ein Fest im Gemeindehaus betreibt, kann dies durch das Leistungsmotiv (weil sie es besser machen will als beim letzten Mal), durch das Anschlussmotiv (so kann sie freundschaftliche Kontakte aufbauen und erhalten) oder durch das Machtmotiv (sie kann damit Einfluss auf die anderen Personen gewinnen und ausüben) „gefüttert" werden. Wahrscheinlich kann sogar die Person selbst nicht genau sagen, welches der drei genannten Motive gerade angeregt ist, zumal häufig alle drei zu einem gewissen Teil dazu beitragen. Hier begegnen wir wieder der Schwierigkeit, die Menschen haben, wenn sie gefragt werden, warum sie etwas tun.

Als kleiner Trost soll jedoch erwähnt werden, dass eine Zuordnung von Verhalten, Anreiz und Motiv in vielen Situationen des täglichen Leben mit gewisser Sicherheit gelingt, aber insbesondere bei extremen Handlungen bleiben die Motive der Handelnden häufig ein Rätsel und selbst intensives Nachforschen hilft dann nur eingeschränkt. Z.B. wird das *Ziel* von Selbstmordattentätern in dem martialischen Zerstörungsakt gesehen, als *Anreiz* könnte der von der Religion versprochene Logenplatz im Paradies wirken. Aber was sind die *Motive* dieser Menschen? Ist es das Bedürfnis nach Anerkennung, Lebensüberdruss, Hass auf die Gesellschaft, Machtausübung, Zurückweisung usw.? Vielleicht ist es eine Mischung aus allen.

Um der kaum überschaubaren Vielfalt möglicher Motive entgegenzutreten, besann man sich auf die Ursprünge motivierten Verhaltens. Diese liegen in den angeborenen drei großen Klassen *natürlicher Anreize* – Kontakt, Abwechslung und Wirkung. Ihre innerpsychische Entsprechung besitzen diese Anreize in den *drei Grundbedürfnissen* nach Sicherheit, nach Neuem (Neugier) und nach Kontrolle (siehe Abbildung 10.2). Mit dieser Ausstattung beginnen die Interaktionen mit der sozialen Umwelt und führen zu den individuellen Lernerfahrungen, die eine Persönlichkeit ausmachen. Am Ende dieser Entwicklung stehen dann die Motive von Erwachsenen, die als „Bewertungsvoreingenommenheiten" zu verstehen sind (s.o.). Diese äußern sich dann in den jeweils besonderen *Vorlieben* für bestimmte Tätigkeiten und *Präferenzen* für erstrebenswerte Zustände und Ergebnisse – oder eben solche, die man zu vermeiden trachtet.

In ▶Abbildung 10.10 ist dieser – tatsächlich natürlich langwierige – Vorgang der Ausformung dargestellt: ausgehend von den natürlichen Anreizen bei Kindern über die entsprechenden Bedürfnisklassen bis in die drei großen Motivklassen Anschluss, Leistung und Macht bei Erwachsenen. Die drei Motive sind zunächst als aufsuchende Motive konzipiert, d.h. sie entwerfen in entsprechenden Situationen einen zukünftigen Zielzustand, der auch in den möglichen Emotionen anklingt. Sie verheißen also etwas Erstrebenswertes, das durch eigenes Handeln erreicht werden kann.

- Beim *Anschlussmotiv* geht es um den Aufbau, die Aufrechterhaltung und / oder die Wiederherstellung positiver Beziehungen zu anderen Menschen, die auf Gegenseitigkeit beruhen. Die angestrebten Emotionen können dabei *Vertrauen*, *Sympathie*, *Sicherheit* oder sogar *Liebe* sein.
- Beim *Leistungsmotiv* geht es darum, bei herausfordernden Aufgaben durch Anstrengung die eigene Fähigkeit unter Beweis zu stellen und zu steigern. Es ist ein Wetteifern mit sich selbst – ein amerikanischer Kollege bezeichnete es deshalb als „single-person game". Die angestrebte Emotion ist hierbei *Stolz* und weiterreichend *Selbstvertrauen* in die eigene Fähigkeit.

- Beim *Machtmotiv* geht es darum, das Erleben und Verhalten anderer Menschen zu beeinflussen und zu kontrollieren. Die angestrebte Emotion könnte man hier am ehesten ein stilles oder auch sichtbares *Triumpherleben* nennen.

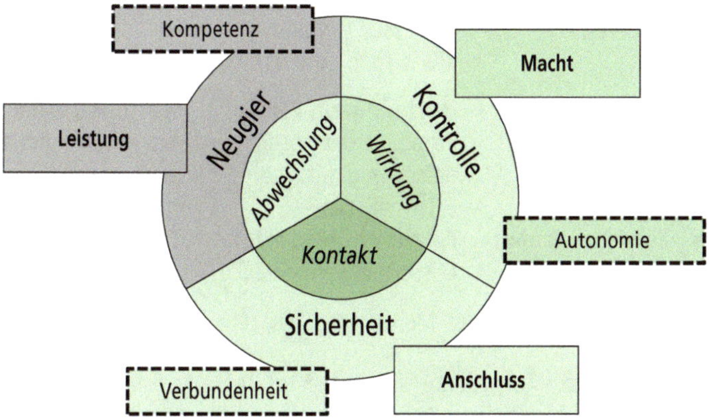

Abbildung 10.10: Natürliche Anreize (Kern), die zugeordneten Bedürfnisse (Ring) und die drei wichtigen Motive nach McClelland (durchgezogene Linien) sowie diejenigen von Deci und Ryan (unterbrochene Linien)

Bei jedem dieser Motive kann dem hoffnungsvollen Aufsuchen eines erwünschten Zielzustandes auch ein innerer „Mahner“ zugeordnet werden, der einen befürchteten unangenehmen Ausgang zu verhindern sucht – was im Extrem bis zum Ausweichen und Vermeiden der möglichen Situationen führen kann. Jede Hoffnung hat als natürlichen Antagonist eine Furcht, und ein Fehlen des Gegenspielers würde zu unvorsichtigem Verhalten führen. Furchtlosigkeit führt zu extrem riskantem oder unsensiblem Verhalten, aber auch zu Leichtsinn – wie dies an einigen unserer Mitmenschen zu beobachten ist. Es äußert sich beim Anschlussmotiv in Distanzlosigkeit, da man keine *Furcht vor Zurückweisung* besitzt. Beim Leistungsmotiv führt es zu hoch riskanten, vielleicht sogar gefährlichen Tätigkeiten, da die *Furcht vor Misserfolg* nicht zu Vorsicht gemahnt. Beim Machtmotiv zeigt es sich in egoistischem Verhalten und dem respektlosen Ansichreißen einer Führungsrolle in Gruppensituationen, da die *Furcht vor Kontrollverlust* nicht für die ablehnenden Reaktionen der Anderen und damit den Anerkennungsverlust sensibilisiert. In ▸Tabelle 10.3 sind diese drei Motivsysteme noch einmal hinsichtlich der Situationen, in denen sie angeregt werden können, und der generalisierten Ziele, die sie – erhoffend wie befürchtend – entwerfen, zusammenfassend dargestellt.

	Anschluss	Leistung	Macht
Anregung	Situationen, in denen mit fremden oder wenig bekannten Personen Kontakt aufgenommen und interagiert werden kann	Situationen, die einen Gütemaßstab zur Bewertung von Handlungsergebnissen (Erfolg / Misserfolg) besitzen	Situationen, in denen andere Personen kontrolliert werden können
Ziele	**Hoffnung auf Anschluss:** die Herstellung einer wechselseitigen positiven Beziehung **Furcht vor Zurückweisung:** Zurückweisung vermeiden	**Hoffnung auf Erfolg:** Erfolg bei der Auseinandersetzung mit einem Gütemaßstab **Furcht vor Misserfolg:** Misserfolg vermeiden	**Hoffnung auf Kontrolle:** das Erleben und Verhalten anderer kontrollieren oder beeinflussen **Furcht vor Kontrollverlust:** Kontrollverlust vermeiden

Tabelle 10.3: Anregungen und Ziele der drei Motive Anschluss, Leistung und Macht

Neben diesen auf den Vorschlag David McClelland zurückgehenden „big three“ gibt es einen ebenfalls viel beachteten Klassifizierungsversuch von Deci und Ryan – in Abbildung 10.10 mit unterbrochenen Linien eingerahmt. Nach diesen Autoren lassen sich ebenfalls drei fundamentale Motive („needs“) unterscheiden:

- „need for relatedness“ (Verbundenheit), dessen Ziel es ist, sich mit anderen verbunden zu fühlen, sie zu mögen und von ihnen gemocht zu werden,
- „need for competence“ (Kompetenz), dessen Ziel es ist, zu erleben, dass man etwas kann und das eigene Tun etwas bewirkt, und
- „need for autonomy“ (Autonomie), dessen Ziel es ist, sich selbst und den eigenen Willen als Ursache des Handelns zu erleben – in Übereinstimmung mit den eigenen Werten und Überzeugungen.

Bei näherer Betrachtung wird im Vergleich der beiden Klassifizierungsansätze deutlich, dass es *große inhaltliche Überschneidungen* zwischen ihnen gibt. Aus dem natürlichen Anreizen nach *Wirkung* entwickelt sich in dem einen später das *Machtmotiv* und im anderen das *Bedürfnis nach Autonomie* – d.h. einmal das Ziel, Andere zu kontrollieren, und im anderen Vorschlag das Ziel, frei oder unabhängig vom Einfluss Anderer zu sein. Aus der Suche nach *Abwechslung* wird einmal das *Leistungsmotiv* und im anderen Ansatz das *Bedürfnis nach Kompetenz* – wobei hier kaum noch Unterschiede zu entdecken sind. Und aus den *Kontakt*anreizen, die Sicherheit im sozialen Umfeld schaffen, entsteht im einen Modell das *Anschlussmotiv* und im anderen das *Bedürfnis* nach *Verbundenheit*, die ebenfalls thematisch sehr ähnlich sind.

Es spricht also einiges dafür, drei sehr basale Motive menschlichen Handelns anzunehmen, die in den natürlichen Anreizen ihr biologisches Fundament besitzen. Aufgrund der im Laufe des Lebens gemachten Erfahrungen unterscheiden sich allerdings die erwachsenen Menschen deutlich in den jeweiligen individuellen Ausprägungen – bei einigen sind diese und bei anderen sind jene stärker. Zudem sind die in den Motiven angelegten Zielzustände (vgl. Tabelle 10.3) sehr allgemein, und in den persönlichen Lebensläufen und Entwicklungen kristallisieren sich deutlich spezifischere Ziele heraus, die man z.T. auch über längere Zeitverläufe hinweg verfolgt – z.B. einen Lebenspartner zu finden, einen erfüllenden Beruf oder eine bestimmte Position zu erlangen. Diese Oberziele können dann in immer konkretere Ziele und Teilziele „heruntergebrochen" werden und dann das Format von Absichten und Vorsätzen erhalten. Wir hatten gesehen, dass die Spezifizierung bis hin zur Wenn-dann-Formulierung empfehlenswert ist.

Allgemein kann man hier davon ausgehen, dass die Verfolgung von gesetzten Zielen umso leichter fällt, je höher die *Passung* zwischen der individuellen Motivstruktur und den gesetzten Zielen ist. Umgekehrt kann man sagen, dass die Ziele, bei denen man sich besonders schwer in der Umsetzung tut, mit den eigenen impliziten Motiven offenbar nicht harmonisieren und anderweitig Unterstützung finden müssen. Hier kommen dann Selbstkontrollvorgänge ins Spiel (=> *Kapitel 11 Volition*).

10.9 Hoffnung und Furcht – Aufsuchen- und Meidenmotivation

Im Gegensatz zu den aufsuchenden Motiven werden die positiven Wirkungen von Fürchten häufig nicht erkannt, denn man erlebt sie beim Handeln eher als störend und behindernd. Wie schon bei den Emotionen ausgeführt, haben sie eine wichtige Aufgabe, indem sie die Aufmerksamkeit auch auf Risiken und mögliche Fehler des eigenen Tuns lenken und zur Vorsicht gemahnen. Auch hier gilt natürlich, dass es abhängig von der „Gefahr" ein wohl dosiertes Optimum an Furcht gibt – ein *Zuviel* macht *übervorsichtig* und blockiert vielleicht sogar das Handeln, wogegen ein *Zuwenig* davon *leichtfertig* macht und zu riskantem Verhalten verführt. Genauso wie die Hoffnungskomponenten der drei großen Motive Anschluss, Leistung und Macht haben auch die zugeordneten Fürchte motivierende Wirkungen: bezüglich der Energetisierung, der Verhaltenssteuerung und der selektiven Informationsverarbeitung.

Es gibt einige Besonderheiten von Furchtmotivation und dem daraus resultierenden Vermeidungsverhalten. Generell gilt, dass bei Furcht die Energetisierung intensiver ausfällt als bei Hoffnung. Jeder hat die körperlichen Symptome von angeregter Furcht schon an sich deutlich erlebt, wogegen die entsprechenden Symptome bei Hoffnung nur selten – und wenn, dann als angenehm und erwünscht – zu spüren sind. Auch ist die Reaktions- und Verhaltensbereitschaft bei Furcht höher. Offenkundig ist der Unterschied in den Gedanken: bei Furcht treten die negativen Folgen einer möglichen Zielverfehlung in den Vordergrund, wogegen es bei Hoffnung die positiven Folgen der Zielerreichung sind. In ▶Tabelle 10.4 sind einige weitere Unterscheidungsmerkmale der beiden motivationalen Fokussierungen aufgeführt – unter besonderer Berücksichtigung der beteiligten Emotionen.

	Aufsuchen	Vermeiden
Basiert auf	Hoffnung	Furcht
Ziel allgemein	Wachstum	Sicherheit
Fokus	*spezifisch*	*unspezifisch*
emotionales Ziel	*Lust*	*Vermeiden von Unlust*
kognitives Ziel	*Gewinn*	*kein Verlust*
Emotion bei Zielerreichung	Freude, Stolz	Erleichterung, Ruhe
Emotion bei Zielverfehlung	Niedergeschlagenheit	Anspannung

Tabelle 10.4: Einige Unterschiede in Motivationszuständen von Aufsuchen und Vermeiden

Wenn man aus den einzelnen Merkmalen von Aufsuchen- und Meidenmotivation zwei Gesamtbilder zusammenfügt, dann heben sie sich prägnant voneinander ab. Das für die Motivation maßgeblich verantwortliche Emotionsgeschehen unterscheidet sich deutlich bei Aufsuchen und Meiden: *Lust* steht gegen das *Wegbleiben von Unlust* im Fokus und die Reaktionen auf Erfolg und Misserfolg fallen sehr unterschiedlich aus – *Freude* und *Stolz* stehen gegen *Niedergeschlagenheit* beim Aufsuchen und *Erleichterung* und *Ruhe* gegen *Anspannung* beim Vermeiden. Daneben ist die Beachtung von Hinweisreizen aus der Situation natürlich auf das verfolgte Ziel sensibilisiert – bei Hoffnung ist der Fokus auf das spezifische Erreichen und bei Furcht auf das unspezifische Nicht-Eintreten von etwas gerichtet. Allerdings entstehen diese beiden Motivationsformen nur selten in Reinform, denn meist treten sie im täglichen Leben in verschiedenen Mischverhältnissen gemeinsam oder aufeinander folgend auf. Sie führen dann zu einem erlebbaren *Konflikt* „Soll ich oder soll ich nicht?". Das kann im unangenehmsten Fall sogar bis zu einem Hin- und Herpendeln des Verhaltens führen, wie es bei kleinen Kindern zu beobachten ist, wenn Furcht und Neugier abhängig von der Entfernung – z.B. zu einem Hund – abwechselnd dominant werden.

Exkurs 10.4: Aufsuchen und Meiden im Konflikt

Schon in der Mitte des 20. Jahrhunderts wurden in Forschungslabors an Tieren die auch heute noch für Menschen gültigen Eigenschaften von Aufsuchen- und Meidenmotivation untersucht – natürlich nur auf der Verhaltensebene. Zu diesem Zwecke wurden für Ratten eigens Minigeschirre angefertigt, die denen von Schlittenhunden sehr ähnlich sind. Die so angeschirrten Tiere waren mit Messinstrumenten verbunden und in einen Laufgang gesetzt. Dabei konnten die Zugstärke und die Laufgeschwindigkeit genau erfasst werden – und zwar unter zwei Bedingungen: In der einen Bedingung (Aufsuchen) war das Ziel, eine Futterstelle zu erreichen, und in der anderen Bedingung (Vermeiden) war das Ziel, einem Elektroschock zu entkommen. In ▸Abbildung 10.11 ist die gemessene Zugkraft als Maß für die Stärke der Verhaltenstendenz abhängig von der Entfernung vom Zielpunkt für Aufsuchen- und Vermeidungsmotivation zu sehen.

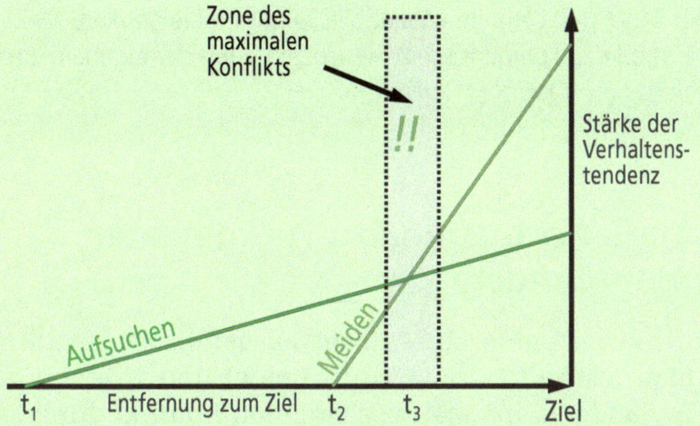

Abbildung 10.11: Stärke der Aufsuchen- und Vermeidungs-Gradienten bei unterschiedlicher Entfernung zum Ziel

Wenn man diese Erkenntnisse auf ein Ziel, das gleichermaßen Hoffnung und Furcht anregt, überträgt, dann sieht der *Motivationsverlauf* wie folgt aus: Die Aufsuchenmotivation wird in größerer Entfernung zum Ziel, d.h. früher (t1), angeregt als die Meidenmotivation (t2). Das gilt im Übrigen nicht nur für die *räumliche* Entfernung, sondern gleichfalls für einen *zeitlichen* Abstand zum kritischen Ereignis. Da die später angeregte Furcht eine größere Kraft entfaltet und an einem kritischen Punkt die gleiche Stärke wie die Hoffnung besitzt (t3), kommt es hier zum maximalen Konflikt. Danach wird dann die Meidentendenz dominant.

Auch im täglichen Leben von Erwachsenen zeigt sich die Dynamik eines Konfliktes von Aufsuchen und Vermeiden. Die große Hoffnung, auf einer Party eine interessante Person anzusprechen, wird mit dem Zugehen auf sie immer geringer und wandelt sich nach einem durchlaufenen Konflikt in Zweifel und Mutlosigkeit. Hier wird aus Hoffnung auf Anschluss mit der Annäherung die Furcht vor Zurückweisung geweckt und dann dominant. Oder bei der anstehenden Prüfung, die aus großer zeitlicher Entfernung noch optimistisch angegangen, jedoch mit dem Näherrücken immer kritischer gesehen wird, bis kurz vorher die Sicherheit von Selbstzweifeln dominiert wird – aus Hoffnung auf Erfolg wird Furcht vor Misserfolg. Gleiches kann beim Wechsel von der Hoffnung zur Furcht beim Machtmotiv geschehen, z.B. angesichts eines Vortrages im Kaninchenzüchterverein oder vor der Verhandlung über den Streit mit dem Nachbarn.

Tiere stellen in Situationen, in denen die Furcht dominant wird, wieder einen Sicherheitsabstand her und weichen zurück – es kommt zum oben schon beschriebenen Hin- und Herpendeln vor einem unbekannten Objekt. Dagegen sind Menschen in solchen Situationen dazu in der Lage, das Verhalten zu stabilisieren und die stärkere Meidenmotivation durch Selbst-Kontrolle zu kompensieren. Sie trotzen dann der eigenen Furcht durch den Einsatz des Willens (=> *Kapitel 11 Volition*).

10.10 Am Ende noch einmal zurückgetreten – drei Handlungstypen

Wenn man auf die im Laufe eines Tages ausgeführten Handlungen zurückschaut, kann man feststellen, dass einige leicht und *wie von allein* von der Hand gingen. Bei anderen hat man vorher einen *Konflikt* durchlebt, weil zwei etwa gleich starke motivationale Tendenzen um die Ausführung ringen, und am Ende setzt sich dann eine der beiden durch. Ein dritter Typus unterscheidet sich deutlich von den beiden schon aufgeführten, denn hier kam eine Handlung zum Vollzug, die *ohne Motivation* ausgeführt wurde, sondern nur aufgrund der Einsicht, weil man ein bestimmtes „höheres" Ziel verfolgt. Um diese drei Typen zu unterscheiden, griff Wundt, der auch eine ausgezeichnete philosophische Vorbildung besaß, auf einen Vorschlag von Immanuel Kant zurück. Schon Kant beschrieb diese drei Handlungstypen als: 1. Handeln aus dem Begehren, 2. Handeln, das (im Unterschied zu 1.) vom Sinnlichen nicht „nedessitiert" (genötigt), sondern nur „affiziert" (angeregt) ist, und 3. Handeln aufgrund der Einsicht des reinen Verstandes – dem „freien Willen" nach dem kategorischen Imperativ.

Wundt bezeichnete diese drei Handlungstypen als *Triebhandlungen*, *Willkürhandlungen* und *Wahlhandlungen* (▶Abbildung 10.12). Bei *Triebhandlungen* liegt ein einziger dominanter Trieb vor, dem man einfach, wie „automatisch" folgt – z.B. wenn man durstig von einer langen Fahrt nach Hause kommt und sofort nach der Ankunft ein Getränk zu sich nimmt. Zwar weniger deutlich, aber auf eine ähnliche Weise passiv erlebt man sich bei einer *Willkürhandlung*[7], wenn zwei oder mehrere Triebe gleich stark nebeneinander bestehen und man diesen inneren „Kampf" wie ein Zuschauer beobachtet, bis einer sich hervorhebt und man sich für das, was man im Moment am liebsten tun möchte, entscheidet. Das geschieht z.B. bei der – in diesem Fall durchaus angenehmen – Qual der Wahl zwischen mehreren Alternativen auf der Speisekarte in einem Restaurant. Irgendwann tritt dann nach dem Hin und Her ein Essen prägnant hervor, für das man sich entscheidet und es dann bestellt.

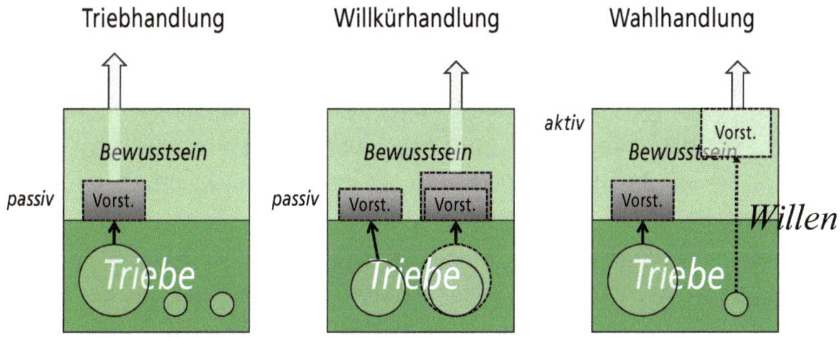

Abbildung 10.12: Die drei unterschiedlichen Handlungstypen nach Wundt

Bei *Wahlhandlungen* entsteht ebenfalls ein Konflikt, nur ist es hier ein Konflikt zwischen einem Triebwunsch und dem vom Verstand geforderten Tun, das häufig eben nicht auf einen Trieb oder ein Bedürfnis zurückgreifen kann. Es ist geradezu ein Kennzeichen der Wahlhandlung, dass sie *gegen* triebhafte Bestrebungen durchgesetzt werden muss, und während dieses Vorgangs erlebt man sich im Bewusstsein nicht mehr als passiven Zuschauer, sondern als aktiven Gestalter. Wenn man z.B. abnehmen will, erlebt man diesen Konflikt jedes Mal deutlich angesichts einer Verführung durch attraktive, meistens sehr kalorienhaltige Nahrungsmittel. Der Verzicht ist ein anstrengendes, jedes Mal aufwühlendes und mit Unlust verbundenes Unterfangen. Um Vernunftentscheidungen oder die Pflichten auch handelnd umsetzen zu können, ist dann eine Triebunterdrückung durch Selbst-Kontrolle notwendig – der Wille, auf den wir im nächsten Kapitel näher eingehen werden.

7 Der Begriff „Willkür" wird von Wundt in dem Sinne verwandt, dass die Handlung aufgrund einer bewussten Entscheidung ausgeführt wird. Bei der Aufmerksamkeitslenkung ist uns dies schon begegnet – bei der willkürlichen Aufmerksamkeitslenkung, die der unwillkürlichen gegenübergestellt wird (vgl. *Fußnote 1, Kapitel 5*).

Anregungen zum Ausprobieren, Anwenden und Nachdenken

1. Stellen Sie sich einige Ziele vor, die Sie momentan verfolgen und erreichen wollen. Schreiben Sie diese auf. Nehmen Sie sich nun eines – vielleicht das am nächsten liegende – heraus und führen Sie sich die einzelnen Schritte bis zum Ziel vor Augen. Nun formulieren Sie – beim ersten Schritt beginnend – zu jedem dieser Schritte einen Vorsatz in dem im Kapitel beschriebenen *Wenn-dann*-Format. Schreiben Sie diese auf, um Sie anschließend laut vorzulesen. Sie werden sich wundern.
2. Überlegen Sie einmal: Welches sind Tätigkeiten in Ihrem Leben, zu deren Ausführung allein die Tätigkeit Sie motiviert – die Sie also um des Erlebens willen dabei machen. Hierbei taucht nicht selten das Phänomen des *Flusserlebens* auf. Haben die Tätigkeiten tatsächlich kein Ziel oder vielleicht doch? Wann und warum hören Sie mit der Ausführung der Tätigkeiten auf?
3. Schätzen Sie ein, welches der drei Grundmotive bei Ihnen am stärksten ausgeprägt ist, welches kommt an zweiter und welches an dritter Stelle?
   - *Leistungsmotiv*: Leistungsmotivierte Menschen haben Spaß daran, etwas besser zu machen. Sie versuchen häufig, sich selbst zu übertreffen und neue Wege zu gehen. Es erfüllt sie mit Befriedigung, etwas Neues erschaffen oder etwas besonders gut gemacht zu haben.
   - *Machtmotiv*: Machtmotivierte Menschen haben das Bedürfnis, Kontrolle über andere Menschen ausüben zu können und die Aufmerksamkeit anderer auf sich zu ziehen. Sie demonstrieren gerne eigene Stärken, z.B. indem sie, gefragt oder ungefragt, anderen Menschen helfen. Manchmal sind sie sehr charismatisch und haben die Fähigkeit, viele Menschen zu begeistern und zu führen.
   - *Anschlussmotiv*: Anschlussmotivierte Menschen nehmen mit fremden oder wenig bekannten Menschen gerne Kontakt auf und versuchen, diesen für beide Seiten möglichst befriedigend und anregend zu gestalten.
4. Wenn Sie es könnten, würden Sie etwas an der Rangfolge ändern? Wenn ja: Was würde sich dann in Ihrem Leben anders gestalten?
5. Um andere Menschen zu motivieren, werden häufig Lob und Tadel – das berühmte „Zuckerbrot und Peitsche" – eingesetzt (dies geschieht häufig über entsprechende Kommentare wie z.B. „toll", „super" oder „schlecht", „mies"). Motivierend wirkt aber häufig allein schon ein *sachbezogenes Feedback* (z.B. „richtig", „vollständig", „da fehlt noch etwas", „falsch"). Achten Sie einmal – bei sich selbst und bei anderen – darauf, wann Lob und Tadel, und wann Feedback eingesetzt werden. Letzteres hat den Vorteil, dass es *immer* auf die Sache bezogen ist und keine persönliche Bewertung beinhaltet.

Weiterführende Literatur

Schmalt, H.-D. & Langens, T.A. (2009). *Motivation*. Stuttgart: Kohlhammer.

Volition

11

ÜBERBLICK

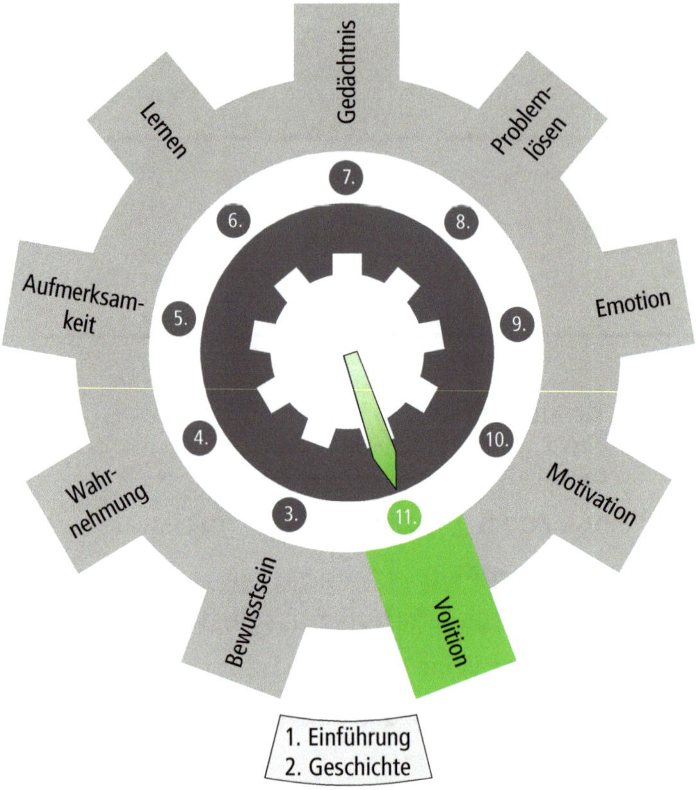

„Es ist nicht genug zu wissen,
man muss auch anwenden;
es ist nicht genug zu wollen,
man muss auch tun.“

(Johann Wolfgang von Goethe)

„Wer an die Freiheit des menschlichen Willens glaubt, hat nie geliebt und nie gehasst.“

(Marie von Ebner-Eschenbach)

Die Wechselhaftigkeit des Willens erleben wir täglich. Gelegentlich wird sein Einsatz schon zum Aufstehen benötigt und ein anderes Mal geht in der gleichen Situation alles wie von selbst – und er scheint überflüssig zu sein. Manchmal gelingt der Einsatz ohne Probleme, auf der anderen Seite scheitert er auch bisweilen.

Auch in der Geschichte der Psychologie lassen sich ähnliche Schwankungen im Verhältnis zum Willen feststellen – hier allerdings über größere Zeiträume. Als

1963 auf der TeaP (Tagung experimentell arbeitender Psychologen) in Marburg der damals noch unbekannte Privatdozent Heinz Heckhausen seine 10 Rahmenthesen zur Motivation vorstellte, kam der Wille nicht mehr darin vor. Einer der Zuhörer, der bekannte Ordinarius für Psychologie Heinrich Düker, stellte darüber erregt die Frage: „Und wo bleibt in Ihrer Theorie denn der Wille?“ Er bekam die lapidare Antwort: „Den Willen brauchen wir nicht mehr.“ Der schon betagte Fragesteller zog sich daraufhin – erregt den Kopf schüttelnd – aus der Diskussion zurück und überließ dem Nachwuchswissenschaftler den Platz.

Damals wurde die Motivationspsychologie innerhalb der Psychologie „salonfähig“ und modern und erreichte national und international in den 1970er Jahren ihren Höhepunkt. Im gleichen Zug verschwand der Wille für zwanzig Jahre aus dem aktiven Sprachschatz der wissenschaftlichen Psychologie[1]. Aus gutem Grund: Man hatte sich bis zu diesem Zeitpunkt nicht auf eine allgemein gültige Definition einigen können, und Wille wurde, trotz der schon sehr präzisen phänomenalen Beschreibung aus der Frühzeit der Psychologie vor hundert Jahren, in unterschiedlichen Bedeutungen – illustrierbar durch entsprechende Metaphern – verwandt:

- *„Wille als formales Prinzip“* sieht im Willen das Richtung gebende Prinzip im Entscheidungsprozess (der Steuermann) oder den Koordinator bei der Handlungsausführung (der Dirigent).
- *„Wille als Zäsur“* ist durch einen unumkehrbaren Entschluss charakterisierbar (bildlich: der Rubikon (vgl. *Exkurs 10.2*) wird überschritten).
- *„Wille als Kraft“* kann zum einen als Willensstoßkraft (der punktuell treffende Boxhieb) und zum anderen als Willensspannkraft verstanden werden (der gedehnte Expander oder die Zähigkeit des Marathonläufers).
- *„Wille als Kontrollinstanz“* hat die Aufgabe, triebhafte Regungen zu kanalisieren und auf erwünschte Ziele zu lenken (der Reiter).

In der Umgangssprache sind alle Bedeutungen auch in der Gegenwart noch präsent und für die alltägliche Kommunikation nützlich, jedoch führt die unterschiedliche Verwendung desselben Begriffs in wissenschaftlichen Fachdiskussionen leicht zu unfruchtbaren Missverständnissen.

Wenn man versucht, diese verschiedenen Bedeutungen und Metaphern zu gruppieren und zusammenzufassen, treten zwei grundlegende Funktionen des Willens hervor. Die beiden ersten aufgeführten Bedeutungen – „Wille als formales Prinzip“ und „Wille als Zäsur“ – betonen den organisierenden, entscheidenden oder allgemeiner *richtungsgebenden Charakter* des Willens. Zu unterscheiden davon sind die beiden letztgenannten „Wille als Kraft“ und „Wille als Kontrollinstanz“, die sich auf die Steuerung und das Aktivierungsmanagement im *Moment des Handelns* beziehen.

1 Übrigens teilte „Wille“ diesen temporären Aufenthalt in der „Quarantänestation“ wissenschaftlicher Begriffe gemeinsam mit „Bewusstsein“ („bewusst“ und „unbewusst“; => *Kapitel 3 Bewusstsein*). Das mag vielleicht befremdlich sein, aber beide Konzepte wurden damals nicht experimentell untersucht.

Im psychischen Geschehen heben sich diese beiden Formen von Willensakten deutlich vom anderen Bewusstseinsgeschehen ab. Sie betreffen einmal den *willentlichen Entschluss* und zum andern die Ausführung des *willentlichen Handelns* selbst. Dem willentlichen Entschluss nach einer Entscheidung sind wir schon in *Kapitel 10* zur Motivation begegnet – er stellt die Zäsur dar, die den Übertritt vom Wünschen zum Wollen markiert. Diese Idee nahm Mitte der 1980er Jahre der oben schon erwähnte und inzwischen weltbekannte Motivationspsychologe Heinz Heckhausen auf, als er das Rubikon-Modell vorstellte (*Exkurs 10.2*). In diesem allgemeinen Handlungsmodell spielt die bewusste Entscheidung mit nachfolgendem Entschluss die zentrale Rolle. Der Wille wurde darin wiederentdeckt und erlebte in der empirischen Forschung eine Renaissance, denn ohne ihn konnten einige durch Motivation allein nicht erklärbare Phänomene auf dem langen Weg vom Wunsch bis zu seiner Erfüllung nicht erklärt werden.

Exkurs 11.1: Wille unter Hypnose

Eine der ersten wissenschaftlichen Veröffentlichungen zur Wirkung des Willens stammt von dem Würzburger Psychiater Konrad Rieger, der seine Wirkung mit Hilfe von Hypnose untersuchen wollte. Er hatte die Hypnose während seines Studienaufenthaltes an der Pariser Salpetrière unter deren damals berühmtem Leiter Jean-Martin Charcot (1825–1893) kennengelernt – genauso wie ein anderer später weltbekannter Besucher, nämlich Sigmund Freud.

Die Untersuchung von Willensfunktionen unter Hypnose war insofern interessant, da eine Versuchsperson, die mittels hypnotischen Rapports in Trance versetzt wird, anscheinend ihren eigenen Willen verliert und unter vollständiger Kontrolle des Hypnotiseurs steht. Dessen Befehle lassen den Hypnotisierten sogar Leistungen vollbringen, die im normalen Zustand nicht zustande kommen und die sowohl motorische wie auch kognitive Aufgaben betreffen – am bekanntesten sind die besonderen Erinnerungsleistungen.

Auch in der Gegenwart drängt sich den staunenden Zuschauern von solchen Hypnosevorführungen insbesondere die Frage auf, ob Menschen *während* der Hypnose dazu gebracht werden können, gegen ihre sittliche Überzeugung zu handeln oder gar kriminelle Taten auszuführen. Hinzu kommt noch eine andere interessante Frage, nämlich ob Aufträge, die unter Hypnose erteilt werden, auch *nach Beendigung* der Hypnose ausgeführt werden. Diese sog. posthypnotischen Aufträge werden dann bei passender Gelegenheit, die auch in der Hypnose spezifiziert wurde, ohne Kenntnis der Herkunft oder des Sinns ausgeführt – wie z.B. beim Aufsagen der ersten 10 Zahlen das Überspringen der 6, was beim Abzählen der eigenen Finger zu dem verblüffenden Ergebnis 11 führt. Beide Aspekte – die Überschreitung moralischer Grenzen und die posthypnotischen Wirkungen – haben die Phantasien über die Macht von Hypnotiseuren immer wieder angeregt. Um hier schon die Antwort vorwegzunehmen: Auch in tiefer Hypnose überschreiten Menschen nicht die ihnen eigenen moralischen und ethischen Grenzen, und dies gilt auch für posthypnotische Aufträge – d.h. als Begründung für eine Gesetzesübertretung zu sagen, man sei unter Hypnose dazu gezwungen worden, wird von keinem Gericht als Entschuldigung anerkannt.

In den Experimenten Riegers, in denen die Versuchspersonen z.B. eine Stecknadel am ausgestreckten Arm 2 Minuten lang regungslos halten sollten, wurde deutlich, dass auch unter hypnotischem Rapport die Umsetzung des Befehls – als fremdgesteuertem Wollen – starken Schwankungen unterliegt. Wobei auch die Unzuverlässigkeit bei der Beurteilung der eigenen Leistungen auffällig ist – diese werden in der Regel deutlich überschätzt. Auch wenn die Aufgaben als posthypnotische Aufträge bearbeitet wurden, traten die Schwankungen der Leistungen und die Ungenauigkeiten in der Selbstbeobachtung auf.

Diese ersten psychiatrischen Studien, in denen die „Widerspenstigkeit" des Willens als Forschungsgegenstand deutlich wurde, waren die Ausgangslage für die nachfolgenden psychologischen Untersuchungen zur Willenstätigkeit.

11.1 Wann braucht man den Willen?

Wo es keine Widerstände zu überwinden gibt, braucht man auch keinen Willen – so könnte eine vorläufige, einfache Faustregel lauten. Narziß Ach (1891–1946), einer der ersten Psychologen, der Willensphänomene experimentell untersuchte, beschrieb dies etwas ausführlicher folgendermaßen:

„Er (ein Willensakt) stellt sich im praktischen Leben nicht unnötigerweise ein, sondern bedarf zu seinem Auftreten gewisser *realer seelischer Voraussetzungen.* ... Diese Voraussetzungen liegen besonders dann vor, wenn der Mensch Widerstände äußerer oder innerer Art, Hemmungen, Schwierigkeiten oder dgl. zu überwinden hat, die sich seinem Handeln entgegenstellen. Diese *Schwierigkeiten müssen ihm in irgendeiner Art zum Bewusstsein kommen.*" (Ach, 1935, S. 196; herv. kursiv im Original)

Welcher Art diese Widerstände sein können, werden wir im Folgenden noch genauer sehen. Und es wird dabei deutlich werden, dass es sinnvoll ist, zwei Formen zu unterscheiden.

11.1.1 Gewohnheit als innerer Widerstand

Nicht zuletzt, weil Willensakte sich so prägnant von allen anderen Vorgängen und Inhalten des Bewusstseins abheben, waren sie schon Anfang des 20. Jahrhunderts psychologischer Forschungsgegenstand (vgl. *Abschnitt 3.1.2*). Im Alltag begegnen wir einer Form des inneren Widerstandes, wenn man gegen Gewohnheiten handeln muss – z.B. die ersten Male, wenn man eine neue PIN-Nummer eingeben muss, oder wenn bei einem Mietwagen der Blinker auf der ungewohnten Seite des Lenkrades ist. Um die dabei auftretenden Vorgänge im Labor genauer untersuchen zu können, ist es zunächst notwendig, Gewohnheiten aufzubauen, um dann im nächsten Schritt gegen diese anzukämpfen. Im Experiment ging man dabei so vor, dass in der ersten Phase

Paar-Assoziationen von zwei sinnlosen Silben auswendig gelernt wurden[2], um dann in der zweiten Phase auf die dargebotene erste Silbe des Paares *nicht* mehr gewohnheitsmäßig mit der ausgebildeten Assoziation zu reagieren, sondern z.B. mit einer Silbe, die sich darauf reimt. Dabei zeigte sich aufgrund der sorgfältigen Selbst- und Fremdbeobachtungen, dass der im Moment der Überwindung von Gewohnheitshandlungen notwendige Willenseinsatz durch vier Merkmale gekennzeichnet werden kann – Ach nannte sie „Momente“:

- Das *gegenständliche Moment* umfasst die gedankliche, meist sprachlich ausformulierte, Gelegenheits- und Tätigkeitsbestimmung – also wann genau was getan werden muss. Wir haben dies schon als Vorsatz in *Kapitel 10* zur Motivation kennengelernt.
- Im *aktuellen Moment* kommt es zum ruckartigen Hervortreten der Ich-Seite im Bewusstsein. Diese besondere, nun entstehende innere Haltung ist unanschaulich, d.h. durch keinen besonderen Inhalt, sondern nur durch das Gefühl des Anspannens gekennzeichnet – sie gilt allerdings als eigentlicher „Untergrund“ des Willensaktes und kann sprachlich als „Ich will wirklich!“ umschrieben werden.
- Das *anschauliche Moment* betrifft die mehr oder weniger deutlich auftretenden Veränderungen in Mimik, Körperhaltung und Motorik, die von außen beobachtbar sind – z.B. das Versteifen des Nackens, das Zusammenpressen der Zähne oder das Ballen der Fäuste. Diese Form muskulärer Anspannung ist auch bei rein mentalen Tätigkeiten beobachtbar – man könnte meinen völlig unnötigerweise, denn zweckdienlich ist dies dabei nicht. Es handelt sich dabei um Merkmale einer aggressiven Drohgebärde, die aus unserem Raubtiererbe entlehnt zu sein scheint.
- Das *zuständliche Moment* betrifft das während des gesamten Verlaufs eines energischen Willensvorgangs auftretende Anstrengungserleben. Wohlgemerkt, es geht um das *Erleben* von Anstrengung aufgrund der bewussten Selbstkontrollvorgänge. Diese Art des Anstrengens muss von der *tatsächlichen* Anstrengung aufgrund der auszuführenden Tätigkeiten, also der Beanspruchung durch die Aufgabe selbst, unterschieden werden[3].

Zwei dieser vier Merkmale – das *Hervortreten des Ichs* (aktuelles Moment) und die *erlebte Anstrengung* (zuständliches Moment) – weisen die von Ach beschriebenen Willensvorgänge beim Überwinden von Gewohnheiten als deutlich unterscheidbar und geradezu konträr zu dem im vorigen Kapitel beschriebenen *Flusserleben* aus, das ja gerade durch deren Abwesenheit charakterisiert ist (vgl. *Abschnitt 10.7*).

2 Ähnlich wie in den Experimenten von Ebbinghaus (=> *Kapitel 5 Gedächtnis*).

3 Unter Beanspruchung versteht man die subjektive Wirkung einer Aufgabe, die von der objektiven Belastung zu unterscheiden ist. So führt die objektiv identische *Belastung* durch das Anheben eines Gewichts von 50 kg zu unterschiedlichen subjektiven *Beanspruchungen*, die abhängig von der individuellen physischen Konstitution niedriger oder höher ausfallen können. Gleiches gilt natürlich auch für mentale Belastungen, wie z.B. durch Rechenaufgaben.

11.1.2 Unlust als innerer Widerstand

In anderen willenspsychologischen Experimenten der damaligen Zeit ging das Widerständige nicht von Gewohnheiten aus, sondern von der *Unlust*, die mit der Ausführung der beabsichtigten Handlung assoziiert ist, oder gar von *Ekel*. Diese Emotionen und die damit verbundenen Gefühle wurden von den Versuchspersonen berichtet, wenn sie heutzutage kaum zumutbare Aufgaben erhielten, wie z.B. einen schmerzhaften, allerdings unschädlichen Elektroschock an sich selbst auszulösen oder eine tote Fliege herunterzuschlucken. Auch hierbei traten die schon von Ach beschriebenen Momente im Erleben auf (s.o.). Um den inneren Widerstand bei dieser Art von Aufgaben erfolgreich zu überwinden, kam etwas Neues beim Willenseinsatz hinzu: Das *Abschirmen und Zurückdrängen der unlustvollen Gefühle* samt der zugehörigen Vorstellungsinhalte aus dem Bewusstsein – ein mentales Bemühen, das ebenfalls von einem als sehr intensiv beschriebenen Anstrengungserleben begleitet wird.

Ein ähnlicher Vorgang ist zu beobachten, wenn man im Alltag versucht, mit Schmerzen umzugehen. So kann das unerwünschte und manchmal unnötige Leiden abgeschwächt werden, indem man sich auf etwas anderes fokussiert. Dies geschieht durch willentliche Konzentration – jeder hat da seine eigenen Vorstellungen und Bilder, um sich mehr oder weniger erfolgreich abzulenken. Dasselbe gilt gleichermaßen für den Umgang mit störenden Emotionen, wie z.B. bei angeregter Wut oder Angst. Dabei geht es immer darum, die unwillkürlich entstandenen, unerwünschten Empfindungen, Vorstellungen und Gefühle durch den Einsatz des Willens aus dem bewussten Erleben fernzuhalten und durch andere zu ersetzen – man spricht dann von Emotions-Kontrolle (vgl. *Abschnitt 9.6*).

Wir können also feststellen, dass innere Hemmnisse unterschiedlicher Natur sind. Es können zum einen *Gewohnheiten* sein, die es zu überwinden gilt, und hier handelt es sich dann primär um eine bewusste Kontrolle der Handlungsausführung. Zum anderen kann es darum gehen, dass man keine Lust verspürt, die notwendigen Tätigkeiten auszuführen, und nun geht es darum, mittels des Willens diese *Unlust zu überwinden*. Im ersten Fall sollte die Motivation vorhanden sein, an der es im zweiten dagegen mangelt. Wenn Letzteres der Fall ist, dienen die Willensvorgänge dazu, ein gewünschtes Verhalten *ohne* oder sogar *gegen* aktuell vorhandene motivationale Tendenzen zur Ausführung zu bringen. Diese Art des Willenseinsatzes wird vor allem bei den ebenfalls schon in *Kapitel 10* am Ende erwähnten *Wahlhandlungen* nötig, und diesen geht – nomen est omen – immer eine bewusste Wahl mit einem *willentlichen Entschluss* voraus.

11.2 Der lange Atem – wozu der Wille gut ist

Die technische und kulturelle Entwicklung auf unserem Planeten wurde nur deshalb möglich, weil Menschen auch weit entfernte Ziele ins Auge fassen, verfolgen und erreichen können. Eine Voraussetzung dafür ist zunächst die Möglichkeit, in der Vorstellung das *Hier und Jetzt* verlassen zu können und gegenwärtig (noch) nicht Vorhandenes zu phantasieren. Diese Fähigkeit scheint schon bei einigen höheren Säugetieren (Schimpansen) und Vögeln (Krähen) – zumindest im Rudiment – vorzuliegen. Neben dem Abheben von der äußeren Realität kommt bei Menschen noch eine weitere Dimension hinzu, nämlich das Abheben von der *inneren Realität*, d.h. von der aktuellen Bedürfnislage. Zu der Simulation der äußeren Realität des *Hier und Jetzt* tritt also die Simulation möglicher *zukünftiger Bedürfnislagen* hinzu. Diese zweite Simulationsebene scheint exklusiv nur dem Homo sapiens vorbehalten zu sein, denn bei allen anderen Tieren weisen keinerlei Verhaltensweisen auf diese Fähigkeit hin – kein Schimpanse würde etwas Fressbares beachten oder gar mitnehmen und horten, wenn er satt ist, d.h. keinen Hunger hat (vgl. *Abschnitt 3.5*).

Das menschliche Bewusstsein ermöglicht es also, sowohl die äußere als auch die innere Realität zu verlassen, und so können Problemlösungen simuliert werden, aber auch ersehnte Zustände in der Phantasie entstehen. Die daraus aufkeimenden Wünsche können dann im nächsten Schritt auf „Herz und Nieren", d.h. hinsichtlich ihres tatsächlichen Wertes und ihrer Realisierbarkeit, geprüft werden. Für den Fall, dass mehrere übrig bleiben und sie sich nicht miteinander vereinbaren lassen, werden sie gegeneinander abgewogen – wie z.B. bei der Wahl einer Tapete. Dieser Vorgang endet dann mit einer Entscheidung für eine der Alternativen. Diese kann einfach prägnant werden und vor den anderen hervortreten, und es ist dann ähnlich wie bei den schon beschriebenen *Willkürhandlungen* ein eher passiver Vorgang. Sie kann aber auch in Voraussicht der absehbaren Schwierigkeiten schwerfallen, und man erlebt den Vorgang der Entscheidung selbst als Konflikt. Beispiele dafür sind der Entschluss, sich vom Lebenspartner zu trennen, oder die Entscheidung, für welche größere Anschaffung als Nächstes gespart werden soll. Hier handelt es sich dann um einen willentlichen Entschluss, ein bestimmtes Ziel von nun an zu verfolgen – und in diesem Fall ist die Nähe zu den als aktiv und anstrengend erlebten *Wahlhandlungen* offenkundig.

Willensakte werden dann besonders spürbar, wenn es Konflikte zu lösen gilt. Das kann bei Entscheidungen für oder gegen ein Ziel der Fall sein, wenn mehrere ähnlich bewertbare Alternativen vorliegen oder schwerwiegende Konsequenzen zu erwarten sind. Es kann aber auch bei der Ausführung selbst zum Konflikt kommen. Dies hat Goethe wohl gemeint, als er schrieb: „…es ist nicht genug zu wollen, man muss auch tun."

Der Übergang vom Wünschen zum Wollen ist durch den willentlichen Entschluss deutlich markiert – er wurde schon im Rubikon-Übertritt (*Exkurs 10.2*) näher erläutert. Der Entschluss ist aber erst der Startpunkt auf einem möglicherweise etappenreichen und sich zeitlich hinziehenden Weg zum Ziel, und es werden sich unterschiedliche – manchmal erwartete und manchmal unerwartete – Gelegenheiten ergeben, dem Ziel näher zu kommen. Das Gewahrwerden einer Gelegenheit führt allerdings nicht zwingend zur Ausführung der entsprechenden Handlung. Auch bei Vornahmehandlungen oder bei Vorsätzen, bei denen dieser „Automatismus" häufig zu beobachten ist, muss neben der ausreichenden Fähigkeit auch die entsprechende Motivation dazu in dem Augenblick vorhanden sein[4].

Wenn es bei der passenden Gelegenheit am einen oder am anderen mangelt, erleben Menschen dieses als Widerstand oder Hemmnis, und es kommt zu der schon beschriebenen *Wahlhandlung*, deren Ausführung nur unter Einsatz des Willens möglich wird. Allerdings machen diese Probleme nur einen eher geringen Teil der ansonsten meist reibungslosen Handlungsabläufe aus. Einzig weil die damit verbundenen Willensvorgänge so deutlich im Bewusstsein hervortreten und mit entsprechenden Gefühlen und Emotionen einhergehen, erhalten diese Ereignisse starke Prägnanz und hohes subjektives Gewicht. Ähnlich wie beim vergeblichen Gedächtnisabruf wird erst durch Schwierigkeiten und Störungen die entsprechende Funktion auffällig. Wenn Motivation und Fähigkeiten stimmen, dann sind sie im Erleben eher unauffällig – wie dies für einfache Triebhandlungen und auch Willkürhandlungen, bei denen man sich eher als passiv erlebt, typisch ist.

In ▶Abbildung 11.1 ist dies schematisch im Ablauf dargestellt. Nach der Phase der Wunschentstehung kommt es zu einem Abwägen und der Entscheidung, gefolgt von der Bildung eines Zieles, das als wertvoll oder wichtig erachtet wird und auch erreichbar erscheint. Falls diese Entscheidung das Ergebnis eines starken Konfliktes mit widerstrebenden Kräften ist, wird sie im Willensentschluss beendet. Nachfolgend können verschiedene Gelegenheiten auftreten, dem Ziel näher zu kommen. Wenn – bei vorhandener Fähigkeit – die Motivation in dem Moment passt, kommt es zur relativ unauffälligen Willkürhandlung (Gelegenheit 1). Wenn dagegen die Motivation fehlt und man umgangssprachlich „keine Lust darauf" hat, haben wir es mit dem Typ der Wahlhandlung zu tun und zur Ausführung ist Willenseinsatz nötig (Gelegenheit 2).

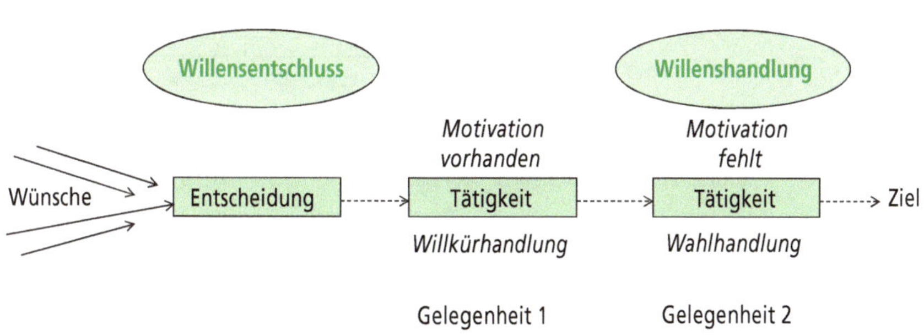

Abbildung 11.1: Willensentschluss und Willenshandlung

4 Auch Vornahmen und die empfehlenswerten Vorsätze im Wenn-dann-Format (vgl. *Abschnitt 10.6*) führen nicht zwingend, sondern nur *wahrscheinlicher* zum Verhalten.

Grundsätzlich entsteht dieses Problem deshalb, weil es eher unwahrscheinlich ist, dass die Motivationslage, in der man sich zum Zeitpunkt des Entschlusses befand, dieselbe ist wie diejenige zum Zeitpunkt der passenden Gelegenheit. Der Entschluss und das Ziel bleiben zwar bestehen und daran hat sich nichts geändert, aber die Motivationslage kann dann sehr wohl eine gänzlich andere sein, und jetzt haben wir auf einmal ein „Motivationsproblem“[5]. Nun muss von der motivationalen in eine volitionale Handlungssteuerung gewechselt werden. In der einen oder anderen Weise dürfte jeder schon damit Erfahrungen gemacht haben, dass *ein und dieselbe* Handlung zu unterschiedlichen Gelegenheiten mal leichter und mal schwerer fällt.

Besonders dann, wenn ein Entschluss in einer besonderen emotionalen oder motivationalen Verfassung getroffen wird, ist es wahrscheinlich, dass mit Widerständen bei der konkreten Umsetzung zu rechnen ist. Die „Silvestervorsätze“ entsprechen diesem Typus, wenn sie aus der sprichwörtlichen „Sektlaune“ heraus gefasst werden (▶Abbildung 11.2). Daneben gibt es einen zweiten und vielleicht sogar gewichtigeren Grund, weshalb ihre Umsetzung nicht gelingt und sie nach einem Jahr regelmäßig erneuert werden müssen: Entgegen den *Vorsätzen* wie sie in der Psychologie definiert werden – nämlich in konkretem Wenn-dann-Format mit genauer Gelegenheits- und Tätigkeitsspezifizierung – sind die „guten Vorsätze“ des Alltagslebens viel zu vage formuliert und entsprechen damit dem unspezifizierten Format von *Absichten* (vgl. *Tabelle 10.2*).

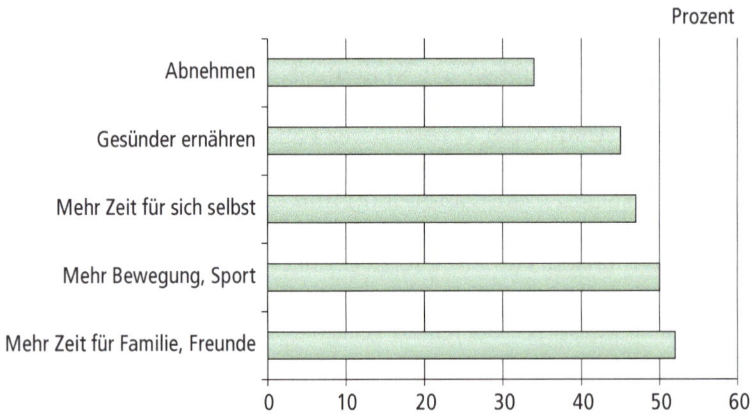

Abbildung 11.2: Die 5 häufigsten „guten Vorsätze“ an Silvester für das Jahr 2010

Die willentliche Handlungssteuerung stellt also eine notwendige Voraussetzung dafür dar, angestrebte Ziele auch langfristig verfolgen zu können. Da es eher unwahrscheinlich ist, bei jeder zukünftig auftretenden Gelegenheit zur Zielannäherung in einer für das anstehende Handeln optimalen Motivationslage zu sein, ist es erforderlich, Einfluss darauf zu nehmen. Dies ist die zentrale

5 „The motives which yesterday seemed full of urgency and blood and life today feel strangely weak and pale and dead.“, beschrieb William James dies treffend.

Aufgabe von Willensprozessen. So sind Menschen dazu in der Lage, *die zeitlichen und situationsbedingten* Schwankungen der aktuellen Motivations- oder Emotionslagen zum Zwecke langfristiger Ziele in gewissem Umfang zu kompensieren.

Schon Freud sah in der Fähigkeit zum Triebverzicht und Triebaufschub die wesentlichen Voraussetzungen zur Entstehung von zivilisierten Gesellschaften. Dass dies nicht in jedem Fall gelingt, steht außer Frage. Es hängt sowohl von der Stärke und Richtung der aktuellen Motivationslage als auch vom volitionalen Kontrollvermögen ab – den beiden Antagonisten in der Situation.

11.3 Erfolgreich Handeln

Um erfolgreich zu handeln, müssen zwei Voraussetzungen erfüllt sein: Zum einen sollte die *Fähigkeit* zur Durchführung vorhanden sein und zum anderen die *Motivation*, es auch zu tun. Unproblematisch und optimal ist es, wenn beides in einer Situation vorhanden ist – hier ist dann auch kein Willenseinsatz vonnöten (▶Tabelle 11.1).

Wenn gegen Gewohnheiten angegangen werden muss, haben wir den Fall, dass zwar die Motivation, etwas zu tun, ausreichend vorhanden ist, aber das einfache Ablaufenlassen der eingeübten Routinen keinen Erfolg verspricht. Hier muss dann die Ausführung ähnlich konzentriert und bewusst kontrolliert werden, wie auch bei schwierigen Aufgaben oder bei neuen, für die man noch keine ausreichenden Kenntnisse oder Fertigkeiten erworben hat – es ist *Handlungs-Kontrolle* erforderlich. Dabei muss die Aufmerksamkeit über einen längeren Zeitraum willkürlich auf den Tätigkeitsvollzug konzentriert werden und die Handlungs- oder Gedankenabläufe unterliegen einer bewussten Steuerung und Kontrolle. Wenn dies der Fall ist, erleben wir auch objektiv einfache Tätigkeitsabläufe als schwierig oder kompliziert – wie z.B. in der ersten Fahrschulstunde, wenn jede Bewegung bewusst kontrolliert werden muss. Dabei kann es trotz vorhandener Motivation nicht zum Flusserleben kommen, da ein „Aufgehen in der Tätigkeit" unmöglich ist.

MOTIVATION	FÄHIGKEIT	
	fehlt / nicht ausreichend	**vorhanden**
fehlt / nicht ausreichend	Hilflosigkeit, Resignation	Motivations-Kontrolle wegen Unlust, Angst oder Verführungen
vorhanden	Handlungs-Kontrolle aufgrund subjektiv hoher Schwierigkeit	optimal

Tabelle 11.1: Wirkungen des Fehlens oder Vorhandenseins von Motivation und Fähigkeit bei anstehenden Aufgaben

Man kann natürlich in diesem Fall *Hilfe, Rat oder Unterstützung suchen.* Falls das nicht möglich ist – vielleicht auch, weil man es unbedingt selber können und machen will – entsteht ein Zustand, der gemeinhin als *Lernmotivation* bezeichnet wird. Ein neues Ziel ist jetzt, die eigenen Fähigkeiten zu verbessern, um am Ende die Aufgabe selbst meistern zu können – z.B. Billard zu spielen, Auto zu fahren oder Spanisch zu sprechen.

Ein gänzlich anders gearteter Fall liegt vor, wenn zwar die Fähigkeit in ausreichendem Maße vorhanden ist, es aber an der Motivation zur Ausführung mangelt oder – was gleichbedeutend ist – stärkere, anders gerichtete Motivationen in Konkurrenz treten. Wenn eine dominante motivationale Konkurrenz vorliegt – wie z.B. bei angeregter Angst oder bei Verführungen durch „schönere" Tätigkeiten – ist *Motivations-Kontrolle* gefragt. Sie zielt auf eine konsequente Abschirmung der störenden Vorstellungsinhalte und Gefühle bei gleichzeitiger enger Fokussierung auf die erwünschten.

Fehlt hingegen schlicht und einfach die notwendige Motivation, besteht die Aufgabe der *Motivations-Kontrolle* darin, sie aufzubauen – umgangssprachlich muss man sich dann „selbst motivieren". Das erfolgt dann meistens durch bewusste Vorstellungen, was bekanntlich manchmal sehr mühsam ist. Das Fehlen an Motivation zur Ausführung einer eigentlich notwendigen Tätigkeit ist hinreichend aus dem alltäglichen Leben bekannt und gefährdet dann nicht selten den häuslichen Frieden – z.B. Mülleimer entleeren, Schularbeiten machen, Aufräumen usw. Der scheinbar gerechte Zorn über das unterlassene Handeln ist darin begründet, dass *nicht Unfähigkeit*, sondern *fehlende Anstrengung* oder *mangelnder Wille* als Ursache gesehen wird. Damit scheint dies von der Person kontrollierbar und gilt deshalb als nicht entschuldbar. Prinzipiell ist das sicherlich richtig, aber Anstrengungsbereitschaft wie auch Willensstärke unterliegen Schwankungen und sind nicht zu jedem Zeitpunkt gleich gut abrufbar. Es kostet jedes Mal aufs Neue *Selbstüberwindung*, und dieser Vorgang ist wie körperliche Kraft *erschöpfbar*, worauf später noch näher eingegangen wird.

Ein anderer Weg im Umgang mit Situationen, in denen Willenseinsatz und Selbstüberwindung gefragt sind, ist dem allzu menschlichen Wunsch nach Bequemlichkeit verpflichtet. Man wählt dann den Weg des geringsten Widerstandes, der darin besteht, die unangenehme, als anstrengend erlebte oder langweilige Tätigkeit *aufzuschieben* oder sie gar gänzlich zu *vermeiden.* Dieses „Aus-dem-Felde-Gehen" ist besonders dann zu beobachten, wenn Fähigkeit und Motivation zur anstehenden Tätigkeit gleichermaßen fehlen. Die Ursachen dafür liegen hier weniger in der Bequemlichkeit („Faulheit") als in der entstehenden *Hilflosigkeit* und *Resignation* angesichts der unlösbaren Aufgabe.

11.4 Vom Belohnungsaufschub zur Selbst-Kontrolle

Die Möglichkeit zur willentlichen Handlungssteuerung entwickelt sich schrittweise schon in der Kindheit und steht in engem Zusammenhang mit der Entwicklung des Zeitverständnisses. Diejenigen, die mit Kindererziehung zu tun haben oder hatten, wissen, wie langwierig es ist und wie viel Geduld es erfordert, Kindern die kurz- oder langfristigen Konsequenzen ihres Tuns immer wieder vor Augen zu führen, um unvernünftiges Verhalten zu ändern. Dabei ist nicht selten zu beobachten, dass sie um die Konsequenzen ihres Tuns sehr wohl Bescheid wissen, sich jedoch nicht darum kümmern. Die Einsicht um die Folgen ist zwar vorhanden, jedoch kann diese nicht handlungswirksam eingesetzt werden. Das Wissen bleibt „kalt" und das Handeln folgt hedonistisch der momentan stärksten Motivation. Als durchaus nachvollziehbare Gründe werden genannt: „Das macht keinen Spaß.", „Es ist so anstrengend." oder „Es ist langweilig." Die Früchte der eher einseitigen Kommunikation von Eltern zu ihren Kindern über langfristige Folgen des Handelns kommen erst langsam zum Tragen.

Etwa ab dem vierten Lebensjahr sind Menschen dazu in der Lage, Belohnungsaufschub zu leisten und ihre momentane Motivation zu bremsen, um so ein wertvolleres Ziel später zu erreichen. Die Fähigkeit – Freud nannte es Triebaufschub – kann als der entwicklungspsychologische Ausgangspunkt für die Willensvorgänge bei Erwachsenen angesehen werden. Um das genauer zu untersuchen, hat man Kinder im Alter zwischen 4 und 6 Jahren vor folgende zwei Wahlmöglichkeiten gestellt: entweder eine verführerische Süßigkeit („Marshmallow" = „Mäusespeck"), die vor ihnen auf dem Tisch lag, sofort zu nehmen und essen zu können, oder alleine davor zu warten, bis der Versuchsleiter wieder zurückgekommen ist, um dann allerdings zwei Exemplare davon zu erhalten. In Vorversuchen konnten einige der Kinder bis zu über einer Stunde vor der süßen Verführung wartend sitzen bleiben. Das Experiment beschränkte sich jedoch auf maximal 20 Minuten und die Kinder konnten durch ein Klingelsignal den Versuch vorher abbrechen – in diesem Fall gab es dann nicht die zweite Süßigkeit.

Die aufgezeichneten Verhaltensweisen während der Wartezeit – also der Kampf mit der eigenen Motivation – offenbarten die Strategien der Kinder: Einige sangen, machten Körperübungen, sahen woanders hin oder hielten sich die Augen einfach zu. Andere redeten mit sich selbst („Sie kommt gleich wieder – es dauert nicht mehr lange."). Weniger erfolgreiche Wartestrategien waren das Berühren der Süßigkeit oder das Daran-Riechen, denn dies führte fast unweigerlich zum Daran-Lecken und Anknabbern[6]. Die meisten fünfjäh-

6 In Längsschnittbeobachtungen konnte 10 Jahre später nachgewiesen werden, dass diejenigen Kinder, die am längsten warten konnten, in der Schule bessere Leistungen zeigten, sich besser konzentrieren konnten und insgesamt ausgeglichener durchs Leben gingen als diejenigen, die als Vierjährige nur kurze Zeit widerstehen konnten. Und weitere 10 Jahre danach zeigten die nun Erwachsenen ein höheres Durchhaltevermögen, größeren beruflichen Erfolg, seltener Übergewicht und eine niedrigere Kriminalitätsrate.

rigen Kinder sind jedoch zu einem recht effektiven, geduldigen Belohnungsaufschub in der Lage, wobei auch schon die Phantasie zweckdienlich eingesetzt werden kann – z.B. berichtete ein geduldig wartendes Kind, dass es sich vorgestellt hat, nicht ein Marshmallow vor sich zu haben, sondern eine kleine weiße Wolke, die man natürlich nicht essen könne. So wurde der verführerische Anreiz einfach wegphantasiert.

Die beim Belohnungsaufschub von Kindern beobachtbaren Strategien stellen wesentliche Fundamente der von Erwachsenen eingesetzten Selbstkontrolltechniken zur Durchführung von Willenshandlungen dar. Vor deren Einsatz steht immer eine bewusste Entscheidung mit dem Entschluss, ein bestimmtes Ziel erreichen zu wollen. Der Willensentschluss kann natürlich manchmal auch direkt vor der Willenshandlung liegen. Er kann jedoch auch ein fernes Ziel betreffen, und die entsprechenden Situationen oder Gelegenheiten, dem Ziel durch eigenes Handeln näher zu kommen, ergeben sich erst nach Stunden oder sogar Tagen. In einigen religiösen Vorstellungen wird der Triebaufschub sogar erst nach dem Tod im Jenseits belohnt.

11.5 Was macht der Wille?

Wenn man sich die der Selbst-Kontrolle obliegenden Aufgaben Punkt für Punkt vergegenwärtigt, entsteht schnell der Eindruck, dass dies alles nicht gleichzeitig zu schaffen ist – ähnlich dem Empfinden des Klavierschülers in der ersten Übungsstunde. Hier wird allerdings die scheinbare Schwäche des Bewusstseins – nämlich die Tatsache, dass es immer nur wenige Informationen beinhalten kann – zur Stärke. Aufgrund dieser Enge schließt der gerade im Fokus stehende Inhalt alle anderen Vorstellungen aus – zumindest für ein paar Sekunden (vgl. *Abschnitt 3.3*). In dieser Zeit können die kontrollierten Vorstellungen die erwünschten Wirkungen auf die Motivation und auch die Handlungssteuerung nehmen. Falls dies nicht gelingt, müssen sie nach dieser Zeit erneuert werden, da ansonsten die konkurrierenden Anreize (z.B. die präsenten Verführungen) wieder unwillkürlich die Aufmerksamkeit auf sich ziehen – der Signifikanzfilter erledigt seinen „Job" ja unermüdlich weiter. Dies scheint der Grund zu sein, warum eine andauernde Kontrolle willentlichen Handelns als so anstrengend erlebt wird.

Es ist zwar illusorisch, alle Kontrollvorgänge gleichzeitig willentlich auszuführen, aber wenn die bewusste Fokussierung auf einen Aspekt der erwünschten Handlungslage gelingt, werden – zumindest für kurze Zeit – alle unerwünschten aus dem Bewusstsein gedrängt. Es hat sich gezeigt, dass mittels der bewussten Kontrolle unterschiedliche Fokussierungen erfolgreich eingesetzt werden können, wobei jede „Technik" für sich allein bei konsequenter Ausführung schon effektiv sein kann (▶Tabelle 11.2). Die ersten beiden zielen auf die adäquate *Beeinflussung der Gefühle* ab, die auf die Aufgabenstellung justiert werden sollen (Unlust – Lust, Erregung – Beruhigung, Spannung – Lösung). Die dritte und die vierte Technik betreffen die *Ausrichtung der Gedanken und*

Vorstellungen auf die handlungsrelevanten Informationen. Geht es bei den ersten beiden um das Motivationsmanagement, so zielen die beiden letzteren eher auf die Handlungsausführung ab. Erfolgreich eingesetzt hat jede Technik eine gewisse Streuwirkung auf die anderen und steckt diese gewissermaßen an, und hier gibt es in der Bevorzugung große individuelle Unterschiede – jeder macht eben seine eigenen Erfahrungen mit der Selbst-Kontrolle. Hinzu kommt noch als eine weitere, allerdings nach außen gerichtete Technik, die *Umwelt-Kontrolle*.

Technik / Ausrichtung	Aufgabe / Ziel	Frage / Vorgehen
1. Motivations-Kontrolle	- Erwünschte Motivation erhöhen - Konkurrierende, störende Motivation abschwächen	Wie kann ich die fehlende Motivation erhöhen? - Anreize vergegenwärtigen - Spannung herstellen
2. Emotions-Kontrolle	- Förderliche Emotionen verstärken - Hinderliche abschwächen	Wieso stört die momentane Emotion oder Gefühlslage? - Unlust ausblenden und Erregung beeinflussen
3. Aufmerksamkeits-Kontrolle	- Konzentration auf die handlungsrelevanten Informationen - Ignorieren der irrelevanten Informationen	Worauf muss ich achten? Was ist relevant? - Genau bestimmen, worauf zu achten ist und worauf nicht
4. Handlungs-Kontrolle	- Die anstehenden Tätigkeiten vergegenwärtigen - Bewältigungspläne für Schwierigkeiten entwerfen	Was muss ich tun? Was für Probleme kann es geben? Wie gehe ich damit um? - Wenn-dann-Regeln aufstellen
5. Umwelt-Kontrolle	- Mögliche unwillkürliche Ablenkungen aus der Situation entfernen	Was stört mich? Was kann mich ablenken? - Quellen der Ablenkungen beseitigen

Tabelle 11.2: Einige Techniken und Strategien zur Gefühls- (1 und 2), Vorstellungs- (3 und 4) und Umwelt-Kontrolle (5)

Bei einem optimalen Motivationszustand sind solche bewussten Selbstkontrollvorgänge nicht notwendig. Hier entstehen und funktionieren die zielausrichtende *Spannung*, die angemessene *Aktivierung*, die selektive *Informationsverarbeitung* und die *Handlungssteuerung* wie von „allein". Erst wenn die Motivation zum Handeln fehlt oder konkurrierende „Verführungen" stärker sind, wird der Wille benötigt, um nun die optimale Motivation zu simulieren. Dies kann in erster Linie durch *Motivations-Kontrolle* geschehen, indem man sich mittels bewusst erzeugter Vorstellungen in eine angemessene Motivation zu versetzen versucht. Durch Vergegenwärtigung der Anreize des Zieles und der Folgen des Getan-Habens; es kann aber auch über die Erzeugung von leichter Angst geschehen – wie z.B. durch Vorwegnahme der Folgen des Nichtgetan-Habens. Wenn vermittels der bewussten Vorstellungen die willentliche Anreizaufschaukelung über einen gewissen Zeitraum gelingt, dürfte der Funke überspringen. Die Motivation zum Handeln wird erhöht und im Idealfall beginnt man jetzt mit der Tätigkeit. Damit wären dann weitere Kontrollvorgänge – zumindest für einen gewissen Zeitraum – hinfällig.

Wenn dies nicht auf Anhieb gelingt, besteht als Nächstes die Möglichkeit der *Emotions-Kontrolle*. Dabei muss zunächst das momentane Gefühlserleben oder die Emotion erkannt werden, um sie dann in eine zur erwünschten Motivation passende zu überführen. Manchmal muss man sich schlicht und einfach nur beruhigen, was durch eine Entspannungstechnik oder entsprechende Vorstellungen bewirkt werden kann. Oder man muss erst die Aktivierung erhöhen, um „in die Pötte" zu kommen, und sich sozusagen aufregen. Das Unterdrücken und Ausblenden der Unlust-Gefühle gehört in bestimmten Fällen – z.B. bei Schmerzen – natürlich auch dazu. Auch hier hilft die willentliche Konzentration auf andere Objekte und Themen – wie auf ablenkende Reize in der Situation oder phantasierte Vorstellungen.

Zielen die beiden bisher beschriebenen Techniken primär auf die Kontrolle und Beeinflussung der Gefühle, so sind die nächsten auf die für die Ausführung relevanten Vorstellungsinhalte, d.h. auf die Handlungs-Kontrolle, gerichtet. Bei der *Aufmerksamkeits-Kontrolle* ist vorher zu klären, auf welche Reize geachtet werden muss und welche Informationen aus dem Gedächtnis relevant sind. Auch gehört dazu, was im Falle unwillkürlicher Ablenkung getan werden soll. Hier kommen wir schon in das Einzugsfeld der *Handlungs-Kontrolle*, die nicht nur die positiven Vornahmen – nämlich was wann getan werden soll – beinhalten sollte, sondern auch Wenn-dann-Regeln für den Fall von Fehlern oder impulsartigen Abweichungen vom Handlungskurs. Z.B. können das ganz simple Selbstanweisungen sein wie: Wenn ich aus dem Fenster sehe, schaue ich nach zwei Sekunden wieder auf die Aufgabe.

Sind die bisher beschriebenen vier Techniken in der Person selbst angesiedelt, so ist die letzte Technik der *Umwelt-Kontrolle* auf die aktive Gestaltung der Außenwelt bezogen. Es geht dabei darum, alles, was bei der Ausführung der erwünschten Tätigkeit ablenken, verführen oder stören könnte, vorsorglich aus dem Feld zu entfernen. Dies kann persönliche Andenken, Fotos oder Zeitschriften auf dem Schreibtisch betreffen oder das Abschalten des E-Mail- und SMS-Empfangs, gleichermaßen wie das Entfernen von Rauchutensilien, Alkohol oder Süßigkeiten aus der Wohnung, wenn man das Ziel hat, deren Konsum aufzugeben.

Wenn die Selbst-Kontrolle perfekt umgesetzt wird, ist am *beobachtbaren Verhalten* kaum zu unterscheiden, ob gerade eine willentliche oder eine motivationale Handlungssteuerung vorliegt – die Unterschiede bestehen nur noch im *Erleben* der Personen. Der willentlich anstrengendste Teil kann unmittelbar *vor Beginn* der erwünschten Tätigkeit lokalisiert werden. Wenn die Selbst-Kontrolle Erfolg zeitigt und mit der Handlung *begonnen wurde*, hat man – nach dem schon vollzogenen vom Wünschen zum Wollen – den nächsten wichtigen Zäsurpunkt im psychischen Geschehen überschritten: den vom Wollen zum Tun (siehe Zitat am Kapitelanfang). Denn jetzt werden Anreize aus der Tätigkeit selbst wirksam und so die Motivation durch das Handeln selbst stabilisiert. Dieses Phänomen ist in vielen Lebensbereichen beobachtbar – immer dann, wenn man *vor* der Tätigkeit keine Lust dazu hat, unmotiviert ist und diese am liebsten aufschieben möchte. Aber schon kurz *nach dem Beginn* der Ausführungen scheinen die kurz zuvor noch so deutlich spürbaren Gefühle der Unlust verschwunden zu sein, und man führt dann die Tätigkeit häufig bis zum Ende ohne Probleme und weiteren Willenseinsatz aus. Dies gilt für das Aufräumen des Arbeitszimmers genauso wie für das Reparieren des Gartenzauns, für das Sporttreiben als auch für das Schreiben eines Protokolls.

In einer genauen Analyse von Übungstagebüchern konnte dies bei Musikschülern und Musikstudenten nachgewiesen werden: Selbst an den Tagen, an denen sie keine Lust zum Üben haben, kommt es – einmal damit angefangen – sogar für etwa 19 % der Übungszeit zum *Flusserleben*, d.h. zum völligen Aufgehen in der Tätigkeit (vgl. *Abschnitt 10.7*). Dabei handelt es sich bekanntlich um den Zustand optimaler Motivation. Vielleicht gar nicht so überraschend ist es, dass der diesbezügliche Unterschied zu den Tagen, an denen sie große Lust zum Üben hatten, gar nicht so groß war – hierbei waren es etwa 25 % der Übungszeit. Die sehr unterschiedlichen motivationalen Ausgangslagen *vor* dem Tun werden also mit dem *Beginn* der auszuführenden Tätigkeit durch die darin liegenden Anreize beinahe nivelliert.

Wie wir gesehen haben, ist die Alltagsweisheit „Man muss nur richtig wollen" zwar von der Substanz her korrekt, aber es ist nur die halbe Wahrheit. Ergänzt werden muss sie mit dem etwas konkreteren Hinweis: „ ... und man muss einfach nur anfangen" – wie immer man das auch hinbekommt.

11.6 Gedankenkontrolle – die willentliche Zensur vor uns selbst

Dreh- und Angelpunkt aller Selbstkontrollvorgänge ist das kapazitätsbegrenzte menschliche Bewusstsein. Viele der darin auftretenden Vorstellungen und Gefühle entstehen spontan und wir erleben sie dann passiv. Die Inhalte können angenehm und erwünscht, aber auch unangenehm und unerwünscht sein. Dabei haben natürlich auch letztere – wie z.B. die durch Furcht getönten Phantasien des Scheiterns oder von Schäden – eine wichtige Funktion, indem sie uns zu Vorsicht oder Zurückhaltung ebenso wie zu Planung und Vorbereitung mahnen, was ohne sie wohl kaum geschehen würde.

Wenn man Studierende in den USA fragt, welche Inhalte ihrer spontan auftretenden Gedanken unerwünscht sind und warum sie diese demzufolge zu unterdrücken versuchen, erhält man auch einen Eindruck von der Gewissenskultur dort. In ▶Tabelle 11.3 sind die am häufigsten genannten aufgelistet.

Gedanke	Grund für die Unterdrückung	Motive: Furcht vor …
1. Bei einer Prüfung durchfallen	Schaden	Misserfolg
2. Einsamkeit	Schaden	Zurückweisung
3. Schlechte Studienleistungen	Schaden	Misserfolg
4. Sterben, Tod	Schaden	Kontrollverlust
5. Mit AIDS infizieren	Schaden	Kontrollverlust
6. Selbstbefriedigung	Verführung	Kontrollverlust
7. Eifersucht	unerwünschte Emotion	Zurückweisung Kontrollverlust
8. Gelogen zu haben	unmoralisch	Zurückweisung Kontrollverlust
9. In jemanden verliebt sein	unerwünschte Emotion	Zurückweisung Kontrollverlust
10. Vergewaltigung	Schaden	Kontrollverlust
11. Kalorienbomben essen	Verführung	Kontrollverlust
12. Bei einer Prüfung schummeln	unmoralisch	Misserfolg?

Tabelle 11.3: Die 12 am häufigsten unterdrückten Gedanken amerikanischer Studierender

Bei näherer Inspektion der Gründe für die Unterdrückung wird daraus ersichtlich, dass 6 von den 12 Inhalten Furcht oder Angst vor möglichen individuellen Schäden zum Inhalt haben (1., 2., 3., 4., 5., 10.). Weitere Themen betreffen potentielle Verführungen (6., 11.), moralische Verfehlungen (8., 12.) und unerwünschte Emotionen (7., 9.). Dass die unter 7. genannte Eifersucht unterdrückt werden soll, ist nachvollziehbar – schwerer wird das bei dem unter 9. genannten Verliebtsein. Offenbar geht es hier bei Letzterem darum, dass andere dies nicht bemerken sollen, da man sich durch diese Emotion gehemmt und verwundbar fühlt – vielleicht ist es aber auch der erlebte Kontrollverlust in diesem Zustand.

Wenn man die Analyse tiefer auf die angesprochenen impliziten Motive richtet, wird sehr schnell prägnant, dass alle genannten spontanen unerwünschten Gedankeninhalte auf mindestens eines – oder gleich mehrere – der großen drei Motivsysteme Anschluss, Leistung und Macht bezogen sind (vgl. *Abbildung 10.10*). Hierbei spielen die aufsuchenden Hoffnungskomponenten allerdings keine Rolle, sondern es sind die Fürchte vor Zurückweisung, vor Misserfolg und vor Kontrollverlust, die sich als gefühlsunterlegte Vorstellungen ins Bewusstsein drängen und so bemerkbar machen. Die in der Tabelle aufgeführten Gedanken dürften für die spezielle Sozialisation und gesellschaftliche Situation amerikanischer Studenten typisch sein, sie sind also nicht ohne Weiteres auf andere Kulturen und Altersgruppen generalisierbar. Dagegen sollten die angesprochenen Motivthemen und deren Furchtsysteme für alle Menschen Gültigkeit besitzen.

Für die Betroffenen scheint es kurzfristig und hedonistisch gedacht wünschenswert zu sein, wenn all diese bedrohlichen Gedanken – und natürlich die damit verbundenen unangenehmen Gefühle – am besten gar nicht erst auftreten. Und wenn die Abschirmung im vorbewussten Feld nicht gelingt und sie dennoch ins Bewusstsein treten, will man sie so schnell wie möglich wieder entfernt wissen und loswerden. Allerdings greift, wie eingangs erwähnt, dieser „Heile Welt“-Wunsch zu kurz, denn die gedanklichen Einschübe stellen *Mahn- und Warnsignale* dar, die zumindest in Disposition gestellt werden sollten: Man kann sich dann entscheiden, ihnen zu folgen, oder sie – nach entsprechender Abwägung – ignorieren. Erst *nach* dem Abwägen, wenn man sie für überzogen und das Risiko für verantwortbar hält, sollten sie dann willentlich kontrolliert und unterdrückt werden.

Es ist natürlich von Person zu Person sehr unterschiedlich und variabel, wie häufig und wie intensiv sich diese Warnsignale melden. Auch hier gilt, dass das richtige Maß entscheidend ist, denn überbordende Fürchte führen in demselben Maße zu Fehlverhalten wie Furchtlosigkeit, die bekanntlich schnell zu Leichtsinn werden kann.

Exkurs 11.2: Denk mal einen Augenblick nicht an ...

Lange Zeit schien die genaue Erforschung der bewussten Gedankenkontrolle im Labor nicht möglich, bis Daniel Wegner und Mitarbeiter eine verblüffend simple Idee hatten.

Personen, die in ein Labor gehen, um an einem psychologischen Experiment teilzunehmen, haben die unterschiedlichsten Erwartungen. Die meisten Teilnehmer an dem folgenden Experiment waren angenehm überrascht, denn die Aufgabe war klar und schien einfach: Sie sollten einfach das aussprechen, was ihnen gerade in den Sinn kommt – wir hatten diese Methode des „lauten Denkens" schon kennengelernt. Nach einem Übungsdurchgang von 5 Minuten sollte dies nun wiederholt werden – mit einer kleinen Einschränkung, denn es war alles erlaubt, bis auf den Gedanken an einen Eisbären („Don't think of a white bear!"). Und weiter: „Falls Sie doch einmal daran denken sollten, drücken Sie bitte mit dem Finger auf die Taste vor Ihnen."

Wieso sollte das schwerfallen, da sie im Laufe des Tages noch nicht ein einziges Mal daran gedacht hatten? Man ist zunächst also ganz entspannt, und der Blick gleitet im Raum herum und dann – völlig ohne Ankündigung – schiebt sich doch tatsächlich die Vorstellung eines Eisbären ins Bewusstsein. Mit einer Häufigkeit, die schon verblüfft, da dies durchschnittlich etwa 4 Mal in der ersten Minute geschieht – also etwa alle 15 Sekunden. Wenn vorher auf den Eisbären hingewiesen wurde, es jedoch ausdrücklich erlaubt wurde, daran zu denken, findet es praktisch genauso häufig statt – also auch etwa alle 15 Sekunden.

Innerhalb der nächsten 4 Minuten sinkt dann die Frequenz in beiden Versuchsbedingungen auf etwa eine Eisbären-Vorstellung pro Minute. D.h., das Unterdrücken führt praktisch zum gleichen Ergebnis wie das Zulassen der Gedanken. Eine Besonderheit sei noch erwähnt: Wenn es nach einem Unterdrückungsdurchgang im Folgenden wieder zugelassen wird, an den Eisbären zu denken, dann kommt es in den nächsten 5 Minuten geradezu zu einer nicht enden wollenden Überflutung mit Eisbärvorstellungen – so, als ob der sprichwörtliche „Damm gebrochen" ist.

Einige der Teilnehmer berichteten nach dem Versuch, dass sie das Erscheinen des Eisbären im Bewusstsein nahen fühlten. Sie spürten „irgendwie" noch vor der Konkretisierung des Bildes dessen beginnende Gestaltwerdung. So wurde die Instruktion noch etwas erweitert: „Wenn Sie ein Andrängen des Eisbären-Gedankens bemerken, dann stellen Sie sich sofort einen roten VW-Käfer vor."[7] Es zeigte sich, dass dieses „Verdrängen" mit einer „Deckerinnerung" funktionierte, und die zu unterdrückende Vorstellung konnte zumindest für die kurze Zeit des Experiments besser an der Bewusstwerdung gehindert werden. Allerdings entspricht die hier beschriebene Form des Verdrängens nicht dem Freud'schen Verständnis, denn in der psychoanalytischen Theorie handelt es sich dabei um einen gänzlich unbewussten Vorgang.

Das Experiment kann relativ einfach fast überall durchgeführt werden.

7 Der „Buggy" oder „Beetle" war den amerikanischen Studenten als Kultauto bestens bekannt.

11.7 Die Auswirkungen des Willenseinsatzes

Wir können also festhalten, dass die willentliche Kontrolle der eigenen Gedanken trotz hoher Konzentration und Anstrengung nicht durchgängig möglich ist. Es entstehen immer wieder schwache Momente, in denen sich ungewollte Vorstellungen ins Bewusstsein „schleichen“ können. Dies gilt für das Unterdrücken des Eisbären-Gedankens (*Exkurs 11.2*) gleichermaßen wie für das willentlich kontrollierte Umkippen oder Beibehalten der Wahrnehmungsperspektive beim Necker-Würfel (vgl. *Abschnitt 3.4*). Solche scheinbar simplen mentalen Tätigkeiten führen aufgrund des intensiven willentlichen Einsatzes schon nach kurzer Zeit zu einer spürbaren Erschöpfung und die Konzentrationsfähigkeit fällt dann schnell ab.

Natürlich erfordern nicht nur Aufgaben, die auf die Kontrolle der eigenen Vorstellungen abzielen, Willenseinsatz. Hierbei geht es ja „nur“ um Gedankeninhalte und nicht um unerwünschte Gefühle. Diese kommen dann noch hinzu, wenn man Verführungen von außen widerstehen muss, denn neben den Vorstellungsinhalten muss dann zudem auch die angeregte unerwünschte Motivation kontrolliert werden. Dies konnte ebenfalls experimentell untersucht werden. Dabei wurden hungrige Versuchspersonen – sie sollten vier Stunden vor dem Versuch nichts essen, da sie (angeblich) den Geschmack von Lebensmitteln testen sollten – vor zwei Tellern im Labor allein gelassen. Auf dem einen waren Radieschen und auf dem anderen deutlich attraktivere Schokoladenkekse. Allerdings durften sie nur von den wenig anziehenden Knollenfrüchten probieren. In Filmaufzeichnungen solcher Experimente zeigen die Erwachsenen sehr ähnliche Verhaltensweisen wie die Kinder, die angesichts einer Süßigkeit auf dem Tisch Belohnungsaufschub leisten. Der innere Kampf wird an Blickverhalten, Gesichtsausdruck, Körperhaltung und Bewegungsimpulsen deutlich sichtbar.

Interessant ist nun, wenn nach erfolgreich widerstandener Verführung im zweiten Teil des Versuchs eine Aufgabe gegeben wird, die Konzentration und Handlungs-Kontrolle erfordert wie z.B. bei einem komplizierten Puzzle. Hierbei schneiden diejenigen Personen, die der Versuchung ausgesetzt waren, schlechter ab und zeigen weniger Ausdauer, als solche, die zuvor keinen Willenseinsatz leisten mussten, sondern eine andere, weniger anstrengende Wartetätigkeit ausgeführt hatten.

Die Abschwächung der Konzentrations- und Leistungsfähigkeit unmittelbar nach *widerstandenen Verführungen* lässt sich auch nach *schwierigen persönlichen Entscheidungen* nachweisen, ebenso wie nach Situationen, in denen man angeregte *Emotionen unterdrücken* und kontrollieren musste – auch hierfür liegen experimentelle Belege vor. Dies führte einen der prominentesten Forscher in diesem Gebiet, den Amerikaner Ron Baumeister, dazu, dieses Phänomen als *Willenserschöpfung* („ego depletion“) zu bezeichnen. Er geht davon aus, dass der Willenseinsatz auf eine begrenzte, unspezifische und erschöpfbare Ressource zurückgreift, und es – wenn sie einmal angezapft wurde – eine gewisse Zeit braucht, um sie wieder aufzufüllen. Nach erhöhtem Willenseinsatz muss man sich davon erst wieder erholen, um nachfolgend wieder erfolgreich über ihn verfügen zu können. Ähnlich dem Muskelgebrauch soll auch der Wille durch Übung trainierbar sein.

Die ungünstigen langfristigen Auswirkungen von übermäßigem und zu häufigem Willenseinsatz konnten außerhalb des Labors, d.h. in Feldstudien, nachgewiesen werden. Wenn Personen aufgefordert wurden, bestimmte unerwünschte (z.B. unmoralische) Gedankeninhalte im täglichen Leben zu kontrollieren, gerieten sie häufiger in ängstliche, depressive Stimmungslagen als Personen, denen man diese Aufgabe nicht stellte. Auch hier liegt es als Konsequenz nahe, das rechte individuelle Maß an Selbst-Kontrolle zu finden, denn einigen Menschen fällt der Einsatz des Willens leicht und anderen sehr schwer. Die individuelle Willensstärke hängt eng mit dem zusammen, was umgangssprachlich auch als Disziplin oder Gewissenhaftigkeit bekannt ist. Empfehlenswert ist es auf jeden Fall, nach intensivem Willenseinsatz eine Pause zu machen und sich ablenken zu lassen oder einfach nur unaufmerksam zu sein. So kann man die verbrauchten Willensressourcen am besten wieder auftanken.

11.8 Und was ist mit der Willensfreiheit?

Im Unterschied zu allen anderen Lebewesen auf unserem Planeten sind Menschen dazu in der Lage, ihre spontan entstehenden emotionalen und motivationalen Impulse zu kontrollieren und ihnen gegebenenfalls sogar zuwiderzuhandeln. In Verbindung mit den kognitiven Höchstleistungen und der Sprache stellt die Fähigkeit zu Triebunterdrückung und Triebaufschub – um Freuds Begriffe zu verwenden – die Grundlage für alle zivilisatorischen Entwicklungen und Fortschritte dar. Voraussetzung für deren Umsetzung ist die besondere Eigenschaft des psychischen Systems, bewusste Repräsentationen zu bilden, die etwas blumig beschrieben erst „das Licht in die Welt brachten“.

Im Bewusstsein können die unterschiedlichsten psychischen „Währungen“ wie in einer Wechselstube zusammentreffen und betrachtet werden – Wahrnehmungen, Erinnerungen, Wünsche, Fürchte, Einschätzungen, Pläne usw. Erst durch deren Bewusstwerden wird Selbst-Kontrolle möglich. Das beginnt bei der Widerspiegelung von Bedürfnissen in Gestalt von Gefühlen und Vorstellungen auf dieser „Probebühne“ – so werden sie zur Disposition gestellt. Dann beginnt das bewusste Abwägen mit alternativen Zielen und deren Konsequenzen. Das Abwägen wird durch die Entscheidung für eines – den Rubikon-Übertritt also – beendet. Wenn sich für diese Vornahme zu einem späteren Zeitpunkt dann die Gelegenheit zur Umsetzung in die Tat ergibt, kann es auch im Falle einer dafür ungünstigen Motivationslage zu einer Realisierung kommen – durch willentliche Handlungssteuerung.

Betrachten wir aus dieser Perspektive der Reihe nach die schon beschriebenen drei verschiedenen Handlungstypen. Die *Triebhandlungen* sind dadurch definiert, dass man hierbei einfach dem stärksten vorhandenen motivationalen Impuls folgt, ohne dass ein Konflikt erlebt wird. Es kommt vorher zu keiner Zäsur, es entsteht kein Entscheidungsspielraum und deshalb ist der Willenseinsatz nicht nötig.

Vor den *Willkürhandlungen* kommt es zum Erleben von möglichen Alternativen. Aber man ist hier eher passiver Betrachter der verschiedenen Optionen und wartet wie ein Zuschauer auf das Heraustreten einer von ihnen, um dieser dann „grünes Licht" zu geben. Dabei kommt es zwar vorher zu einem erlebbaren Widerstreit, aber es ist einer zwischen zwei gleichermaßen motivierten Alternativen und der Konflikt bleibt auf die Entscheidungsphase beschränkt. Selbstkontroll- und Willensvorgänge sind bei Willkürhandlungen nicht vonnöten, denn die Entscheidung fällt der Alternative mit der stärksten Motivation zu und damit ist die Umsetzung in die Tat problemlos.

Ein gänzlich anderer individueller Spielraum entsteht vor den *Wahlhandlungen*, denn hier ist der Entfaltungsraum des Willens angesiedelt. Der den Wahlhandlungen zugrunde liegende Konflikt entsteht aus der Gegenüberstellung des triebhaft Geforderten auf der einen Seite und des durch Vernunft und bewusste Einsicht Gebotenen auf der anderen. Vor der Ausführung einer Wahlhandlung finden sich *zwei deutliche Zäsuren* im psychischen Geschehen. Die erste Zäsur beendet – ähnlich wie bei Willkürhandlungen – einen Zielkonflikt, bei dem verschiedene Ziele gegeneinander abgewogen werden, und es kommt dann zum Willensentschluss für eines. Allerdings ist hier – im Gegensatz zu Willkürhandlungen – nicht die stärkste Motivation entscheidend, sondern es sind die *rationale Einsicht* und das *Wissen um mögliche Folgen*. Die zweite, wichtigere Zäsur beendet den inneren Zustand *direkt vor* der Handlungsausführung selbst. Dabei müssen *innere Hindernisse* überwunden werden, die aus störenden Vorstellungen und Gefühlen bestehen – wie z.B. bei Lustlosigkeit, Verführungen oder Angst. Hier muss man sich dann selbst überwinden, um gegen die eigene ungünstige Motivation anzukämpfen. Dies ist besonders häufig bei der Verfolgung von *langfristigen Zielen* zu beobachten, da nicht bei jeder der möglichen Gelegenheiten die Motivation optimal ist.

Es ist also empfehlenswert, zwischen der *Freiheit der Wahl* und der *Freiheit des Handelns* zu unterscheiden. Sich für ein Gericht auf der Speisekarte zu entscheiden ist leicht, aber Silvestervorsätze umzusetzen dagegen schwer. Die freie Wahl zwischen mehreren attraktiven Alternativen ist etwas anderes als die Freiheit, zwischen möglichen Handlungen zu entscheiden, von denen eine zwar angenehm ist, aber nicht weiter nutzt, die andere unangenehm, jedoch langfristig erwünschte Folgen zeitigt. Um frei für beide Handlungsoptionen zu sein, muss man über die Möglichkeit verfügen, den Verführungen der kurzlebigen Lust zu widerstehen. Wenn man dies nicht kann, ist man auch nicht frei. Die Fähigkeit zur Selbst-Kontrolle und damit zur Ausführung von Willenshandlungen kann als der Prototyp einer psychologisch verstandenen Willensfreiheit angesehen werden.

Wie schon vorab in verschiedenen Kapiteln dargestellt, sind nicht alle Ursachen des eigenen Verhaltens bekannt und abrufbar. Das beginnt bei den impliziten *Motiven* und endet bei wirksamen *Außenreizen*, auf die wir zwar reagiert aber sie nicht bemerkt haben. Gründe dafür sind die Menge und das Tempo der unbewusst verarbeiteten Informationen, von denen nur ein Bruchteil den Weg ins Bewusstsein schafft. Nur wenn innere oder äußere Reize bewusst werden, kann auch ein Freiraum für Entscheidungen entstehen, und nur dann erleben wir auch den Wegfall von möglichen Optionen als *Einschränkungen* der Freiheit – worauf wir sehr empfindlich reagieren.

Das Erleben von Freiheit oder Unfreiheit tritt nicht kontinuierlich, sondern nur inselartig und zeitweise mit den entsprechenden Bewusstseinsinhalten auf und zudem in unterschiedlicher Gestalt bei den drei schon bekannten Handlungstypen (siehe ▶Tabelle 11.4). Das kann bei Triebhandlungen das angenehme sanfte Gefühl von Freiheit sein, wenn man ohne äußeren oder inneren Zwang der eigenen Emotion oder Motivation folgen darf – z.B. beim Ausüben des eigenen Hobbys in der Freizeit, beim Ausschlafen oder einfach nur beim Entspannen. Es kann, wie bei den Willkürhandlungen, als „süße Qual" während des Entscheidungsprozesses zwischen mehreren möglichen attraktiven Alternativen der Fall sein – wie bei der Auswahl auf der Speisekarte oder des Urlaubsortes. Jedoch nur bei Wahlhandlungen wird die Freiheit sozusagen aktiv und kämpferisch erlebbar, denn hierbei wird erst durch den Willenseinsatz der Spielraum zu ihrer Realisierung eröffnet. Es kann dann – trotz des nun eröffneten Entscheidungsraums – sogar zum Erleben von Unfreiheit kommen, da man der deutlich lustvolleren Triebhandlung nicht folgen darf oder will.

Handlungstyp	erlebte Freiheit	erlebte Unfreiheit
Triebhandlung	Man kann einer vorhandenen Motivation folgen.	Man darf einer vorhandenen Motivation nicht folgen.
Willkürhandlung	Man kann zwischen verschiedenen Alternativen wählen.	Die Wahl zwischen verschiedenen Alternativen wird eingeschränkt.
Wahlhandlung	Man ist in der Lage, einer Verführung zu widerstehen.	Man kann einer Verführung nicht widerstehen – obwohl man es gerne möchte.

Tabelle 11.4: Verschiedene Formen der erlebten Freiheit und Unfreiheit in den drei Handlungstypen

Das Erleben von Unfreiheit tritt meist deutlicher ins Bewusstsein als sein Gegenteil. Während das Freiheitserleben sich häufig als ein *angenehmes, kurzes,* eher *wenig intensives* Gefühl zeigt, so nimmt das Widerfahren einer Freiheitseinschränkung den Bewusstseinsraum deutlich mächtiger in Beschlag: Es beschäftigt einen *länger, intensiver* und es entstehen *Emotionen*, die durch

Unlust gekennzeichnet sind – wie z.B. Frustration, Enttäuschung, Ärger, Resignation oder gar Hilflosigkeit. So kann gerade die Analyse erlebter Unfreiheit die deutlichsten Aufschlüsse über die Situationen geben, in denen man Freiheit erleben kann, denn wenn sie vorhanden ist, äußert sich dies in einem wenig auffälligen Gefühl, das als wohliges, schwaches Glimmen beschreibbar ist.

Allerdings treten diese drei Handlungs- und Freiheitstypen natürlich nicht immer in Reinform auf, sondern sie verschwimmen häufig in der Lebenspraxis – nicht zuletzt aufgrund der Unmenge an Entscheidungen, die im Laufe eines Tages getroffen werden müssen. Dabei heben sich bekanntlich die Entscheidungen vor Willenshandlungen am markantesten heraus, da sie mit dem deutlichen Erleben von Unlust und dem aktiven Einsatz von Selbst-Kontrolle einhergehen.

Durch die Betrachtung des Erlebens von Entscheidungs- und Willensfreiheit wird wieder deutlich, dass die Funktion des Willens darin liegt, den Menschen aus der Determination der unbewussten psychischen Vorgänge zumindest zeitweise zu befreien. Dabei ist die besondere Prägnanz der Willensakte im Rahmen der menschlichen Bewusstseinstätigkeit auffällig, denn sie treten subjektiv sehr deutlich als kleine Freiheiten im Alltag oder große Freiheiten an Scheidewegen des Lebens aus dem anderen psychischen Geschehen hervor.

Ob allerdings die Tatsache, dass Menschen über einen Willen verfügen, auch die Möglichkeit schafft, objektiv aus der Determination des Weltgeschehens zu scheren, sei dahingestellt. Hier kann zunächst nur die Suche beschrieben werden, wie sich der Wille äußert und welche psychischen Funktionen er erfüllt.

11.9 Zur Philosophie des freien Willens

Die bisherigen Ausführungen betrafen die *subjektive* Willensfreiheit – also das Unterfangen, diese im bewussten Erlebensraum zu identifizieren. Davon deutlich zu unterscheiden sind die aus der Philosophie stammenden Überlegungen zur Freiheit des Willens, die dies sozusagen aus einer Außenperspektive, als *objektiven* Sachverhalt, zu bestimmen versuchen.

Die Frage nach der damit verbundenen individuellen Freiheit des Denkens, Handelns und der Lebensgestaltung allgemein ist so alt wie die Philosophie selbst, und die Diskussion darüber wurde durch die Ergebnisse der modernen Hirnforschung mit bildgebenden Verfahren noch einmal angefacht. Man findet in vielen Experimenten, in denen neben dem bewussten Erleben auch die Gehirnaktivität mittels bildgebender Verfahren aufgezeichnet wird, dass den bewussten Entscheidungen und Willensakten messbare und spezifische Hirnaktivitäten vorauslaufen – je nach Aufgabe mit zeitlichem Abstand von 300 Millisekunden bis hin zu einigen Sekunden. So liegt der einfache Schluss nahe, die neuronalen Prozesse als Ursachen und die bewusst erlebbaren Vorgänge als deren Wirkungen zu betrachten. Eine Willensentscheidung – hier lokalisiert im bewussten Erleben – als frei anzunehmen, ist mit diesen Erkenntnissen nicht vereinbar.

11.9.1 Eine Position: Determinismus

So sieht eine extreme Position, der *Determinismus*, die bewussten Vorstellungsakte zwar als pittoreske Erscheinungen, aber als wirkungsloses *Epiphänomen* an – vergleichbar mit dem austretenden Wasserdampf von Dampfmaschinen, den Pressemitteilungen einer Regierung oder den Bildern der bildgebenden Verfahren selbst. Das ursächliche Geschehen findet in der neuronalen Realität statt, und schon bevor eine bewusst erlebbare Entscheidung „frei" getroffen wird, sind die Würfel durch die Gehirnaktivität längst gefallen. Dieser deterministischen Sichtweise liegt ein strenges naturwissenschaftliches Kausalitätsdenken zugrunde. Danach sind alle bewussten Willensakte durch *vorauslaufende* neurophysiologische Vorgänge vollständig festgelegt und es gibt demzufolge keinen objektiven freien Willen. Hier bleibt die etwas spitzfindige Frage unbeantwortet, was die Ursachen der neuronalen Aktivität selbst sind.

Wenn die deterministische Position wahr wäre, dann gäbe es keinen freien Willen und man könnte getrost die Erforschung des willentlichen Handelns und der Selbst-Kontrolle aufgeben – zumindest das psychologische Experimentieren dazu. Eine weitere sehr folgenreiche Konsequenz hätte dies für die Rechtsprechung: Niemand dürfte dann für sein Verhalten verantwortlich gemacht werden und kriminelle Täter könnten sich darauf berufen, dass sie nur das getan hätten, was ihr Gehirn ihnen befohlen hat. Dann müsste das Prinzip der Bestrafung völlig neu überdacht werden. In einer Diskussion zu diesem Thema meinte einer der anwesenden Rechtsexperten sarkastisch: „Wenn die Ursache der kriminellen Tat in bestimmten Gehirnaktivitäten zu sehen ist, muss man eigentlich jeden Straftäter freisprechen, denn er konnte ja nicht anders – man hat dann allerdings noch die Möglichkeit, sein Gehirn einzusperren."

11.9.2 Eine Gegenposition: libertarische Freiheit

Die dem Determinismus polar entgegengesetzte Position vertritt den *libertarischen Freiheitsbegriff*. Der Grundgedanke hierbei ist, dass in jeder Situation ein unüberschaubarer, nicht zu fassender Entscheidungsspielraum besteht – beginnend bei eher nebensächlichen alltäglichen Entscheidungen, wie dem Weg, den ich im Supermarkt nehme, genauso wie bei schwerwiegenden, die meinen Lebensweg bestimmen. Da die Erfassung aller wirksamen Einflüsse und deren Wechselwirkungen nicht möglich sei, könne das Ursache-Wirkungs-Prinzip nicht angewandt werden. Somit entzieht sich die Frage dem wissenschaftlichen Vorgehen, da wegen der so gedachten Freiheit des Willens keine Vorhersagen mehr möglich sind. Die paradox anmutende Konsequenz in einem fiktiven Gedankenexperiment wäre, dass unter völlig gleichen Bedingungen gänzlich verschiedene Entscheidungen möglich wären[8]. Damit nähern wir uns gefährlich der Beliebigkeit oder dem Zufall als Ursache des Handelns an.

11.9.3 Eine dritte Position: Kompatibilismus

Einen Kompromiss zwischen den beiden Extrempositionen versucht der sog. *Kompatibilismus* anzubieten. Der Grundgedanke dabei ist, dass neben den vorauslaufenden äußeren wie inneren Bedingungen auch die Ziele und Erwartungen bei Entscheidungen berücksichtigt werden müssen. Diese vorausschauenden Gedanken determinieren das gewählte Handeln auf besondere Weise. Eine wichtige Konsequenz dieser Position ist, dass man zwischen *einfachen Reaktionen* auf der einen und *bewusst intendierten und geplanten Handlungen* auf der anderen Seite unterscheiden muss. Einfache Reaktionen unterliegen einer unmittelbaren Determination durch die aktuelle Situation und deren Reize, wie z.B. wenn einem die Scheckkarte am Bankomaten herunterfällt. Dagegen eröffnen bewusst intendierte Handlungen einen größeren Entscheidungsfreiraum, wie z.B. bei der Überlegung, wie viel Geld ich abhebe. Hier kommen also ganz anders geartete Ursachen ins Spiel, die in der Persönlichkeit einer Person zu suchen sind und ihre Hoffnungen, Fürchte, Motive und Ziele betreffen.

11.10 Jenseits von Bewusstsein und Gehirn

Diesen philosophischen Überlegungen zum freien Willen – egal zu welchem Schluss sie am Ende kommen – ist eine Vereinfachung gemeinsam, die in der Gegenüberstellung neuronaler Gehirnaktivitäten und bewusster Vorstellungen begründet liegt. Der Versuch, die Willensfreiheit ausschließlich in der Beziehung zwischen *Körper* und *Geist* anzusiedeln, geht auf den für das moderne Denken einflussreichen Philosophen René Descartes (1596–1650) zurück, der die duale Aufteilung von Physischem (*res extensa*) und Mentalem (*res cogitans*) eingeführt hatte. Zudem beschränkte er das Mentale auf die bewussten Vorstellungen, mit Schwerpunkt auf dem Denken – eine Sichtweise, die den psychologischen Erkenntnissen nicht standhalten kann, da das Denken primär unbewusst abläuft und zudem Gefühle einen wichtigen Teil des bewussten Erlebens ausmachen (vgl. *Kapitel 3* und *Kapitel 8*).

Wenn man nur die neuronale Aktivität des Gehirns und die bewussten Vorstellungen zur Erklärung der Willensfreiheit berücksichtigt, schließt man aus der Betrachtung die unbewussten psychischen Vorgänge aus (▶Abbildung 11.3).

8 Solch ein Experiment kann nicht in der Realität stattfinden, da eine Person nicht zweimal – und das geht nur *nacheinander* – in völlig identischen psychischen Situationen sein kann. Denn die wie auch immer geartete Erfahrung beim ersten Mal verändert die Wahrnehmung und Einschätzung beim zweiten Mal. Hinzu kommen die nicht kontrollierbaren Veränderungen der sich ohnehin ständig im Wandel befindenden Vorstellungen und Gefühle.

Als Grund für diese Verkürzung wird genannt, dass die Gehirnprozesse die unbewussten Vorgänge vollständig abbilden. Das Problem scheint damit vom Tisch. Jedoch wird dabei übersehen, dass physiologische Vorgänge zunächst einmal „nur" energetische Veränderungen darstellen – sie sind inhaltsleer. Bildlich ausgedrückt sieht man nur Güterzüge in verschiedener Länge und mit unterschiedlichem Tempo hin- und herfahren, aber man weiß nicht, was sie transportieren und wozu das gut ist. Es fehlen bei den Messungen schlicht und einfach die Inhalte und Bedeutungen des neuronalen Energieumsatzes.

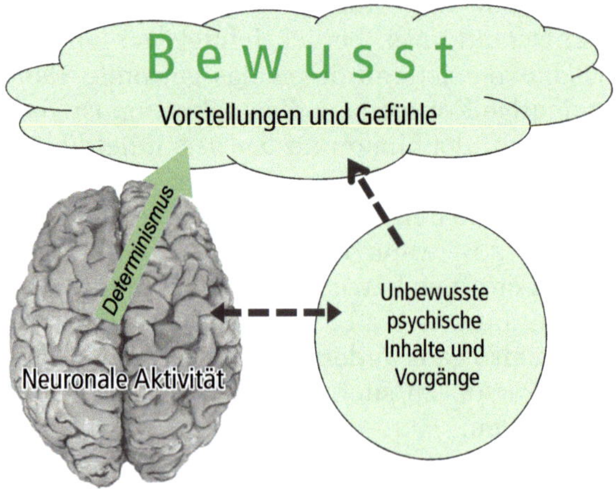

Abbildung 11.3: Neuronale Aktivität, unbewusste und bewusste psychische Inhalte und Prozesse

Bislang gibt es keine Theorie zur Funktionsweise des Gehirns, die auch nur annähernd erklären kann, wie durch die neuronale Aktivität Inhalte und Vorstellungen entstehen und abgebildet werden. Schon Freud hat darauf verwiesen, dass unbewusste Vorgänge immer zweierlei betreffen: Zum einen die auftretende Energiemenge – er nannte dies Erregungsbetrag – und zum anderen den psychischen Inhalt – hier sprach er von Vorstellung. Die Messung der Gehirnaktivität kann nur relativ grob die energetische Seite erfassen, nicht aber deren Bedeutung und Inhalt[9]. Solange die unbewussten *psychischen Vorgänge und Inhalte* nicht bestimmbar sind, kann auch die Frage nach der Entstehung der bewussten Vorstellungen nicht beantwortet werden.

Die philosophischen Debatten zur Freiheit des Willens bleiben deshalb vorerst im spekulativen Raum. Erst wenn wir genauere Kenntnis davon haben, *wie* mentale Repräsentationen – bewusste wie unbewusste – entstehen, kann solch eine Debatte ernsthaft und fruchtbar geführt werden. Hier ist noch viel Geduld nötig, da dies auch in absehbarer Zeit nicht möglich erscheint. Bis

9 Die kleinste messbare Analyseeinheit ist z.B. bei der Aufzeichnung der Gehirnaktivität mittels der fMRT (funktionelle Magnetresonanztomographie) ein „Voxel". Um solch ein Voxel zu messen, muss eine Stoffwechseländerung in einem Areal stattfinden, das etwa 5 Millionen Neuronen umfasst, die gleichgerichtet reagieren müssen. Dabei ist zudem nicht zu klären, ob es sich bei der Aktivität um eine notwendige förderliche oder hemmende handelt.

dahin sollten wir uns mit der psychologischen Annäherung zufrieden geben – mit genauer systematischer Beobachtung und dem kreativen Experimentieren als Königsweg, um die beteiligten psychischen Funktionen zu beschreiben und daraus Erklärungsmodelle und Vorhersagen abzuleiten.

Vielleicht werden aber die größten Fragen der Menschheit für immer ungelöst bleiben: die danach, wie das Bewusstsein in der Geschichte der Menschwerdung entstanden ist, und diejenige, wie die Bewusstseinsinhalte, die unser Leben jeden Augenblick begleiten, entstehen.

Anregungen zum Ausprobieren, Anwenden und Nachdenken

1. Manchmal hat man immer wieder Schwierigkeiten mit der Selbstmotivierung zu notwendigen Tätigkeiten – z.B. die Wohnung aufzuräumen, Sport zu treiben oder in der Woche frühzeitig ins Bett zu gehen. Hier ist es zum einen empfehlenswert diese Tätigkeiten *regelmäßig*, d.h. an festen, immer wiederkehrenden Terminen und Zeitpunkte, auszuführen – immer donnerstags, immer um 22 Uhr usw. Zum anderen gibt es noch eine weitere Hilfe – das *Ritualisieren*. Zu diesem Zweck sollte man sich – vielleicht sogar kreativ – etwas Besonderes überlegen, das man *immer* unmittelbar *vor* der Tätigkeit macht. Das können spezifische Handlungen – z.B. eine kleine gymnastische Übung oder das Anziehen ausgewählter Kleidung – aber auch die Gestaltung der Situation – z.B. das Abspielen eines besonderen Musikstücks – sein. Durch Regelmäßigkeit und Ritualisierung von Tätigkeiten überführt man diese in den Bereich der Gewohnheitshandlungen, und zu deren Ausführung ist kaum motivationale Unterstützung notwendig.
2. Ein weiterer Trick besteht darin, die Kontrolle über den Beginn der Ausführung abzugeben und *nach außen* zu verlagern – also von *internal* nach *external* zu verschieben. Wir haben gesehen, dass es bei Willenshandlungen wesentlich auf das Anfangen ankommt. Was auf den ersten Blick vielleicht etwas fremd anmutet, ist jedoch relativ einfach umzusetzen. Zwei Möglichkeiten bieten sich dazu an: Zum einen ist es möglich, vor Beginn einer geplanten Handlung den Start der Handlung festzulegen, indem man sich z.B. einen Wecker stellt, dessen Signal dann von „außen" – quasi wie ein Befehl – das Startsignal gibt. Die andere Möglichkeit besteht darin, im Falle des

Konflikts vor der Wahlhandlung eine Münze zu werfen, und das Ergebnis (Kopf oder Zahl) darüber entscheiden zu lassen, ob man sofort anfängt oder nicht. Dies wiederholt man dann in entsprechenden zeitlichen Abständen. Auch bei dieser Technik ist die Kontrolle nach außen – abhängig vom Ergebnis des Münzwurfs – verlagert. Eine innere Haltung, dem Wecker oder dem Glückswurf zu folgen, ist natürlich die Voraussetzung dafür, dass es auch funktioniert.

3. Bekanntlich ist es manchmal notwendig, die fehlende Motivation für eine notwendige Tätigkeit durch eine volitionale Handlungssteuerung zu kompensieren – z.B. für eine Prüfung lernen. Manchmal muss man sogar gegen eine konkurrierende starke Motivation agieren – z.B. bei kalorienhaltigen „Verführungen", wenn man eine Diät halten will. Dies führt dann zu inneren Konflikten zwischen Motivation und Willen. Eine Möglichkeit diese Konflikte zu entschärfen, besteht darin, *zusätzliche Motivation* – allerdings in die gewünschte Richtung – aufzubauen. Diese Stärkung kann z.B. durch den Zusammenschluss mit einer Gruppe entstehen. Hier kann man Anerkennung für seine Leistungen erhalten, selbst Einfluss auf andere nehmen, Rückmeldungen bekommen oder Verpflichtungen für andere übernehmen – allesamt motivationsförderliche Anreize durch soziale Motive. Durch die notwendigen Verabredungen und gemeinsamen beschlossenen Vornahmen kommt eine verbindliche Kontinuität in die Tätigkeit, zumal wenn die Treffen regelmäßig stattfinden. Hierin liegt das Geheimnis des Erfolgs der „Weight Watchers".

Weiterführende Literatur

Kehr, H. M. (2009). *Authentisches Selbstmanagement – Ein wirksames Konzept zur Stärkung von Motivation und Wille*. Weinheim: Beltz.

Kuhl, J. & Heckhausen, H. (Hrsg.) (1996). *Motivation, Volition und Handeln* (Enzyklopädie der Psychologie, Bd. IV/4). Göttingen: Hogrefe.

Roth, G. & Grün, K.-J. (Hrsg.) (2006). *Das Gehirn und seine Freiheit. Beiträge zur neurowissenschaftlichen Grundlegung der Philosophie*. Göttingen: Vandenhoeck und Ruprecht.

Literatur

Ach, N. (1935). Analyse des Willens. In E. Abderhalden (Ed.), *Handbuch der biologischen Arbeitsmethoden (Vol. VI).* Berlin: Urban & Schwarzenberg.

Arnold, M. (1960). *Emotion and personality.* New York: Columbia University Press.

Baars, B.J. (1988). *A Cognitive Theory of Consciousness.* NY: Cambridge University Press.

Baddeley, A. D. (1986). *Working Memory.* Oxford: Clarendon Press.

Bandura, A. (1974). Behavior theory and the models of man. *American Psychologist, 29*, 859-869.

Baumeister, R. F., Bratslavsky, E., Muraven, M., Tice, D. M. (1998). Ego depletion: Is the active self a limited resource? *Journal of Personality and Social Psychology, 74(5),* 1252-1265.

Baumeister, R. F. & Vohs, K. D. (2007). Self-regulation, ego depletion, and motivation. *Social and Personality Psychology Compass 1 (1),* 115-128.

Bischof-Köhler, D. (2011). *Soziale Entwicklung in Kindheit und Jugend. Bindung, Empathie, Theory of Mind.* Stuttgart: Kohlhammer.

Bischof, N. (2008). *Psychologie – Ein Grundkurs für Anspruchsvolle.* Stuttgart: Kohlhammer.

Broadbent, D. E. (1958). *Perception and Communication.* Oxford: Pergamon Press.

Bühler, K. (1907). Tatsachen und Probleme zu einer Psychologie der Denkvorgänge. Über Gedanken. *Archiv für Psychologie, 9,* 297-365.

Cherry, C. E. (1953). Some Experiments on the Recognition of Speech, with One and with Two Ears. *Journal Of The Acoustical Society Of America, 25,* 975-979.

Claparède, E. (1911/1951). Recognition and 'me-ness'. In: D. Rapaport (ed.), *Organization and pathology of thought,* 58-75. New York: Columbia University Press. (Reprinted from *Archives de Psychologie*, 1911, 11, 79-90).

Clynes, M. (1978). *Sentics: The touch of emotions.* Garden City, NY: Anchor.

Crespi, L. P. (1942). Quantitative variation of incentive and performance in the white rat. *American Journal of Psychology, 55,* 467-517.

Csikszentmihalyi, M. (1975). *Beyond boredom and anxiety.* San Francisco: Jossey-Bass.

Damásio, A. R. (2000). *Ich fühle, also bin ich.* München: List

Deci, E. L. & Ryan, R. M. (1985). *Intrinsic motivation and self-determination in human behavior.* New York: Plenum.

Deutsch, J. A. & Deutsch, D. (1963). Attention: Some theoretical considerations. *Psychological Review, 70*, 80-90.

Dijksterhuis, A. (2010). *Das kluge Unbewusste – Denken mit Gefühl und Intuition.* Stuttgart: Klett-Cotta.

Dörner, D. (1989). *Die Logik des Misslingens.* Reinbek: Rowohlt.

Duncker, K. (1935). *Zur Psychologie des produktiven Denkens.* Berlin: Springer.

Ebbinghaus, H. (1885). *Über das Gedächtnis – Untersuchungen zur experimentellen Psychologie.* Leipzig: Duncker & Humblot.

Ebbinghaus, H. (1902). *Grundzüge der Psychologie.* Leipzig: von Veidt.

Ekman, P. (2004). *Gefühle lesen – Wie Sie Emotionen erkennen und richtig interpretieren.* München: Spektrum Akademischer Verlag.

Ekman, P., Friesen, W. V. & O'Sullivan, M. (1988). Smiles when lying. *Journal of Personality and Social Psychology, 54*, 414–420.

Engelkamp J. & Zimmer, H. D. (1994). *The human memory: a multi-modal approach.* Toronto: Hogrefe.

Fehrer, E. & Raab, E. (1962). Reaction time to stimuli masked by metacontrast. *Journal of Experimental Psychology, 63*, 143–147.

Freud, S. (1930). *Vorlesungen zur Einführung in die Psychoanalyse.* Wien. Internationaler Psychoanalytischer Verlag.

Gigerenzer, G. (2007). *Bauchentscheidungen: Die Intelligenz des Unbewussten und die Macht der Intuition.* München: Goldmann.

Goldstein, E. B. (1997). *Wahrnehmungspsychologie – eine Einführung.* Heidelberg: Spektrum Akademischer Verlag.

Heckhausen, H. (1963). Eine Rahmentheorie der Motivation in zehn Thesen. *Zeitschrift für experimentelle und angewandte Psychologie, 10*, 604-626.

Heckhausen, H., Gollwitzer, P. M. & Weinert, F. E. (1987). *Jenseits des Rubikon: Der Wille in den Humanwissenschaften.* Berlin: Springer.

Hellbrück, J. (1993). *Hören.* Göttingen: Hogrefe.

Hilgard, E. R. & Atkinson, R. C. (1967). *Introduction to psychology.* New York: Harcourt, Brace & World.

Hyde, T. S. & Jenkins, J. J. (1973). Recall for Words as a Function of Semantic, Graphic, and Syntactic Orienting Tasks. *Journal of Verbal Learning and Verbal Behavior, 12*, 471-480.

James, W. (1892). *Psychology: Briefer Course.* New York: Holt.

James, W. (1894). The physical basis of emotion. *Psychological Review, 1,* 516-529.

Kehr, H. M. (2009). *Authentisches Selbstmanagement – Ein wirksames Konzept zur Stärkung von Motivation und Wille.* Weinheim: Beltz.

Kempton, W. (1986). Two theories used of home heat control. *Cognitive Science, 10,* 75-91.

Kiefer, M. (2008). *Bewusstsein.* In J. Müsseler (Hrsg.), Allgemeine Psychologie (S. 154-188). Heidelberg: Spektrum Akademischer Verlag.

Köhler, W. (1921). *Intelligenzprüfungen an Menschenaffen.* Berlin: Springer (Nachdruck von 1963).

Kottenhoff, H. (1961). *Was ist richtiges Sehen mit Umkehrbrillen und in welchem Sinne stellt sich das Sehen um?* Meisenheim: Anton Hain.

Kuhl, J. & Heckhausen, H. (Hrsg.) (1996). *Motivation, Volition und Handeln (Enzyklopädie der Psychologie, Bd, IV/4).* Göttingen: Hogrefe.

Kühnel, S. & Markowitsch, H. J. (2009). *Falsche Erinnerungen – Die Sünden des Gedächtnisses.* Heidelberg: Spektrum Akademischer Verlag.

LeDoux, J. E. (1996). *The emotional brain: The mysterious underpinnings of emotional life.* New York: Simon & Schuster. (dtsch.: *Das Netz der Gefühle.* München: DTV, 2004)

Lewin, K. (1926). Vorsatz, Wille und Bedürfnis. *Psychologische Forschung, 7,* 330-385.

Loftus, E. (1996). *Eyewitness testimony.* Cambridge: Harvard University Press.

Lück, H. E. & Miller, R. (1999). *Illustrierte Geschichte der Psychologie.* Weinheim: Beltz.

Markowitsch, H. J. (2009). *Dem Gedächtnis auf der Spur: Vom Erinnern und Vergessen (3. Aufl.).* Darmstadt: Wissenschaftliche Buchgesellschaft.

Mazur, J. E. (2006). *Lernen und Verhalten (6. Aufl.).* München: Pearson.

McClelland, D. C. (1985). *Human motivation.* London: Scott, Foresman & Co.

Menzel, E. W. & Halperin, S. (1975). Purposive behavior as a basis for objective communication between Chimpanzees. *Science, 189,* 652-654.

Metzger, W. (1975/2006). *Gesetze des Sehens.* Frankfurt/M.: Kramer.

Miller, G. A. (1956). The magical number seven, plus or minus two: Some limits on our capacity for processing information. *Psychological Review, 63,* 81-97.

Miller, N. E. (1948). Studies of fear as an acquired drive: I. Fear as motivation and fear-reduction as reinforcement in the learning of new responses. *Journal of Experimental Psychology, 38,* 89-101.

Mischel, W., Shoda, Y. & Rodriguez, M. L. (1989). Delay of gratification in children. *Science, 244*, 933-938.

Mowrer, H. O. (1960). *Learning theory and behaviour.* New York: Wiley.

Müsseler, J. (Hrsg.) (2008). *Allgemeine Psychologie (2. Auflage).* Heidelberg: Springer.

Neisser, U. (1967). *Cognitive Psychology.* New York: Appleton-Century-Crofts.

Neumann, O. (1992). Theorien der Aufmerksamkeit: Von Metaphern zu Mechanismen. *Psychologische Rundschau, 43*, 83-101.

Neumann, O. & Sanders, A. F. (1996). *Aufmerksamkeit (Enzyklopädie der Psychologie, Bd. 2).* Göttingen: Hogrefe.

Nietzsche, F. (1964). *Morgenröte – Gedanken über die moralischen Vorurteile.* Stuttgart, Kröner.

Nisbett, R. E. & Wilson, T. D. (1977). Telling more than we can know: Verbal reports on mental processes. *Psychological Review, 84*, 231-259.

Paivio, A (1986). *Mental representations: a dual coding approach.* Oxford. England: Oxford University Press.

Pöppel, E. (2000). *Grenzen des Bewusstseins.* Berlin: Insel.

Prinz, W. (1990). Unwillkürliche Aufmerksamkeit. In C. Meinecke & L. Kehrer (Eds.), *Bielefelder Beiträge zur Kognitionspsychologie* (pp. 109-183). Göttingen: Hogrefe.

Prinz, W., Tweer, R. & Feige, R. (1974). Context control of search behavior: Evidence from a hurdling-technique. *Acta Psychologica*, 38, 73-80.

Rieger, K. & Tippel, M. (1885). *Experimentelle Untersuchungen über die Willensthätigkeit.* Jena: G. Fischer.

Rheinberg, F. (2002). *Motivation.* Stuttgart: Kohlhammer.

Rheinberg, F. (2006). Intrinsische Motivation und Flow-Erleben. In: J. Heckhausen & H. Heckhausen (Hrsg.), *Motivation und Handeln* (S. 331-354). Berlin: Springer.

Roth, G. & Grün, K.-J. (Hrsg.) (2006). *Das Gehirn und seine Freiheit. Beiträge zur neurowissenschaftlichen Grundlegung der Philosophie.* Vandenhoeck und Ruprecht.

Schachter, S. & Singer, J. E. (1962). Cognitive, social, and physiological determinants of emotional state. *Psychological Review, 69*, 379-399.

Schleidt, M. (1988). A universal time constant operating in human short-term behaviour repetitions. *Ethology, 77*, 67-75.

Schmalt, H.-D. & Langens, T.A. (2009). *Motivation.* Stuttgart: Kohlhammer.

Skinner, B.F. (1953). *Science and human behavior.* New York: Macmillan.

Slepian, M. L. & Ambadi, N. (2010). Shedding light on insight: Priming bright ideas. *Journal of Experimental Social Psychology, 46(4)*, S. 696-700.

Sokolowski, K. (1997). Sequentielle und imperative Konzepte des Willens. *Psychologische Beiträge, 39*, 339-369.

Spada, H. (Hrsg.) (2005). *Allgemeine Psychologie (3. Auflage)*. Bern: Huber.

Sperling, G. (1960). The information available in brief visual presentations. *Psyçhological Monographs, 74*, 1-29.

Thorndike, E. (1911). *Animal intelligence*. New York: Macmillan.

Tolman, E. C. & Honzik, C. A. (1930). Degrees of hunger, reward and non-reward, and maze learning in rats. *University of California Publications in Psychology, 4*, 241-256.

Wallas, G. (1926). *The art of thought*. London: Cape.

Watson, J.B. (1919/1980). *Psychology from the Standpoint of a Behaviorist*. London: Routledge.

Watson, J. B. & Rayner, R. (1920). Conditioned emotional reaction.*Journal of Experimental Psychology, 3*, 1-14.

Wegner, D. M. (1994). Ironic processes of mental control. *Psychological Review, 101*, 34-52.

Wegner, D. M. & Schneider, D. J. (2003). The White Bear Story. *Psychological Inquiry, 14*, 326-329.

Weiskrantz, L. (1997). *Consciousness lost and found. A neuropsychological exploration*. New York: Oxford University Press.

Wertheimer, M (1923). Untersuchungen zur Lehre von der Gestalt. *Psychologische Forschung, Band 4*, S. 301-350.

Wundt, W. (1896). *Grundriß der Psychologie*. Leipzig: Engelmann.

Wundt, W. (1911). *Grundzüge der Physiologischen Psychologie*. Leipzig: Engelmann.

Zillmann, D. (1996). Sequential dependencies in emotional experience and behavior. In R. D. Kavanaugh, B. Zimmerberg & S. Fein (Eds.), *Emotion: Interdisciplinary perspectives* (pp. 243–272). Mahwah, NJ: Erlbaum.

Weiterführende Literatur

Kapitel 1: Einführung

Gerrig, R. J. & Zimbardo, P. G. (2008). *Psychologie.* München: Pearson Studium.

Müsseler, J. (Hrsg.) (2008). *Allgemeine Psychologie (2. Auflage).* Heidelberg: Springer.

Myers, D. G. (2008). *Psychologie.* Heidelberg: Springer.

Spada, H. (Hrsg.) (2005). *Allgemeine Psychologie (3. Auflage).* Bern: Huber.

Kapitel 2: Was ist Psychologie

Lück, H.E. & Miller, R. (1999). *Illustrierte Geschichte der Psychologie.* Weinheim: Beltz.

Kapitel 3: Bewusstsein

Dijksterhuis, A (2010). *Das kluge Unbewusste – Denken mit Gefühl und Intuition.* Stuttgart: Klett-Cotta.

Pöppel, E. (2000). *Grenzen des Bewusstseins.* Berlin: Insel.

Kapitel 4: Wahrnehmung

Goldstein, E. B. (1997). Wahrnehmungspsychologie – eine Einführung. Heidelberg: Spektrum Akademischer Verlag.

Hellbrück, J. (1993). *Hören.* Göttingen: Hogrefe.

Metzger, W. (1975/2006). *Gesetze des Sehens.* Frankfurt/M.: Kramer.

Kapitel 5: Aufmerksamkeit

Neumann, O. & Sanders, A. F. (1996). *Aufmerksamkeit (Enzyklopädie der Psychologie, Bd. II/5)* . Göttingen: Hogrefe.

Kapitel 6: Lernen

Mazur, J. E. (2006). *Lernen und Verhalten (6. Aufl.).* München: Pearson.

Kapitel 7: Gedächtnis

Markowitsch, H. J. (2009). *Dem Gedächtnis auf der Spur: Vom Erinnern und Vergessen (3. Aufl.).* Darmstadt: Wissenschaftliche Buchgesellschaft.

Kapitel 8: Problemlösen

Dörner, D. (1989). *Die Logik des Misslingens.* Reinbek: Rowohlt.

Gigerenzer, G. (2007). *Bauchentscheidungen: Die Intelligenz des Unbewussten und die Macht der Intuition.* München: Goldmann.

Kapitel 9: Emotion

Ekman, P. (2004). *Gefühle lesen – Wie Sie Emotionen erkennen und richtig interpretieren.* München: Spektrum Akademischer Verlag.

LeDoux, J. (2004). Das Netz der Gefühle – Wie Emotionen entstehen. München: DTV.

Kapitel 10: Motivation

Schmalt, H.-D. & Langens, T. A. (2009). *Motivation.* Stuttgart: Kohlhammer.

Kapitel 11: Volition

Kehr, H. M. (2009). *Authentisches Selbstmanagement – Ein wirksames Konzept zur Stärkung von Motivation und Wille.* Weinheim: Beltz.

Kuhl, J. & Heckhausen, H. (Hrsg.) (1996). *Motivation, Volition und Handeln (Enzyklopädie der Psychologie, Bd, IV/4).* Göttingen: Hogrefe.

Roth, G. & Grün, K.-J. (Hrsg.) (2006). *Das Gehirn und seine Freiheit. Beiträge zur neurowissenschaftlichen Grundlegung der Philosophie.* Göttingen: Vandenhoeck und Ruprecht.

Register

A

B

C

D

E

K

L

M

N

O

P

Q

R

S

T

U

V

W

Y

Z